POLARIS

W0073102

Sebastian Pittelkow
Katja Riedel

Rechts unten

**Die AfD: Intrigen, heimliche Herrscher und
die Macht der Geldgeber**

Rowohlt Polaris

Originalausgabe
Veröffentlicht im Rowohlt Taschenbuch Verlag, Hamburg, November 2022
Copyright © 2022 by Rowohlt Verlag GmbH, Hamburg
Lektorat Frank Strickstrock
Covergestaltung Hauptmann & Kompanie Werbeagentur, Zürich
Satz Chronicle bei Dörlemann Satz, Lemförde
Druck und Bindung CPI books GmbH, Leck, Germany
ISBN 978-3-499-01132-0

Die Rowohlt Verlage haben sich zu einer nachhaltigen Buchproduktion verpflichtet. Gemeinsam mit unseren Partnern und Lieferanten setzen wir uns für eine klimaneutrale Buchproduktion ein, die den Erwerb von Klimazertifikaten zur Kompensation des CO_2-Ausstoßes einschließt.
www.klimaneutralerverlag.de

Inhalt

Kapitel 3 **Freie Radikale** 125

Seit ihrer Gründung ist die AfD immer radikaler geworden. Wir zeigen, wie sie dort hinkam, wo sie 2022 steht. Als Verdachtsfall auf Rechtsextremismus muss sie inzwischen um ihre gesamtdeutsche Relevanz bangen. Von Flügelkämpfen, Naziskandalen und der schwierigen Frage, wo die Meinungsfreiheit endet und die Verfassungsfeindlichkeit beginnt.

Kapitel 4 **Millionen für ein rechtes Deutschland** 183

Ein deutscher Tarnverein hat eine enorm teure Kampagne zugunsten der AfD gesponsert – die Gönner sind unbekannt. Wer sind diese Hinterleute? Unterwegs auf der Spur der Scheine. Und zu einer Spinne im Netz.

Kapitel 5 **Die Spur der Milliardäre** 221

Der Inhalt eines braunen Briefumschlags bringt die mächtigste Frau der AfD politisch ins Wanken. Und eine Gabe aus der Schweiz wird erst zum Problem, dann zu einem Skandal. Von Strohmännern, Karrierefrauen und der Erkenntnis, dass alle Spendenaffären der AfD an einer einzigen Stelle zusammenlaufen.

Kapitel 6 **Auf der Suche nach dem blonden Phantom**

Wie hat ein Mann namens Tom Rohrböck die AfD über Jahre beeinflusst? Auf der Spur eines Mannes, der sich seit den ersten Tagen der Partei ein großes Netzwerk in der AfD aufgebaut hat – und der seine Schützlinge in Luxushotels zur kostenlosen politischen Beratung empfing.

Kapitel 7 **Liebesdienste für Moskau**

Wie und warum so viele AfD-Politiker eine rege Reisetätigkeit nach Russland entfaltet haben. Und wie ein Mann aus dem Allgäu über Jahre ein kremltreues Netzwerk innerhalb der AfD betreiben konnte.

Ende oder Anfang? – Ein Ausblick

Prolog

Dieses Buch handelt von einer Spurensuche. Sie führt ins Innere der erfolgreichsten und radikalsten Parteigründung seit der Wiedervereinigung: der AfD. In nicht einmal zehn Jahren hat es die «Alternative für Deutschland» geschafft, die Parteienlandschaft in Deutschland grundstürzend zu verändern. Inzwischen ist sie im Europaparlament, im Bundestag, in nahezu allen Landtagen und in zahlreichen Kommunalparlamenten vertreten, ein beispiellos schneller Marsch durch die Institutionen. Sie rüttelt an den Grundpfeilern jenes Systems, das uns seit der Nachkriegszeit vor der Wiederkehr einer Diktatur schützen soll. Die AfD ist demokratisch gewählter Teil dieses Systems, aber sie nutzt den Parlamentarismus auch, um ihn vorzuführen. Und sie bringt sich selbst durch mangelnde Abgrenzung nach rechts immer wieder in den Verdacht der Verfassungsfeindlichkeit; inzwischen wird die komplette Partei als Verdachtsfall vom Verfassungsschutz beobachtet.

Dieses Buch erzählt die Geschichte einer Reise in das Innenleben der Partei. Sieben Jahre lang haben wir für WDR Investigativ und NDR Recherche und in der Recherchekooperation der Sender mit der *Süddeutschen Zeitung* versucht, die «Alternative für Deutschland» in ihrem Innersten auszuleuchten, auf der Suche nach den größten Geheimnissen und dem Geschehen hinter den verschlossenen Türen der AfD. Es ist eine Reise durch alle Ebenen der Partei, durch Groß- und Kleinstädte in allen Teilen Deutschlands. Zu Parteitagen, in Gasthöfe, in Cafés und in viele Häuser und Wohnungen von AfD-Politikern selbst. Wir wollten durch viele Tausend Hintergrundgespräche ihre geheimen politischen Strategien öffentlich machen, ihre Ziele und Motive, wie sie ticken und wohin sie mit der AfD und mit Deutschland wollen. Und wir stießen dabei auf Strukturen und Zusammenhänge, die wir so nicht erwartet hätten.

Dieses Buch ist also die Geschichte einer Recherche – aber vor allem ist es die Geschichte der Reise, die die AfD 2013 begann, einer

Reise von Westen nach Osten, vom Gründungsstädtchen Oberursel im Speckgürtel von Frankfurt in die sächsische Provinz nach Riesa als dem zumindest vorläufig letzten markanten Zwischenstopp auf dem rasanten Weg nach rechts, einer Reise von einer liberalkonservativen und bürgerlichen Anti-Euro-Partei zu einer ausländerfeindlichen und islamophoben Rechtsaußen-Partei.

Das Plakat, mit dem alles anfing, wirkt schmucklos. Kein Logo, kein Bild, dafür eine klare politische Botschaft: «Damit Europa nicht am Euro scheitert!», steht da in dicken roten Lettern mit weißem Rand auf blauem Grund geschrieben, und darunter: *«Die Rettungspolitik der Bundesregierung rettet Banken, Politiker und Spekulanten. Aber nicht Sie!»*

Über 1000 Menschen finden an jenem Montag, den 11. März 2013, den Weg in einen großen Saal im kleinen Oberursel nahe Frankfurt am Main. Auch wenn die Partei offiziell schon Wochen vorher, am 6. Februar, von 18 Männern und Frauen gegründet worden war – ebenfalls in Oberursel – , so ist diese Veranstaltung in der Stadthalle doch eine Art inoffizieller Gründungsakt der Partei. In dem überfüllten Saal in der Stadthalle diskutierten Menschen mit Namen, die damals noch kaum jemand kannte: Bernd Lucke, Alexander Gauland und Beatrix von Storch. Sie sprachen über die Zukunft des Euro, der Währungsunion. Auf die Europäische Union blickte die junge Partei skeptisch, aber noch nicht feindlich.

Trotz Eis und Schnee seien die Menschen aus ganz Deutschland gekommen, erzählt uns der Initiator Konrad Adam im Sommer 2022. Fast zehn Jahre sind seit jenem Abend in Oberursel vergangen, für den Adam mit seiner Frau eigenhändig das Plakat entworfen, gedruckt, geklebt und vor dem Supermarkt im Winter 2013 Unterschriften gesammelt hatte. «Als ich am Nachmittag den großen leeren Saal sah, war mir etwas blümerant», erinnert er sich, «aber als dann im Foyer alles voller Menschen war, da wusste ich: Die Zeit ist reif, und sie war damals auch reif.»

In Deutschland. In Europa gibt es seit den 80er-Jahren nahezu flächendeckend Erfolge rechtspopulistischer bis rechtsextremer Parteien bei Wahlen; in der direkten deutschen Nachbarschaft gibt es Kräfte wie die Lega in Italien, die Dänische Volkspartei, die Partij voor de Vrijheid (Niederlande), Vlaams Belang (Vlaams Blok) in Belgien, die Rassemblement National (Frankreich, vormals Front National), die Freiheitliche Partei Österreichs, die Schweizerische Volkspartei, oder in Polen die regierende PiS-Partei. Mit der Finanzkrise 2007/2008 bekommen sie zwischenzeitlich neuen Auftrieb, mit Stimmenpotenzialen in den Zehnerjahren zwischen 10 und 25 Prozent (von Fidesz in Ungarn und PiS in Polen nicht zu sprechen).

Nun also die «Alternative für Deutschland». Wie keine andere Partei seit den Grünen schafft sie es, in rasender Geschwindigkeit zu wachsen und in die Parlamente einzuziehen. Ende des Jahres 2013 hatte diese neue rechte Partei 7000, Ende desselben Jahres schon über 17 000 Mitglieder, und sie verfehlte den Einzug in den Bundestag nur knapp, mit 4,7 Prozent der Wählerstimmen. Es wird der Auftakt dessen, was vier Jahre später beim Einzug der rechten AfD in den Bundestag in den Nachrichten als «tektonische Verschiebungen» in der Parteienlandschaft bezeichnet werden wird; und die sich bei der neuerlichen Wahl in den Bundestag 2021 manifestiert. Jeder zehnte Wähler gab damals seine Stimme der Partei am rechten Rand.

Im Herbst 2020 treffen wir Konrad Adam, den Mitgründer, Initiator und ersten Ko-Parteichef der AfD in seinem Reihenhaus in Oberursel. Der Besuch hat einen Anlass: Gerade hat der ehemalige Feuilleton-Journalist der *FAZ* und der Zeitung *Die Welt* seinen Parteiaustritt öffentlich gemacht – und wir erleben einen Mann, der immer noch mit Stolz, aber auch mit Groll auf das zurückblickt, was er als einer der Parteipioniere mit erschaffen hat. Auf unsere Frage, ob er diese Gründung bereue, kann er weder mit einem klaren Ja noch einem klaren Nein antworten – und das, obwohl die Partei inzwischen rechtsradikal ist. Für ihn ist klar, dass die AfD zu schnell zu erfolgreich geworden und so zu viele Glücksritter angezogen habe, «Ganoven», wie er sich ausdrückt, die in und mit ihr Karriere hätten machen wollen und so den Weg der Partei negativ beeinflusst hätten. Es ist eine Sichtweise, die immer noch eine goldene Gründerzeit sieht und dabei ausblendet, dass der Rechtsrutsch der AfD schon in ihren ersten Monaten angelegt war, ohne dass die Verantwortlichen ihn konsequent aufgehalten haben.

Die AfD sei ein «Monster», das er mit erschaffen hat, bilanzierte bei seinem Austritt schon Ende 2015 ein prominenter Ex-Vorstand, eine «NPD light» (Hans Olaf Henkel, November 2015). Als wir uns bei Parteigründer Adam damals verabschieden, drückt er uns eben jenes Plakat der Gründerversammlung aus 2013 in die Hand. Als wir ihn zwei Jahre später noch einmal anrufen, sagt er uns, die Themen der heutigen AfD seien nicht mehr seine. Den Austritt Deutschlands aus der EU, den die AfD zuletzt im Bundestagswahlkampf gefordert hat, kommentiert er mit dem Satz: «Die sind ja verrückt!»

Andere der ersten Parteivorstände von damals äußern sich schonungsloser, wenn sie nach ihrem Austritt auf das schauen, was sie mit zum Leben erweckt haben: Die AfD sei «unmenschlich und nicht zu ertragen», so sagte es Bernd Lucke über den Umgang der AfD mit Geflüchteten bereits im Februar 2016 der *Augsburger Allgemeinen Zeitung*. Ein anderer Parteigründer sagt uns im Sommer 2022: «Damals fand ich das richtig mit dem Euro; aber der Euro war es nicht wert, so ein scheußliches Gebilde mitgegründet zu haben. Es widert mich an, wenn man sich anschaut, was dabei rausgekommen ist. Es ist Wahnsinn, wie alle damals einfach zugeschaut haben, wie das Ganze nach rechts gekippt ist.»

Und das ging schnell. Die Kritik am Euro wurde nicht nur von Wutbürgertum und einer dezidierten Antimigrationspolitik überlagert, sondern auch von einer Kritik an sich selbst; dies sorgt für eine permanente Selbstbeschäftigung. Ihre Protagonisten kreisen um die Frage, wie weit rechtsaußen die AfD eigentlich stehen soll. Und wie weit sie an die Grenzen der Demokratie dringen kann, ohne ihren radikalen Markenkern aufgeben zu müssen.

Wie aber konnte es so weit kommen? Das haben wir uns gefragt, als wir vor etwa sieben Jahren angefangen haben, die AfD, ihr politisches Vorfeld und ihr ideologisches Milieu zum Gegenstand einer investigativen Recherche zu machen. Wir sahen damals einen Grund, ganz genau hinzuschauen: Weil sich die AfD immer stärker radikalisiert hatte – und als Rechtsaußenpartei so erfolgreich war, ausgerechnet in diesem Land mit seiner so besonderen, grausamen Geschichte. Und weil eine teure Plakatkampagne anonymer Gönner den Verdacht aufkommen ließ, dass es heimliche Kräfte gab, die diesen Erfolg der AfD unterstützen wollten. Deren Identität und andere Missstände wollten wir mit unseren Recherchen aufdecken – und lernten so die Partei in ihrem Innersten kennen. Die AfD eilte damals von einem Wahlerfolg zum nächsten und schickte sich an, 2017 zum ersten Mal in den Bundestag einzuziehen. Sie war damals die dynamischste politische Bewegung und veränderte nicht nur das politische Leben in den Parlamenten, sondern auch den Ton innerhalb der Gesellschaft. Was treibt diese Partei an? Wer beeinflusst ihre Geschicke von außen? Wer hat ein Interesse an ihrem Erfolg? Und welche Gefahr geht von ihren Funktionären und ihren Mitgliedern aus?

Schon bald nach dem Gründungsabend in Oberursel trat an die Stelle von Harmonie der Streit. Zwei Lager formierten sich, ein Gemäßigteres und ein Rechtsradikales, die unablässig miteinander rangen, für wen «die Zeit nun eigentlich reif» ist. Alice Weidel und Tino Chrupalla, die heutigen Parteichefs der AfD, gehörten 2013 gar nicht zum Kreis der Gründer. Gleich vier ihrer insgesamt fünf Vorgänger haben die AfD seither enttäuscht verlassen, oft sogar im Streit; übrig geblieben ist von den prominenten Gesichtern nur noch der Gründer Alexander Gauland, die wohl einzige Konstante der AfD. Frauke Petry ging mit einem Eklat: Wir sahen ihr zu, als sie am Tag nach dem bislang größten Erfolg der Partei die Feierlaune verdarb und in der Bundespressekonferenz alles mit der Nachricht überstrahlte, dass sie nicht für die AfD in den Bundestag einziehen wird. Wir waren dabei, als Jörg Meuthen auf einer roten Couch in einem Berliner Restaurant einsam in sein Handy blickte und den Push-Nachrichten zu seinem eigenen Rück- und Parteiaustritt folgte. So war das immer mit den Vorsitzenden: Sie gingen als Unterlegene der unerbittlichen Machtkämpfe – die gleichzeitig ein Geheimnis des Erfolges der Partei sind, wie wir zeigen werden.

«Alternative für Deutschland»? Nur drei Jahre werden vergehen, bis die AfD von ihrem ersten Parteispendenskandal erfasst wird, der zunächst Jörg Meuthen betrifft, bald schon andere wichtige Funktionäre, darunter Alice Weidel. Der Spendenskandal wird sich zu einer Affäre ausweiten, die droht, die gesamte Partei zu erfassen. Wir haben wichtige Teile dieser Spendenaffäre um einen Tarnverein, eine Schweizer Werbeagentur und fragwürdige Kampagnen mit Kollegen verschiedener Medien aufgedeckt. Die Affäre erinnert in ihren Dimensionen an den Spendenskandal der CDU; sie ist bis heute noch nicht restlos aufgearbeitet. Die selbsternannte Partei der Rechtsstaatlichkeit ist den neuen Verlockungen, die der schnelle Erfolg mit sich bringt, schon früh erlegen. Ihre illegalen und heimlichen Parteispenden lassen sie schnell zum parteipolitischen Establishment gehören. Als wir im November 2018 nach monatelanger Suche eine illegale Parteispende aus der Schweiz auf dem Wahlkampfkonto für Alice Weidels Bundestagskampagne 2017 finden und die Auszüge des Kontos in den Händen halten, fängt die Affäre und die Recherche nach dem Weg des Geldes und den anonymen Gönnern erst richtig an.

«Mut zur Wahrheit!» – mit diesem Slogan war die AfD 2013 in ihren ersten Bundestagswahlkampf gezogen. Von diesem hehren Anspruch scheint wenig übrig geblieben zu sein. Vier Jahre später wählt Alexander Gauland eine andere, aggressivere Botschaft und nimmt ein neues Ziel ins Visier: Er attackiert die wichtigste Repräsentantin des Staates, die damalige Bundeskanzlerin Angela Merkel: Sein «Wir werden sie jagen!» schallt damals am Abend der Bundestagswahl 2017 von der Bühne der AfD-Party herab zu den grölenden Anhängern, zwischen die wir uns als Reporter gedrängelt haben, und in die Fernseher der Bundesrepublik. Es klingt wie eine Drohung, eine Kampfansage an ein Politikmodell, das Kanzlerin

Merkel wenige Jahre zuvor als «alternativlos» bezeichnet hatte, ein schlimmes Wort in einer Demokratie. Was also wird die neue größte Oppositionspartei nun im Bundestag anrichten? Wovor muss man sich fürchten?

Wir finden die Antworten darauf 2021 in der geheimen Chatgruppe dieser Bundestagsfraktion. In ihr können wir nachlesen, wie die Abgeordneten damit ringen, politische Strategien und Inhalte zu finden; wie sie, die häufig auf der Straße politisiert wurden, mit dem Parlamentarismus fremdeln. Wir lesen, wie Bundestagsabgeordnete nicht nur vom Jagen, sondern auch von Revolution und Umsturz sprechen, wenn sie glauben, dass ihnen niemand zuhört. Vor allem aber bekommen wir durch dieses Leak mit, welches Zeugnis sich die AfD nach ihren ersten vier Jahren im Bundestag selbst ausstellt. Und das ist verheerend. Während in Oberursel noch davon gesprochen wurde, nicht nur als eine Ein-Thema-Partei anzutreten, sondern auch in anderen Feldern alternative Politik anzubieten, ringt die Partei-Elite, die AfD-Bundestagsfraktion schon Monate vor ihrer Wiederwahl ins Parlament viel grundlegender um Führung, Inhalte und Ideen.

Seit ihrer Gründungszeit lebt die AfD auch von ihrem Anspruch, basisdemokratisch sein zu wollen. Und in der Tat gründet sich ihr Machtanspruch weniger auf geordnete parlamentarische Verhältnisse als auf die Gesetze der Straße, auf Grölen und griffige Statements. Parteitage sind über Jahre hinweg weder für die AfD-Funktionäre noch für Beobachter planbare Veranstaltungen. Politische Wendungen entstehen dort oft aus Stimmungen und spontanen Mehrheiten heraus. Für viele in der AfD ist Protest, Unabhängigkeit und ein Anderssein jenseits politisch rechter Inhalte ein Antrieb. Er führte sie vom Wohnzimmer auf die Straße, und von der Straße führte viele der Weg direkt in die AfD. So haben es uns viele der AfD-Funktionäre erzählt, die wir überall im Land getroffen haben. Im Ringen darum, um jeden Preis anders zu sein als die von ihr verhassten sogenannten «Altparteien», sträubt sich die AfD innerlich lange, professionelle Strukturen aufzubauen.

Deshalb ist sie bis heute anfällig für Einflüsse von außen, selbst an der Parteispitze. Wir können zeigen, wie Alice Weidel und mit ihr viele andere Bundestagsabgeordnete mit einem dubiosen Berater über Jahre hinweg in Kontakt standen und wie dieser auch immer wieder Einfluss auf die Geschicke der Partei genommen hat. Und wir finden Gründe, warum viele in der AfD seit Jahren russische Narrative stärken und warum sich die Partei mit einer Linie angesichts des russischen Angriffskriegs gegen die Ukraine und den Westen so schwertut.

Im Sommer 2022 hat der Staat längst begonnen, sich gegen die AfD zu wehren, die inzwischen aus dem Parlament heraus ungezügelt gegen politische Gegner und Migranten hetzt. Was in der Partei vor sich geht, geschieht deshalb unter den Augen der Verfassungsschutzämter, deren Beobachtung besonders die vielen Staatsdiener, die Richter, Lehrer, Soldaten, die Staatsanwälte oder Polizisten in der Partei jahrelang gefürchtet haben. Wie die AfD mit dem Inlandsgeheimdienst ringt, ist ein Kampf, den wir in vielen vertraulichen Papieren nachvollziehen können.

Wir können die Geschichte der AfD, ihre Wendungen und geheimen Strategien auch deshalb beschreiben, weil wir über die Jahre hinweg Parteiprotokolle, Vorstandsmails und Chats, Festplatten voller Dokumente zugespielt bekommen haben, die es uns ermöglicht haben, Missstände aufzudecken und die AfD an ihrem eigenen Anspruch als politische Alternative zu messen. Informanten haben uns mit dem, was sie uns in den vielen Tausend Hintergrundgesprächen erzählt haben, geholfen, die vertraulichen politischen Strategien der AfD zu verstehen und vieles zu veröffentlichen, was eigentlich niemand erfahren sollte. Wir haben so die Partei von innen verstehen gelernt; ihre Ziele und Motive, wie sie tickt und wohin die AfD mit Deutschland will. Die Reise von Oberursel 2013 zum Parteitag in Riesa 2022 – es ist eine Reise nach rechts unten.

Kapitel 1
Machtkämpfe

Die Geschichte der AfD ist eine Geschichte des Streits – er ist für sie jahrelang das Erfolgsrezept. Auf ihrem kurzen Weg hat sie bereits vier Parteichefs verbrannt und das Gründungspersonal auf allen Ebenen weitgehend ausgetauscht. Von karrieristischen Glücksrittern, rechtsextremen Ideologen und erbitterten Lagerkämpfen, die die AfD an die Grenzen des politischen Überlebens führen.

Im Februar 2017 betreten wir ein unscheinbares Bürohaus in einer der Großstädte, die sich zum Ruhrgebiet zusammenballen. Sie scheinen miteinander verwachsen zu sein, ein Meer von Wohngebieten, Industrie-Arealen, Stadtautobahnen, in die Jahre gekommenen Bahnhöfen, stillgelegten Fördertürmen und Einkaufspassagen. Wer hier in der AfD damals ein Amt anstrebt, der gehört meist zu jenen, die es aus ihrem angestammten Leben irgendwie rausschaffen wollten. Raus aus dem Meister-Blaumann, der Arbeiterkluft, dem Anwaltstalar, dem Bankeranzug, raus aus der Welt der Werkstätten, Fabriken, Messen oder Meetings. Raus also aus der etwas angeschmuddelten Kleinbürgerwelt des Reviers.

Mit diesem Gefühl gehen wir damals jedenfalls aus vielen Gesprächen heraus, die wir hier mit Politikern der AfD führen. In einem der oberen Stockwerke des Hauses erwartet uns an diesem Tag ein Mann, der über ein umfangreiches Dossier vertraulicher Parteidokumente verfügen soll, die tiefe Einblicke in das Innenleben der Partei versprechen. Und der, noch besser, sogar gewillt scheint, es mit uns zu teilen.

Die Welt, in der wir ihn treffen, ist uns bei unseren ersten Reisen noch ein wenig fremd. Einige Monate und viele Fahrten später werden uns die Menschen und ihr Umfeld vertrauter sein – und wir werden mit Ortsnamen wie Moers, Mülheim oder Duisburg-Marxloh Gesichter, Geschichten und sogar die Antwort auf die Frage verbinden können, warum uns eigentlich all diese Menschen zu Hause oder in ihren privaten Büros empfangen und Kaffee oder Apfelkuchen servieren wollen. Warum sie mit uns, mit der sogenannten «Lügenpresse» oder den «Mainstreammedien», über «ihre» AfD sprechen wollen.

Das können wir uns zunächst kaum erklären. Wir hören mehr zu, als selbst viel zu sagen. Zum Beispiel, als einer der Parteigründer stundenlang über das «Primat des Politischen» referiert, ohne dass wir jemals vollständig verstehen, was er uns damit eigentlich genau sagen will. Schon leichter können wir seiner Erklärung folgen, dass der rote Pfeil im Logo der Partei einen Phallus repräsentieren solle, der sanft nach oben zeige. Wie die Erfolgskurve der Partei eben, in der er seit den ersten Tagen mitgearbeitet hat.

Reisen wie diese haben uns in den vergangenen Jahren quer durch die Republik geführt, über Autobahnen oder Großstadt- und Regionalbahnhöfe. Sie führten uns zum Beispiel in die sächsische Schweiz, dorthin, wo die Städtchen und Dörfer seit langem in neuem Glanz erblühen – und man sich fragt, woran es den Leuten eigentlich fehlt, dass hier die rechte Protestpartei bei Wahlen schon mal fast jede dritte Stimme und Seele fängt. Andere führten uns an die Grenze zu Österreich, dorthin, wo 2015 Tausende Geflüchtete nach Deutschland unterwegs gewesen sind. Ein Ereignis, das einen Kreisvorsitzenden noch heute so in Rage versetzt, dass er sich in der AfD engagiert, die Deutschland gegen Migranten abriegeln will. Dafür sieht er über viel Chaos in der AfD hinweg. Mitten in Deutschland öffnet uns ein anderer Parteigründer die Tür; er träumt noch immer von der alten AfD und ihrer Eurokritik, die die Partei mehr oder weniger hinter sich gelassen hat, während sie stattdessen bei den Querdenkern auf Stimmenfang geht. Wieder ein anderer, sehr prominenter Politiker aus der AfD erzählt uns Anekdoten aus der Gründungsgeschichte und reicht dazu ein stilles Discounter-Wasser. Als wir ihn fragen, warum in seinem Schaukelstuhl eine lebensgroße Figur aus Pappmaché sitzt, die die Gesichtszüge des italienischen Rechtspopulisten Silvio Berlusconi trägt, macht er uns mit seiner Antwort erst sprachlos und dann schlauer, welche mal rationalen, mal irrationalen Ängste viele in der AfD umtreiben. Der Papp-Berlusconi soll potenziellen Einbrechern vorgaukeln, dass immer jemand zu Hause ist. Eine Vogelscheuche gegen Diebe.

Und da sitzt der für AfD-Verhältnisse Gemäßigte in einem Hamburger Steakhaus, der seit Jahren auf Parteitagen die Sitzungsleitung übernimmt, aber offenbar ignoriert, dass die Rechtsradikalen in der AfD Funktionäre wie ihn immer weiter marginalisieren.

Die Beweggründe, warum die Menschen zur AfD gefunden haben und scheinbar unverbrüchlich an ihr festhalten wollen, sind oft diffus. In all diesen Gesprächen über die Welt- und Gesellschaftssicht der AfDler beginnen wir zu ahnen, worum es vielen in der Partei wirklich geht, und wie sie die vielen Widersprüche miteinander vereinen, die uns quer durchs Land bei diesen Treffen immer wieder begegnen und unvereinbar scheinen. Etwa, wie es vielen von ihnen gelingt, strikt zu trennen zwischen befreundeten und geschätzten Migranten, die sogar zur erweiterten Familie gehören können, und den fremden Geflüchteten und neuen Deutschen. Letztere lehnen sie zutiefst ab, verunglimpfen sie zum Beispiel als «Messermigranten» oder «Goldstücke», die Deutschland in den Untergang führen und die christliche Welt «islamisieren» wollten. Wir tauschen Argumente aus, ohne durchzudringen, zu Themen, über die wir mit der AfD eigentlich nicht sprechen wollen, weil es uns um etwas ganz anderes geht: um die Innenansicht der Funktionäre auf ihre Partei.

Man erzählt uns bei diesen Treffen Geschichten, die nichts mit geistig-moralischer Überlegenheit zu tun haben, sondern eher mit deren Gegenteil: mit Niedertracht. So berichten uns unsere Gesprächspartner von geifernden Auseinandersetzungen zwischen prominenten Parteifunktionären. Anekdoten über angebliche Prügeleien auf Parteitags-Toiletten hören wir uns zwar interessiert und auch manchmal amüsiert an, wissen aber, dass wir darüber nie detailliert berichten werden. Vieles wird uns gesteckt, weil sich der Erzählende etwas davon erhofft. Wir hören trotzdem aufmerksam zu, immer in der Hoffnung auf Informationen, die uns voranbringen könnten bei den Fragen, warum es die AfD überhaupt gibt, warum eine so rechte Partei so viel Erfolg hat und wer sie antreibt und beeinflusst. Ganz besonders interessiert uns deshalb die Spur des heimlichen Geldes. Und so spitzen wir die Ohren, als uns einmal in einer kleinen Bahnhofskneipe zwischen Dartscheibe und Stehtisch beim Bitburger Pilsener mit Tropfdeckchen das Gerücht von einem ominösen Millionen-Koffer zugeflüstert wird. Ob darin Euro, Rubel oder Dollar steckten, vermochte kein Informant zu sagen. Den Koffer soll ein durchaus bekannter AfD-Funktionär 2016 auf der Krim entgegengenommen haben, so hieß es. Russisches Geld für die AfD. Der Russenkoffer wird zu einem Gerücht, über das in der Partei monatelang spekuliert wird, und dem wir und auch einige Kolleginnen und Kollegen anderer Medien lange nachgehen.

Auch wenn die Recherche nicht erfolgreich ist, gehört sie zu jenen, um die es uns geht. Wir wollen tatsächlich belegbaren Verfehlungen, Vorteilsnahmen oder Skandalen auf die Spur kommen, über die man als eingeschworene Gemeinschaft eigentlich nicht sprechen würde. Wir haben uns die AfD als Thema vorgenommen, weil sie die erfolgreichste Parteigründung seit vielen Jahrzehnten ist, einen rasanten Aufstieg erlebt und weil sie unsere Demokratie bedroht, deren Werten wir als Journalisten verpflichtet sind.

Bis heute versorgen uns Menschen aus der AfD immer wieder mit brisanten Informationen und Datenmaterial, obwohl daraus Berichte werden, die vielleicht Einzelnen nützen mögen, der gesamten Partei und ihrem vollmundigen Ziel der «Deutschlandrettung» aber schaden. Warum geben Menschen uns dieses Material überhaupt? Eine Frage, die wir uns selbst auch immer wieder stellen müssen. Es sind Berge interner Berichte aus der Bundestagsfraktion, die uns später mal in einer Aldi-Tüte in einem S-Bahn-Döner-Imbiss am Berliner Stadtrand übergeben werden. Es ist der Briefumschlag mit der Aufschrift «Top Secret», in dem von einem geheimen Netzwerk adliger Reicher in Bayern die Rede ist. Es gibt Kontounterlagen, die plötzlich neben der Salatbeilage auf dem Tisch liegen, und die eine der mächtigsten Frauen der AfD in eine schwere politische Krise stürzen werden, ein Ermittlungsverfahren auslösen und uns durch halb Europa reisen lassen auf der Spur des Geldes. Und dann sind da die 40 000 Chatnachrichten der Partei-Elite, die in unserem Mailpostfach landen und die uns so tief wie nie zuvor in die Seele der AfD blicken lassen werden.

Warum diese und andere Informanten aus der AfD Verrat begehen, ist eine Frage, deren Antwort wiederum viel über die Partei
verrät. Wir werden ihr im Laufe unserer Recherchen näherkommen,
auch schon an diesem Tag im Februar 2017, in dem grauen Bürohaus in der Ruhrpott-Stadt, in dem der Informant mit dem vielen
internen Material sitzt. Den Mann mit Seitenscheitel, der uns nun
in einem der oberen Stockwerke erwartet und mit geradezu mili-
tärischem Gruß empfängt, lernen wir erst an diesem Tag persönlich
kennen. Wir wurden ihm von einem Parteifreund zuvor telefonisch
vermittelt. Angekündigt hat uns jemand, der mit dem Herrn schon
länger gemeinsam Ränke schmiedet. Beide bringen sich wie viele
andere in der Partei zu der Zeit für Verteilungskämpfe in Position.
Denn in Nordrhein-Westfalen steht eine Landtagswahl bevor, kurz
darauf wählt Deutschland den neuen Bundestag. Dem bevölkerungsreichsten Bundesland kommt wie in jeder Partei auch innerhalb
der AfD eine große Bedeutung zu – und hier gibt es jetzt erstmals
lukrative Jobs zu verteilen. Gleich viermal locken für NRW-AfDler
Posten, als Abgeordnete und als Mitarbeiter, in den künftigen AfD-
Büros der beiden Parlamente in Düsseldorf und Berlin.

Um die vielen Wählerstimmen wirbt damals Landeschef Marcus
Pretzell, seit kurzem Ehemann Frauke Petrys, der damaligen Ko-
Parteichefin neben Jörg Meuthen. Hinter Pretzell rangeln etliche
Politiker um einen Platz an den begehrten «Fleischtöpfen». Und
so kommt es auch zu Schmutzkampagnen. Wir treffen damals
zumeist Männer aus der zweiten und dritten Reihe der AfD, die sich
an diesem Verteilungskampf rege beteiligen. Frauen schaffen es in
der Partei nur selten auf die große Bühne. Die Männer sind vielfach
Parteilegionäre, die sich im Fahrwasser derer, für die sie nun in diesen wichtigen Monaten Strippen ziehen, eine rosige Parteizukunft
erarbeiten wollen. Die Attacken auf das gegnerische Lager sind hart,
schmutzige Chats werden wie Waffen verwendet. Material, das auf
Datensticks und in Aktenmappen darauf wartet, in Journalisten-
hände übergeben zu werden. Und wie im richtigen Krieg stirbt auch
in dieser parteiinternen Schlammschlacht die Wahrheit zuerst.

Mancher sammelt Ordner voller «Kompromat», manchmal sogar fingierten Erpressungsstoff, fast so wie man es aus Agentenstorys in Filmen kennt. Der Stoff, aus dem die Intrigen gewoben werden, soll das Licht der Öffentlichkeit meist dann erblicken, wenn wichtige parteiinterne Entscheidungen näher rücken, weshalb die Medien für die AfD plötzlich interessant werden. Da sind die Fotos von einem angeblichen toten Briefkasten eines Funktionärs, der sich eine Meldeadresse erschlichen haben soll. Und da ist der Anruf, dass ja an Swingerclubs im Allgemeinen nichts Verwerfliches sei. Dass aber eine Funktionärin dort angeblich vor Jahren auf einem bei YouTube einsehbaren Image-Filmchen des Edelclubs im Sächsischen zu sehen sei – mit einer Frau. Das gehöre sich dann doch wirklich nicht.

Der Mann mit dem Seitenscheitel führt uns an einem kargen, langen Tresen vorbei und platziert uns an einem riesigen Konferenztisch, mit Blick auf den Eingangsbereich, was im Verlauf der nächsten Stunden noch wichtig werden wird. Zunächst berichtet er aus seiner Vergangenheit in Burschenschaften und in CDU-Kreisen, um seine Verortung im Großen und Ganzen zu verdeutlichen, bevor er darauf zusteuert, wo beide Parteien hinwollen: an den digitalen Aktenschrank, in dem sein Kompromat liegen soll. Während wir unserem Ziel, dem brisanten Material über die Parteiführung in Nordrhein-Westfalen, nach etwa einer Stunde ganz nahe zu sein scheinen, klopft es plötzlich an der Tür. «Schon wieder!», seufzt der Informant und rollt genervt die Augen. Immer müsse er Pakete annehmen, auch für andere im Haus, ganz zerkratzt sei der hölzerne Tresen schon, «schauen Sie mal!»

Es klingelt wieder, mehrmals. Ob er nicht lieber einmal nachsehen will, fragen wir vorsichtig. Der Informant geht widerwillig zur Tür, um einen kurzen Blick durch den Spion zu werfen. Nein, da sei nichts, sagt er und schlendert zurück zum Tisch, um wieder Platz zu nehmen. Und dann macht es erst «Rummmms», und dann wird aus dem Rumms auch schon ein Knall, die Tür fliegt auf, mehrere Männer stolpern in die Szenerie, und wir sehen ihnen sprachlos zu. Es sind Polizisten eines Landeskriminalamtes, einer von ihnen hat einen Durchsuchungsbeschluss in den Händen, den er nun verliest. Wir schauen ungläubig, während sich das Gesicht unseres Informanten zusehends rot einfärbt. Er erklärt den Ermittlern mit anschwellender Empörung, dass er kein Verständnis für diese staatliche Aktion habe. Er habe den Glauben an die Sicherheit in diesem Staat sowieso gänzlich verloren. In jener Nacht nämlich, als er blutend und hilflos am Boden gelegen habe, nachdem ihn libanesische Clanmitglieder verprügelt hätten. «Wo ist da der Staat gewesen?», schreit er.

Der Einsatz dauert jetzt schon einige Minuten lang. Unser Informant soll eine DNA-Probe abgeben, weigert sich aber. Mit uns beschäftigt sich überraschenderweise niemand. Keiner der Kriminalbeamten nimmt Notiz von uns, obwohl wir ja mittendrin sind in der Szenerie und wie Theaterzuschauer in der ersten Reihe sitzen. Hektisch beginnt der Informant nun, die Schubladen unter dem besagten Tresen aufzuziehen, und die Polizisten fragen ihn, deutlich angespannt, was er da eigentlich macht. Ob er eine Waffe habe?

Der Mann explodiert: «Warum sollte ich 'ne Waffe haben, warum?», brüllt er und liegt kurz darauf am Boden. Kabelbinder umschließen straff seine Handgelenke. Wir werden immer noch nicht beachtet. Doch dann bleibt der Blick eines Polizisten doch auf uns hängen, und er fragt sichtlich irritiert: «Wer sind eigentlich Sie?»

Nach einer kurzen Vorstellungsrunde mit den Ermittlern einigen wir uns darauf, dass jeder hier seinen Job ungestört verrichten können soll. Den Ermittlern ist es augenscheinlich unangenehm, dass wir ungebetene Zeugen ihres Einsatzes geworden sind und sie vor unseren Augen und Ohren den Grund ihres Besuchs verlesen haben, was ja einen Verstoß gegen den Datenschutz darstellt. Es besteht der Verdacht, dass sich in den Räumlichkeiten ein Betrug ereignet hat. Wir einigen uns darauf, dass wir für einen Moment verschwinden und in einem Backshop auf das Ende der Hausdurchsuchung warten. Als wir das Büro verlassen, stehen im vormals leeren Hausflur sehr viele Menschen, die uns mit großen Augen ansehen, als wir an ihnen vorbei die Treppe hinuntergehen. Es sind Menschen in weißen Schutzanzügen mit Metallkoffern in der Hand, wir wünschen ihnen reflexartig einen «Guten Morgen». Die Spurensicherung nickt zurück.

Unsere Erfolgsaussichten jedenfalls scheinen sich nach dieser skurrilen Unterbrechung rapide zu verschlechtern, wir sind uns sicher, dass diese weite Fahrt aus Berlin ins Ruhrgebiet umsonst gewesen sein dürfte, weil die Polizei unsere Datenübergabe zunichte gemacht hat. Doch dann folgt die größte Überraschung: Wir irren. Stunden später werden wir trotz dieses Intermezzos mit einer vollen Festplatte interner Dokumente der AfD nach Hause fahren.

Diese ganze Hausdurchsuchungs-Episode sei völlig harmlos, egal, beschwichtigt unser Informant, als wir zwei Kaffee später in sein Büro zurückkehren und er ohne neuerlichen Umweg über den Verhandlungstisch direkt zu seinem Computer geht und fragt: «Was brauchen Sie?» Während er unseren Datenstick füllt, wühlen zwei Ermittler noch im Nebenzimmer nach Aktenordnern. Er sei übrigens nur Zeuge in dem Betrugsverfahren, erklären uns die Beamten, als sie während unseres Datentransfers ihre Köpfe in das Büro stecken, nicht etwa der Beschuldigte. Eskaliert sei alles nur, weil der Mann Widerstand geleistet hätte, hören wir. Die verlangte DNA-Probe, die unser Informant dann doch noch abgegeben hat, sie scheint für diesen selbst längst vergessen zu sein. Seine Mission geht weiter. Er will einen ideologischen Machtkampf für sich entscheiden, Intrigen spinnen gegen solche, die er für ungeeignet hält, die AfD zu einer schlagkräftigen rechten Kraft in den Parlamenten zu machen. Es geht ihm darum, in NRW einen der lukrativen Jobs zu ergattern, die gerade zu vergeben sind.

Wir sind uns im Klaren darüber, dass uns brisantes Material stets mit einer Intention übergeben wird. Einer Absicht, einen parteiinternen Effekt zu erzielen. Wir müssen das reflektieren und uns gleichzeitig davon frei machen. Wichtiger ist: Ist das Material echt?

Lässt sich damit ein Missstand aufdecken? Liefert es zumindest neue Einblicke in das Innere der AfD und das Ringen zwischen gegnerischen Lagern, der so spannend und erkenntnisreich ist, dass er eine Berichterstattung und damit einen Eingriff in diese Interna rechtfertigt – juristisch, aber vor allem auch ethisch? Dass das Material beiden Seiten nützen kann, der Öffentlichkeit, aber auch dem Informanten und dessen Intention, darf uns nicht daran hindern, etwas zu publizieren, das wir nach Abwägung aller Aspekte für wirklich berichtenswert halten. Aber nur dann werden all jene Daten, die wir in den vergangenen Jahren bekommen haben, Teil einer Berichterstattung, manchmal sofort, manchmal erst Jahre später, als Puzzleteil oder Kern einer Story. Was aus dem Datenstick wurde, den wir an diesem Tag mitgenommen haben, können wir an dieser Stelle nicht verraten. Er enthielt viele persönliche Details über AfD-Politiker aus NRW, E-Mail-Wechsel zum Beispiel, Informationen über angebliche Geldprobleme von Funktionären, denen der Informant schaden wollte, und er enthielt Posts einer Chatgruppe, aus der politische Absprachen bei Abstimmungen hervorgingen. Informationen, die uns geholfen haben, das System der Machtkämpfe, Deals und Absprachen besser zu verstehen. Weitere Details zu unserem Informanten jedoch können wir nicht liefern, um ihn nicht identifizierbar zu machen. Sein Name, seine Lebensumstände – all dies muss unser Geheimnis bleiben. Ihm und allen anderen Informanten unserer Berichte sichern wir diese Vertraulichkeit zu. Würden wir das nicht machen, kämen wohl weitaus weniger Missstände ans Tageslicht.

Von Glücksrittern und Deutschlandrettern

In fast sieben intensiven Jahren mit der AfD haben wir uns immer wieder entlang von Freundes- und Feindeslinien bewegt und haben uns so ein Tableau möglicher Informanten aufgebaut. Wir können abwägen, wer zu wem in feindlicher oder freundlicher Stellung steht; es hilft uns herauszufinden, wer ein Interesse haben könnte, mit uns zu sprechen. Solche Konstellationen gibt es auch in anderen Parteien, eigentlich mehr oder weniger in jeglicher Organisation. Aber in keiner anderen Partei sind die Macht- und Lagerkämpfe so identitätsstiftend und selbsterhaltend wie in der AfD, auch wenn häufig die niedergerungenen Protagonisten die Partei verlassen.

Es gibt unterschiedliche Motive, die Politiker in der AfD für ihre rechte Sache brennen lassen. Da wären zunächst die opportunistischen Glücksritter. Sie eint, dass sie nach persönlichen oder beruflichen Pleiten nun in der neu entstehenden Parteihierarchie einen Platz ergattern möchten. Ihnen geht es um Mandate in Parlamenten, um Diäten, Pauschalen, später um Pensionen, weniger um die inhaltliche Ausrichtung der Partei. Die AfD soll ihnen Einkommen und Ansehen sichern. In den Anfangsjahren strömten besonders viele dieser Glücksritter in die Partei, sie war schnell erfolgreich und etliche Posten waren zu vergeben. Die AfD zog Menschen an, die einen schnellen persönlichen Aufstieg im Sinn hatten. Sie bot ihnen ein Umfeld, in dem Aufbruchsstimmung herrschte. Hier konnten auch Wichtigtuer reüssieren. Sie versprachen oft weit mehr, als sie später hielten. Die AfD der Anfangsjahre bot ein ideales Milieu für solche Lautsprecher mit Geltungsdrang. Mit Intrigen und Ränkespielen wollen sich auch heute noch Funktionäre, die derart ticken, ihrer persönlichen Konkurrenten entledigen, ihrem Lager einen Vorteil verschaffen oder sich selbst parteiintern für die kommenden Jahre in Stellung bringen. Es ist ein Typus, der inzwischen auf allen Ebenen der AfD zu finden ist, sei es in kleinen Kreisverbänden, als Helfershelfer in den höheren Hierarchieebenen oder in den Reihen hochrangiger Funktionäre im Landes- oder Bundesvorstand. Besonders versierte Intrigenspinner sind häufig solche, die es in den Machtzirkeln der Partei schon weit nach vorne geschafft haben. Sie schwächen dann nicht nur mithilfe ihrer Zuarbeiter in einer Art Jagdgesellschaft den Gegner, sondern verteilen später auch bei parteiinternen Wahlen mit stabilen Stimmenpaketen ihrer Gefolgsleute Posten an die Verbündeten.

In der AfD heißen diese Netzwerke spöttisch «Beutegemeinschaft». Gemeint sind damit im Partei-Slang vor allem Westdeutsche, die oft eher dem für AfD-Verhältnisse gemäßigteren Lager angehören und denen der rechtsradikale Teil der Partei, der 2020 nur formal aufgelöste Flügel, Inhaltslosigkeit vorwirft. Im Machtkampf zwischen ihnen und dem extrem rechten Parteiflügel wird dieser Begriff selbst auch als Mittel eingesetzt, um jegliche Argumente oder Programmvorschläge wegzuwischen; sie seien per se inhaltslos und nur der Gier auf Posten geschuldet. Das Wort «Beutegemeinschaft» soll versinnbildlichen, dass es nicht um Inhalte gehe, sondern nur um den Ertrag, um puren Opportunismus und persönliche Ziele statt um die große Mission einer «rechten Revolution». Deutschland deutlich konservativer zu machen und gegen Migranten abzuschotten, christliche Werte gegen eine angebliche Islamisierung zu schützen, sind indessen auch die Antriebsfedern der gemäßigteren AfDler. Nur, dass sie zudem für eine gewisse Bürgerlichkeit einstehen; sie repräsentieren in gewisser Weise die Abstiegsängste der Mittelschicht und wollen den Wohlstand der Deutschen retten. Sie sind in ihren Aussagen oft weniger extrem.

«Beutegemeinschaften» haben auch wir in der AfD am Werk erlebt. Wir finden sie bis heute jedoch in allen Lagern der Partei, auch bei den Rechtsaußen, die eben nicht nur von angeblich patriotischer Ideologie angetrieben werden, sondern genauso wie viele der Gemäßigteren zugleich von Ehrgeiz und Ambitionen.

Der rechtsradikale Teil der AfD führt seine Machtkämpfe ebenso giftig wie die sogenannten Gemäßigteren. Ihr Antrieb, die Partei auf einer geraden rechten Linie zu halten, entspringt bei diesen Ideologen ihrer tiefsten Überzeugung. Sie wollen Deutschland vor dem Untergang retten, wie sie es nennen, und in der AfD tatsächlich eine bessere «Alternative für Deutschland» finden. Sie wünschen sich eine Partei, in der nicht Opportunismus und Machttrieb vorherrschen, sondern idealerweise Basisdemokratie. Diese selbsternannten Patrioten sind fester als andere davon überzeugt, dass Deutschland nur von der AfD gerettet werden könne, die AfD also wirklich die letzte Chance für dieses Land sei. Viele von denen wollen Deutschland in eine Wertewelt zurückkatapultieren, die sich an gesellschaftspolitischen Vorstellungen der 50er-/60er-Jahre und noch früherer Zeiten orientiert, und hoffen, es so zu konservieren. Deutschland solle sich in einer Art «idyllischem Naturzustand» wiederfinden.

Zu diesen «Patrioten» gehören auch Parteimitglieder, die deshalb vom Systemumsturz sprechen, vom Bürgerkrieg, und die das bestehende politische System infrage stellen. Viele von ihnen glauben an die neurechte Verschwörungserzählung vom angeblichen «Großen Austausch». Demnach plane eine gesellschaftliche Elite den Austausch der weißen einheimischen Bevölkerung gegen Migranten und bereite dies medial vor, unter anderem durch immer mehr People of Colour in Werbespots und Fernsehsendungen. Andere dieser «Patrioten» befürchten den «Great Reset». Dabei geht es um den Mythos, dass die Welt absichtlich in den Crash geführt und dann mit einer «Weltregierung» neu aufgebaut werden soll, um die Bürger zwangsweise einer neuen, globalen Ordnung zu unterwerfen.

Der rechtsradikale Ex-Flügel, bildet mittlerweile das Sammelbecken für Rassisten und Extrem-Patrioten jeglicher Schattierungen in der AfD. Zu ihnen zählen diejenigen, die sich nach einem Deutschland sehnen, vor dem die Mehrheit der Deutschen sich wohl eher fürchtet. Sie sind die Islam- und Migrationshasser, die sich auch gegen eine immer bunter werdende Welt mit Ehe für alle, mit gleichen Rechten für die LGBTQ+-Angehörigen und gendergerechter Sprache auflehnen. Für sie ist ganz Deutschland linksextrem, und diesen Linksrutsch wollen sie aufhalten – «Deutschland retten» eben. Die selbsternannten Patrioten tragen auch gerne Deutschlandflaggen am Revers, und viele haben einen strengen, mit Gel gekämmten Seitenscheitel, der optisch an düstere Zeiten erinnert.

In ostdeutschen Landesverbänden, in denen die AfD bei Wahlen und in Umfragen die Chance hat, in einer der kommenden Abstimmungen stärkste Partei zu werden, dominieren sowohl Funktionäre als auch Wählerinnen und Wähler, die solche Ansichten teilen.

Inzwischen hat die Entwicklung der gesamten Partei dazu geführt, dass dieser rechtsradikale Teil die AfD und ihre Ausrichtung zunehmend bestimmt. Während die AfD in Westdeutschland im Frühjahr 2022 bei den Wahlen in Schleswig-Holstein aus dem Landtag herausgeflogen und in Nordrhein-Westfalen nur mit Mühe eingezogen ist, erlebt sie im Osten der Republik weiter goldene Zeiten. Deshalb wähnen sich die rechten Ideologen in der Partei schon lange auf ihrem Weg bestätigt. Und das, obwohl die Mehrzahl der Parteimitglieder nach wie vor in Westdeutschland lebt: Dort sind es etwa 20 600, im Osten dagegen nur etwa 7900 Mitglieder. Diese Zahlen veröffentlichen im Juli 2022 unsere Kollegen vom ARD-Hauptstadtstudio. Demnach habe aber die AfD in den vergangenen zwei Jahren in den alten Bundesländern mehr Mitglieder verloren als im Osten.

Informanten mit Sendungsbewusstsein

Immer dann, wenn die rechten Ideologen in der Partei erschrocken feststellen, dass die angebliche Verkommenheit der sogenannten «Altparteien» in Form von Machtkämpfen und Verfehlungen auch in die AfD selbst längst Einzug gehalten hat, werden sie zu zuverlässigen Informanten für uns. Sie können es nicht ertragen, in Wahrheit gar keine «Alternative» zu sein. Deshalb wollen sie den Druck der Öffentlichkeit nutzen, um in ihrer Partei etwas zu verändern.

Die Motive von Radikalen und Gemäßigten, zu Informanten zu werden, sind sich also in einem Punkt recht ähnlich: Sie wollen aufklären, um ihre Partei sauber zu halten. Allerdings gibt es unterschiedliche Vorstellungen davon, was das heißt. Hinweisgeber, die aus dem gemäßigten Lager kommen, haben noch innere rote Linien, die sie nicht übertreten wollen, und schämen sich deshalb für rechtsextreme, offen rassistische Grenzüberschreitungen. Aber parteiintern tolerieren sie oft Unsägliches, wenden sich, statt sich dort zu verkämpfen, deshalb nach außen; die Medien sollen es richten. Diese Funktionäre treibt die Verkommenheit mancher ihrer eigenen Leute an. Es geht ihnen darum, neben Deutschland auch die AfD zu retten, indem sie der Partei und Einzelnen zunächst schaden. Ein bisschen gleichen diese Informanten Gärtnern, die einen Baum bis fast zum Stamm runterschneiden, damit er neue Triebe ausbildet, dabei jedoch riskieren, dass der Baum eingeht.

Seit ihrer Gründung 2013 haben diese beiden Lager in der AfD erbittert miteinander um die Ausrichtung der Partei gerungen. Viele Jahre lang hat die AfD aus diesem Mechanismus heraus gelebt. Sie bezog ihre enorme Energie aus stetig andauernden Machtkämpfen zwischen Konkurrentinnen und Konkurrenten, aber auch zwischen den verfeindeten Lagern als Ganze. Die AfD ringt so heftig mit sich selbst auf der Suche nach ihrer Identität, dass dies der Öffentlichkeit gar nicht verborgen bleiben kann. Und dieses innere Wesen der Partei erzeugt eine Spannung, in der die Basis immer wieder gegen die Elite aufbegehrt und die Führung gegen die Mitglieder kämpft. Ost gegen West. Gemäßigtere gegen Rechtsradikale. Habenichtse gegen Besserverdienende. Und zwar ständig.

Die Dauerkämpfe werden inzwischen auch zunehmend über die Parteigremien ausgetragen, die Landes- und Bundesvorstände. Besonders häufig ist das Mittel der Wahl ein Antrag auf Parteiausschluss. Solche Anträge sind langwierig und verlaufen oft im Nichts. In jedem Fall sorgen sie aber für eine Dauerbeschäftigung verschiedener Parteiebenen und sind auch ein Grund dafür, warum Sachthemen in den Hintergrund geraten. Zweimal schon nahmen die Parteivorstände Anlauf und entschieden einmal mehrheitlich, gegen die Stimmen von Gauland und Meuthen, den wohl prominentesten AfD-Politiker tatsächlich ausschließen zu wollen: Björn Höcke, den Thüringer Landeschef, stärksten Mann des Rechtsaußenflügels und inzwischen heimlichen Herrscher über die Mehrheiten der Partei. Während der Bundesvorstand im März 2017 seinen Ausschluss mit einem Gutachten über eine mutmaßliche Nähe zur nationalsozialistischen Ideologie absegnete, stoppte das für Höcke zuständige Landesschiedsgericht in Thüringen den Parteiausschluss. Höcke blieb in der Partei und ist heute einflussreicher denn je, wie der Parteitag im Juni 2022 zum ersten Mal auch offen sichtbar bestätigt hat.

Als Ertrag vieler solcher Konflikte konnten wir von etlichen Informanten Papiere aus der Partei sammeln. Es sind Dokumente, die die ressourcenfressende Selbstbeschäftigung der AfD eindrucksvoll demonstrieren. Sie finden sich schon in den Mails des allerersten Bundesvorstands, und sie sind verewigt in aktuellen Protokollen der heutigen Bundes- und Landesvorstände. Sie schlagen sich nieder in WhatsApp- und Telegram-Gruppen in hochrangigen Parteigremien. Die AfD gibt darin immer wieder das Bild einer Partei im Krisenmodus ab. Tagesordnungen für die wöchentlichen Telefonsitzungen des AfD-Bundesvorstandes lesen sich mit zunehmender Dynamik des Lagerkampfs zwischen Gemäßigteren und dem rechtsextremen Flügel wie To-do-Listen von Kriseninterventionsteams. Da wird am selben Tag verhandelt, ob ein ganzer Landesverband im Saarland mit sofortiger Wirkung aufgelöst werden muss, weil ihn sich eine Familiensippe Untertan gemacht haben soll. Und in derselben Sitzung geht es darum, ob ein Bundestagsabgeordneter aus der Partei geworfen werden soll, weil er mit einer als rechtsradikal erachteten Organisation gemeinsame Sache gemacht haben soll. Und noch ein weiteres Parteiausschlussverfahren wird in dieser Sitzung verhandelt. Daneben müssen die Vorstände dann den Haushalt 2020 absegnen und sich mit Corona befassen, das gerade erst in Deutschland angekommen ist. Nur einige von vielen gewichtigen Tagesordnungspunkten. All das zeigt, dass es sich bei der AfD um alles andere als eine normale Partei handelt.

Im Frühjahr 2019 herrscht schon wieder Krisenstimmung in der Partei, denn ein neuer Gegner bringt die Machtkämpfe durcheinander. Er kommt diesmal von außen: Der Verfassungsschutz nimmt die AfD ins Visier. In der Partei, die eigentlich Angst in Deutschland sät, geht nun selbst die Angst um. Es ist die Sorge, dass sie den Vorwurf, rechtsextrem zu sein, in der Gesellschaft nicht mehr öffentlich leugnen kann, weil eine staatliche Institution ihr dies bescheinigt.

Und es ist die Angst der Gemäßigteren, dass Mitglieder die Partei in Scharen verlassen könnten, die gesellschaftlich noch etwas zu verlieren haben, seien es Dienstverhältnisse beim Staat, Pensionsansprüche oder ihren Leumund. Die Attacken zwischen den beiden Parteilagern nehmen damals zu. Und je mehr sich der Inlandsgeheimdienst für die AfD interessiert, desto heftiger kämpfen sie gegeneinander um die Macht. Der altbewährte Mechanismus greift zu und steuert auf einen nie gekannten Takt zu.

All diese Kämpfe fügen der AfD seit ihrer Gründung zwar immer wieder Schaden zu, aber sie bieten ihr gleich mehrere Vorteile. Denn die AfD beschert ihren Beobachtern jede Menge Gesprächsstoff, mitunter nachgerade Unterhaltung, was diese, aber auch die Funktionäre selbst, meist vom Wesentlichen ablenkte und über die eigentlichen Probleme der AfD hinwegsehen ließ: die gleichbleibende Suche nach Inhalten und wachsende Radikalität. Geschichten, die den Machtkampf zwischen prominenten Köpfen beschrieben, täuschten darüber hinweg, dass die AfD programmatisch kaum eine Entwicklung durchgemacht hat. Wer sich ernsthaft mit dem Programm der nun fast ein Jahrzehnt lang bestehenden Partei auseinandersetzt und nach inhaltlichen Antworten, nach Lösungsvorschlägen zu den großen Herausforderungen der Zeit sucht, findet viele populistische Dagegen-Parolen – zuletzt erst gegen Corona-Maßnahmen der Bundesregierung, dann gegen deren Inflationspolitik. Er findet Herabwürdigungen der jeweiligen Regierungslinie, jedoch wenige Lösungen und Alternativangebote. Die AfD ist stattdessen über Jahre hinweg mit dem in aller Munde gewesen, was ihre Protagonisten an zwischenmenschlicher Show ablieferten. Sie hat Sendeminuten und Artikel damit gefüllt und spiegelte so der Öffentlichkeit Aktion vor, wo außer Streit wenig geschah.

Selbst die AfD hat inzwischen begriffen, dass dies ein wichtiger Teil ihres Erfolgs war, und beklagte zuletzt ein mangelndes öffentliches Interesse an ihrer Politik. Es war den Politikern wie den Beobachtern über Jahre ein Leichtes, dieses System in Bewegung zu halten. Je mehr nämlich die Glücksritter die Partei als Karrieresprungbrett nutzten und Gegner ausschalten wollten, desto mehr motivierte dies die ideologischen Hardliner, ihrerseits Informationen durchzustechen. Je extremer sich wiederum die Radikalen positionierten, desto mehr sahen sich Hinweisgeber aus dem immer kleiner werdenden Lager der Gemäßigteren dazu genötigt, streng geheime Dokumente an die Medien weiterzureichen. Papiere, die zeigten, wie die Partei die Gefahr einer Bedrohung durch den Verfassungsschutz einschätzte oder wie die Behörde über Äußerungen einiger Extremer aus der AfD genau dachte. Etwa wenn das Bundesamt die «Gleichsetzung von Corona-Schutzimpfungen mit den menschenverachtenden medizinischen Experimenten unter dem Nationalsozialismus» in einer Rede eines brandenburgischen AfD-Landtagsabgeordneten als «zynische Verhöhnung der Opfer dieser verbrecherischen Menschenversuche im Nationalsozialismus» wertet. Wir bekamen auch Mailverläufe oder Chats aus der Partei zugespielt, die extremistisches Gedankengut zeigten, das unsere Informanten erzürnte. Auch Anwaltsschreiben zwischen Kontrahenten in parteiinternen Auseinandersetzungen fanden so in unsere Archivordner. Inhalte dieser Papiere werden wir im vierten Kapitel dieses Buches ausführlich zitieren, in dem wir uns mit der Frage beschäftigen, wie radikal die AfD wirklich ist. Die Dokumente gewährten uns tiefe Einblicke in das Selbstbild der Partei. Auch auf den Effekt der drohenden Beobachtung durch den Verfassungsschutz werden wir in dem entsprechenden Kapitel dieses Buches noch intensiver eingehen.

Aus dem Streit und organisatorischen Chaos dieser zerrissenen AfD heraus entstand eine Art Informationskreislauf, ein Perpetuum mobile der Indiskretionen und der Selbstbeschäftigung. Die AfD-Protagonisten machen dabei die eigentlich als feindlich angesehene Presse immer dann zu einem Teilzeit-Verbündeten, wenn es ihnen nützt. Dann also, wenn es darum geht, parteiinterne Gegner auszuschalten oder einer bestimmten Sichtweise mithilfe der Öffentlichkeit zum Sieg zu verhelfen. Oder, wie es einer unserer langjährigen Informanten einmal etwas flapsig, aber nicht unzutreffend am Telefon formuliert hat, während er bei einer E-Mail mit hochvertraulichem Anhang auf «Senden» drückte: «Für Sie ist das doch super. Sie können sich in solchen Situationen doch einfach mal zurücklehnen, Popcorn essen und warten, was alles so reinkommt.»

Manchmal bekommen wir seltsame Anrufe. An einem Ostersonntag klingelt bei einem von uns das Telefon. Am anderen Ende ist zunächst ein tiefes Seufzen zu hören, typisch für den Mann, der nun zu sprechen beginnt, für Alexander Gauland. Er meldet sich aus seinem Urlaub in Italien, mit deutlich hörbarer Verärgerung in der Stimme, und er hält sich nicht mit Höflichkeiten auf: «Ich habe gehört, ich soll Sie anrufen, weil Sie mir sagen können, was schon wieder in meiner Partei los ist?» Die Frage Gaulands zielte damals auf den Machtkampf zwischen den prominentesten Vertretern der Partei, bei dem es nicht nur um die Spitzenposten zur Bundestagswahl ging, sondern auch um Richtungsfragen; darum, ob sich die Partei mäßigen sollte oder einen radikaleren Kurs einschlagen – und letzteren Weg bevorzugte wohl Gauland. Offenbar hatte er damals mitbekommen, dass wir zu möglichen Plänen Frauke Petrys recherchierten, den gemäßigteren Teil der Partei womöglich abtrennen zu wollen. Auf seine unkonkrete Frage hin gaben wir uns jedoch bedeckt, weil wir als Journalisten uns selbst in der Rolle der Informationsbeschaffer sehen, nicht der Informationsgeber.

Und dann wäre da noch der Namenszug, der direkt nach dem Abpfiff des Deutschlandspiels bei der EM 2021 auf dem Handydisplay aufleuchtet, ein Name, den fast jeder kennt. Auch hier herrscht Erregung am anderen Ende der Leitung. Wir hatten den Parteivorstand mit der Existenz eines heimlichen Strippenziehers konfrontiert, den zwar so gut wie die halbe Bundestagsfraktion bestens kennt, dessen Namen er jedoch nie zuvor gehört haben will. Es geht um Tom Rohrböck, eine der spannendsten Figuren der Partei, der nie Mitglied war, aber zu zahlreichen Spitzenfunktionären enge Kontakte hatte und seit der Parteigründung einen höchst erstaunlichen Einfluss auf AfD-Geschicke hatte. Ihm und seinem Wirken werden wir später ein eigenes Kapitel widmen.

Vom Streit leben

Lange haben wir, wohl zu Unrecht, als Beobachter die Machtkämpfe der AfD und den immerwährenden Streit als große Krise der Partei beschrieben, als ihr größtes Problem. Auch für die Parteiführung erscheint es offenbar von Beginn an so, als gäbe es in der AfD mehr Hauen und Stechen als in etablierten Parteien, in denen Politiker einander auch nicht schonen. Doch dort sind die Strukturen oft über Jahre hinweg gereift und gewachsen, man kennt sich, schon aus den Jugendorganisationen, die zumeist radikaler ticken als die Mutterparteien. Man trifft sich dann, erwachsen, erfahrener und mitunter gereift, in Parteigremien und Fraktionen wieder. Bei der AfD ist dieser Prozess entfallen. Sie wuchs so schnell und zog so rasch in die ersten Parlamente ein, dass die Neu-Politikerinnen und Politiker solche Erfahrungen nicht sammeln konnten und auch nicht zu funktionierenden, arbeitsteiligen Teams werden konnten. Zumal sich in der AfD auch etliche Anhänger sammeln, die sich als Fundamentalopposition begreifen und Hierarchien ablehnend gegenüberstehen. Und das gilt nicht nur für das Leben außerhalb, sondern auch innerhalb der Partei, in der ein Delegierter auf Parteitagen sich nicht scheut, eine Bewerberin um den Parteivorsitz vor dem versammelten Auditorium als unfähig zu bezeichnen, wie es Alice Weidel im Sommer 2022 widerfuhr. Sie selbst kann es sich ihrerseits bis heute nicht verkneifen, Kritikern von Podien herab schnippisch klingende Retourkutschen zu geben. Oder ihnen sogar einen Vogel zu zeigen.

Die Parteispitze stellt deshalb seit den Anfangstagen, seit 2013 also, immer neue interne Regelkataloge auf, die den höflichen Umgang miteinander auch bei Streit erreichen und die Auseinandersetzungen auf ein erträgliches Niveau einpendeln sollen. «Verhaltensrichtlinien» heißen diese Kataloge. Es sind Regeln, wie man sie eher an den Wänden von Klassenzimmern in der Grundschule zu lesen erwartet als in einer Organisation erwachsener Mitglieder. In einem frühen Katalog – er stammt aus dem Jahr 2014 – heißt es etwa:

«Sowohl in innerparteilichen Auseinandersetzungen wie auch in der Auseinandersetzung mit dem politischen Gegner und unseren Kritikern pflegen wir einen Umgangsstil, der von gegenseitigem Respekt geprägt ist. Diesen Stil wollen wir auch dann beibehalten, wenn unsere Gegner und Kritiker diesen vermissen lassen.»

Als wir diese Regeln auf dem vorläufigen Höhepunkt der internen Machtkämpfe 2017 zugespielt bekommen, müssen wir fast lachen. Denn so schön sie formuliert sind, so wenig hält sich damals irgendwer an diesen Kodex, den im Jahr vor der Bundestagswahl dann sogar das formal höchste Gremium der Partei, der sogenannte «Konvent», in die Hand nimmt und erweitert. Wichtige Funktionäre aus Ländern und Bund sollen nun eine noch schärfere Erklärung unterzeichnen: neue interne Kommunikationsregeln. Sie sollen nun die Funktionäre voreinander und vor ihren Bösartigkeiten schützen.

«Vor Äußerungen über Vorstands- / Parteikollegen wird VORAB mit der betroffenen Person gesprochen», heißt es darin. «Persönliche Kritik an Kollegen in der Öffentlichkeit gilt als absoluter Tabubruch. Verstöße hiergegen wird der Konvent beobachten und mit seinen Möglichkeiten sanktionieren.»

Ein zweites Dokument, das uns damals zugespielt wird, zeigt zudem: Obwohl Funktionäre aus Ländern und dem Bundesvorstand diese Regeln zum Umgang miteinander unterschreiben sollten, fehlen Monate später noch immer die Signaturen führender Parteimitglieder.

So lassen auch diese schärferen Verhaltens- und Kommunikationsregeln die meisten Parteimitglieder gänzlich unbeeindruckt. Deshalb ziehen sich, trotz aller Versuche, den Umgang miteinander zu verbessern, seit den ersten Tagen der AfD tiefe Gräben durch die Reihen der «Parteifreunde». In einer internen Chatgruppe im

Bundestag lesen wir im Januar 2019 etwa diesen Meinungsaustausch:

«Du weißt, dass du in der AfD bist, wenn House of Cards beginnt zu langweilen... 😎*»*

«House of Cards? Ich dachte GoT (gemeint ist die Serie ‹Game of Thrones›, Anmerkung der Verfasser).»

Besonders gern exerzieren die Lager ihre Machtkämpfe entlang einer besonderen Liste, der sogenannten «Unvereinbarkeitsliste», die seit Jahren anwächst. Etwa 400 politische, extremistische und sektenartige Organisationen sind darauf inzwischen zu finden. Von der NPD bis zur Heimattreuen deutschen Jugend und deren Nachfolgeorganisationen, auch solche aus dem Rechtsextremismus. Anfang 2022 wurden die «Freien Sachsen», die Corona-Spaziergänge organisieren und in denen sich auch Rechtsextreme sammeln, als eine der letzten Gruppierungen auf die Liste gesetzt. Wer in einer dieser Organisationen Mitglied ist oder war, darf es nicht in der AfD sein. Das radikale Lager ist deshalb bestrebt, so wenige Organisationen wie möglich auf dieser Liste zu belassen und so die Grenzen des Vertretbaren zu verschieben. Auf dem Bundesparteitag in Riesa im Juni 2022 zeigte der Thüringer Landeschef und Anführer der radikalen Parteirechten, Björn Höcke, dem Bundesvorstand auf, wie viel Macht dieser Flügel der Partei inzwischen hat. Höcke unterstützte den Antrag, die Gewerkschaft Zentrum Automobil von der Unvereinbarkeitsliste zu nehmen, eine Organisation, die sich selbst als Alternative zum SPD-nahen Deutschen Gewerkschaftsbund bezeichnet und die unter Extremismusverdacht steht – auch innerhalb der AfD. Trotz Kontakten zu NPD und der rechtsradikalen Splitterpartei «III. Weg» ließen Höcke und seine Getreuen sie von der Unvereinbarkeitsliste streichen – eine klare Machtdemonstration. Die Partei könne selbst bestimmen, wer Extremist sei und wer nicht, führte Höcke aus, den das Bundesamt für Verfassungsschutz inzwischen als «Rechtsextremisten» bezeichnet.

In der AfD wird die Unvereinbarkeitsliste auf der anderen Seite auch von Höckes Gegenspielern nicht nur zu dem Zweck eingesetzt, für den sie geschaffen wurde. Die Gemäßigteren ziehen sie immer dann heran, wenn es gilt, missliebige Gegner aus dem Weg zu räumen. Und obwohl es sie von Beginn an gibt, schaute die AfD in manchen Fällen offenbar gezielt weg, wenn es grundsätzlich opportun erschien. In den Anfangsjahren strömten beispielsweise viele Mitglieder der rechtsradikalen Partei «Die Freiheit» in die AfD, vor allem in Sachsen. Bis heute findet sich zumindest der bayerische Landesverband auf der Unvereinbarkeitsliste, obwohl es die Partei seit 2016 nicht mehr gibt. Damals rang die AfD-Führung um Bernd Lucke und Frauke Petry um die Frage, ob die Aufnahme der Rechten zulässig ist. Jahre später störte es in den oberen Parteigremien dann niemanden mehr, dass ein ehemaliges Freiheits-Mitglied als Abgeordneter für die Partei in den Bundestag einzog. Offenbar hat die Parteiführung in der Zeit des Wachstums die vielen neuen Mitglieder im Osten gut gebrauchen können. Ähnlich verhält es sich mit Pegida, der fremden- und islamfeindlichen Organisation, deren Ableger in München, Nürnberg und Franken sehr wohl auf die Unvereinbarkeitsliste der AfD gesetzt wurden. Zu Pegida entwickelte die AfD ein sehr pragmatisches Verhältnis, profitierte sie doch lange sehr vom politischen Klima und Milieu, das rund um Pegida in Dresden entstand. Redner des rechtsextremen Flügels wie Björn Höcke und Andreas Kalbitz waren gern gesehene Gäste auf den Kundgebungen. Doch offiziell hatte die Partei eine Zusammenarbeit abgelehnt. Bis der Konvent der Partei, der für die Grundlinien zuständig ist, 2018 entschied, dass die Mitgliedschaft in der AfD nicht unvereinbar mit Auftritten bei Pegida Dresden sei und damit das ohnehin nicht konsequent umgesetzte Kooperationsverbot stark aufweichte. Damals erreichten uns besorgte Anrufe von gemäßigteren Kräften aus dem AfD-Bundesvorstand, denen diese Entscheidung als Dammbruch gegen den Einfluss von Rechtsaußen erschien.

Jenseits des Lagerstreits, der die Partei wie ein Motor antreibt, gibt es noch eine besonders spektakuläre Ausprägung des Machtkampfes: die Fehde an der Parteispitze. Es geht um die erbitterten Kämpfe zwischen den exponiertesten Funktionären, den sogenannten «Parteisprechern», den Spitzenduos, die in der Vergangenheit stets mehr Gegner waren denn Verbündete. So hat die AfD Stand heute, Sommer 2022, in neun Jahren seit der Parteigründung schon vier Parteichefinnen und -chefs verschlissen, die die AfD im Streit und in tiefer Enttäuschung verlassen haben, in vielen Fällen mit einem Knall, nach dem wenig folgte. Der König ist tot, es lebe der König. Ist dieser Streit um die Macht verloren, bleibt die Rache. Und die ist in der AfD lagerübergreifend ein starkes Motiv, Dokumente herauszugeben, die eigentlich vertraulich sind.

Viele der großen Dramen haben mit einem Mann zu tun, der lange Zeit ein innerparteiliches Gegengewicht zu Björn Höcke darstellt. Den Medien ist er gerade noch als bürgerlich zu verkaufen, so nimmt er jahrelang für die AfD in vielen Talkshow-Sesseln Platz und kommentiert die Vorgänge in seiner Partei. Im Herbst 2021, als Jörg Meuthen noch in Amt und Würden ist, lässt der Vorsitzende schon kein gutes Haar mehr an seiner Partei. Die AfD, so sagt es Meuthen damals, bestehe eigentlich längst aus zwei getrennten Parteien. Einer liberalkonservativen im Westen, der er sich zurechne, und einer «Lega Ost». Mit einer der beiden Parteien habe er als Chef nichts zu tun. Er habe damals eine Tendenz beschrieben, fügt er im Sommer 2022 erklärend hinzu, als wir ihn mit früheren Aussagen konfrontieren. Die Trennlinie sei eben nicht strikt, denn es gebe auch einige Vertreter einer liberalkonservativen Richtung im Osten, genauso wie die AfD Vertreter einer völkisch-nationalistischen Ausrichtung im Westen bis heute habe. «Richtig ist, dass mir die völkisch-nationalistische Richtung immer fremd war und sie nicht meinem Weltbild entspricht», so Meuthen.

Jörg Meuthen und die «Lega Ost»

Was er uns Monate vor seinem Austritt im Januar 2022 sagte, war keine Prognose einer Spaltung mehr, sondern eher die einer Selbstauflösung des zunehmend machtlosen gemäßigteren Lagers. Der amtierende Parteichef erklärt uns schon damals, dass die AfD-Spitze vor lauter Selbstbeschäftigung und «Trouble-Shooting» seit Jahren vollkommen lahmgelegt und unfähig sei, inhaltlich überhaupt noch Politik zu betreiben – ein desaströses Eingeständnis, auch selbst nicht das erreicht zu haben, was er sich ursprünglich bei seinem Amtsantritt vorgenommen hatte.

2015 übernimmt Meuthen die Parteispitze und wird das Amt sechseinhalb Jahre lang bekleiden, so lange wie keiner seiner Amtskolleginnen und -kollegen zuvor, und er wird dabei in wechselnden Koalitionen und Konstellationen jeweils mit Kalkül agieren. Aus mehreren Machtkämpfen an der Parteispitze geht er in diesen Jahren als Sieger hervor, als der starke Mann. Obwohl er sich selbst dem eher gemäßigteren Lager zuordnet, arrangiert er sich mit den Rechtsaußen der Partei, dem damaligen «Flügel». Dieses Lager hält er sich lange gewogen, mit allerlei Zugeständnissen – leben und leben lassen.

Sein Aufstieg in der AfD kommt plötzlich. Im Sommer 2015 hatte Frauke Petry sich Meuthen, einen der letzten verfügbaren Wirtschafts-Professoren, bewusst an ihre Seite gewünscht, wie sie später sagt. Promovierter Volkswirt und Lehrer an der wenig bekannten Hochschule für Verwaltung in Kehl, fünffacher Vater, römisch-katholisch, so einer schien präsentabel als Nachfolger von Gründer Bernd Lucke, der in den ersten zwei Jahren das Gesicht der neuen, ambitionierten Partei gewesen war. Meuthen, dieser in Parteiämtern damals unerfahrene Politik-Newcomer, kommt rechtsliberal rüber, aber nicht rechtsradikal. Bernd Lucke hatte im Sommer 2015 einen wochenlangen Machtkampf gegen Frauke Petry verloren, bei dem es in der Parteispitze erstmals auf offener Bühne darum ging, wie weit rechts die Partei stehen soll, ob sie sich etwa der Pegida-

Bewegung öffnet, die in Dresden gegen eine vermeintliche Islamisierung des Abendlandes angetreten war. Die AfD verlor in diesem Sommer auf dem Essener Parteitag ihren bekanntesten und auch inhaltlich prägendsten Kopf. Er verließ die AfD, Hunderte seiner Anhänger folgten ihm. Und das war für die Partei vor allem qualitativ ein Verlust: Viele Unternehmer waren darunter, auch solche, die die Partei finanziell unterstützt hatten, und die nun kundtaten, nicht mit Rechtsradikalen gemeinsame Sache machen zu wollen. Auch viele Kreisvorstände verließen die Partei, und neben Lucke einige wichtige AfD-Gründer wie die AfD-Europaabgeordneten und Schleswig-Holsteinische Landesvorsitzende Ulrike Trebesius und Joachim Starbatty. Obwohl Lucke eine neue Partei gründete und einige seiner ehemaligen Weggefährten ihm dorthin folgten, verschwand er danach schnell von der großen politischen Bühne.

Meuthen folgt ihm also auf Petrys Geheiß nach und übernimmt zu einem Zeitpunkt, der rückblickend auch mit einer programmatischen Entscheidung einhergeht. Die AfD macht ihren bisherigen Markenkern, die Eurokritik, zum Randthema. Mit Petry und Meuthen schlägt die Partei einen Kurs weiter rechts ein, mit anderen inhaltlichen Zielen. Kurz zuvor hatte sich die Parteirechte zum Flügel zusammengeschlossen und sich inhaltlich gegen Lucke gewandt. Das Bild der bürgerlichen «Professorenpartei» bekam schon damals immer tiefere Risse. Nach der Spaltung verließen mit Lucke auch viele Wirtschaftsliberale und Konservative die AfD. Nicht nur die Parteispitze verlor damals ökonomisch versiertes Personal. Vor allem in der zweiten Reihe, in den Arbeitskreisen der AfD, fehlte dieses Profil. Hier füllte unter anderem Alice Weidel diese Leerstelle, kam erstmals in den Bundesvorstand und brachte sich federführend in der Programmkommission ein, die der Partei Inhalte geben sollte. Neue Köpfe dieses Zweiges wie die Ökonomin Weidel wollten sich nicht nur mit Euro- und Zentralbankkritik profilieren, sondern stimmten durchaus auch in Islam- und Migrationskritik ein. Diese Mischung beförderte manche Karrieren und machte diese Personen auf längere Sicht in beiden Lagern wählbar.

Die Partei steckt damals, im Sommer 2015, also in einer existentiellen Krise, und dies nehmen auch die Wähler zur Kenntnis. In Umfragen wollen noch gerade einmal drei Prozent der Deutschen dieser AfD ihre Stimme geben. Von ihrem selbst gesteckten Ziel, dem Einzug in den Bundestag 2017, scheint sie meilenweit entfernt zu sein. Doch dann bekommt die Partei durch einen historischen Zufall Rückenwind, den sie in dieser Stärke wohl selbst nicht erwartet hat. Kurz nach der Spaltung der AfD kommen Hunderttausende Geflüchtete nach Deutschland, und die Partei strukturiert sich unter Führung der neuen Doppelspitze Petry und Meuthen fast vollständig um. Erst jetzt wird sie zu einer dezidierten Anti-Migrations- und Anti-Islam-Partei. In den Umfragen geht es rasant bergauf, weil die AfD all jenen, die ihrerseits Ängste vor dem Fremden entwickeln, eine politische Heimat bietet. Mit Meuthen zieht die Partei in Baden-Württemberg in den Landtag ein, weitere Parlamente in West wie Ost folgen. Die AfD, die gerade noch fast am Boden lag, bedient das Lager der Ängstlichen und der Gegner Angela Merkels. «Merkel muss weg» – aber was muss her? Darauf liefert die AfD kaum Antworten, was ihr zunächst jedoch nicht schadet.

Infolge seines Aufstiegs gerät Meuthen, voll frischem Selbstbewusstsein und mit eigenem Kurs, schnell mit seiner Ko-Vorsitzenden Petry über Kreuz, die sich als die wahre Führungsfigur sieht und Meuthen lange auch medial überstrahlt. Meuthen aber fasst Fuß an der Parteispitze und kommt auf Augenhöhe, vielleicht schneller, als Petry sich das gedacht hat. Sie hätte sich ihn als eine Art «Beistell-Professor» ausgewählt und sei dann erschrocken gewesen, als er, Meuthen, so schnell an der Basis beliebt gewesen sei, erklärt Meuthen uns im Sommer 2022 rückblickend. Nachdem er auf dem Stuttgarter Programmparteitag im Mai nach seiner Amtsübernahme mit einer flammenden Rede gegen «linksgrünversiffte» Altachtundsechziger zum Star des Parteitags geworden sei, habe Gauland ihn direkt nach seiner und vor Beginn der Rede Petrys gelobt: «Also, nach Ihnen reden zu müssen, lieber Herr Meuthen, das ist nun wirklich die Höchststrafe.» Da hätten Petry und ihr

Mann Marcus Pretzell ihr Verhalten geändert, «die haben mich von da an nur noch bekämpft», so Meuthen. Der nächste Machtkampf an der Spitze der Partei nimmt Fahrt auf, erst hinter den Kulissen und am Ende auf offener Bühne. Ideologie spielt in diesem Streit weniger eine Rolle als persönliche Eitelkeiten und Kränkungen. Die Rivalitäten dauern etwa zwei Jahre lang an, bis zum Showdown in einem Kölner Hotel Ende April 2017.

Für ihren Endkampf bedienen sich beide der Parteilager. Meuthen arrangiert sich dafür zeitweise auch mit dem rechtsextremen Flügel, strategisch-freundlich. Er nimmt mehrmals an dem alljährlichen sogenannten Kyffhäuser-Treffen des rechtsextremen Parteilagers teil, wo er sogar als Redner auftritt. Während Meuthen lange das freundliche Gesicht des Rechtspopulismus abgibt und der AfD einen letzten Anstrich von Professorenpartei beschert, versichert er sich in entscheidenden Reden immer wieder des Rückhaltes bei den Rechtsaußen der Partei. Und mehr noch: Er nähert sich ihnen, wenn es opportun erscheint, inhaltlich an. Unter seiner Führung gewinnt der Flügel erst an Stärke, weil er ihn lange gewähren lässt – auch wenn er ihn dann in seinen letzten beiden Jahren an der Parteispitze so entschlossen bekämpfen wird wie kein Parteichef zuvor.

Doch im April 2017 nutzt er dessen Kräfte, um ihm beim großen Showdown gegen Frauke Petry dienlich zu sein. Es ist ein Konflikt, der sich über viele Monate aufbaut wie eine Gewitterwand, die sich dann auf dem Bundesparteitag in Köln entlädt. Frauke Petry will mit einem sogenannten «Zukunftsantrag» kräftige rote Linien in die Partei einziehen – Grenzlinien nach Rechtsaußen. Vor der Bundestagswahl müsse klar sein, «ob und wie wir die AfD bis 2021 als realistische Machtoption für die Wähler aufbauen», sagt sie in Köln. Sie will die AfD also erklärtermaßen koalitions- und regierungsfähig machen, und dabei sind ihr die Rechtsaußen um Höcke nun hinderlich. Sie will den Flügel abschütteln. Dem gutbürgerlichen Lager, das sie offenbar im Blick hat, sehr konservative Kreise der CDU, aus der manche aus Petrys damaligem engerem politischen Umfeld stammen, ist der Flügel ein Dorn im Auge, selbst eine rote Linie.

Doch die Partei, und der Flügel vorneweg, will sich keine Mäßigung verordnen lassen. Petrys Vorhaben halten damals viele Beobachter – und so auch wir – für politischen Suizid angesichts der Situation, die in der AfD vorherrscht. Wie Lucke zuvor, verkennt auch Petry die Machtverhältnisse in ihrer Partei. Und Meuthen nutzt dies dankbar aus, obwohl er ihr als selbst Gemäßigter inhaltlich eigentlich zustimmen müsste. «Inhaltlich gab es nie eine Differenz zwischen mir und Frauke Petry», wird uns Jörg Meuthen Jahre später sagen, Ende Juni 2022. «Ich kritisiere zwar die illegale Migration scharf, aber ich bin alles andere als ausländerfeindlich», definiert Jörg Meuthen später im Gespräch mit uns seine eigenen roten Linien. Aber er stand sechseinhalb Jahre lang an der Spitze einer mehrheitlich ausländerfeindlichen Partei. Petry habe ihn «mit allen Waffen bekämpft». Er hätte es nicht vermocht, gegen sie und den Flügel gleichzeitig vorzugehen, so begründet er seine damalige Allianz mit den Rechtsaußen. Und er räumt ein, den Flügel für seinen Kampf benutzt und zugleich Höcke und dessen Machtambitionen eklatant unterschätzt zu haben. Es war sein wohl größter Fehler in sechseinhalb Jahren an der Spitze der AfD.

Zwei Jahre später, von Mitte 2019 an, will Meuthen seiner Partei selbst Mäßigung und Grenzen verordnen. In Köln jedoch führt er gegen Petry und ihren Antrag den Dolch. In seiner Parteitagsrede poltert er, zum Gefallen des Auditoriums, unter anderem gegen Migranten und behauptet, in seiner Heimatstadt Karlsruhe seien kaum noch Deutsche auf den Straßen zu sehen. Töne, die man so von ihm bisher nicht gehört hat – und die damals Beobachter, auch wir, als verbale Geschenke an den Flügel deuten. Er braucht ihn an diesem Tag, um Petry zu besiegen. Meuthen zieht bei der Meuterei gegen Petry die Strippen, gemeinsam mit Alexander Gauland und Alice Weidel, die am Ende des Parteitags die AfD als Spitzenkandidaten in den Bundestagswahlkampf 2017 führen.

Vor aller Augen erlebt die hochschwangere Parteichefin hier den Anfang ihres unaufhaltsamen Abstieges. Ihr «Zukunftsantrag» fliegt von der Tagesordnung, der Parteitag beschließt, nicht einmal darüber abzustimmen. Im anschließenden Bundestagswahlkampf ist Petry ein Stern der AfD, dem man beim Verglühen zusehen kann.

Rache nimmt sie an einem ganz besonderen Tag: in der Bundespressekonferenz, als die Parteispitze den historischen Einzug der AfD in den Bundestag bejubeln will. Petry verdirbt die Party, sie schmeißt hin und steigt aus. Ein vorerst letztes Mal zieht sie die Schlagzeilen auf sich und ihre Pläne für eine Alternative zur Alternative, die «Blaue Partei».

Für die Blaue Partei wird sich bald niemand mehr interessieren. Doch Petry selbst wird Jahre später ein weiteres Mal Rache nehmen, sie wird Meuthens Achillesferse in den Blick nehmen, die sie gut kennt – seine Verstrickung in einen der größten Skandale der Partei. Aber diesem wichtigen Seitenast der Parteigeschichte, der AfD-Spendenaffäre und ihren Verwicklungen, widmen wir uns in einem eigenen Kapitel (siehe Kapitel 5).

Wir blickten damals im Kölner Maritim-Hotel von der Empore auf die Bühne und das Drama, das sich dort abspielte. Wir beobachteten, wie die neue starke Frau, Alice Weidel, ans Rednerpult trat. Mit scharfer Stimme forderte sie, dass «die *politische Korrektheit* auf dem Müllhaufen der Geschichte» landen solle. Vorher war sie eher für leise Töne bekannt gewesen, dies hier war ein wenig gruselig und weckte Befürchtungen, was da nun kommen könnte, vom Herbst 2017 an im Bundestag. Im Foyer des Saals gab uns später der frisch ernannte Ko-Spitzenkandidat Alexander Gauland ein Interview, ein weiterer Gewinner des Parteitages. Sein Fazit zu der AfD, die er nun in den Bundestag führen sollte: «Disziplinieren können Sie die Partei nicht.» Ein Verweis auf die immerwährenden Kämpfe, in denen die Partei steckt, weshalb Gauland sie bis heute als «gärigen Haufen» bezeichnet.

Einige Monate lang führt Meuthen damals, nach Petrys finalem Abschied, die AfD allein, bis ihm am Ende des Jahres 2017 Alexander Gauland an die Seite gestellt wird. Aus Altersgründen übergibt Gauland dann Ende 2019 «seine Partei» – so empfindet er das offenbar – in die Hände des Malermeisters und heutigen Bundestagsabgeordneten Tino Chrupalla aus dem sächsischen Görlitz. Politisch ist Chrupalla da noch unerfahren, rhetorisch mehr als ungelenk, doch er passt in der AfD-Lager-Arithmetik genau an Meuthens Seite. «Tiny Tino» nennen ihn manche Feinde in der Partei. Chrupalla wird von Gauland zum Nachfolger auserkoren; er rechnet sich, wie sein politischer Ziehvater, nicht offiziell zum Flügel. Tatsächlich ist es jedoch in erster Linie der Flügel, der ihn trägt und wählt. Mit einem Duo aus einem Wirtschaftsprofessor aus dem Westen und einem Handwerker aus dem Osten personifiziert die Parteispitze die beiden immer deutlicher auseinanderdriftenden Lager offen sichtbar. Meuthen und Chrupalla finden nie vertrauensvoll zusammen, arbeiten zuletzt nur mehr gegeneinander.

Zwei Männer, zwei Welten und zwei Teile der Partei, die immer weniger zueinander passen. So windet sich die gesamte AfD 2021 in die nächste Bundestagswahl hinein. Ihr Programm lautet «Deutschland. Aber normal.», aber nichts läuft wie in einer normalen Partei. Normal ist in diesen Monaten nur die andauernde Beschäftigung mit sich selbst. Sie gipfelt nach der Wahl im Rücktritt ihres langjährigen Parteichefs Meuthen, der in einem Interview mit uns im Januar 2022 seinen Austritt aus der AfD erklärt. «Das Herz der Partei schlägt heute sehr weit rechts und es schlägt eigentlich permanent hoch», begründet er unter anderem seinen Schritt. Fortan zerfällt die Gruppe der gemäßigteren Bundesvorstände, die Meuthens Kurs lange gefolgt waren, und Tino Chrupalla führt die AfD als alleiniger Parteichef bis zu einem entscheidenden Parteitag im Sommer 2022 im sächsischen Riesa. Hier, in einem der Machtzentren der Parteirechten, trägt die AfD den womöglich letzten Kampf zwischen den Gemäßigteren und dem nun immer stärker gewordenen Höcke-Lager aus. Wie es zu Riesa kam und dazu, dass das Höcke-Lager erst als Verlierer erscheint, um dann stärker denn je seine Kräfte zu entfalten, werden wir im vierten Kapitel dieses Buches noch genau aufzeichnen. Unter der drohenden Verfassungsschutzbeobachtung versucht eine Gruppe um Meuthen von 2019 an, die Grenzen der Radikalität so zu setzen, dass die AfD das Alleinstellungsmerkmal der Anti-Migrationspartei zwar behält, dabei aber nicht systematisch demokratie- und menschenwürdefeindlich erscheint. Ein Balanceakt, für den Meuthen eintritt, und der ihm letzten Endes kräftig misslingen wird.

Zwar gelingt es ihm mit seiner Unterstützergruppe im Bundesvorstand, den Flügel im Frühjahr 2020 zur formalen Selbstauflösung zu zwingen. Kurz darauf erreicht er noch, dass mit Andreas Kalbitz der mit Höcke mächtigste Anführer der Rechtsaußen die Parteimitgliedschaft verliert. Doch Druck der Gemäßigteren erzeugt Gegendruck. Die Parteirechte behauptet sich auf Parteitagen, gewinnt Schritt für Schritt an Macht, und Meuthen erkennt im Herbst 2021, dass er verloren hat.

Nach Meuthens Abschied ist nicht nur sein Platz an der Spitze frei. Auch der Überlebende im Machtkampf, Tino Chrupalla, dem seine Gegner Führungsschwäche nachsagen, muss um seinen Platz kämpfen. Bevor sich die Delegierten in der Kleinstadt Riesa treffen, tobt ein heftiger Kampf um die Verteilung der Spitzenposten, der durch das neue Machtvakuum entstanden ist. Es ist auch immer mehr der Kampf der starken, rechtsaußen-dominierten Ostverbände gegen die schwächelnden Westverbände, die nach vielen Jahren erstmals ohne eine Identifikationsfigur und ohne erkennbaren Taktgeber dastehen, sondern vom Ex-Chef sogar noch für nahezu tot erklärt worden sind. Während die AfD im Osten in diesen Monaten zwar auch leicht an Zustimmung verliert, aber dennoch die 20-Prozent-Marke in Sachsen, Sachsen-Anhalt oder Thüringen regelmäßig bei Wahlen und Umfragen übersteigt, bleibt sie im Westen durchweg einstellig.

Immer noch geht es um den Kampf der rechtsradikalen Ideologen gegen die gemäßigteren Pragmatischen – nur die Machtverhältnisse zwischen den Lagern haben sich nun komplett gedreht. Die Partei wird im Osten inzwischen für Positionen gewählt, die kaum ein Gemäßigterer aus dem Westen noch vertreten kann.

Und anders als bei den großen Wendepunkten 2015 und 2017 kommt die Gefahr für die AfD diesmal nicht nur aus ihr selbst heraus. Diesmal geht es auch um die Bedrohung durch den Verfassungsschutz. Der darf die Partei nun seit wenigen Monaten beobachten und beginnt, sich gegen die Demokratiefeinde in der AfD zu wehren. Während die Parteirechte dazu übergeht, den Inlandsgeheimdienst und die Beobachtung für irrelevant zu erklären, weil dieser angeblich staatlich instrumentalisiert sei, will ein kleiner Kreis aus Meuthens ehemaligem Umfeld noch nicht aufgeben. In einer Presseerklärung werden Chrupalla und der Flügel vor dem Parteitag von ihm mit harten Worten angegriffen. Der Vorwurf lautet, mit seinem Rechtskurs die Schuld daran zu tragen, dass die AfD in neun aufeinanderfolgenden Wahlen bis Sommer 2022 schwächer abgeschnitten hat als beim ersten Einzug in die Parlamente. Verantwortlich für die Erklärung ist vor allem eine Gruppe aus dem gemäßigteren Lager um die Bundestagsabgeordnete Joana Cotar, die sich nach Meuthens Abtritt kurz anschickte, seine Rolle übernehmen zu wollen. Sie setzt im Frühjahr 2022, unterstützt von einigen Mitstreitern aus dem Bundesvorstand, alles auf eine Karte und äußert ihre Kritik nicht, wie üblich, nur in Hintergrundgesprächen. Sie lädt einige Hauptstadtjournalisten sogar zu einem Abendessen ein und sagt Sätze wie diesen, die zitiert werden dürfen: «Tino kann nicht führen, keine Verantwortung tragen und verträgt keine Kritik. Er hat kein angemessenes Auftreten und kommt bei den Wählern nicht an.» So liest man es dann in der Presse.

Es ist ein vergeblicher letzter Versuch, der den eigentlich schwächelnden Chrupalla am Ende stark machen wird, weil er zu stark persönlich angegangen wird. Die Gruppe um Cotar zerfällt, schickt zwar in Riesa kurz darauf mit dem Bundestagsabgeordneten Norbert Kleinwächter noch einen Kandidaten für den Spitzenposten ins Rennen, spricht sich aber nicht mehr strategisch ab und verliert einige Mitstreiter auf dem Weg bis Riesa, so hören wir es aus dem Lager heraus. Auf dem Parteitag wird es dann kein geschlossenes gemäßigteres Lager mehr geben. Auf einer Pressekonferenz hat sich Chrupalla schon wenige Wochen zuvor zu einer vielzitierten Aussage verleiten lassen: «Das ist wie früher beim Camping: Da haben sich immer diejenigen beschwert, dass es nass im Zelt ist, (...) die auch ins Zelt hineingepinkelt haben.»

Das Zitat begleitet Chrupalla in seine sächsische Heimat, nach Riesa. Hier im Osten, wo ihm die Menschen seinen Lausitzer Dialekt und seine einfache Sprache nicht krummnehmen, muss er sich zur Wiederwahl stellen. Und hier könnte ihn eigentlich ein Heimspiel erwarten. Doch es wird keines. Chrupalla tritt zu Beginn des Parteitages auf die Bühne in das Scheinwerferlicht und stolpert; er wird von Parteikollegen gerade so gehalten und wiederaufgerichtet. Das kleine Malheur wird sinnbildlich sein für den Parteitag, der zum Wegweiser wird, wie rechts die AfD eigentlich sein will. Chrupalla fällt nicht. Aber es sieht auch nicht gut für ihn aus.

Höcke ante portas

«Nichts hasst der Wähler mehr, als die Partei, die mit sich selbst beschäftigt ist», ruft Alice Weidel bei ihrer Bewerbungsrede um die Meuthen-Nachfolge zu Beginn des Parteitags vom Rednerpult in die Menge. Man müsse in Zukunft mehr Einigkeit zeigen nach außen und besser werden, und das sollten sich alle in der Partei merken. Weidel erntet dafür heftigen Applaus und wird später, mit deutlich besserem Ergebnis als Chrupalla, in das neue Spitzenduo der Partei gewählt. Bei Chrupalla wird es knapp, er erhält gerade einmal 53 Prozent.

Der Parteitag in Riesa wird über weite Strecken der Erfolg eines anderen, der in Ostdeutschland vor allem in der AfD selbst noch besser ankommt als Chrupalla. Und der für sein rechtsradikales Lager steht wie kein anderer in der AfD. Es geht, mehr als je zuvor, um Björn Höcke, der in Riesa erstmals sichtbar seine wahren Kräfte zeigt. Und für viele auf dem Parteitag sieht es so aus, als laufe sich da einer warm, um vielleicht beim nächsten Mal wirklich die Spitze der AfD anzustreben.

Björn Höckes Auftreten ist eine Machtprobe. So setzt er zum Beispiel durch, dass es künftig auch eine alleinige Spitze an der Partei geben kann, kein Spitzenduo mehr zwingend ist. Höcke prägt zudem die Bundesvorstandswahlen und auch einige inhaltliche Anträge so offensichtlich wie noch nie zuvor. Er sucht die Bühne und gibt der Partei, aber auch der Öffentlichkeit, ein Schauspiel seiner Stärke.

Schon in der Vergangenheit hatte Höcke öffentlich mit dem Gedanken gespielt, ob er höchstselbst für ein Vorstandsamt kandidieren sollte. Doch Höcke zog sich stets auf seinen Platz als Thüringer Landesvorsitzender und AfD-Fraktionsvorsitzender im Landtag zurück und kandidierte nicht. Er weiß schon lange um die Außenwirkung, die ein Bundesvorstand oder gar Parteichef Höcke für die AfD entfalten würde. Dies hätte Austritte oder gar eine Spaltung der Partei zufolge, so hören wir es immer wieder über die Jahre aus der Parteiführung. Und auch für den Verfassungsschutz könnte ein Parteichef Höcke in der Betrachtung ein *Gamechanger* sein, wie die Partei einzustufen sei. Fast schon rituell ließ er also Wochen vor Parteitagen durchblicken, er könne nach Höherem streben, was als Drohung mit sich selbst verstanden werden konnte. Und er bekam zum Dank für seine Bescheidenheit dann mitunter Gegenleistungen – Posten für seine Leute. Viele seiner innerparteilichen Kritiker hatten sich daran gewöhnt, dass Höcke eben nicht ernst machte. Er kam spät und ging früh, lief dann diabolisch lächelnd, wie ein Schatten, durch die Reihen der Delegierten. Und alle warteten gebannt, ob sein Name nicht doch auf den Bildschirmen als Kandidat für eines der 12 bis 13 Partei-Spitzenämter auftauchte, womit aber eigentlich niemand ernsthaft rechnete. Höcke wusste, dass er vielen Delegierten, die an den Stimmgeräten saßen, bisher eben doch zu gefährlich erschien und sie die fatale Wirkung seiner Wahl für die gesamte Partei fürchteten. Und weil Höcke wohl seinerseits nichts so sehr fürchtet wie die Schmach, am Ende doch nicht gewählt zu werden, trat er nicht an.

Auch in Riesa kommt es nicht zum Äußersten. Doch er setzt einen Bundesvorstand von seinen Gnaden ein. Höcke kann der Partei offenbar weitgehend einflüstern, wie er sich deren Spitze vorstellt:

Nämlich endlich so, wie er die Machtverteilung in der Gesamtpartei sieht, in der der Flügel keine Teilorganisation mehr ist, sondern in der Gesamtpartei aufgegangen – und diese nun anführt. Erstmals in der Parteigeschichte veröffentlicht vor dem Parteitag AfD-Chef Chrupalla sogar ein Personaltableau («#TeamZukunft») mit den Kandidaten, die in Riesa gewählt werden sollen.

Einer unserer langjährigen Informanten berichtet uns schon drei Wochen vor dem Parteitag von einem Deal zwischen Chrupalla und Höcke. Höcke verzichtet abermals auf einen Posten im Bundesvorstand. Dafür darf er das Personal weitgehend bestimmen und soll eine neue Kommission leiten, die einberufen werden soll, um die Linien in der künftigen Parteiarbeit zu setzen und die Struktur neu auszurichten. Der MDR veröffentlicht kurz nach dem Parteitag Chats, die diese Art Deal schriftlich bestätigen. Weidels Sprecher sagt uns auf Anfrage, dass es zwar eine Absprache gegeben habe, Weidel selbst jedoch keine Vereinbarungen mit Höcke getroffen habe.

Bei der Wahl zum Parteichef holt der Bundestagsabgeordnete Norbert Kleinwächter, ein ehemaliger Lehrer aus Brandenburg, der Not-Kandidat der ehemaligen Meuthen-Anhänger, 36 Prozent der Delegiertenstimmen. Ein echter Achtungserfolg, aber weit von einem Ergebnis entfernt, das im gemäßigteren Lager noch einmal Aufbruchsstimmung entfachen würde. Dem 14-köpfigen Bundesvorstand gehört mit Schatzmeister Carsten Hütter am Ende aber nur noch ein einziger Politiker an, der zumindest zeitweise dem Meuthen-Lager zugerechnet wurde. Ansonsten spielen die führenden Funktionäre der Gemäßigteren in Riesa nun kaum noch eine Rolle. Die meisten, auch Joana Cotar, die ja Wochen zuvor noch als mögliche Meuthen-Nachfolgerin gehandelt worden war, oder auch Beatrix von Storch, sind nicht einmal mehr angetreten.

Der Rest des neuen Bundesvorstandes wird entweder selbst der Parteirechten zugeordnet oder hat zumindest wenig Berührungsängste mit Rechtsaußen. Ihm gehören unter anderem an: Stephan Brandner aus Gera, der auch Teil des Fraktionsvorstandes im Bundestag ist. Peter Boehringer aus Bayern, der sich selbst schon vor Jahren als Islamkritiker bezeichnete. Martin Reichardt, ehemaliger Spitzenkandidat im von der Parteirechten dominierten Sachsen-Anhalt. Der als Hardliner in der Partei bekannte frühere Leitende Oberstaatsanwalt Roman Reusch aus Berlin, oder Carlo Clemens, seit 2021 Vorsitzender der als rechtsextremer Verdachtsfall eingestuften Jugendorganisation «Junge Alternative» ist.

Vor allem eine neue Bundesvorständin überraschte in Riesa aber alle. Die Wahl von Christina Baum aus Baden-Württemberg, einer engen Höcke-Vertrauten, die als notorische Quertreiberin gegen die Parteihierarchie gilt, was sie selbst anders sieht; sie agiere immer konstruktiv und im Sinne der AfD – blinder Gehorsam sei für sie unmöglich, sagt sie uns. Die gebürtige Thüringerin, die nach der Wende nach Westdeutschland zog, wurde zunächst 2016 in den Landtag von Baden-Württemberg gewählt und 2021 in den Bundestag.

Aber nicht nur der neue Bundesvorstand demonstriert die neue Macht des rechtsradikalen Lagers. Höcke stellt auch andere Weichen so, dass sein Lager profitieren könnte. Im Bundesschiedsgericht sind nun auch drei Männer vertreten, die als stramme Gefolgsleute seines Lagers gelten – sie sollen künftig über Parteiausschlussverfahren wegen rechtsextremer Exzesse mitentscheiden. Eine langjährige Bundesschiedsrichterin aus dem gemäßigteren Lager tritt nach dem Parteitag in Riesa aus der AfD aus.

Doch Höcke begeht womöglich bereits am Tag nach der Neuwahl des neuen Vorstandes einen strategischen Fehler. Er agiert gegenüber der Parteispitze so, als wolle er die AfD steuern. Höcke will mit seinen Getreuen einen besonders brisanten Antrag gegen den Willen Weidels und Chrupallas durchsetzen. Zwei seiner Gefolgsleute präsentieren einen «Europa»-Antrag, über den sich die Delegierten stundenlang zerstreiten. Dieser beinhaltet, dass Deutschland aus der Europäischen Union austreten solle, bedient Verschwörungsmythen und spricht verharmlosend über den Ukrainekrieg, den die AfD offiziell verurteilt. Alice Weidel, die neu gewählte Vorsitzende, soll Höcke hinter den Kulissen des Parteitags in eine heftige Diskussion verwickelt haben, und sie giftete danach öffentlich, der Antrag weise in den Formulierungen Schwächen auf und sei schwülstig in der Wortwahl. Aus Weidels Umfeld hören wir danach Sätze wie diese: Höckes Einfluss auf die Partei und deren Vorstand solle nicht überschätzt werden. Und es sei eben kein Vorstand von seinen Gnaden.

Insbesondere Weidel, die mit dem starken Wahlergebnis von mehr als 67 Prozent Ko-Parteichefin geworden ist, will sich offenbar nicht von Höcke die Macht abschneiden lassen. Der letzte Veranstaltungstag wird für ihn deshalb, anders als er dies offenbar auch selbst erwartet hatte, nicht ausschließlich erfolgreich. Sein wichtigstes Ziel, Kopf der neuen Strukturreformkommission zu werden und damit ein einflussreiches bundesweites Gremium anzuführen, erreicht er nicht. Der Anti-Europa-Antrag wird nicht weiter debattiert, der Parteitag vorzeitig abgebrochen.

Das Höcke-Lager reagiert sofort: Chrupalla und Weidel hätten einen «Krieg gegen die eigene Partei» angezettelt, lässt sich ein enger Höcke-Vertrauter noch auf dem Parteitag von einem rechten Medium zitieren. Eine Kampfansage an den innerparteilichen Gegner, mal wieder. Und dieser kontert wenige Wochen später im ARD-Sommerinterview. Tino Chrupalla versucht wiederum, seine Macht zu demonstrieren: Es sei nicht mehr geplant, die Strukturkommission einzurichten.

Keine Macht der Disziplin

Die Reflexe, die nach dem Parteitag sofort ausgelöst werden, haben womöglich mit den Grundmechanismen zu tun, die in der AfD gelten. Die gesamte Partei, so hat es der Ehrenvorsitzende Alexander Gauland immer wieder gesagt, lässt sich nicht disziplinieren, nicht maßregeln und auch nicht straff führen, offenbar bislang nicht einmal von Björn Höcke. Wer dies versuchte, wer also zu viel Macht für sich allein beanspruchte, hat sich in der Vergangenheit stets Gegner geschaffen. Auch Höckes Machtdemonstration könnte nun, gerade wegen ihrer Vehemenz, neue Bündnisse entstehen lassen, die sich nicht von einem Einzelnen das Programm diktieren und zu Erfüllungsgehilfen degradieren lassen wollen. Denn die «Alternative für Deutschland» reagiert stets empfindlich, wenn sie in ihren Freiheiten eingeschränkt werden soll – wie einst schon bei Versuchen früherer Parteichefs, die AfD zu sehr von oben herab zu steuern und damit inhaltlich einzugrenzen. Doch welche Kräfte sich Höcke und dem Rechtsaußenlager dauerhaft in den Weg stellen können, erscheint aufgrund der nurmehr kleinen Schar gemäßigterer Kräfte fraglich.

Und es bleibt auch die Frage, wie lang die permanente Selbstbeschäftigung als Politikersatz die Partei noch tragen kann. Ob es weiter gelingt, aus der offenkundigen Not, die Partei im Gauland'schen Sinne nicht disziplinieren zu können, eine Tugend zu machen, die Wählerinnen und Wähler überzeugt, bleibt offen ...

Kapitel 2
«Wir werden sie jagen»

Mit enormem Selbstbewusstsein und diesem bedrohlichen Schlachtruf ist die AfD 2017 zum ersten Mal in den Bundestag eingezogen – als größte Oppositionspartei. Doch die Bilanz der Fraktion wird verheerend ausfallen. Im Sommer 2021 wird uns ein geheimer Datensatz zugespielt, der tief in das Innerste der Fraktion blicken lässt. Wie gefährlich sind die Rechten im Parlament für die Demokratie?

Hell leuchtet die Kuppel des Berliner Reichstags an diesem Abend Anfang Oktober 2017 in der dunklen Herbstnacht. Nach einem langen Arbeitstag verlassen wir unser Büro in der Bundespressekonferenz gleich gegenüber, mitten im politischen Zentrum Berlins. Die BPK ist jener ganz besondere Ort, an den die Hauptstadtjournalisten regelmäßig Bundespolitiker einladen, damit diese dort von ihrer Arbeit berichten. Aus historischen Gründen ist es genau so und nicht andersherum. In jenen Oktobertagen 2017, kurz nach einer Bundestagswahl, nach der viele von «tektonischen Verschiebungen im Parteiensystem» gesprochen haben, hatten sich hier die neuen und alten Spitzen aller Parteien eingefunden, von der künftigen Regierung bis zur kleinsten Oppositionspartei. Und zum ersten Mal seit den Sechzigerjahren gehört nun wieder eine rechtsradikale Partei zu diesem Zirkel. Wir werden an diesem Oktoberabend noch eine flüchtige Begegnung haben, die uns viel über das Selbstbild jener Neu-Parlamentarier verraten wird, die nun für die AfD erstmals ins Hohe Haus einziehen, mit Hausausweisen, Mitarbeitern, in eigene Büros. Wie tief wir Jahre später in die Köpfe der gesamten Fraktion hineinblicken werden können, ahnen wir an diesem Abend noch nicht. Unter den 92 Abgeordneten der AfD, die jetzt zum ersten Mal staunend in Berlin ihren neuen Wirkungskreis betreten, wird später einer zum Verräter an den eigenen Reihen werden, aus Enttäuschung, zu unserem Informanten. Diese Person wird uns einen einzigartigen Datenschatz übergeben. Ein Dokument, das einen Blick in das geheime Hinterzimmer der AfD-Fraktion offenbaren wird. Doch davon wissen wir damals noch nichts.

Es sind turbulente Tage im politischen Berlin. Knapp zwei

Wochen zuvor haben die Deutschen gewählt. Nicht wenige von ihnen die AfD, deutlich mehr, als auch wir erwartet hatten: 12,6 Prozent. Die Partei stellt jetzt die drittgrößte Fraktion im Bundestag und nach der Regierungsbildung aus CDU/CSU und SPD dann sogar die stärkste Oppositionspartei. Von nun an kommen also auch die Herren und Damen der AfD durch die gläserne Tür der Bundespressekonferenz, durchqueren den baumbepflanzten Lichthof und erklimmen die helle Steintreppe zum Konferenzsaal, um vor leuchtend blauem Hintergrund ihre politischen Botschaften zu verkünden. Die «Alternative für Deutschland» gehört nun selbst zum politischen Establishment, und es stehen ihr als demokratisch gewählter Partei dieselben Rechte zu wie den anderen, an deren Verträglichkeit mit den demokratischen Werten deutlich weniger Zweifel bestehen. Einer der Concierges, die den Zutritt zur Bundespressekonferenz streng überwachen und an dem jeden Tag Hunderte Menschen vorbeigehen, wird sich später noch erinnern, mit welch breiter Brust die Abgeordneten der rechtsradikalen Partei hier Einzug hielten. Dies zu erleben, ist für ihn, aber auch für viele andere Beobachter, nur schwer verdaulich.

Auch für uns, die wir die neue Partei, ihr eigenwilliges Auftreten mit dieser Mischung aus Euphorie, Größenwahn und Unsicherheit und die Gesichter der zweiten und dritten Reihe ihrer Hierarchie schon länger kennen, ist das eine neue Perspektive. Bisher waren wir immer aus Berlin zu unseren Gesprächspartnern gereist: nach Bayern, nach Sachsen, nach Hamburg oder nach Nordrhein-Westfalen. Jetzt sind sie hier – und zwar überall. In der Kantine im Bundestag, auf den Gängen in den Bundestagsgebäuden, an der U-Bahn-Station oder in der Schlange an der Kaffeetheke. Für die Hauptstadtpresse sind sie «die Neuen», denen ein Ruf wie Donnerhall vorauseilt. Uns, die wir ja viele von ihnen schon kennengelernt haben, und dies auch in sehr persönlichen Begegnungen, sind ihr Habitus und ihre Tonlage schon besser vertraut. Und auch, wenn es Kollegen gibt, die dazu eine andere Haltung haben, wir reden auch mit Radikalen. Das ist Teil unseres Jobs. Denn nur so können wir verstehen, was etwa die AfD von innen heraus bewegt, was sie antreibt und wie die Partei, aber auch ihre Funktionäre, sich entwickeln. Als Journalistinnen und Journalisten müssen wir dabei immer auf unsere Rolle achten. Wir sind Beobachter und wir beschreiben, wollen Sachverhalte aufklären. Bewerten und unsere eigenen politischen Ansichten mit den AfDlern ausfechten – das wollen und dürfen wir als Journalisten nicht.

Die Neuen fallen auf. Sie haben gegelte, stramme Seitenscheitel, mal tragen sie breites Cord, mal Lodenjanker oder Tweedsakko – und stellen so verschiedene modische Statements des extremen Konservatismus, eine Art Rechtsaußen-Schick, zur Schau. Viele erscheinen jetzt plötzlich durchgehend im Anzug – manche wochenlang in demselben. Auch, weil sie den neuen Dress in ihrem unpolitischen Vorleben nicht brauchten. Andere können ihr Aussehen jedenfalls dort nicht ändern, wo ihnen ein Teil ihrer Gesinnung als optisches Statement ins Gesicht gemeißelt ist – auch der Burschenschaftler-Schmiss hält Einzug ins Parlament. Bärte sind in diesem Jahr schwer in Mode, sie stellen die Betrachter rund um den Bundestag nun vor eine neue Frage: Linksgrüner Hipster oder rechter AfDler?

An dem fraglichen Herbstabend 2017, an dem wir eine Ahnung bekommen werden, mit welchem Selbstverständnis die AfD hier einzieht, da tanzen auf der Spree mehr bunte Lichter als üblich. Sie spiegeln nämlich die Leuchter aus den Sälen im Marie-Elisabeth-Lüders- und Paul-Löbe-Haus wider, und in diesen Gebäuden sitzen die Fraktionen an diesem Abend noch sehr lange beisammen. Aus ganz Deutschland haben sich die neu gewählten Parlamentarier nach Berlin aufgemacht, um Büros zu beziehen und sich in ihren Fraktionen zu treffen, um sich als Gruppen neu zu finden. Kaum einer der AfDler kennt schon den Weg durch den verschlungenen Bundestag mit seinen verschiedenen Häusern, Trakten und Katakomben, viele müssen sich erst zurechtfinden in dem Gewirr aus Raumnummern und Übergängen zwischen den Gebäuden. Und viele fragen uns, ob wir denn wüssten, wo der Parteikollege

Sowieso aus Bayern säße und wie der so ticke. Wir würden den doch bestimmt schon kennen?

Besonders für die AfD, die zu diesem Zeitpunkt erst vier Jahre alt ist und in der sich nur ganz wenige Neuparlamentarier aus verschiedenen Landesverbänden schon persönlich besser kennen, sind diese Tage ein großes Experiment. Hier muss also ein Haufen flüchtiger Bekannter zu einem Team werden. Und dieser Haufen muss aus dem Stand auch noch sofort die Spitzenposten verteilen.

So sind auch jene beiden Herren an diesem dunklen Herbsttag einige Hundert Kilometer weit nach Berlin zu diesem für sie wichtigen Termin angereist. Nun, nach vollbrachter erster Sitzung, schreiten sie eilig vom Lüders-Haus herüber auf einen Wagen mit sächsischem Kennzeichen zu. Wir erkennen ihre Gesichter. Man ist sich auf Parteitagen über den Weg gelaufen, wir bleiben deshalb spontan stehen und wollen wissen, wie denn die erste Fraktionssitzung gelaufen ist.

Einer der beiden gilt selbst innerhalb der AfD als extremer Rechter: Jens Maier, Richter von Beruf, gebürtiger Bremer, seit vielen Jahren in Sachsen. Seine Äußerungen sind bisweilen selbst für den vom Flügel dominierten sächsischen Landesverband zu weit rechts; derart rechtsaußen, dass ihm auch schon ein Parteiausschluss drohte. Auch weil Maier die NPD gelobt hatte. Das Auschlussverfahren stoppt sein Landesverband 2017, nachdem Frauke Petry die Partei verlassen hatte und der Landesverband immer stärker nach rechts rückte. Maier gilt als einer, der provoziert und die Grenzen nach rechts gezielt ausreizt. Sein Spitzname in der Partei: «Kleiner Höcke». Der andere Herr wirkt wie ein freundlicher Handwerker, hat einen Händedruck wie ein Baumfäller – und eine politisch rechte Vergangenheit in der Partei «Die Freiheit» im Lebenslauf, einer Islamhasser-Partei, die anlässlich ihrer Auflösung die eigenen Mitglieder aufrief, in die AfD zu wechseln. In den Achtzigerjahren war Ulrich Oehme noch SED-Mitglied. Später hat er sich politisch in der entstehenden Neuen Rechten umgetan. Er hat auf Diplom-Ingenieur für Metallurgie und Werkstofftechnik studiert, nach der

Wende hat er am Rande des Erzgebirges Versicherungen verkauft. 2013 ist Oehme in die AfD eingetreten. Im Wahlkampf hatte er seinen eigenen Skandal, weil er die Parole «Alles für Deutschland» plakatieren ließ, einen Spruch der nationalsozialistischen SA. Versehentlich, so hatte Oehme beteuert, was man ihm beinahe glauben möchte, wenn er einem jetzt so harmlos-freundlich lächelnd in die Augen blickt – aber nicht einfach glauben darf. Oehme zeigt nach außen die inkarnierte Fassade des kleinen Mannes, der nun ganz groß rauskommen darf. Doch inhaltlich brennt er für die rechte Sache.

Oehme dreht sich jetzt ehrfürchtig um, den Blick auf die hell erleuchtete Reichstagskuppel gerichtet, und sagt in die Nacht hinein, mehr zu sich selbst als zu uns: Er hätte sich das nie träumen lassen, dass er hier mal reinkommen würde. Als Bundestagsabgeordneter, mit Hausausweis und allem. Mit seinen 58 Jahren sei er doch eigentlich schon ein alter Mann. Ein in der AfD seltener Anflug von Selbstzweifel? Immer wieder schüttelt er den Kopf, lacht in sich hinein, dann steigen beide Männer in das Auto und verschwinden in die Nacht.

Jetzt, denken wir, ist es real. Die Oehmes, die Maiers und all die anderen werden von nun an im Plenum sitzen, sie werden Reden halten und sie werden von der Bundestagspolizei vor Angriffen ihrer Gegner geschützt. Sie werden von Chauffeuren in Limousinen kutschiert. Und sie können Mitarbeitern aus rechtsradikalen Kreisen ein Auskommen bieten, einen Job im Parlament. Zum Beispiel: Erik Lehnert wird hier Mitarbeiter eines Abgeordneten, der Leiter des rechtsextremen Instituts für Staatspolitik, des Thinktanks schlechthin, in dem sich die Neue Rechte schult. Oder Manuel Ochsenreiter, der inzwischen verstorbene Chefredakteur der rechtsradikalen Zeitschrift *Zuerst!*, arbeitet kurzzeitig in einem Bundestagsbüro; später wird er unter dem Verdacht der Terrorismusfinanzierung und Anstiftung zur Brandstiftung stehen und nach Russland fliehen (mehr im Kapitel 8). Die neuen Bundestagsabgeordneten besitzen nun einen Koffer voller Privilegien, die sie legitimieren, das deutsche Volk zu vertreten. Sie repräsentieren genau diesen Staat in diesem Parlament – so sehr sie dessen Legitimität im Wahlkampf und von nun an im Plenum auch anzweifeln werden.

Eine «neue Epoche»

Es ist eine der Begegnungen, die uns vom Beginn der ersten Legislaturperiode der neuen rechten Partei im Bundestag im Kopf bleiben werden. So wie Alexander Gaulands Auftritt vom Wahlabend, dem 24. September. Dicht an dicht drängen sich die AfD-Spitzen auf der Bühne einer schon etwas in die Jahre gekommenen Diskothek, dem «Traffic» in der Nähe des Alexanderplatzes. Unten auf der Straße schirmt die Polizei die Feiernden von den Menschenmassen ab, die mit ihren Schreien gegen diesen Wahlerfolg protestieren und gegen ein Deutschland, in dem Rechtsradikale als gewählte Volksvertreter nun auch im Bundes-Parlament sitzen dürfen. «Ganz Berlin hasst die AfD», wird gerufen. Drinnen ist davon vor lauter Jubel und Gegröle fast nichts zu hören.

Alexander Gauland ist wie meist im schottischen Tweedsakko und mit der grün-gelben Hundekrawatte erschienen, seinem Markenzeichen. Über dieses Accessoire wird er uns einmal am Rande eines Parteitages erzählen, dass er die Krawatte trotz Dauergebrauchs nur ein einziges Mal besitze und selbst vor vielen Jahren in einem kleinen Laden in Großbritannien erstanden habe. Die kleinen Hunde auf ihr sind für das, was er gleich auf der Bühne sagen wird, ein durchaus passendes Symbol.

Kurz vor 18 Uhr pressen auch wir uns in die Menschenmenge aus Medienvertretern und AfDlern aus dem ganzen Land, die sich vor der hell beleuchteten Bühne dicht an dicht drängelt. Und nicht nur uns, sondern Millionen von Menschen läuft ein kalter Schauer über den Rücken, als Gauland nun zum Mikrofon greift und in nur 90 Sekunden jene Sätze sagt, die fortan für die AfD-Bundestagsfraktion Programm werden sollen – die Marschroute und

Kampf-Fanfare zu vier Jahren Attacke auf die Regierung. Sätze, die Deutschland bis heute spalten: in jene knapp 13 Prozent, die seine Partei gewählt haben und für die Gauland der Held ist, und in all jene, denen angesichts der Bilder und seiner Worte jetzt so richtig flau im Magen wird. «Könnten die Journalisten ein wenig leiser sein, damit man uns versteht?», fordert Gauland und ignoriert dabei offenbar den Geräuschpegel der eigenen Parteikollegen, die seit 18 Uhr dauergrölen. Dann trägt er vor: «Liebe Freunde, das ist ein großer Tag in unserer Parteigeschichte. Wir haben es geschafft, wir sind im Deutschen Bundestag und wir werden dieses Land verändern.» Unter lautem Jubel und «AfD, AfD»-Rufen setzt er fort: «Wir werden uns dafür einsetzen, dass das, was die Menschen auf der Straße denken, im Bundestag wieder eine Rolle spielt.» Und dann: «Da wir ja nun offensichtlich drittstärkste Partei sind, kann sich diese Bundesregierung, die gebildet wird, wie immer sie aussieht, sie kann sich warm anziehen. Wir werden sie jagen! Wir werden Frau Merkel oder wen auch immer jagen! Und wir werden uns unser Land und unser Volk zurückholen!»

Neben ihm berauscht sich mit Alice Weidel die neue starke Frau der AfD am Jubel der Parteimitglieder. Sie verkündet in die tobende Menge, einen «Untersuchungsausschuss Angela Merkel» einsetzen zu wollen. Ein Vorhaben, von dem später nie mehr die Rede sein wird. Dann bebt der Saal unter der Nationalhymne, die aus den Kehlen der Anhänger auf die Bühne geschrien wird.

Jetzt sind sie da!

Wir fragen uns damals: Was heißt das eigentlich genau? Wie viel Angst muss man vor der AfD, muss man vor Männern wie Oehme und Maier, vor allem aber vor einer solchen Parole wie der des Spitzenkandidaten und künftigen Fraktionschefs Gauland haben? Müssen wir fürchten, dass sie die Würde des Parlamentes beschädigen, die demokratischen Institutionen attackieren und gefährden? Können wir darauf vertrauen, dass die Demokratie wehrhaft genug ist, den Angriffen standzuhalten, die viele für die kommenden vier Jahre befürchten? Und wird sich die «Alternative für Deutschland» im Bundestag als tatsächliche Alternative zu den anderen Parteien präsentieren und so bei den Wählern mehr und mehr Stimmen fangen können?

Wir wollen damals die neue Fraktion unter dieser Perspektive in Augenschein nehmen: 92 Abgeordnete und ihre Mitarbeiterinnen und Mitarbeiter versammelt sie; sie beziehen mehrere Gebäudekomplexe und Flure. Eigentlich wären es 94 gewesen. Aber Frauke Petry verkündet am Tag nach der Wahl, dass sie nicht zur AfD-Fraktion gehören wird, verlässt die Partei und gründet eine neue; ein weiterer Abgeordneter folgt ihr. Die neue Anführerin, Alice Weidel, verwahrt sich dagegen, dass mit der AfD eine «Rabaukentruppe» in den Bundestag eingezogen sei. So wird es uns Weidel im Frühjahr 2022 sagen, als wir sie in einem Interview zu ihrer Sicht auf die ersten vier Jahre der AfD im Bundestag befragen. Die AfD habe schließlich die höchste Akademikerquote aller Bundestagsfraktionen. Die Statistik stützt dies: Gut ein Fünftel von «den Neuen» hat gar einen Doktoren- oder Professorentitel. Richter, Staats- und Rechtsanwälte, Banker, Polizisten, ehemalige Bundeswehr-Angehörige, Hochschullehrer, einige erfolgreiche Unternehmer oder Berater: Bildungsbürgertum, gehobener Mittelstand. Unter den Fraktionsmitgliedern sind aber auch solche mit fragwürdigen Verbindungen, hinein in die Netzwerke der sogenannten Neuen Rechten: eines rechtsradikalen Milieus, das in Vereinen und Denkfabriken, in Verlagen und Stiftungen das politische, der AfD zugeneigte Vorfeld beackert, in dem radikales Gedankengut gesellschaftsfähig gemacht wird und Nachwuchskader für die Partei den nötigen Schliff erhalten.

In der ersten Generation ist die AfD-Fraktion politisch noch unerfahren. Selbst hochrangige AfD-Funktionäre erzählen uns hinter vorgehaltener Hand damals, dass sie Zweifel daran haben, ob die neu gewählte Gruppe viel reißen werde: Sie sei kaum steuerbar, unberechenbar und getrieben von Eigeninteressen. Erschwerend für die Partei kommt hinzu, dass im Bundestag viele noch unbekannte Gesichter das Bild der AfD abgeben. Mehrere der damals prominenten Funktionäre haben nämlich gar nicht erst kandidiert:

Petrys damaliger Ko-Parteichef Jörg Meuthen etwa oder Björn Höcke, der im Erfurter Landtag bleibt. Auch dessen enger Vertrauter André Poggenburg geht damals nicht in den Bundestag. Frauke Petrys Ehemann, Marcus Pretzell, folgt seiner Frau und kehrt der AfD nach der Wahl den Rücken. Und doch ziehen «die Neuen» mit einer unglaublichen Hybris in den Bundestag ein. Euphorisch, nun das Hohe Haus und das politische Klima in Deutschland zu verändern. Doch wie das gehen soll – davon haben die meisten keinen Plan.

Die neuen AfD-Abgeordneten müssen sich zudem nicht nur aneinander, sondern an für sie neue Regeln und Formalien gewöhnen. Da sind etwa die festen Rede- und Sitzungszeiten, kleine und große Anfragen, aktuelle Stunden. Da ist das wortgewaltige Präsidium des Bundestages, das kontrolliert, ob all diese Regeln eingehalten werden. Und da sind die Posten und Funktionen, die innerhalb der Gruppe vergeben werden müssen. Neben Gauland und Weidel gehören etwa die adelige Insolvenzrechtlerin Beatrix von Storch, eine geborene Herzogin von Oldenburg, und der sächsische Malermeister Tino Chrupalla zum Fraktionsvorstand. Es gibt mehrere sogenannte parlamentarische Geschäftsführer, echte Knochenjobs, in denen das Management des Alltagsgeschäfts der Fraktion bewältigt werden muss. Vorsitzender dieser Gruppe ist Bernd Baumann, der in seinem Vorleben Medienunternehmer in Hamburg war und unnahbar und unterkühlt auf uns wirkt. Jemand, der in Gespräche gern bildungsbürgerliche Zitate einstreut. Nun ist er eine Art Key Account Manager der Fraktionsspitze. Er wird derjenige sein, der die erste Rede der AfD im Plenum halten wird, bei der alle ganz genau zuhören: Eine «neue Epoche» kündigt Baumann an. Und in gewisser Weise wird das auch eintreten.

Weil die AfD zu jener Zeit die stärkste Oppositionspartei ist, steht ihr bei der Postenverteilung zwischen den Fraktionen im Prinzip ein einflussreiches Amt zu: der Vorsitzende im Haushaltsausschuss. Über seinen Schreibtisch gehen alle Papiere über jeden Euro, den die Ministerien ausgeben möchten. Er leitet jenes Gremium, das den Abgeordneten dann die Beschlussvorlagen für die ordentlichen und die Nachtragshaushalte hinlegt – und das in den Beratungen die entscheidenden Akzente setzt. Es ist eine Position mit ungeheurem Prestige. Der Kandidat der AfD kommt aus Bayern und heißt Peter Boehringer. Er ist Ökonom, hat sich selbst als Islamkritiker bezeichnet und Muslime in einer Rundmail beispielsweise als «Surensöhne» verunglimpft, Migranten als «Zudringlinge». Boehringer hängt seit Jahren kruden Verschwörungsideologien an über angeblich weltweit agierende, mächtige elitäre Netzwerke, die eine «New World Order» herzustellen trachten.

Eine Woche bevor Boehringer zum Vorsitzenden gewählt werden soll, veröffentlichen wir ein Porträt über ihn, darin geht es um seine Rundmails; uns liegen damals etliche seit 2014 in mehreren Jahren verfasste Mailings vor. Die Empfänger sind politisch Gleichgesinnte. Wir bekommen die umfangreiche Korrespondenz von einer Quelle zugespielt. Darin finden sich schier unglaubliche Formulierungen. Eines dieser «Mailings», wie er seine Rundmails selbst nennt, hat Boehringer unter einer etwas kryptischen Mailadresse, pb@XXXX.de, am 9. Januar 2016, um Punkt 16:16 Uhr, an mehrere Dutzend Empfänger gesendet. Darin heißt es:

«Die Merkelnutte jedoch lässt jeden rein, sie schafft das. Dumm nur, dass es UNSER Volkskörper ist, der hier gewaltsam penetriert wird. (…) Es ist ein Genozid, der in weniger als zehn Jahren erfolgreich beendet sein wird, wenn wir die Kriminelle nicht stoppen.»

Und dann fügt er noch ein PS hinzu:

«Wer sich über die Sprachwahl in diesem Mailing aufregt: einfach abmelden. Es ist die EINZIGE noch angemessene Sprache diesseits einer *ebenso* angemessenen DROHsprache gegen Merkel. Bürgerliche Glacérhetorik oder Liberallala-Debatten sind nicht mehr angebracht, solange die Grenzen für sunnitische Bereicherer noch sperrangelweit auf sind. Differenzierte Debatten kann und wird es erst nach dem Sturz Merkels und nach der temporären Grenzschließung für diese ‹Bereicherer› wiedergeben können! Die Alternative zum Nicht-Widerstand gegen diese Dirne der Fremdmächte ist der sichere Bürgerkrieg, den wir ab spätestens 2018 dann verlieren werden!»

In anderen Ausgaben der Rundmails formuliert Boehringer Zweifel am Abschuss des Flugzeuges MH-17 durch Russland und belastet ukrainische Streitkräfte. In wieder einer anderen unterstellt er der Bundesbank, von Fremdmächten gesteuert zu sein. Es ist nicht nur der Ökonom, sondern eben auch dieser Peter Boehringer, der damals zu einem der mächtigsten Politiker der Opposition im Bundestag aufsteigt – für die AfD.

Trotz unserer und zeitgleicher Berichte des *Spiegel* über die Wortwahl in seinen Rundmails wird er zum Vorsitzenden des Haushaltsausschusses gewählt. In Interviews bestreitet er damals, diese Begriffe verwendet und veröffentlicht zu haben. Dass sie aus seiner Feder stammten, hatte er uns gegenüber bei einer persönlichen Konfrontation mit mehr als einem Dutzend dieser Mails zunächst nicht bestritten. An manche Formulierungen kann er sich erinnern, als wir uns mit ihm kurz vor der Veröffentlichung Anfang 2018 im Marie-Elisabeth-Lüders-Haus treffen – an andere nicht. Später stellt er es so dar, als habe es sich um private Konversation gehandelt. Er betont in einem Fernsehinterview, in dem er auf den Skandal um die Kanzlerinnen-Verunglimpfung angesprochen wird, dass er «das Wort aus dem Rotlichtmilieu in Bezug auf unsere Kanzlerin» nie «gesagt» und «auch nie veröffentlicht» habe. Geschrieben jedoch hat er es – in seinem Mailing und an dessen Adressatenkreis. Auf eine schriftliche Konfrontation im Mai 2022 beantwortet er uns zwar einige unserer Fragen, bestreitet indessen – wie schon 2017/18 –, dass er einen «Newsletter» verfasst habe. Er verbietet uns zudem, ohne ausdrückliche Freigabe durch ihn aus dieser Mail zu zitieren, und versieht sie dann noch mit einigen Verunglimpfungen unseres Berufsstandes. Einen privaten, persönlichen Charakter hat übrigens keine der uns vorliegenden Rundmails. Boehringer ist nicht der einzige umstrittene neue Vorsitzende eines Ausschusses aus der AfD. Und auch im renommierten Rechtsausschuss erhält ein umstrittener Mann aus der AfD-Fraktion den Vorsitz, der als Jurist über ein hohes akademisches Bildungsniveau verfügt: Stephan Brandner aus Thüringen, später auch stellvertretender Parteichef. Er wird im Laufe der Legislatur für einen Eklat sorgen, indem er sich erst antisemitisch äußert, bei der Verleihung des Bundesverdienstkreuzes an den Sänger Udo Lindenberg von einem «Judaslohn» spricht, und dann – nach dem Attentat eines rechtsextremen Täters auf die Synagoge in Halle 2019 – einen als antisemitisch verstandenen Tweet eines anderen Twitter-Nutzers weiterverbreitet. Ein User namens «Hartes Geld» hatte geschrieben:

«Kapiere ich sowieso nicht:
Die Opfer des Amokläufers von #Halle waren:
– Jana, eine Deutsche, die gerne Volksmusik hörte
– Kevin S., ein Bio-Deutscher.
Warum lungern Politiker mit Kerzen in Moscheen und Synagogen rum?»

Nachdem Brandner dies per Retweet verbreitet hat, ist für die anderen Parteien im Rechtsausschuss das Maß voll. Zum ersten Mal in mehr als 70 Jahren Bundestag wird mit Brandner ein Ausschussvorsitzender auf Antrag der anderen Fraktionen abgewählt werden. Als wir Brandner dazu im Sommer 2022 noch mal befragen, behauptet er, die anderen Parteien hätten händeringend nach einem Grund gesucht, ihn als Ausschussvorsitzenden loszuwerden. «Da kamen ihnen diese absurden Vorwürfe gegen mich, die ja auch medial eindeutig begleitet wurden, gerade recht. Ich vermag nicht ansatzweise irgendetwas Vorwerfbares bei der Verwendung des Wortes ‹Judaslohn› – vor allem im Hinblick auf diesen Blödelbarden Lindenberg – zu erkennen.»

Gaulands Antrieb

Alexander Gauland wird zum starken Mann der Fraktion. Gauland ist ein damals schon alter Fahrensmann, er stellt sich in den Dienst der neuen Partei. Ein Mann, der viel politische Erfahrung mitbringt – wenn auch aus der zweiten Reihe, unter anderem als hessischer Staatskanzleichef. Angetrieben wird er von einer langen politisch-ideologischen Konflikt- und Leidensgeschichte mit «seiner» ehemaligen Partei, der CDU, aus der er sich selbst noch schwertat auszutreten, wie Wegbegleiter und auch er selbst uns berichten, als er die AfD mitgründete. Oft wirkt es so, als sinne er auf Revanche an der Partei, die ihn nicht mehr liebte, und an der Frau, Angela Merkel, die mit dafür sorgte, dass Alexander Gauland von ihrem rechten Rand herausgefallen ist. Wenn er, der gebürtige Chemnitzer, der sein politisches Leben in Westdeutschland verbracht hat, von demütigenden Erfahrungen berichtet und davon, wie man ihn und einige Gleichgesinnte mit ihren nicht mehr mit der Mehrheitsmeinung der CDU in Einklang zu bringenden Positionen aus der Partei gedrängt haben soll, dann klingt das so: Nicht er habe sich seit den Achtzigerjahren nach rechts bewegt, sondern das Land sei nach links gerückt, und mit ihm seine ehemalige Partei. Er habe immer dieselben Inhalte gedacht und verbreitet wie heute. Auch Menschen in der AfD, die ihn seit den ersten Tagen kennen, beschreiben, dass es Gauland hauptsächlich um Rache an der CDU gehe. Im August 2022 widerspricht er im Gespräch mit uns: «Das war keine persönliche Revanche oder Rache. Die CDU war nach links gerutscht, sie hat sich immer mehr vergrünt. Das wollte ich, das wollten auch Lucke, Petry und andere mit der neuen Partei stoppen.»

In Potsdam, wo er in einer Villa wie in einem preußischen Geschichtsbuch in Sepiatönen lebt, kann er nicht auf die Straße treten, ohne Reaktionen herbeizurufen. Beim Nobel-Italiener um die Ecke hofiert man ihn als den «Dottore», und wenn er dort seine Karaffe Rosé trinkt, während er für gewöhnlich Journalisten sein Weltbild darlegt, dann dauert es allenfalls Minuten, bis der erste

Fremde an den Tisch kommt, der ihm seine Solidarität versichert und dankt, «für das, was Sie für Deutschland tun».

Einmal treffen wir ihn im Juni vor der Bundestagswahl 2017, um mit ihm ein Interview für eine Fernsehdokumentation zu drehen. Wir brauchen Bilder, wollen das Interview deshalb an der Havel aufnehmen, bei gutem Licht und einem Spaziergang, nicht im dunklen Fraktionssaal im Brandenburger Landtag. Er ist missmutig, möchte eigentlich nicht, wir überreden ihn. Kaum tritt er aus der Tiefgarage des Landtages, bremst ein Auto mit quietschenden Reifen, der Fahrer lässt die Scheibe herunter. «Herr Gauland, ich wähle Sie!», brüllt er. «Sie sind das», entfährt es Gauland, es klingt, als sei ihm selbst dieses wohlwollende Statement höchst unangenehm. Einige Meter entfernt zückt ein Student sein Handy, er bedrängt Gauland und beschimpft ihn, wir brechen den Dreh ab.

Gauland polarisiert – und zieht sich immer wieder schmollend als Un- und Missverstandener zurück, der sich selbst bedauert. Wenn er selbst die damalige Integrationsbeauftragte der Bundesregierung, Aydan Özoguz, «in Anatolien entsorgen» lassen will und dafür heftig kritisiert wird, sieht er sich nicht etwa als «Täter», sondern als Opfer einer übergroßen politischen Korrektheit und eines Deutschlands, das sich auflöst – und das nur von ihm und seiner AfD vor dem Untergang gerettet werden kann. Ein – später eingestelltes – Ermittlungsverfahren wegen Volksverhetzung sah er damals «gelassen», wie er sagte.

Auch als er im Jahr darauf mit seinem Ausspruch schockierte, dass Hitler und die Nazis nur ein «Vogelschiss» in der deutschen Geschichte gewesen seien, übte er sich nicht sofort in Selbstkritik, sondern kritisierte eher die Wahrnehmung seiner Äußerung, sprach von Missverständnissen oder einer Missdeutung. «Ja, natürlich ist die Formulierung vom Vogelschiss ein Fehler gewesen.» Er habe damals mit dem Vogelschiss den kurzen Zeitraum bezeichnen wollen, in dem die Nazis an der Macht gewesen seien; «es ist aber leider wie ein Fleck auf dem Lack interpretiert worden», so Gauland. «Man sagt in der Auseinandersetzung mal Dinge, die nicht stimmen;

in dem Fall war es extrem falsch.» Bemerkenswert ist, dass er sich an die anderen verbalen Tiefschläge, mit denen er in den zehn Jahren regelmäßig schockiert hat, spontan eben nicht erinnern kann. «Es waren bestimmt eine Menge mehr Fehler, aber das ist der, der mir sofort einfällt.»

Dabei weiß der «alte Mann», wie er in der Partei scherzhaft genannt wird, sehr wohl, was seine Worte bezwecken sollen. Sein «Wir werden sie jagen!» vom Wahlabend hallt für uns auch deshalb lange nach.

In seiner Partei aber duldet und entschuldigt er alles und jeden, um des lieben Parteifriedens willen, selbst die rechtsextremen Eskalationen eines Björn Höcke. Als Alice Weidel in einer Bundestagsrede 2018 mit ihrer Formulierung «Burkas, Kopftuchmädchen und alimentierte Messermänner und sonstige Taugenichtse», die unseren Wohlstand gefährdeten, schockierte, bekam sie keine Kritik von Gauland. Dafür rief sie der damalige Bundestagspräsident Wolfgang Schäuble zur Ordnung.

Ebenso bemerkenswert ist es, wie Gauland seine Fraktion führt: mit einem stoischen Laissez-faire, das er selbst freilich eher als Freiheit der Abgeordneten verstanden wissen will. In dessen Folge wird die AfD-Fraktion führungslos, zerstritten und ohne konkrete politische Ziele und gelingende Strategien durch vier Jahre Bundestag taumeln. Seine Ko-Vorsitzende Weidel kommt ihm dabei kaum zu Hilfe, glaubt man den eigenen Fraktionskollegen. Gauland wird dieses Chaos und Entgleisungen Einzelner immer wieder in Schutz nehmen. Er macht das selbst noch zum Ende der Legislatur, als sich die Radikalen in der Partei immer mehr durchsetzen und alle Versuche, die AfD in ihrem Auftreten, in ihrer Wortwahl zumindest verbal zu zügeln, fehlgeschlagen sind. Infolgedessen schaut während der ersten vier Jahre der AfD im Bundestag auch der Verfassungsschutz auf Länder- und Bundesebene immer genauer auf die AfD und ihre Teilorganisationen. Die Beobachtung mit V-Leuten, die Überwachung interner Kommunikation – und die Überlegung, dass es sich bei der gesamten AfD um einen Verdachtsfall auf Rechtsextremismus handeln dürfte, schwebt lange wie ein Damoklesschwert über der AfD. Bis der Faden reißen wird.

Für Gauland ist die Fraktion, so wie die Partei, eben ein «gäriger Haufen» – seine Standardentschuldigung für alles und jeden. Nur ein einziges Mal wird er in vier Jahren als Fraktionschef den Parlamentspräsidenten ernsthaft um Entschuldigung bitten. Zwei Tage zuvor, im Herbst 2020 hatte der Bundestag über das Infektionsschutzgesetz debattiert und wie Corona-Maßnahmen leichter umsetzbar werden sollten. Draußen vor dem Brandenburger Tor demonstrierten etwa 7000 Querdenker gegen den Staat, einige trugen Schilder mit: «Schuldig Merkel» oder «Sklaven tragen Maske». Die AfD trug mit der Mär vom «Ermächtigungsgesetz» und der «Corona-Diktatur» die Worte der tobenden Straße ins Parlament – mehr noch: Sie ließ auch Influencer der Querdenker von draußen, hinein ins «Hohe Haus». Die Bundestagsbüros von Hans-Jörg Müller, Petr Bystron und Udo Hemmelgarn sorgten dafür, dass sie als deren Gäste unerlaubt in den Reichstag gelangten. So geht es damals aus einem Bericht der Bundestagspolizei hervor. Dort bedrängten sie mit laufenden Handykameras Politiker, darunter den damaligen Bundeswirtschaftsminister Peter Altmaier. Mehrere Hundert Euro Ordnungsgeld mussten einige Störer für die Aktion am Ende an den Bundestag zahlen. Einer klagt auch im Sommer 2022 noch dagegen. Jener Tag wird nicht nur als Tiefpunkt der gesamten Legislatur in die Geschichte des Bundestages eingehen. Einen solchen Angriff auf die Würde des Hohen Hauses hat es in 70 Jahren des Parlaments noch nicht gegeben. Es ist ein Moment, der ahnen lässt, dass die Angst vor der AfD im Reichstag nicht gänzlich unberechtigt war.

Zurück zum Herbst 2017, zurück zu den 92 Abgeordneten der AfD, aus denen sich Schritt für Schritt eine Bundestagsfraktion formiert. 92 sehr verschiedene Biografien, Ziele, Überzeugungen, seltsam geeint durch jenes Gauland'sche Narrativ, dass die AfD die letzte Chance für Deutschland sei. Doch die Unterschiede und sogar Gräben zwischen ihnen werden sich schon bald wieder auftun. Gräben, die sich virtuell auch durch die schmalen und verwinkelten Flure des Jakob-Kaiser-Hauses schlängeln. Das ist jenes Bundestagsgebäude, in dem die Mehrheit der AfD-Abgeordneten letztlich, nach einigen Umzügen, ihre Büros bezieht.

Jedes Mal, wenn wir fortan unterwegs sind zu Terminen, verlassen wir den Fahrstuhl im 5. Stock, blicken an den blauweißroten Bannern der Fraktion vorbei in einen lichtdurchfluteten Innenhof und passieren eine helle, schmucklose Holztür nach der anderen: Die Pressestelle, deren Chef Christian Lüth Mitte der Legislaturperiode über einen Naziskandal stolpern wird. Lüth hatte darüber gesprochen, Migranten «vergasen» oder «erschießen» zu lassen, sich selbst hatte er als «Faschisten» bezeichnet. Heraus kam dies 2020 durch einen Dokumentarfilm des Senders Pro Sieben und Recherchen von *Zeit Online*. Gleich nebenan sitzt Michael Paulwitz als weiterer Pressesprecher, ein ehemaliger Funktionär der Republikaner, der zeitweise Impressumsgeber eines ominösen AfD-Unterstützervereins war, von dem noch die Rede sein wird.

Hinter der nächsten Ecke befindet sich das Büro eines Redenschreibers, dessen Feinde kolportieren, er würde mehr Rotwein trinken als Zeilen zustande bringen. Und dann die Chefs der Fraktion, Gauland, Alice Weidel und die parlamentarischen Geschäftsführer. Es ist ein Trakt, dessen Architektur Licht und Modernität verspricht, der klar geordnet wirkt, aufgeräumt – so wie Alice Weidels über Monate hinweg nahezu kahles Büro. Diese Nüchternheit ergibt einen seltsamen Kontrast zum Auftreten der AfD nach außen. Das also war vier Jahre lang der AfD-Hochstand im Jagdrevier – von dem es allerdings niemandem so recht gelang, Angela Merkel politisch vor sich her zu treiben, aber vielen, sich gegenseitig ins Knie zu schießen. Und hier, hinter einer dieser Türen, saß lange auch der Mann, der dann zum Verräter wurde.

Er hat uns die Geheimtür der AfD aufgesperrt. Sie führt ins unsichtbare, digitale Hinterzimmer der Fraktion. Ein Raum, von dessen Existenz kaum jemand außerhalb der Partei weiß und der wie bei Alice im Wunderland durch den Kaninchenbau eine Welt eröffnet, in der vieles verzerrt und bizarr anmutet.

Quasseln und quälen

An einem Tag im Sommer 2021, einem der letzten regulären Sitzungstage der Fraktion in dieser Legislatur, räumt der Verräter sein Büro und bestellt uns zu sich, in seine kleine Abgeordneten-Wohnung für die Sitzungswochen in Berlin. Denn er will, dass wir einen besonderen Datensatz in die Hände bekommen und auswerten – nur wie er uns all dies übergeben kann, müssen wir erst gemeinsam rausfinden. Auch in der kleinen Wohnung sind die Umzugskisten schon gepackt. Zurückbleiben wird aus diesem Leben am Ende eine Mail an uns mit sehr vielen html-Dateien, die wir in Datenbanken packen und auswerten werden. Es ist der komplette Inhalt einer Chatgruppe, in der fast die gesamte Fraktion gepostet hat. Es ist die Revanche des Informanten an seiner Fraktion, von der er sich in den vier Jahren seines Abgeordneten-Daseins immer weiter entfremdet hat, erklärt uns die Person ihre Motivation. Wir wissen damals seit zwei Jahren, dass es diese Chatgruppe gibt, und haben immer einmal wieder darüber nachgedacht, wie wir sie bekommen, lesen und auswerten könnten. Wir könnten verstehen, wie die selbsternannte Speerspitze der Partei ganz unverblümt denkt und miteinander spricht, jenseits der großen Bühnen, der Kameras und Mikrofone.

Quasselgruppe nennt sich die WhatsApp-Gruppe, die an diesem Tag per Mail in unsere digitalen Speicher wandert und deren Daten wir mithilfe unseres Kollegen Christian Basl vom WDR, einem Datenjournalisten, durchsuchbar machen. Gemeinsam werden wir sie dann in Gänze lesen wie andere einen Schmöker von Dan Brown. «Gute Zeiten, rechte Zeiten», die AfD-Soap aus dem Bundestag. Wir lesen darin Banales und Radikales. Mindestens 76 der 92 AfD-Bundestagsabgeordneten, die 2017 ins Parlament eingezogen waren, schreiben jahrelang in der Gruppe. Kurz vor der Bundestagswahl

2021 wechselt sie – angeblich aus Sicherheitsgründen – zu Telegram. Auch diese Kommunikation wird uns übergeben. Später veröffentlichen wir den Podcast «Die Jagd» und die TV-Doku «AfD-Leaks» dazu.

Mehr als 40 000 Nachrichten haben sich die Abgeordneten in knapp vier Jahren geschrieben. Liest man sie komplett, wie wir, dann bekommt man das Gefühl, all die Jahre auf einem zusätzlichen Stuhl inmitten des Fraktionssaals Platz zu nehmen. Mitten unter ihnen, als stille Zeugen einer vier Jahre andauernden Marathon-Sitzung mit Beatrix, Tino, Hansjoerg, Uwe, Ulrich, Joana, Corinna und all den anderen, deren Namen wir im Header der Gruppe lesen und deren Telefonnummern wir mit internen Dokumenten aus der Fraktion und unseren eigenen Adressbüchern abgleichen. Sie schreiben nachts, sie berichten aus dem Zug, dem Plenarsaal oder dem Urlaub, an Weihnachten oder einem Werktag. Sie offenbaren ihre ganz persönliche, oft intuitive und aus dem Moment heraus geäußerte Weltsicht. Sie äußern sich zu politischen Krisen innerhalb der AfD oder in der Welt, und manche von ihnen versuchen, ihre politische Agenda im Kreis der Kollegen zu befördern. Sie beglückwünschen oder bedauern einander. Sie fühlen sich bedroht, missverstanden, überlegen oder an die Wand gedrückt. Sie streiten über Strategien. Sie scheitern oft und gewinnen selten.

Nicht alle sind in der Gruppe vertreten: Gauland benutzt bis heute kein Smartphone, hatte also auch kein WhatsApp, las und schrieb damals deshalb auch keine SMS, ja noch nicht einmal E-Mails. «Ich hatte so ein Ding noch nie in der Hand», sagt er uns. Weidel, sonst eifrige Handy- und WhatsApp-Nutzerin, scheint sich aus strategischen Gründen gegen einen Beitritt entschieden zu haben. Sie sei nicht in solchen Chatgruppen, wird sie uns später sagen, und dabei die Augenbraue hochziehen, als sei das ein fester Grundsatz. Denn dass die Gruppe zum heiklen Leak werden könnte, ahnen einige früh, etwa Beatrix von Storch: «Irgendwann wird das hier alles in den Medien zu lesen sein», warnt sie in der Chatgruppe und rät, bloß nicht zu offenherzig zu sein. «Ist wirklich jemand der

Meinung, dass die Journaille hier nicht mitliest?», fragt ein anderes Mal ein Fraktionskollege.

Wenn die Emotionen hochkochen, werden viele diese Warnung jedoch vergessen. Die *Quasselgruppe,* sie ist ein ungewöhnliches Dokument der Partei-, aber auch der Zeitgeschichte. Nicht alles, was wir in dieser Chatgruppe lesen, können wir hier wiedergeben. Manches muss aus rechtlichen Gründen unser Geheimnis bleiben, vieles müssen wir auf den Kern reduzieren, auf das, was selbst unsere Vorstellungen übertroffen hat. Und, eine Warnung vorab: Die Sprache der AfD möchten wir hier unverändert wiedergeben, um zu zeigen, wie sie wirklich sprechen und denken. Vieles, was wir hier nun zitieren, enthält rassistische Ausdrücke, Verunglimpfungen, Homophobie und Beleidigungen. Wir wollen unseren Leserinnen und Lesern aber ermöglichen, einen unverfälschten Eindruck zu bekommen; deshalb zitieren wir auch Tippfehler und grammatikalische Fehler. Während wir uns damals durch die Tausenden Chats arbeiten, stoßen wir auf Posts wie diese, es ist eine wilde Mischung vieler unterschiedlicher Themen:

Mal geht es um die Sorge, Deutschland könnte untergehen:

Chat: «Ich könnte kotzen, wenn wir nichts tun, ist dieses Land ein für allemal verloren (...)» (27. 07. 2019)

Chat: «(...) wir sind die letzte Chance, die dieses Land hat und das meine ich bitter ernst!!» (27. 07. 2019)

Chat: «(...) wenn wir 20 – 21 mit in die Regierung kommen haben wir die Möglichkeit (...) auch Dinge maßgeblich zu ändern.» (27. 07. 2019)

Für die Kanzlerin und die Bundesregierung haben viele nur Hass und Häme übrig:

Chat: «Das Gute heute sind die toten Fischaugen Merkels» (12. 09. 2018)

Chat: «Die Ratte Merkel an der Spitze! Diese Volksverräterin gehört lebenslang in den Knast!» (10. 07. 2019)

Und auch der politische Gegner wird im Chat mit Hohn und Spott überzogen, und mit mancher geschmacklosen und unwürdigen Äußerung:

Chat: «Also bei AKK* bekäme ich eine erektile Dysfunktion.» (*Fußnote: AKK: Annegret Kramp-Karrenbauer, damalige CDU-Vorsitzende) (8. 12. 2018)

Chat: «Mülltrennung: Erst FDP, dann SPD, dann CDU.» (11. 09. 2018)

Chat: «Bei Spahn hätte die Bundeswehr wieder auf Hinterlader umgestellt....»(16. 07. 2019)

Chat: «Kahrs ist eine radikal-böse Afteröffnung» (12. 10. 2018)

Manchen geht die Radikalität einiger Fraktionskollegen zu weit:

Chat: «Fällt es so schwer, mal nicht über das Dritte Reich zu reden?» (12. 03. 2020)

Es geht auch um Verschwörungsmythen:

Chat: «Die Geheimdienste lesen überall mit, wurscht wo» (24. 09. 2018)

All das finden wir in der Chatgruppe auf den ersten Blick. Unterschiedliche Schattierungen von Radikalität, von Ressentiments gegen Frauen, gegen Homosexuelle und Verunglimpfungen des politischen Gegners. Es ist die emotional geprägte Oberfläche des Chats; es sind solche, die uns beim ersten Lesen hängenbleiben und die wir uns herausfiltern aus dem Meer an Stammtischgesprächen und Selbstreflexion. Während im Spätsommer 2021 überall Wahlplakate hängen und die AfD mit dem Spruch «Deutschland. Aber normal.» ins Rennen geht, lesen wir – gemeinsam mit unserem Kollegen Christian Basl – immer tiefer in die *«Quasselgruppe»* hinein und finden für die AfD viel «Normales»: Die Vorurteile, die Wut, Rassismus, Ressentiments und das gegenseitige Berauschen an einem «Wir-müssen-Deutschland-Retten-Syndrom». Während die zurückliegenden vier Jahre in den Chats an uns vorbeiziehen, können wir aber noch tiefer in die Abgründe der Fraktionsseele blicken.

Unterhalb der Oberfläche all dieser Ressentiments lesen wir, wie sehr manche der Abgeordneten die Bundesregierung, ja den ganzen Staat und dessen Institutionen offenbar ablehnen. Und vor allem die Bundeskanzlerin bauen sie zum verhassten Feindbild auf – denn den Straßenschlachtruf «Merkel muss weg» hat sich auch die Fraktion als eine Art Leitmotiv zu eigen gemacht. Nicht, dass uns das nach sieben Jahren Auseinandersetzung mit der AfD völlig neu wäre – aber was wir in der *Quasselgruppe* aus der Feder der selbsternannten «Speerspitze der Partei» lesen, von Volksvertretern, von gewählten Repräsentanten im Staat, das empfinden wir damals als wahrhaft erschreckend:

Chat: «Es gibt die Möglichkeit eines Sieger-Tribunals (‹Nürnberg 2.0›), die rumänische Lösung nach einer Revolution oder aber die rechtsstaatliche Lösung, sprich AM & Konsorten werden niemals für ihre ‹Verbrechen› zur Rechenschaft gezogen werden (Anführungszeichen, da ich politische Verbrechen meine, nicht Straftatbestände des geltenden Rechts).» (25.08.2019, Thomas Seitz)

Der Post stammt von dem AfD-Abgeordneten Thomas Seitz aus Baden-Württemberg, immerhin ein ehemaliger Staatsanwalt. Er hatte dies auf die Frage eines Fraktionskollegen hin geschrieben, was aus Klagen gegen die Bundesregierung geworden sei. Der Grund dieser Klagen ist der nach Ansicht der Fraktion mangelnde Grenzschutz im Herbst 2015, den die AfD der Regierung vorwirft. Als wir Seitz im Sommer 2022 mit seinen damaligen Sätzen konfrontieren, stellt er seine Aussagen als sarkastische Äußerung dar. Er halte den rechtsstaatlichen Weg für nicht tragfähig. Die Frage des Kollegen sei unangebracht, naiv gewesen, denn damals, 2019, «sollte auch der letzte in der Fraktion begriffen haben, dass unser Rechtssystem keine Instrumente für eine gerichtliche Aufarbeitung des Systems Merkel vorsieht», so Seitz. Ein Siegertribunal oder eine Revolution seien «nur als Folge einer schweren Staats- und Gesellschaftskrise, die zum totalen Zusammenbruch geführt hat, denkbar». Wünschenswert seien diese nicht. «Im untechnischen Sinne halte ich Frau Merkel für eine politische Verbrecherin und für nichts weniger als die schlimmste Verbrecherin in der Geschichte der Bundesrepublik. Außerhalb von Kriegszeiten und den Unrechtssystemen der NS-Zeit und des SED-Regimes hat kein anderer unserem Vaterland und den hier lebenden Menschen jemals größeren Schaden zugefügt als Angela Merkel. Materiell hat sie also jede denkbare Strafe verdient», so Thomas Seitz, der im Herbst 2021 in den Bundestag, trotz solcher Ansichten, ein weiteres Mal zum Volksvertreter gewählt wurde. Vor seiner lebensbedrohlichen Corona-Erkrankung trug Seitz im Plenum gern auch eine zynische «Danke MRKL»-Maske. Wegen migrantenfeindlicher Text- und Bildbeiträge hat der Dienstgerichtshof des Oberlandesgerichts Stuttgart Seitz im Juni 2021 verboten, weiter als Staatsanwalt arbeiten zu dürfen, und hat damit ein früheres Urteil bestätigt. Angela Merkel ist nicht nur im Bundestag immer wieder Zielscheibe von Verunglimpfungen durch AfD-Abgeordnete. Hier in der Chatgruppe setzten sich manche Fraktionäre kaum noch Grenzen. Ein bayerischer Abgeordneter tituliert an anderer Stelle die Antifa als «Merkel-SA», in Anspielung auf die paramilitärische Kampforganisation der NSDAP. Und der damalige Abgeordnete Hansjörg Müller schreibt:

Chat: «(...) das merkelregime holt täglich zu weiteren schlägen aus, es wird uns ALLE treffen.» (18. 09. 2018)

Der Hass der AfD in der Chatgruppe richtet sich jedoch nicht nur gegen die Kanzlerin, sondern auch gegen ihre gesamte Partei. Ein anderer Abgeordneter schreibt:

Chat: «Ich will die CDU nicht konservativ reformierbar machen. Ich will die vernichtet sehen (...).» (1. 5. 2020)

Und wie wenig Respekt AfD-Abgeordnete vor den Institutionen der Demokratie haben, zeigen Posts wie der eines damaligen sächsischen Abgeordneten. Er bezeichnet eine Bundestags-Rede des Unions-Fraktionsvorsitzenden Ralph Brinkhaus zum Umgang mit der Corona-Pandemie als «Sportpalastrede» und rückt diesen damit in die Nähe des Nazi-Propagandaministers Josef Goebbels («Wollt ihr den totalen Krieg?!»).

Die Chats zeigen, wie innerhalb der AfD-Fraktion das bestehende System und das hiesige Wertegefüge immer wieder infrage gestellt wird. Ein baden-württembergischer Hinterbänkler, ein ehemaliger SPD-Mann, der schon früh in der AfD dabei war, spielt sich hier groß vor seinen Kollegen mit Gedanken an eine Revolte auf. Der Kontext: Mitte Juni 2019 haben die Görlitzer einen neuen Oberbürgermeister gewählt, und fast die Hälfte aller Stimmen entfiel auf den Kandidaten der AfD. Auch wenn dieser in der Stichwahl letztlich gegen den CDU-Kandidaten unterliegt, herrscht im Bundestags-Chat damals Aufbruchsstimmung. Einer in der *Quasselgruppe* denkt gleich weit über den «Meilenstein» von Görlitz hinaus:

Chat: «Wir müssen wohl warten, bis das Alte Regime wirtschaftlich ans Ende kommt und der Funke aus Österreich, Italien, Frank-

reich usw. überspringt. Das wird kommen und für die dann eben-
falls kommenden gnadenlosen Kämpfe müssen wir uns rüsten.»
(16. 06. 2019)

Er ruft nicht direkt zum Umsturz auf, spielt mit den «gnadenlosen Kämpfen» aber geschickt darauf an. Immer wieder und in den
unterschiedlichsten Zusammenhängen sprechen die Abgeordneten
von Deutschland auch als einem «*Unrechtsstaat*».

Unrechtsstaat, gnadenlose Kämpfe, Merkel-Regime, politische
Verbrechen, Sieger-Tribunal, rumänische Lösung: Das ist Umsturz-
rhetorik, zum Teil gepaart mit einer unverhohlenen Gewaltbereit-
schaft. Manche der Neuen im Hohen Haus stellen offensichtlich die
System-Frage, wenn sie unter sich sind. Und was uns fast noch mehr
verwundert: Wir finden zu diesen harten Aussagen wenig Gegen-
rede. In ihren immer neuen Häutungen hat die AfD inzwischen
einen Kurs eingeschlagen, der auch den Verfassungsschutz zu der
Überzeugung gebracht hat, die gesamte Partei als Verdachtsfall auf
Rechtsextremismus zu beobachten. Die freiheitlich-demokratische
Grundordnung infrage zu stellen, ist innerhalb der AfD also keine
Einzeläußerung, sondern vielfach zu finden – vor allem offenbar,
wenn ihre Funktionäre glauben, unter sich zu sein.

Wir fragen uns: Was genau will diese AfD im Bundestag erreichen? Und wie?

Als die Partei 2017 in das Parlament einzieht, genügt noch die
Euphorie, jetzt dazuzugehören – zu jenen übrigens, die man sonst
bei jeder Gelegenheit als «Altparteien» herabwürdigt. Die Neuen im
Parlament freuen sich, wenn man mal einen bekannten Politiker im
Flieger belauscht oder mit auf Delegationsreise eines Ausschusses
darf, sie fachsimpeln im Chat über die Vorzüge des exklusiven Bun-
destags-Fahrdienstes. Doch wer im Bundestag wirklich ankommen
will, der braucht nun vor allem eines: Macht. Dazu gehören Ämter.
Und hier wird sich die AfD viele blaue Augen einhandeln. Einer aus
ihren Reihen, Uwe Witt aus Schleswig-Holstein, will ganze vier Mal
Mitglied im Kuratorium der Stiftung Denkmal für die ermordeten

Juden Europas werden. Ausgerechnet also in jener Stiftung, die für das Mahnmal zuständig ist, das Björn Höcke aus Thüringen anlässlich einer Rede in Dresden im Jahr zuvor als «Mahnmal der Schande» adressiert hatte und damit die Republik schockierte. Wie nicht anders zu erwarten, verhindern die anderen Parteien die Wahl von Witt, er scheitert ein ums andere Mal. Auch das Amt eines Bundestagsvizepräsidenten wird der Partei von den anderen Fraktionen dauerhaft verwehrt. Trotz vieler Anläufe.

Und deshalb sinnt die AfD im Chat auf Revanche. Es beginnt, nachdem die AfD Mariana Harder-Kühnel aus Hessen zur Bundestagsvizepräsidentin vorschlägt und die anderen Fraktionen ihre Wahl verhindern. Dreimal wird allein sie es versuchen, hinzu kommen etliche Anläufe anderer Kandidaten. Gauland kündigt im Zuge dessen 2018 öffentlich an, die AfD werde künftig bei jeder sich bietenden Gelegenheit neue Bewerber für das Vizepräsidenten-Amt aufstellen. Und die AfD kommuniziert per Pressemitteilung, so lange immer wieder gewisse parlamentarische Instrumente nutzen zu wollen, bis man ihr Ämter zugestehe.

Das klingt fast wie Erpressung – einer weiteren aufstrebenden AfD-Politikerin aus Hessen, Joana Cotar, behagt das überhaupt nicht:

Chat: «Wir kommunizieren offen, dass wir den anderen ihre Förmchen kaputt machen, wenn sie nicht nett zu uns sind? Dann wählen die uns das nächste Mal ganz sicher. Sorry, das entspricht eher nicht dem Anspruch, den gebildete Wähler an uns haben. Dieses Mimimi steht uns nicht. Und das heute war, inkl. so einer Pressemeldung, ist nur kontraproduktiv.» (14.12.2018)

Ein Kollege widerspricht:

Chat: «Natürlich müssen wir das kommunizieren. Was denn sonst? Dass wir den Bundestag grundlos lahmlegen?»

«*Wir legen nichts lahm, wir sorgen für die Legitimität der Entschei-dungen des BT*», versucht ein anderer, die Sabotage-Strategie inhalt-lich zu heiligen. Uwe Witt, der bereits erwähnte Hinterbänkler, aber mit gut 5000 Nachrichten der eifrigste Schreiber der *Quasselgruppe*, erklärt daraufhin, warum er diese Strategie unterstützt: Es gehe doch gar nicht darum, ob dies im Einzelfall gelänge,

Chat: «*sondern es geht darum, den anderen Parteien ... unnötige Mühsal aufzuerlegen. Sie müssen extra aus dem Büro kommen und so weiter und so weiter ausschließlich darum geht es*».

Harder-Kühnels Misserfolg beginnt die AfD jedoch irgendwann strategisch zu sehen: «*Vor den Landtagswahlen im Osten nutzt uns eine nicht gewählte Mariana mehr als eine gewählte*», äußert ein Abgeordneter aus Sachsen im Chat.

Chat: «*Die maßgebliche Wahl für uns ist die von Mariana zur Vizepräsidentin. Bis dahin sollten wir sie quälen. Und das auch so erklären, d. h. Debatten auch gerne bis 4 Uhr morgens*» (8. 11. 2018)

Das schreibt Beatrix von Storch zur selben Thematik, sie gehört damals zum Fraktionsvorstand. «*Du glaubst doch nicht allen Ernstes, dass sie gewählt wird, oder?*», antwortet daraufhin Uwe Witt. Und darauf Storch: «*Eben. Genau deswegen.*» Wir haben von Storch mit ihren Äußerungen in der *Quasselgruppe* konfrontiert. Inhaltlich wollte sie nicht Stellung nehmen, teilte uns aber mit: «Die etablier-ten Fraktionen haben mit Regeln und Traditionen des Parlamen-tarismus gebrochen, um die AfD auszugrenzen. Der AfD wird nach wie vor der Vizepräsident verweigert, der ihr zusteht. Und die AfD wird nicht in parlamentarische Gremien gewählt. Dagegen ist die AfD mit legitimen Mitteln unter Wahrnehmung ihrer parlamenta-rischen Rechte vorgegangen.»

Die AfD-Fraktion beginnt, sich in der Opferrolle zu positionieren und diese politisch zu Wahlkampfzwecken zu nutzen. Wenn die

Trauben der Macht zu hoch hängen, kann man dem eigenen Wahl-
volk doch wenigstens demonstrieren, wie «ungerecht» es in der
«etablierten Politik» zugeht. Das unterstellt freilich, dass man bei
den Wählerinnen und Wählern an eben jene Vorurteile und Ressentiments appellieren kann, die man selber hat.

Zu den Quälstrategien gehört weiter, Reden zu halten, statt sie
einfach zu Protokoll zu geben – eine Gepflogenheit, die den parlamentarischen Betrieb entschlacken soll und verhindert, dass sich
die Plenarsitzungen unter der Reichstagskuppel bis in die tiefen
Nachtstunden ausdehnen. Die AfD wird dieses Mittel der parlamentarischen Arbeitserleichterung, vorsichtig gesagt, nur sehr spar-
sam einsetzen. Gerade einmal 30 Reden gibt sie in vier Jahren zu
Protokoll. Zum Vergleich: Die FDP, die auch Oppositionspartei ist,
gibt etwa 140 Reden zu Protokoll, die CDU/CSU ganze 408. Warum
das so ist, erklärt eindrucksvoll ein Dialog im November 2018. Ein
Abgeordneter schreibt in die *Quasselgruppe*, er würde dem Wunsch
des Präsidiums gern nachkommen und seine Rede zu Protokoll
geben:

*Chat: «(…) weil das Thema an sich und zu dieser Stunde nieman-
den interessieren dürfte. Wir ärgern (…) zwar die Anderen, quälen
uns selbst aber auch. (…) Was soll ich machen? Reden oder zu Protokoll geben?»*

Die Antwort fällt eindeutig aus:

*Chat: «Deine Entscheidung. Aber ich bin für Quälen so lange wie
nicht alle unsere Kandidaten gewählt wurden.»*

Und ein Kollege ergänzt:

Chat: «Quälen. Geh vorher schlafen und komm wieder…»

Und ein dritter:

Chat: «(...) wir sollten keine Rede zu Protokoll geben, solange unsere Leute nicht gewählt werden.»

In Gesprächen haben uns Alice Weidel und einige andere Fraktionsmitglieder im Frühjahr 2022 erklärt, dass sie nicht quälen wollten, sondern es als ihre parlamentarische Pflicht sehen, Reden auch zu halten. «Dafür haben uns unsere Wähler ins Parlament gewählt», sagt Weidel. Andere Abgeordnete, wie etwa Hansjörg Müller, erinnern sich im Gespräch, dass man sich mit diesen Strategien indessen auch selbst gequält hat. «Da habe ich auch nicht mitgemacht, und mich dem auch teilweise entzogen. Ich fand es Kindergarten und Blödsinn.» Die AfD-Fraktion arbeitet im Plenum weiter an ihren Quäl-Strategien – zumindest der Chatgruppe zufolge: An einem Donnerstag im Mai 2019 hat die AfD wie schon seit Monaten immer wieder Kandidaten zur Wahl in wichtige Gremien aufgestellt – und wieder einmal fallen alle durch. Da ist zum einen Nicole Höchst, die sich um einen Kuratoriumssitz der «Stiftung Denkmal für die ermordeten Juden Europas» bewirbt, mit deren Arbeit sich neben den Fraktionen unter anderem Vertreterinnen und Vertreter des Zentralrats der Juden in Deutschland, der Jüdischen Gemeinde zu Berlin, des Jüdischen Museums Berlin und der Stiftung Topographie des Terrors beschäftigen. Weiter möchte die AfD in das Kuratorium der Magnus-Hirschfeld-Stiftung, die vor allem den Zweck verfolgt, die nationalsozialistische Verfolgung Homosexueller in Erinnerung zu halten; diesmal ist Uwe Witt dazu ausersehen. Ebenfalls möchte man mit Birgit Malsack-Winkemann in das Paragraph-10-Vertrauensgremium des Bundes, das die auch für die übrigen Abgeordneten geheimen Wirtschaftspläne der Nachrichtendienste billigen muss. Wie immer kommt niemand bei den Abstimmungen durch, offenbar, weil die anderen Fraktionen ihr in diesen sensiblen Bereichen nicht trauen. In der neuen Legislaturperiode von September 2021 an werden die anderen Fraktionen dieser Linie nicht nur treu bleiben. Sie erhöhen ihre Gegenwehr, und keiner der AfD-Bewerber bekommt dieses Mal einen Ausschuss-Vorsitz im Bundestag. Die AfD klagt dagegen vor dem Bundesverfassungsgericht – bisweilen im Eilverfahren – vergeblich. Eine Entscheidung in der Hauptsache steht noch aus.

Die Gruppe sinnt auf Rache, so geht es aus einem Dialog vom 16. Mai 2019 hervor. «Alle unsere Kandidaten sind wieder durchgefallen. Noch weniger Stimmen als beim letzten Mal.» Ein anderer sagt: «Ich staune, dass wir überhaupt unsere Schriftführer durchbekommen haben!» Und ein Dritter: «Eine namentliche morgen Nachmittag wäre die richtige Reaktion.» Gemeint ist eine namentliche Abstimmung. Im Bundestag müssen Abgeordnete häufig abstimmen. Über Anträge zum Beispiel, ob sich der Bundestag gegen oder für etwas ausspricht. Fast immer geht das ganz einfach: Wer dafür ist, hebt die Hand. Das geht schneller und nicht jeder MdB muss unbedingt an der Abstimmung teilnehmen.

Eine namentliche Abstimmung hingegen verlangt die Anwesenheit aller: Die Abgeordneten werfen dafür eine Stimmkarte mit ihrem Namen in eine Wahlurne. Normalerweise wird eine solche namentliche Abstimmung nur bei umstrittenen Fragen beantragt, zum Beispiel bei Bundeswehreinsätzen in Kriegsgebieten. Für die AfD wird sie jedoch Teil ihrer Sabotage-Strategie. Wie von dem Abgeordneten vorgeschlagen, initiiert man am Tag darauf eine namentliche Abstimmung am Freitagnachmittag zu einem unwichtigen Thema – und die ersten kriegen sich vor Schadenfreude im Chat kaum ein:

«Grimmige Mienen, genervtes Gedränge an der Garderobe, einer fluchte ‹ich muss zum Zug›, Sprints zu den Fahrdienstautos ... ich glaube so eine namentliche Abstimmung am Freitag Nachmittag sorgt richtig für Freude beim bunten Block ... sollten wir öfters machen. ☺»

Und:

«Ich verfolgte zufällig ein Dialog zwischen 2 Linken an einer Rotampel auf dem Weg ins Büro! Gleiches Ergebnis; Ärgernis über die am Freitag so späte namentliche Abstimmung. Ein Schritt von uns in die richtige Richtung!»

Doch nicht nur die anderen Fraktionen haben sich offenbar geärgert, Beatrix von Storch ist da etwas aufgefallen:

«Es waren 62 Ja-Stimmen. D. h.: es fehlten 1/3 unserer Leute. Ich bin nicht sicher, ob das eine gute Idee ist.»

Ein Kollege antwortet:

«Aber nur so funktioniert die maximale Penetranz-Strategie!»

Auch Peter Boehringer, der Haushaltsausschuss-Vorsitzende, empört sich:

«Wessen Idee war es denn? Vielleicht haben wir ja noch andere penetranzideen als solche mitten Im Wahlkampf an einem Fr Nachmittag. Und falls wir mit 2/3 Teilnahme nun unter dem anderen Fraktionen liegen sollten, war es ein übles Eigentor, das in der Presse stehen wird.»

Zwei Kollegen pflichten ihm bei:

«Exakt. Hirnlos, was hier abgeht.»

«Na ja, auch beim #jagen gilt: möglichst nicht ins eigene Knie schießen…»

Und Schüsse ins eigene Knie werden sich im Laufe der Legislaturperiode häufen, jedenfalls ist es immer wieder so in der *Quasselgruppe* zu lesen.

Die Fraktion schafft es im Sommer 2019 nicht einmal, eine Fraktionsklausur außerhalb Berlins zustande zu bekommen. Es ist eine der kuriosesten Episoden, die wir in der *Quasselgruppe* nachverfolgen können. Sie verrät viel über die AfD und ihren inneren Zustand. Sie illustriert, wie sich die Fraktion oft selbst zum Problem macht und wie sich die AfD-Abgeordneten am Markenkern der AfD abarbeiten: Wie rechts möchte man sein? Und wie so oft geht es der Partei um den Effekt und weniger um die Frage, was es braucht, eine politische Alternative zu sein. Und so erstreckt sich die Episode in der Chatgruppe über Tage. Weil die Fraktion Probleme hat, Räumlichkeiten für ihre Klausur zu finden, es Absagen hagelt, kommt eine Idee auf: Man könne ja die Tagung in Polen abhalten, dort, wo die Hoteliers und Gastronomen weniger Probleme mit der AfD hätten.

In der Fraktion stößt dies auf ein geteiltes Echo. Der folgende, gekürzte Dialog spielt an mehreren Tagen Ende Juni 2019.

Chat: «Eine Fraktionsklausur in Stettin. Stettin ist eine alte deutsche Stadt. Nur sie gehört heute leider zu Polen. Entweder will jemand mit der Durchführung unserer Klausur dies in Frage stellen (nur dann sollten wir das erst in der Fraktion diskutieren) oder er sieht die Aussage, einer Fraktionsklausur im Ausland nicht. Wir sind die Alternative für Deutschland und fliehen vor der Antifa ins Ausland! Bitte stellt euch die Wirkung auf unsere Wähler vor. Jede Durchführung in Räumen von Land- oder Bundestag wäre besser. Ich habe für meine Person beschlossen, nicht ins Ausland zu fliehen.»

Chat: «Leute, wir können das doch jetzt nicht kurz vor knapp platzen lassen. Es ist alles geplant und gebucht. Jetzt stornieren kostet richtig Geld. Vielleicht gab es Probleme mit dem Finden eines

Hotels. Ich hab auch keine große Lust, aber wir wollten die Klausur»

Chat: «Platzen lassen wäre der falsche Weg! Aber darüber reden, wichtig! Für die Zukunft jedenfalls!»
Lars Herrmann: «So lange es nicht Sender Gleiwitz ist ...»

Chat: «🤭 🤭»

Chat: «Lars, das kann falsch ausgelegt werden 😄»

Lars Herrmann: «Okay, dann westerplatte? Verdammt, ich darf betrunken nicht am WhatsApp Chat teilnehmen»
(21. 6. 2019)

Im Chat lesen wir außerdem ablehnende Äußerungen wie diese:

«Zeitungen werden schreiben: ‹AfD marschiert in Polen ein› (21. 6. 2019)

Chat: «Stettin geht garnicht».

Chat: «Übrigens gern auch auf der Zugspitze, aber bestimmt nicht Polen :)»

Der damalige Abgeordnete Lars Herrmann arbeitete vor seiner Zeit im Bundestag und danach als Bundespolizist. Als wir ihn für dieses Buch fragen, wie seine Aussagen im Chat mit seinem Beruf vereinbar seien, legt er wert darauf zu betonen, dass die Aussagen nicht seine politische Einstellung repräsentierten und er, als er diese Zeilen schrieb, dies als Bundestagsabgeordneter und nicht als Staatsdiener in einem Treueverhältnis getan habe – wenngleich es diese Kommentare nicht besser mache: «Ich finde meine Äußerungen dazu maximal geschmack- und niveaulos und ich schäme mich dafür.» Er habe in seinen vier Jahren im Bundestag stets alle Regeln und parlamentarischen Gepflogenheiten des Hohen Hauses eingehalten.

Der Überfall auf den Sender Gleiwitz am 31. August 1939 gehörte zu mehreren von der SS fingierten Aktionen vor Beginn des Zweiten Weltkrieges. Er diente als Rechtfertigung für den anschließenden Überfall der Deutschen auf Polen. Die Halbinsel Westerplatte bei Danzig wurde dann einen Tag später von den Deutschen beschossen, was als Beginn des Zweiten Weltkrieges gilt. Es sind also zutiefst verstörende Witzeleien, die die Partei, die im Bundestag rechtsaußen steht, ohne Widerspruch aus den eigenen Reihen toleriert. Das hat selbst uns, die wir schon viel bei der AfD gewohnt sind, beim Lesen schockiert. Alice Weidel, die in der Gruppe nicht mitgelesen und -geschrieben hat, wird uns später antworten, dass die Geschehnisse des Zweiten Weltkrieges vollkommen ungeeignet seien, um darüber Witze zu machen, und die Fraktion derartige Geschmacklosigkeiten ablehne. In der Chatgruppe geschieht das Gegenteil, es geht munter weiter; niemand tritt dieser Verharmlosung der Nazi-Zeit entgegen.

Der Disput setzt sich fort. Ein Mitglied des Fraktionsvorstandes erklärt die Entscheidung für das Stettiner Hotel mit sachlichen Argumenten. In der Gruppe werden die unterschiedlichsten Für und Wider gegen den Ausflug ausgetauscht: die lange Anreise, aber auch, dass der AfD womöglich revanchistische geschichtspolitische Absichten unterstellt werden könnten. Dann schaltet sich eine Abgeordnete aus Bayern ein:

«Also gleichzeitig sollen wir ausgelacht werden, weil wir aus Deutschland ‹flüchten› vor der Ausgrenzung. Andererseits geht es um die Befürchtung, dass wir Polen erneut ‹besetzen› wollen. Merkt ihr eigentlich noch was? Wir können auch auf den Mond fliegen und tagen oder in ein Erdloch kriechen – man wird es seitens der Presse immer rausfinden und uns um die Ohren hauen. Man kann doch diesen Leuten nichts REcht machen. Die wickeln unser Land

ab, wollen uns die Bürgerrechte am liebsten entziehen und wir haben Angst vor solchen Schlagzeilen, dass wir lieber das Ganze *nochmal* absagen bzw. verschieben. Langsam kann ich das hier alles nicht mehr Ernst nehmen.» (22. 6. 2019)

Nachdem eine Zeitung über die geplante Klausur berichtet hat, kündigt das Hotel in Polen den Vertrag. Und die AfD muss sich kurzfristig doch in Berlin treffen. Statt in Stettin landen die Abgeordneten in ihrem Fraktionssaal. Und das Beisammensein kurz vor Beginn der Klausur findet in einem Berliner Biergarten gleich gegenüber dem Kanzleramt statt. Und zwar ohne Reservierung, darum an getrennten Tischen.

So skurril diese Episode ist – sie belegt, wie desorganisiert die AfD damals nach zwei Jahren im Parlament noch ist und wie weit davon entfernt, eine funktionierende Einheit zu sein.

Und auch im Plenum selbst läuft es nicht: Die, die gejagt werden sollen, ignorieren die AfD und ihre Streifschüsse weitgehend. So fühlt die einst euphorische Jagdgesellschaft sich immer mehr abgehängt, beginnt schon früh, neidvoll auf erfolgreichere Oppositionsparteien wie die FDP zu blicken. «Bitte nicht so viel für die FDP klatschen!», mahnt einer im September 2018. «Ist das nicht auch ein Thema? Schon wieder von der FDP besetzt!!!», schreibt eine Abgeordnete im April 2020, als es um eine längere Laufzeit des inzwischen geschlossenen Berliner Flughafens Tegel geht. Und ein anderer kommentiert später zum Thema Corona und der Führungsrolle im coronaskeptischen Teil der Bevölkerung: «Wir müssen aufpassen, dass uns die FDP diesen Job nicht wegnimmt.»

Wer gibt die Richtung vor – und welche?

Ernüchterung macht sich im Laufe des Jahres 2019 breit, und dieses Gefühl wird noch wachsen. Es gibt einen Konflikt innerhalb der AfD, der auch die Chatgruppe entzweit. Es geht um nichts weniger als die Frage, wie rechtsradikal die Partei und die Fraktion eigentlich sein möchten. Im Chat treibt dies Abgeordnete zu teils drastischen Offenbarungen, wie dieses Fraktionsmitglied aus Bayern:

> *«Wir brauchen eine Richtungsentscheidung. Wollen wir eine Natio-nal-sozialistische oder eine freiheitlich-konservative Partei sein. Auf so einer Grundlage können wir alle Entscheidungen fällen. Es macht keinen Sinn, sich bei jedem Thema immer wieder die Köpfe einzuschlagen, nur weil Grundsätzliches sechs Jahre nach der Gründung immer noch nicht entschieden ist.»* (8.11.2019)

Dieser Mann und andere Mitglieder der Fraktion sind deshalb so alarmiert, weil die Partei immer mehr in den Fokus gerät. Nicht nur die Medien schauen immer genauer hin, was die AfD macht, son-dern auch eine Behörde, die ihre Zentrale in Köln-Chorweiler hat. Sie interessiert sich auch für diejenigen, die in den Parlamenten sitzen. Im Januar 2019 hat das Bundesamt für Verfassungsschutz die gesamte AfD erstmals als sogenannten Prüffall eingestuft. Der Inlandsgeheimdienst geht inzwischen sogar dem Verdacht nach, bei der ganzen Partei könne es sich um eine rechtsextreme, gegen die freiheitlich-demokratische Grundordnung gerichtete Bestre-bung handeln. Mit der damaligen Einstufung, eine Art gelbe Karte, macht sich nun auch in der AfD-Bundestagsfraktion Nervosität und Zukunftsangst breit. Der Druck wächst. Gerade der gemäßig-tere Teil der Fraktion fürchtet um die eigenen Wähler. Und fast die Hälfte der Legislatur ist absolviert; die nächste Wahl rückt näher. Die Parlamentarier geraten immer tiefer in einen Strudel aus Selbstzweifeln, Streit und Kritik – untereinander, aber ganz beson-ders gegenüber der Fraktionsführung wächst die Entfremdung. Waren die 92 Abgeordneten 2017 noch mit großen Ansprüchen und Zielen eingezogen, geraten diese immer mehr aus dem Blick. Im Wahlprogramm hatte die AfD den Islam und die Migration als große Gefahren für die Deutschen zum Thema gemacht und forderte des-halb mehr Abschiebungen; die Partei wollte sich für mehr direkte

Demokratie einsetzen, etwa für mehr Volksabstimmungen. Initiativen der Regierung gegen den Klimawandel hingegen wollte die AfD ausbremsen, und aus der Eurozone hätte Deutschland austreten sollen. Kaum etwas davon setzt sich in politisch-parlamentarisch wirksame Initiativen um. Jetzt, etwa zu Beginn der zweiten Hälfte der Legislatur, fordern immer mehr Abgeordnete in der *Quasselgruppe* strategische Konzepte und Führung ein und ein gemeinsames Ziel, hinter dem sie sich versammeln können. Eine Abgeordnete aus Bayern fragt im Chat:

«Und der Chaosladen will Deutschland retten?» (3. 5. 2019)

Und Uwe Witt, der Vielschreiber der Gruppe, bilanziert einen Monat später: *«wir haben in nichts Strategie, noch nicht mal die Selbstzerstörung läuft koordiniert* 😔 *(02. 06. 2019)*

Am nächsten Tag fügt Witt hinzu: *«Was fremdschämen angeht, bin ich durch die Partei extrem belastbar geworden.»* (03. 06. 2019)

Ein Brandenburger Abgeordneter aus dem für AfD-Verhältnisse gemäßigteren Lager zieht einige Monate später dieses Zwischenfazit:

Chat: «Leider habe ich den Eindruck, dass es in unserer Partei genauso viele Leute gibt, die alles kaputtmachen, wie solche, die mühsam alles aufbauen. Unsere Partei ist in einer schweren Krise. Wenn wir die aber nicht anständig gelöst bekommen, sollten wir uns nichts vormachen: Dann ist Deutschland hin und auch wir. Wir stehen in vorderster Front und wir haben das Mandat für diese Chaos-Partei im Lebenslauf stehen. Das wird noch heiter.» (10. 07. 2019)

Ein anderer bringt dies am selben Tag auf einen einzigen Satz:

Chat: «Uns fliegt langsam die Partei unterm Arsch weg, die gegründet wurde, um unser Land zu schützen.» (10. 07. 2019)

Einige Wochen später merkt ein sächsischer Abgeordneter, genervt von solcherlei Selbstzerfleischung, an:

Chat: «Ist hier eigentlich noch jemand willens Wählerstimmen einzusammeln oder beschäftigt Ihr Euch nur noch mit Euch selbst?» (9. 8. 2019)

Denn diese Selbstbespiegelung kostet die Abgeordneten auch viel Zeit. Kurz vor Weihnachten, am 19. 12. 19, stößt einem der Abgeordneten noch etwas auf, das sich ebenfalls seit dem Einzug wie ein roter Faden durch die Auftritte der AfD im Bundestag zieht. Es geht um das mitunter respektlose Verhalten mancher AfD-Abgeordneter gegenüber der Würde des Parlaments und einen respektlosen Umgang mit dem politischen Gegner:

Chat: «Heute muss man sich wirklich schämen als Mitglied der AfD Fraktion. Da müssen wir uns vorhalten lassen, dass unser Vertreter im Vermittlungsausschuss an einer Sitzung nicht teilnahm und zu einer zu spät kam. Derselbe Kollege nennt einen Redner der SPD einen ‹Sozialfaschisten›. Ein anderer Redner spricht die BUndestagsvizepräsidentin als ‹Herr Präsidentin› an. Wir müssen dringend über Umgangsformen und unseren Auftritt reden. So darf es nicht weitergehen!»

Ein Kollege stimmt ihm zu: *«Als Spaßtruppe werden wir nicht reüssieren!»*

Und ein anderer:

Chat: «Ebensowenig als Rüpel»

Und auch im neuen Jahr wird es nicht besser. Die AfD-Fraktion wird mit der beginnenden Corona-Krise, aber auch mit der inneren Zerrissenheit kämpfen. Mit dem Lagerkampf, der im Laufe des

Jahres immer heftiger werden wird. Ein hessischer MdB berichtet im Sommer 2020, dass auch die Basis überaus enttäuscht von der Performance der Fraktion im Bundestag sei, auch in seinem Kreisverband.

Chat: «(...) wir sind eine partei und eine fraktion ohne strategie. während der ersten 2 jahre haben wir im BT einen ‹hype› bedient. nun ist erkennbar, dass offenbar bei vielen vorstandsmitgliedern noch nicht mal klar ist, DASS man nun etwas tun muss. unsere rufe werden ja auch eher überhört. alleine die durchführung der frasi ist ein desaster. (...) wir können jetzt so weitermachen und alles ausplänkeln lassen in den nächsten 15 monaten. das ist vllt auch ein weg ... oder das ziel ???» (14. 6. 2020)

Und eine Kollegin stimmt am nächsten Tag ein:

Chat: «Hat eigentlich jemand schon darüber nachgedacht, wie die – mittlerweile muss man fast sagen- verfeindeten Parteien innerhalb der AfD jemals wieder vertrauensvoll zusammenarbeiten sollen?» (15. 6. 2020)

Je weiter die erste Legislaturperiode voranschreitet, umso unzufriedener werden viele der Fraktionäre offenbar mit der eigenen Arbeit und Bilanz der AfD-Fraktion. Sie findet jenseits der Anti-Migrations-Linie kein weiteres Thema, mit dem sie sich profilieren kann, und schafft es nicht, die Strukturen aufzubauen, die viele sich erhoffen. Die Partei gerät zudem unter dem Druck des Verfassungsschutzes in eine Identitätskrise. Und die mal stolze Bundestagsfraktion gleich mit. Wie weit nach rechts soll es mit der AfD noch gehen? Der rechtsextreme «Flügel» und das sogenannte gemäßigtere Lager stehen sich in diesen Monaten unversöhnlich gegenüber. Dieser Riss zieht sich ebenso tief durch die Bundestagsfraktion. Auch Joana Cotars Frust in der Chatgruppe wächst in diesen Monaten. Die digitalpolitische Sprecherin schreibt: «Politik ist ein schmutziges Geschäft und in unseren Reihen anscheinend noch viel schmutziger.» Und für sie selbst ist das erst der Auftakt zu sehr viel Ärger in Fraktion und Partei. Dort und in der gesamten Fraktion ist Cotar zunächst eine Hinterbänklerin, auch wenn sie zu den frühen Parteimitgliedern zählt und schon 2014 im hessischen Landesvorstand war. Cotar bringt eine für die AfD eher ungewöhnliche Biografie mit. Geboren wird sie in Rumänien, flüchtet mit ihrer Familie vor dem Ceauşescu-Regime nach Deutschland, wo sie aufwächst, Abitur macht und studiert. Kurz engagiert sie sich in der CDU, dann verlässt sie die Politik, bis sie sich durch die neu entstehende Eurokritik-Bewegung wieder politisiert. Sie geht mit ihrem Mann in die Schweiz, arbeitet unter anderem für Finanzdienstleister. Als sie zurückkehrt, macht sie sich in einem ganz anderen Metier selbständig. Das gräbt ein fraktionsinterner Gegner Jahre später aus – um es gegen sie zu verwenden. Denn der Erzfeind, Hansjörg Müller aus Bayern, gehört zu den Partei-Radikalen, während Cotar Sachpolitik machen will und eher gemäßigtere Ansichten und Töne vertritt. Wenn Müller in der *Quasselgruppe* eine Idee ausbreiten möchte, dann tritt sie ihm und anderen, vor allem Politikerinnen und Politikern aus dem rechtsextremen Flügel, schon mal entgegen. Diesmal jedoch eskaliert der Streit zwischen Müller und Cotar. «Liebe Kollegen! Es wäre nett, wenn ihr euch erst einmal mit meinen Argumenten auseinandersetzen würdet, bevor ihr reflexartig über mich herfallt. Danke schön», schreibt Müller am 9. 8. 2019. Darauf kontert Cotar: «Wenn es denn Argumente wären ...» Und Müller schießt gekränkt zurück: «klar, dafür müsste man ein gewisses Verständnis mitbringen, das über die feng-shui-beratung hinausgeht».

Cotar hat von 2009 an als Feng-Shui-Beraterin gearbeitet und auch chinesische Horoskope erstellt. Doch sie nimmt Müllers Attacke zunächst gelassen, sendet einen Lachsmiley. Müller postet daraufhin noch mehr Fundstücke aus Cotars Vergangenheit in die Gruppe, offenbar auch alte Fotos von ihr, auf denen sie, wie sie dann selbst schreibt, noch deutlich schlanker und jünger sei. Nun mischen sich auch schon genervt andere aus der Chatgruppe ein. Uwe Witt zum Beispiel:

«Ja sei froh dass ich jetzt nicht da bin. Lösch diesen Scheiß das hat hier nichts zu suchen !!! Hört doch mal auf diesen Streit von außen hier in die Fraktion zu tragen das ist echt zum Erbrechen».

Mit Streit von außen meint Witt hier offenbar den Lagerstreit in der Partei, denn die *Quasselgruppe* will solche Parteiangelegenheiten eigentlich aus dem Chat raushalten. Und auch andere mischen sich ein:

Chat: «Unterirdisch»

Chat: «Niveaulimbo der besonderen Art»

Chat: «Ich habe den Verdacht, dass einige unter uns sind, die ihre Beziehungsecke nicht aufgeräumt haben...»

Cotar reicht es jetzt:

«Meine Güte, Hansjörg. Glaubst Du, damit triffst Du mich? ... Von chinesischen Meistern lernen, ist eine Herausforderung. ... Hast Du noch mehr aus meinem Lebenslauf zu bieten? Als Studentin hab ich mal im Kaufhaus gejobbt und als Sekretärin bei Emirates ... auch so Jobs unter Bundestagsniveau, gell? Guter Mann, um mir das Wasser zu reichen, müsstest Du Kellner werden.»

Im Frühjahr 2022, als Hansjörg Müller nicht mehr im Bundestag sitzt und wir ihn zu seinen Aussagen in der *Quasselgruppe* interviewen, wird er uns zu diesem Chat sagen, an den er sich da noch bestens erinnert: «In der Rückschau muss ich sagen, ich habe natürlich selbst das respektvolle Niveau verlassen durch meine respektlose Äußerung.» Eine Entschuldigung Müllers nimmt Cotar nicht an.

Wenn es nicht um die eigenen Reihen geht, sondern die anderen, geht der Respekt bisweilen vollständig verloren.

Als Bundesgesundheitsminister Jens Spahn, der aus seiner Homosexualität kein Geheimnis macht, in den Medien kurzzeitig als neuer Verteidigungsminister im Gespräch ist, stürzt das Niveau der Chatgruppe am 16. 07. 2019 ins Bodenlose ab:

Chat: «Oh gut, also wieder eine Verteidigungsministerin»

Ein anderer schreibt:

Chat: «Ein Traum 😂 😂 Darauf haben die tapferen Soldaten doch schon lange gewartet.... !»

Und ein Weiterer:

Chat: «Bei Spahn hätte die Bundeswehr wieder auf Hinterlader umgestellt...»

Corona-Wandlungen

Und dann kommt Corona. Es ist die größte Krise, die die Welt und die Deutschland seit Jahrzehnten erlebt. Und diese Herausforderung stellt die Partei in kurzer Zeit abermals vor die Aufgabe, eine Grundsatzentscheidung zu fällen. Will sie im Parlament wirklich an Lösungen mitarbeiten, die Bundesregierung konstruktiv stützen? Oder will sie einfach nur dagegen sein?

Der Haushaltsausschuss-Vorsitzende Peter Boehringer wird da eine erstaunliche und rasante Entwicklung durchlaufen, exemplarisch für so manchen Abgeordneten seiner Fraktion. Im Februar und März 2020, als das Virus in Deutschland ankommt, alles auf den Kopf stellt und das Land in den ersten Lockdown geht – schreibt er im Chat zunächst: «Wir haben (auch wenn es abweichende Minderheitenmeinungen gibt) mit Corona eine gesundheitliche und nun auch wirtschaftliche (kommende) Notsituation», so ist es am 21. März 2020 zu lesen.

Die AfD hat zu der Krise und dem Virus noch keine einhellige Haltung, keine Strategie und schon gar keine politische Lösung gefunden. In dieser Situation liest sich Boehringers Nachricht an seine Mitabgeordneten wie ein Appell, den Gesetzespaketen der Bundesregierung zuzustimmen, sich konstruktiv zu zeigen. Er schreibt in der Chatgruppe:

«Schon jetzt sage ich euch, dass es eine Wahl zwischen Pest und Cholera sein wird (oder in diesen Corona-Zeiten vielleicht besser gesagt zwischen Scylla und Charybdis). Es werden im Plenum und EXISTENZIELLE Argumente bemüht werden, nationale Notlage und Kampf um Leben und Tod. Oberste Prio werden medial medizinische Argumente haben – ob das nun völlig rational ist bei bis zu 200 Mrd EUR Wertschöpfungsverlust unserer Volkswirtschaft pro MONAT / Im Shutdown) oder nicht. Eventuell werden wir gemeinsam zum Ergebnis kommen (wie zT bereits in manchen Länderparlamenten geschehen), dass wir als AfD als nationale Partei in einer nationalen Notlage der Regierung bedingungslos folgen müssen.» (21. 03. 2020)

Nach langen Ausführungen schließt er: «Wer für ‹Total-Ablehnung› (also wohl für die Durchseuchungsstrategie) und nicht für das hier vorgeschlagene, inhaltlich und zeitlich differenzierte, Vorgehen ist, möge sprechen.» (21. 03. 20)

Aus all dem, was wir im Chat lesen, empfinden wir Boehringer als einen, der sich gefällt in seiner prestigeträchtigen Rolle, Seit an Seit mit der Regierung als Krisenmanager die deutsche Wirtschaft vor dem Untergang zu retten.

Auch in den Tagen darauf wendet er sich mit jeweils langen Statements an seine Abgeordneten-Kollegen. Er bittet:

«(...) NUR in der KOMMENDEN Woche genau EIN MAL teilweise mitspielen, um die akuten Notlagen durch die Corona-Fallzahlspitze bei den Intensivstationen herauszunehmen, um Menschenleben zu retten. In 4 Wochen wird wohl die erste Welle vorüber sein (Stand heute in China) – DANN kann und sollten wir eine Überprüfung aller Maßnahmen und ein (wenn medizinisch notwendig langsames) Wiederanfahren des Landes fordern. Das ist (entgegen manchen Behauptungen) KEINE ‹schwache› Positionierung der AfD. Wir sind die einzigen, die das überhaupt fordern werden. Wir sind die einzigen, die überhaupt signifikant über die riesigen Pakete mit 750 Mrd EUR Volumen DISKUTIEREN wollen kommende Woche. (...) In ca. 4 Wochen wird die Republik / auch die Medien soweit sein (DANN OHNE die täglichen Bilder von Toten und Sterbenden), über die schon nach wenigen Wochen Shutdown GRAVIERENDEN, für viele Menschen und Unternehmen EXISTENZIELLEN, wirtschaftlichen Folgen wieder rational zu diskutieren. Kommende Woche würden wir aber noch gegen eine Wand von Unverständnis anschreien. (...) Schon alleine dieses kleine aber wichtige ‹Aber› wird uns mediale Schläge und im Plenum Buh-Rufe der anderen Fraktionen einbringen (‹Ihr wollt wegen Geld Menschenleben riskieren – Pfui›) – aber das halten wir aus. Zudem werden wir kommende Woche auch die Fehler / Versäumnisse der Regierung aufzeigen, die in den ersten Wochen der Corona-Krise gemacht wurden.» (22. 03. 2020)

Und dann kommt im März 2020 die Abstimmung über das erste große Corona-Maßnahmenpaket der Bundesregierung in der Pandemie. Drei der AfD-Abgeordneten stimmen für das Paket, zwei dagegen, der Rest enthält sich – zu unserer Überraschung auch Boehringer.

Binnen weniger Wochen wird er zu einem regelmäßigen Besucher von Querdenker-Demos. Er nimmt Videos auf, in denen er, weil es ja die «Mainstream-Medien» nicht hinbekämen, über die staatlichen Corona-Maßnahmen und Großdemos live auf YouTube berichtet, fast so wie ein Journalist – nur einer, der sich in erster Linie nicht an die Öffentlichkeit, sondern die «Gegenöffentlichkeit» wendet. Uns scheint es, als sei konstruktive Politik im Plenum nicht mehr erwünscht – auch nicht von ihm, der im Internet wie in der *Quasselgruppe* im Laufe des Sommers verkündet, Corona sei nun offenbar doch nur eine leichte Grippe und die staatlichen Maßnahmen dagegen vollkommen unangemessen und übertrieben.

Am Tag einer großen Querdenker-Demo in Berlin, am 18. November 2020, steht Boehringer im Anzug am Reichstagsufer. Drinnen wird das Infektionsschutzgesetz diskutiert, und die AfD trägt Begriffe aus dem Internet und von der Straße ins Plenum des Bundestags. Jetzt sprechen Abgeordnete von der «Corona-Diktatur» und während der Debatte von einem angeblichen «Ermächtigungsgesetz», eine Anspielung auf das Gesetz, das Hitler 1933 den Weg in die Diktatur bereitete. Draußen am Spreeufer, so ist es in dem Video zu sehen, applaudiert Peter Boehringer den Demonstrierenden, die an diesem Tag den Gesetzgebungsprozess auf der Straße bekämpfen wollen. Und zu Corona äußert sich Boehringer inzwischen so: Er glaube nicht, dass viele Infizierte richtig krank werden – zumindest sagt er das in einem seiner Videos.

Eine krude Vorstellung. Tatsächlich hatte sich die Corona-Lage im Sommer 2020 zwar etwas entspannt. Und dennoch waren Tausende bereits im Zusammenhang mit Covid-19 gestorben. Diese Tausenden von Corona-Toten, die er im Frühjahr selbst noch in der *Quasselgruppe* thematisiert hatte, bezeichnet er im Sommer als «eine statistisch völlig vernachlässigbare Größe. Das hat mit einer Pandemie nichts zu tun. Aber auch gar nichts!» Und im Herbst 2020 dann, als es schon wieder deutlich mehr Infektionen gibt, legt er sich dennoch fest: «Es gibt keine epidemiologische Lage von nationalem Ausmaß. (…) Das ist keine Pandemie in irgendeiner Weise.»

Wir hätten mit Peter Boehringer über all das gern gesprochen. Aber er redet nicht gern mit uns. Seit der Affäre um seine hetzerischen Rundmails und unseren Berichten darüber verweigert er selbst bei zufälligen Begegnungen auf dem Bundestagsflur den

Gruß: «Lassen Sie's einfach!», ruft er uns am Rande des offiziellen Medienempfangs der Bundestagsfraktion kurz vor Beginn der Corona-Krise im Reichstag zu, als wir nur «Guten Tag» sagen. Also schreiben wir ihm eine Mail und wollen vieles wissen: Wie er dazu gekommen ist, die Pandemie als «Grippe» zu bezeichnen, und warum genau er – nach allem, was wir in der Chatgruppe lesen – zuerst die Maßnahmen unterstützt hat, um sich dann zu einem Wortführer der Corona-Skeptiker aufzuschwingen. Auf unsere ausführliche Anfrage zu seinen Posts und der Chatgruppe, die wir ihm im Frühjahr und noch ein weiteres Mal im Juli 2022 schicken, antwortet er zwar. Er untersagt uns jedoch zugleich, die Inhalte seiner Antwort journalistisch zu verwenden – beziehungsweise nur mit ausdrücklicher Genehmigung und Freigabe des Textes und des Kontextes, eine Art Abnahme und Autorisierung unseres Textes durch ihn. Darauf wollten wir uns nicht einlassen. Deshalb müssen wir uns auf all seine Videos und öffentlichen Aussagen beschränken. Und natürlich auf seine mehr als 750 Posts aus der Chatgruppe, die uns vorliegen, denn die hat er nicht bestritten.

Warum machen Abgeordnete der AfD zu Beginn der Pandemie eine solche Kehrtwende wie – nach unserem Dafürhalten – Peter Boehringer? Das haben wir uns schon damals, im Frühjahr 2020 gefragt, als Corona zum alles dominierenden Thema wurde, auch ohne die Inhalte der Chatgruppe zu kennen. Das, was wir in der *Quasselgruppe* erfahren, erlaubt uns nun eine vorsichtige Deutung, warum die AfD auch in Sachen Corona, wie bei so vielen Themen zuvor, zur Dagegen-Partei wird: Die Kehrtwende liegt offenbar am Druck der Straße. Zu einer relevanten Größe herangewachsen ist die AfD ja nicht als Professorenpartei, sondern auf Demonstrationen und Großkundgebungen, auf dicht gedrängten Plätzen und in stickigen Hallen. Und zwar nach ihrer Neuausrichtung 2015 als dezidierte Anti-Migrations- und Anti-Islam-Partei. Bewegungen wie Pegida, die in ganz Deutschland auf die Straße gegangen sind, haben die AfD immer wieder daran erinnert, wo ihre Wähler stehen, die sie zu einer Bewegungspartei gemacht und ihr den nötigen

Rückenwind verliehen haben, der sie so schnell in alle Parlamente und bis in den Bundestag getragen hat.

Das Virus und die staatlichen Maßnahmen rufen diese, aber auch andere Milieus auf den Plan: Auf den Straßen und in den digitalen Netzwerken, auf Facebook und ganz besonders auf Telegram entsteht eine neue, sehr heterogene Szene von Leuten, die zunächst Corona-Rebellen genannt werden, irgendwann dann Querdenker. Und hier erkennt die AfD ein Potenzial für den Stimmenfang. Denn das, was in den Netzwerken an Halb- und Unwahrheiten über die Pandemie verbreitet wird, erobert auch die Köpfe all jener, die Verschwörungsmythen zugeneigt sind, wie sie im AfD-Wählermilieu schon länger kursieren. Da geht es um angebliche Welteliten, die früher Massenmigration und nun Corona nutzen wollten, um den bestehenden Staat in einen Crash zu führen und eine neue Weltherrschaft zu errichten. Solche Mythen bekommen nun einen Corona-Neuanstrich und verbreiten sich in den Netzwerken und Köpfen ebenso schnell wie das neuartige Virus selbst. Ein AfD-Abgeordneter aus Bayern etwa wittert mitten in der Pandemie einen perfiden Plan der Regierenden und nutzt eine unter den Querdenkern beliebte Verschwörungstheorie, die des großen Neuanfangs:

Chat: «*Great Reset! Spahn will die epidemische Lage ja ein weiteres Jahr bis Ende März 2022 verlängern. Großes Finale. Das Alibi Corona muss aufrecht erhalten werden, um weiterhin geplatzte Kredite und Kursverluste an den Finanzmärkten mit deutschen Steuergeldern zu finanzieren. All in auf allen Ebenen.*» (28.10.2020)

Die AfD-Fraktion ist ganz am Anfang der Pandemie unentschlossen, wie sie mit der Wut auf der Straße umgehen soll; einer der Abgeordneten erkennt jedoch bereits die politische Konkurrenz, die dort für die AfD heranwächst. Die neu entstehende Bewegung der «Corona-Rebellen» und «Querdenker» soll mit «Widerstand2020» (später heißt die Gruppierung «Die Basis») auch einen politischen Arm bekommen. Hansjörg Müller ist schon im März 2020 entschieden, was es mit der Corona-Pandemie auf sich hat: «wenn das stimmt, wäre corona die genialste wirtschaftsoperation der geschichte», raunt er im Chat und spielt auf Verschwörungsmythen an. Und er kritisiert die Fraktionsführung: «wir können nicht mehr warten, bis unser schlafwagenvorstand weiter nix entscheidet. die aktualität rennt uns davon und überrollt uns!!!»

Viele der Abgeordneten landen am Ende dort, wo sie einmal mit Politik angefangen haben: auf Demonstrationen, die sie fortan dem Parlament, der Welt aus Sitzungen, Reden und Anträgen, immer wieder vorziehen. Sie mischen sich unter die Demonstrierenden und halten Reden auf Podien vor dem Brandenburger Tor, über die sie in der *Quasselgruppe* Bericht erstatten. In den Chats und auf den Demonstrationen geht Hansjörg Müller von ihnen allen besonders weit. Er spricht im Sommer 2020 sogar von einem «Staatsstreich der Regierung», nennt die Bundestagsabgeordneten abschätzig «Abnick-Marionetten»; tatsächlich werde auch Deutschland von den ominösen heimlichen Eliten gesteuert, behauptet er. Ende August 2020 spricht er von einer Bretterbühne herab, direkt vor dem Brandenburger Tor, und sieht sich nun als eine Art Volkstribun: «Ich möchte mich kurz vorstellen. (...) Ich bin Abgeordneter zum Deutschen Bundestag und ich sage bewusst nicht, welcher Partei ich angehöre, (...) ich kenne keine Parteien. Ich kenne nur noch Deutsche!»

Bei diesem Auftritt redet er zum Teil wie ein Reichsbürger, stellt zum Beispiel indirekt die Legitimität der Bundesrepublik infrage, weil es keinen Friedensvertrag gebe. Damit überschreitet er selbst in seiner Fraktion deutlich eine rote Linie. Müller bekommt nur wenig Zustimmung, dafür aber im Chat heftigen Gegenwind: «Bringt uns die Thematisierung des Dt. Reiches neue Wählerstimmen?» – «Damit machen wir uns lächerlich und bieten dem politischen Gegner nur die Chance, von unseren wichtigsten Themen abzulenken.»

Und Beatrix von Storch postet nur einen Hashtag: «#politikunfähig». Müller kontert: «ja Frau Storch, das beweisen Sie mit Ihrer

Reaktion hier. Sie sind völlig entfremdet vom Volk auf den Straßen.» Er lasse sich jetzt nicht in eine Ecke schieben, weil er den Mut zur Wahrheit gezeigt habe. Und Uwe Witt, der Vielschreiber, resümiert: «Mein Gott.....(...) HJM fördert sein Ego, mit einer ‹tollen› Rede, leider überhaupt nicht im Sinne unserer Programmatik und Partei. Da sagt man umgangssprachlich ‹läuft› 🤪».

Auch wenn niemand so weit geht wie Hansjörg Müller – auf die Straße und auf die Demonstrationen treibt es jetzt viele aus der Fraktion, und zugleich wirft die AfD-Fraktion die YouTube-, Telegram- und Facebook-Maschinen an. Peter Boehringer etwa eröffnet erfolgreich einen Telegram-Kanal, über den er sein Anti-Coronamaßnahmen-Programm propagiert. Weil die AfD so viele verschiedene extreme Meinungen in sich vereint, bleibt die Partei als Ganze ein radikales rechtes und lautes Organ im politischen Betrieb. Die Pandemie verstärkt das, ebenso wie das Ringen in der Fraktion darum, welche radikale Haltung zur AfD passt. Die Trennlinie zwischen den Protestierenden draußen und den Parlamentariern der AfD drinnen verschwimmt. Auf welcher Seite steht die AfD?

An dem Tag der großen Querdenker-Demo im Regierungsviertel, Mitte November 2020, diskutiert die *Quasselgruppe* sogar ernsthaft, ob die MdB sich während einer der Großkundgebungen mit ihren Abgeordneten-Ausweisen vor die Wasserwerfer stellen sollten, um die Querdenker vor der Polizei zu schützen.

Chat: «wasserwerfer in aktion vor meinem büro JKH blick auf tiergarten»

Chat: «Frage aus dem Volk: wann stellen sich afd-abgeordnete endlich vor die wasserwerfer und halten ihre bundestagsausweise hoch? Frage von mir: Wer kommt mit?»

Die Gruppe feiert am selben Tag auch den Fraktionskollegen Karsten Hilse, einen ehemaligen Polizisten aus Sachsen, der vorübergehend festgenommen wird, weil er sich auf der Demo der Maskenpflicht verweigert und ein falsches Masken-Attest dabeihat: «Karsten, mein erster Held des Tages. Die Diktatur beginnt heute!», schreibt einer im Chat. In den sozialen Medien wird die Szene von der Festnahme und einem wütenden Hilse von AfD-Anhängern und Querdenkern ausgeschlachtet.

Konstruktive Debatten sind inzwischen in den Reihen der AfD-Fraktion nicht mehr so gefragt. Für eine aus der Gruppe ist das ein Problem: für Joana Cotar, denn die versteht sich selbst offenbar als eine Art «Stimme der Vernunft». Eine Episode illustriert ihr Problem. Als Cotar aus ihrem Digital-Ausschuss über die Einführung einer geplanten Corona-Warn-App berichtet, bittet Boehringer sie in der Chatgruppe sofort darum, einen Antrag «scharf ablehnend» zu formulieren, die App also von vornherein zu verteufeln. Cotar reagiert irritiert und merkt an, sie möchte eigentlich gern «konstruktiver sein als einfach nur Nein zu sagen». Denn die Mehrheit der Bürger wolle die App, und sie werde ja ohnehin kommen, ob mit oder ohne AfD-Beitrag. Sie gibt wenige Tage später – für uns als spätere heimliche Leser der Chatgruppe dann doch überraschend – klein bei, stellt einen ablehnenden Antrag und bekommt dafür Applaus von ihren Mitfraktionären: So ziehe die AfD gegen den «Orwellschen Überwachungsstaat» zu Felde, heißt es lobend im Chat. Im Frühjahr 2022 wird sie uns im Interview sagen, dass sie der Idee einer App grundsätzlich offen gegenübergestanden hätte, aber aufgrund der Bedenken der Kollegen, die später durch die Weitergabe von Daten der Luca-App bestätigt worden seien, verstehen konnte.

Vielleicht liegt dieser Meinungswandel auch daran, dass Joana Cotar in der AfD damals populärer wird – und ehrgeiziger. Ende des Jahres 2020 wird sie – als eine Vertraute von Jörg Meuthen – in den Bundesvorstand gewählt. Später stellt sie sich mit Unterstützung des Parteichefs Meuthen sogar als Spitzenkandidatin für die Bundestagswahl 2021 zur Wahl, unterliegt aber gegen das Spitzenduo Weidel und Chrupalla. Ein Moment, in dem das innerparteiliche Machtgefüge zugunsten der Rechtsaußen-Kräfte wechselt, wie Jörg

Meuthen uns im Sommer 2022 in einem Gespräch für dieses Buch sagen wird.

In schlechter Verfassung

Der Beginn der Corona-Pandemie fällt zeitlich mit einer weiteren parteiinternen Krise zusammen – der größten, in der die AfD selbst je gesteckt hat. Wir werden der Thematik später noch ein ganzes Kapitel widmen, aber für die Vorgänge innerhalb der Bundestagsfraktion ist dies hier schon jetzt wichtig: Schon seit fast zwei Jahren mehren sich die Anzeichen, dass die Landesämter und das Bundesamt für Verfassungsschutz die AfD und ihre Teilorganisationen wie den rechten Flügel immer schärfer ins Visier nehmen werden. Am 12. März 2020 erwartet die Fraktion gespannt die Pressekonferenz von Verfassungsschutz-Chef Thomas Haldenwang.

Und noch bevor dieser verkündet, dass der Inlandsgeheimdienst den Flügel damals als erwiesen rechtsextrem eingestuft hat, verstrickt sich Joana Cotar im Chat mal wieder in einen Disput mit einem mächtigen Flügel-Mann. «Schauen wir mal, was bei der Pressekonferenz gesagt wird. Es wundert mich nicht, dass das jetzt so kommt. Wir haben zu spät den Stecker gezogen. Ja, es ist eine politische Waffe, aber ja, der Flügel hat es dem VS viel zu einfach gemacht», schreibt sie. Der Flügel-Mann fragt nach: «Was meint ‹Stecker ziehen›?» Cotar erklärt: ‹Mal die Klappe halten, wenn es angebracht ist. So wie Gauland es auf dem letzten Kyffhäuser gesagt hat (dem Jahrestreffen des rechtsradikalen Flügels, Anmk.).» «Gut: Ich konstatiere», so der Flügel-Mann: «Wir ziehen den Stecker und die Klappe halten. Das ist es? Kommt mir irgendwie bekannt vor.» Cotar platzt der Kragen: «Fällt es so schwer, mal nicht über das Dritte Reich zu reden? Verblüffend.»

Im Interview, im Frühjahr 2022, sieht Cotar bei der damaligen AfD-Führung Versäumnisse: «Da hätte ich mir von der Parteispitze eine klare Ansage gewünscht – Das geht so nicht! Ihr schadet damit allen! – Und da muss man sich ehrlich machen und auch mal riskieren, dass man innerparteilich an Unterstützung verliert.»

Dies sind nicht die einzigen Chats, die die Grundsatzfrage hart zuspitzen:

Chat: «Da müssen wir uns SELBST die Frage stellen, ob wir erwiesene Nazis in der Partei und dann auch noch in führenden Positionen haben wollen. Ich will das nicht. Die Ideologie und den Führerkult, die Höcke und Kalbitz vertreten, lehne ich zutiefst ab.» (17. 04. 2020)

Im Frühjahr 2020 spricht der Bundesvorstand insgesamt Tacheles: Er zwingt den «Flügel» dazu, sich selbst aufzulösen. Und dessen mächtiger Strippenzieher Andreas Kalbitz ist nicht mehr länger in der Partei. Weil er rechtsextreme Teile seines politischen Vorlebens verschwiegen haben soll, wird seine Mitgliedschaft für nichtig erklärt. Das immer wieder in der Bundestags-Chatgruppe angemahnte Credo, Parteiangelegenheiten tunlichst aus der Fraktion heraushalten zu wollen, scheitert jetzt vollends. Der Riss zwischen den Lagern geht immer tiefer – mitten durch die Bundestagsfraktion.

Die Abgeordneten, die sich zum Flügel zählen, fürchten, dass der Mäßigungsversuch von Meuthen die «Selbstentkernung» der AfD, ein Einknicken vor der Staatsmacht, bedeuten könnte. Andere, etwa Vielschreiber Uwe Witt, der sich eigentlich dem selbsternannten «linken Lager» der AfD zurechnet, wie er es einmal formuliert, schlägt schon seit der immer näher rückenden möglichen Beobachtung durch den Verfassungsschutz vor, radikale Inhalte der AfD durchaus zu behalten. Diese sollten aber besser verpackt werden, in buntes Bonbonpapier eingeschlagen, wie er im Chat schreibt. Am 1. April 2020, als Jörg Meuthen in einem Interview andeutet, dass sich die Partei erneut spalten könnte, packt ihn – wie auch viele andere – die Wut:

«Verdammt nochmal, können wir denn in so einer Krise wirklich nichts anderes als uns permanent selbst zu zerfleischen????» (2. 4. 2020)

Kurz darauf, Mitte Juni 2020, hängt dann der Fraktionsfrieden komplett schief. Viele vermissen Strategien und Zusammenhalt.

Chat: «Könnt ihr euch bitte mal ALLE zusammenreissen und zu einem vernünftigen Miteinander zurück kommen, wie das am Anfang mal war, als ich auf die Fraktion noch stolz war und überall verkündet habe, dass diese unnötigen parteilichen Streitigkeiten bei uns keine Rolle spielen. Frohe Ostern» (11. 04. 2020)

Chat: «Leute....echt....wir sollten EIN Ziel haben. Die Fraktion war mal der Leuchtturm der Partei»

Chat: «Ist er immer noch, nur das Licht ist aus ☺»

Chat: «Also schalten wir es wieder an» (26. 06. 2020)

Offenbar, so wird uns gegen Ende der ersten vier Jahre der AfD im Bundestag und während wir die Chats auswerten immer klarer, ist die Mehrheit der AfD-Fraktion mit einem großen Missverständnis in den Bundestag eingezogen. Einem Missverständnis von Parlamentarismus, der klaren Regeln folgen muss und Gesetzen, der Mehrheiten braucht oder den Willen zum Kompromiss, zur Verständigung.

Aber wie soll das gelingen, wenn man wie die AfD im Parlament hetzt und pöbelt? Und wenn man den politischen Gegner und die Institutionen des Staates immer wieder verhöhnt, ja ablehnt? Am Ende passt klassisches parlamentarisches Verhalten nicht zum Erfolgsrezept der populistischen AfD, die provozieren, laut und dagegen sein will und ihre Rolle im Laufe der Legislatur zunehmend fundamental-oppositionell begreift: weitgehend frei von echtem

Gestaltungswillen, auch wenn sie etwa während der 19. Legislaturperiode des Bundestags fast so viele Kleine Anfragen an die Bundesregierung stellen wie die FDP, mehr als 3479, und bei den Anträgen mit 643 auf ähnlichem Niveau wie die anderen Oppositionsparteien liegen.

Viele in der AfD-Fraktion empfinden sich selbst dennoch als ideen- und strategielos und ziehen allmählich die Konsequenz, das, was im Parlament passiert, hauptsächlich als Showtreppe zu nutzen, zu provozieren und aus dem parlamentarischen Geschehen heraus griffige Statements zu kreieren, die bei der Stammwählerschaft ankommen und sich in Social Media gut als politischer, an die Emotionen appellierender Aktivismus verkaufen lassen.

Einer Analyse der Deutschen Welle zufolge ist Alice Weidel im Juni vor der Bundestagswahl 2021 die mit weitem Abstand erfolgreichste deutsche Politikerin auf den Plattformen Facebook, Instagram, YouTube und Twitter gewesen. Auch die Organisation «Hope not hate» wertete vor der Bundestagswahl die Social-Media-Kanäle der Parteien aus und kam laut *Spiegel* zu dem Ergebnis, dass die AfD sowohl bei Facebook als auch Telegram die erfolgreichste deutsche Partei sei: Im Vergleich zu ihrer Unterstützung in der Bevölkerung erreichte sie demnach eine überdurchschnittliche Reichweite. Auf Facebook wurden ihre Beiträge der Studie zufolge 15-mal häufiger als die der CDU und 5-mal häufiger als die der Grünen geteilt. Besonders gut funktionieren Texttafeln – etwa zu Migrationsthemen, zu Ausländerkriminalität oder solche, die suggerieren sollen, dass die anderen Parteien Deutschland angeblich zugrunde richten: mit «Klima-Hysterie», einem «Angriff auf unsere Mobilität» oder dem Thema «Gender-Gaga», wie es in der Fraktion immer wieder benannt wird. Die Bundestagsabgeordnete Beatrix von Storch bearbeitet dieses Thema im Bundestag und verunglimpft in einer Rede im Juni 2020 gegen einen Grünen-Antrag zum Transsexuellengesetz ihren Grünen-Kollegen Anton Hofreiter: «Von uns aus kann Anton Hofreiter Königin in Gender-Gaga-Land werden oder auch Antonia Hofreiter, aber Deutschland hat echte Probleme, und um die werden wir uns kümmern.» Im Netz taucht diese Botschaft dann kurz darauf, sprachlich vereinfacht, als Texttafel der Fraktion wieder auf. Von Storch gehört laut einer Auswertung des *Tagesspiegel* seit 2017 als Gegnerin zu den fünf deutschen Top-Twitterern zum Thema Gender.

Dank Corona, einem überaus dankbaren Thema, und angesichts der politischen Konkurrenz, die aus der Querdenken-Bewegung zu erwachsen droht, fällt für viele in der AfD nun die Entscheidung: zurück auf die Straße und zu populistischen Parolen. In jene Welt, in der die AfD bislang immer zuverlässig funktioniert hat wie ein Fisch im Wasser.

Folgerichtig zieht die Partei dann 2021 mit einem Anti-Programm in den Bundestagswahlkampf, das beim Protestwähler ankommen kann. Beschlossen wird es auf dem Parteitag in Dresden – gegen die Mehrheit der eher zum gemäßigteren Lager zählenden Bundesvorstände, wohlgemerkt. Darin steht auch ein deutscher Ausstieg aus dem Euro – der sogenannte «Dexit», den sich vor allem Peter Boehringer auf die Fahnen schreibt.

Erstaunlich ist: Den lang erwarteten Brexit in Großbritannien am 1. Februar 2020 verschläft die AfD-Fraktion weitgehend – zumindest die *Quasselgruppe* nimmt das so wahr. Die Kritik dort ist groß:

Chat: «Liebe Kollegen, bin ich der einzige, den das Gefühl beschleicht, dass wir als Fraktion hier eine Gelegenheit verpasst haben, den Brexit gebührend und öffentlichkeitswirksam zu begehen?»,

fragt ein bayerischer Abgeordneter. Es sei ein Jahrhundert-Ereignis, *«das Kernbereiche unserer Politik betrifft».* Eine Berliner Kollegin hat eine Erklärung: *«Das technische Problem dürfte sein, dass dieses Thema nicht in der letzten Frasi* (*Fraktionssitzung) war, naechste Woche keine Sitzungswoche ist und danach wohl zu spät.»*

Eine kleine Delegation war offenbar vor Ort, privat: «Allerdings.

Auf dem Parliament Square hat man gestern Abend die zeitge-
schichtliche Dimension mitbekommen.» Der bayerische Abgeordnete lässt nicht locker: «Der Termin war lange im Voraus bekannt
und somit war auch die Durchführung einer Veranstaltung im Bundestag möglich gewesen.»

Die Berliner Kollegin bemüht sich um Zuversicht: «Beim
nächsten Brexit sind wir besser. Fehler machen schlau ☺» – «Das
nächste wird vielleicht die EU Untergangsparty!?», so ein anderer.
Sarkasmus pur.

Zum Wahlprogramm der AfD für 2021 gehört auch ein Passus
gegen die Corona-Maßnahmen der Bundesregierung. Doch diese
Anti-Linie konsequent durchzuhalten, scheint manchmal leichter
gesagt als getan. Um die Weihnachtszeit und den Jahreswechsel
2020/21 legen die Bundesregierung und die EU der Opposition, also
auch der AfD, eigentlich ein Riesenthema auf. Plötzlich soll es zwar
viel schneller als gedacht funktionierende Impfstoffe geben – aber
da die Bundesregierung und EU viel zu wenig Impfdosen bestellt
haben und die Impfkampagne deshalb ins Stocken gerät, droht
Deutschland, international ins Hintertreffen zu geraten. Die AfD-
Fraktions- und die Parteispitze nutzen diese Steilvorlage tatsächlich und kritisieren das Impfchaos. Ein großer Teil der Fraktion
ist entsetzt, so lesen wir es auch in der *Quasselgruppe*. Denn die
Fraktion ist ja eigentlich politisch grundsätzlich gegen das Impfen –
oder doch nicht? Zumindest sieht einer der beiden Fraktionschefs
das anders und kritisiert den Impfstoffmangel. Joana Cotar, die sich
damals gerade bemüht, Spitzenkandidatin ihrer Partei für die bald
anstehende Bundestagswahl zu werden, reagiert darauf scharf.

*«Gauland und Meuthen haben das Impfchaos kritisiert. EINMAL
in die gleiche Richtung ziehen. Das wärs. Die Wähler haben keine
Ahnung, was sie erwartet, wenn sie Afd wählen...»*

Ein vernichtendes Urteil, nur neun Monate vor der Wahl. Und zum
Thema Impfen wird die Partei keine einheitliche Linie entwickeln.

Gauland etwa spricht darüber, selbst geimpft zu sein, und bekommt dafür Kritik aus den eigenen Reihen. Weidel macht aus ihrem Impfstatus ein Geheimnis.

In der Chatgruppe verdichtet sich im Jahr der Bundestagswahl ein zunehmend desolates Selbstbild. Der einstigen Jagdgesellschaft, die zu Beginn noch geglaubt hatte, 2021 womöglich sogar regierungsfähig zu sein, kommen immer mehr Selbstzweifel. Im Laufe der Legislatur baut sich vielmehr erst eine Ahnung, dann schließlich die Angst in der Fraktion auf: Ist die AfD wenigstens oppositionsfähig? In der Chatgruppe ist man gegen Ende der Legislaturperiode, als sich die Krisen der Fraktion und der Partei immer mehr ineinander weben, kaum mehr zuversichtlich.

Am 8. November 2020 ist Hansjörg Müller von seinen Fraktionskollegen genervt. In der Gruppe wird diskutiert, ob gerade die AfD den Begriff «Ermächtigungsgesetz» verwenden sollte oder nicht, weil dieser einen Bezug zur Nazi-Zeit hat.

«Na dann, M., lassen wir uns die Deutungshoheit über die Begriffe endgültig vom Gegner diktieren und gehen nach Hause. Über so eine Angsthasenpseudoopposition lachen sich eh schon alle tot.»

Ein Kollege antwortet direkt auf Müllers Post: *«Diese Gruppe hier ist immer schwerer zu ertragen. Bitte die Nerven behalten.»*

Die Gruppe formuliert in der zweiten Hälfte der Legislaturperiode, und insbesondere seitdem Corona vorherrscht, auch immer heftigere Kritik an ihrer Führungsmannschaft.

Chat: «Den schlechten Auftritt der Fraktion, der Folge der Schlechtleistung des Fraktionsvorstandes ist, kann man nicht von der Schlechtleistung des Bundesvorstandes trennen. Die Spitze ist weitgehend identisch.» (1. 4. 2020)

Chat: «Die Fraktionsspitze kann nicht länger erwarten, dass die MdBs zu ihrem schädlichen und egozentrischen Treiben schweigen. Loyalität ist keine Einbahnstraße!» (20. 05. 2020)

Chat: «Es ist dringend, die Steuerung der Fraktion, ihre strategische Ausrichtung, ihre Kommunikation usw. zu verbessern. Dazu ist jede Kritik eigentlich willkommen. Diese dann – egal von wem formuliert – als quasi Majestätsbeleidigung abzutun, ist kontraproduktiv. (…) Frau Weidel kann offenbar Prioritäten setzen, aber nur wenn es um ihren eigenen Kopf geht.» (22. 04. 2020)

Chat: «welche Wähler? die uns u. a. aufgrund unseres unterirdischen Fravo und Buvo auf 10 % einzementiert haben? Unser Potential liegt bei 20 – 30 % aber wer solche Führer hat braucht keine Feinde mehr 🙈» (19. 7. 2020).

Ende April 2022 haben wir die Fraktionsvorsitzende und stellvertretende Parteichefin Alice Weidel, die ja nicht in der Gruppe mitschrieb oder mitlas, mit vielen dieser Aussagen ihrer Abgeordneten persönlich konfrontiert. Andere werden wir ihr später per Mail zuschicken, denn sie hat wenig Zeit zum Interview im Bundestag mitgebracht. Wir haben viele Fragen, auch Grundsätzliches. Zum Beispiel: Warum eigentlich ist Weidel, bei all dieser Kritik, nicht nur zur Ko-Spitzenkandidatin für die Bundestagswahl, sondern auch zur Ko-Fraktionsvorsitzenden wiedergewählt worden? Obwohl die Fraktion wenig zählbare Erfolge vorzuweisen hatte, obwohl dort dieses desolate Selbstbild vorherrschte und Weidel selbst auch noch in eine Partei-Spendenaffäre und eine Berateraffäre in dieser Zeit verwickelt war (zu beidem in einem der folgenden Kapitel mehr)?

Sie gibt sich im Interview mit uns zunächst überrascht. Um welche Chatgruppe es sich denn handele? Ach, die *Quasselgruppe*. Und als wir ihr in dem Besprechungsraum im Bundestag dann Chat für Chat vorlesen, rollt sie mitunter genervt die Augen, blickt immer wieder zu ihrem Pressesprecher – und bricht dann, als wir ihr besonders harte Chats vorlesen, in schallendes Gelächter aus. Ein irritierender Moment, auch wir müssen kurz reflexartig mitlachen, weil es eine so absonderliche und skurrile Situation ist. Doch was Weidel dann sagt, finden wir schon in diesem Moment nicht mehr lustig. «Ist Ihnen so was bekannt, hat Ihnen so was mal jemand ins Gesicht gesagt?», fragen wir sie. Und sie antwortet: «Nein, natürlich nicht», und fügt hinzu: «Wenn Sie in der AfD in der ersten Reihe sind, dann ist das völlig normal. Und ich glaube auch tatsächlich, und das ist meine eigene Meinung, dass das schon streckenweise auch gesteuert ist, also so gegen die Führungsebene auch permanent zu schieben. Ich kann damit umgehen. Andere können das vielleicht etwas weniger. Ich habe mich daran gewöhnt. Ich bin ja schon viele Jahre jetzt mit dabei, aber das ist bei uns völlig normal. Beeindruckt mich überhaupt nicht.»

Wir setzen nach, wollen sie so einfach nicht davonkommen lassen. Weidel: «Sie haben immer Leute, die unzufrieden sind. Da müssen sie sich überlegen, ob sie sich vielleicht an ein anderes Hobby suchen, anstatt ihre Zeit zu vergeuden, permanent in Chats reinzuschreiben. Da würde ich mir mehr Einsatz in einer parlamentarischen Arbeit wünschen.»

Wir lassen das einen Moment nachhallen, dann fragen wir: «Das ist Ihre Botschaft an die Fraktionskollegen?»

«Och, das kriegen die jede Woche zu hören.»

Jäger ohne Ziel

Am 26. September 2021 mobilisiert die AfD zumindest ihre Stammwählerschaft, zieht mit 10,3 Prozent wieder in den Deutschen Bundestag ein. Der ganz große Aufschrei bleibt dieses Mal aus. Die Wahlparty, am Stadtrand, auf einem Supermarktparkplatz neben einer Tierfutterhandlung, findet diesmal kaum Beachtung. Auch wir sparen uns den Weg hinaus nach Kaulsdorf an den Außenästen der Berliner S-Bahn, auch wegen Corona. Wir schauen stattdessen lieber fern und lesen, was bei Twitter von den AfD-Politikerinnen und Politikern gepostet wird. Die Wahlparty erscheint uns in den Videos als eher ruhige Veranstaltung. Deutschland hat offenbar wieder andere Probleme, könnte man fast denken.

Und auch in der *Quasselgruppe*, die inzwischen aus angeblichen Sicherheitsgründen zu Telegram umgezogen ist, tut sich an diesem Abend weniger, als wir erwartet hätten. Es herrscht eine eher melancholische Stimmung. Einzelne Abgeordnete, für die es jetzt offenbar nicht gereicht hat, werden rührselig verabschiedet. «Bin mir da aber sicher, die Kameradschaft verbindet uns, auch bei bestehenden Dissonanzen», tippt einer.

Joana Cotar und Uwe Witt betreiben angesichts des soliden, aber dann doch eher glanzlosen Ergebnisses in der *Quasselgruppe* Fehleranalyse.

«Wir müssen von der ‹immer dagegen Partei› hin zu der Partei der Lösungen werden. Und die haben wir. Von der schlecht gelaunten und wütenden Partei, hin zur sympathischen. Von der reinen Oppositionsrolle hin zu ‹Wir wollen da oben mitspielen.›

Das ist Joana Cotars Meinung. Cotar wird damals in der AfD immer öfter nachgesagt, dass sie selbst bald ganz oben mitspielen wolle: womöglich sogar als Parteichefin. Ein Plan, der schiefgehen wird. Uwe Witt tendiert in eine ähnliche Richtung:

«meiner bescheidenen persönlichen Meinung nach liegt es daran, dass es permanent innerparteiliche Zwistigkeiten gibt, Die öffentlich zelebriert werden. Das mag der Wähler überhaupt nicht (...). Das müssen wir einfach noch lernen Toleranz und Akzeptanz dem anderen gegenüber solange er sich auf dem Boden der Demokratie befindet. Das gilt natürlich nicht für irgendwelche Neonazi Spinner und andere».

Beide Politiker aus dem gemäßigteren Lager, Cotar und Witt, haben es wieder in die neue Bundestagsfraktion geschafft – jedoch: Uwe Witt tritt kurz vor Silvester 2021 dann für viele überraschend aus der AfD-Fraktion aus und in die Deutsche Zentrumspartei ein – die älteste Partei Deutschlands, die ihre besten Zeiten deutlich hinter sich und heute nur wenige Hundert Mitglieder hat. Von Januar an hat sie einen Bundestagsabgeordneten. Aber nur für einige Monate. Ende August tritt Uwe Witt wieder aus. Mit ihm hätten wir für dieses Buch auch gern ein Interview geführt. Er betrachtet seine AfD-Zeit als abgeschlossen, sagt er uns, und sagt einen Termin Stunden vor dem vereinbarten Treffen ab.

Einmal spricht er jedoch noch öffentlich über seine AfD-Vergangenheit. Er gibt am Tag seines vorübergehenden Wechsels Mitte Januar eine Pressekonferenz, digital, per Zoom. Später wird er uns einige unserer Fragen zumindest schriftlich beantworten. Zur großen Linie innerhalb der AfD, zu Führungschaos oder Selbstzweifeln, wozu wir in seinen etwa 5000 Chats so viel lesen können, möchte er sich nicht mehr äußern. Die Chats, die wir zitieren, seien übrigens tatsächlich von ihm, bestätigt er uns. Und auch, dass er die Gruppe zum gemeinsamen Austausch genutzt habe. Für seinen Austritt aus Partei und Fraktion macht er einen von ihm so empfundenen weiteren Rechtsrutsch der neuen Fraktion nach dem Wiedereinzug verantwortlich. Und was ist mit den «Neonazi-Spinnern», über die er kurz nach dem Wahlabend in der Chatgruppe geschrieben hat? Mit solchen Radikalen also, die schon vorher in der Fraktion gewesen sein müssen und die ihn nicht am Wiedereinzug gehindert haben? Dies gehört zu den Dingen, über die Witt jetzt nicht mehr sprechen möchte. Eines bestreitet er jedoch vehement: dass er sich aus Opportunismus mit dem Vorsatz, sich über das sichere AfD-Ticket den Wiedereinzug in den Bundestag gesichert haben könnte und dann kalkuliert ausgestiegen wäre.

So geht sie also unspektakulär dahin, die erste Fraktion der AfD im Bundestag, anders als sie gekommen war – und mit ihr dann die erste *Quasselgruppe*. «Ich bin für die Neugründung einer Quasselgruppe für die 20. Wahlperiode. Dann können wir diese für die ‹alten› Kollegen behalten und die ‹Neuen› müssen nicht die Unterhaltungen der Vergangenheit genießen», schreibt ein Abgeordneter Tage nach der Wahl. Und so kommt es dann auch offenbar.

In vier Jahren haben wir vieles in der *Quasselgruppe* gefunden: von Selbstreflektionen bis hin zum puren Zerfleischen. Von Hetze gegen politische Gegner bis zu wütenden Vorwürfen gegen die eigene Fraktionsspitze. Von Rassismus bis hin zu Umsturzfantasien, formuliert von gewählten Volksvertretern.

Von den damals 94 gewählten und 92 für die Fraktion eingezogenen AfD-Abgeordneten sind nach vier Jahren, nach Todesfällen und Austritten, nur noch 86 im Parlament. Sie haben nicht nur gestritten und gepöbelt, sie haben auch etwas normale Oppositionsarbeit geleistet. Nach der FDP haben sie, rein quantitativ, die meisten Anträge gestellt, mehr als 600, die meisten Gesetzesentwürfe geschrieben, insgesamt 77, die sich zumeist mit den Themen Migration, Integration und Asyl beschäftigten. Sie hat auch, nicht untypisch für die größte Oppositionspartei, die meisten sogenannten Großen Anfragen gestellt, also das Recht genutzt, als Abgeordnete Auskunft von der Bundesregierung zu einem bestimmten Thema zu erlangen. Auch bei den Kleinen Anfragen sind die Abgeordneten von der AfD mit vorne dabei, fast dreieinhalbtausend kamen aus ihren Büros in ihrer ersten Legislaturperiode im Bundestag. Viele schienen dem Zweck zu dienen, öffentliche Statements etwa in den sozialen Netzwerken zu platzieren, auch mithilfe der Antworten der Bundesregierung.

Im März 2018 schockierte die Fraktion etwa mit einer Anfrage zu den Auswirkungen «inzestuöser Verhältnisse» in Migranten-Familien. Immer wieder ging es in Anfragen auch darum, Probleme der Migrations- oder Geflüchtetenpolitik herauszukehren oder Zahlenmaterial zum Thema Innere Sicherheit zusammenzustellen, mit dem sich etwa die Thematik der Ausländerkriminalität untermauern ließ. Und die AfD hat noch zu einem Rekord beigetragen: bei den Ordnungsrufen, wenn Abgeordnete also die Regeln des Miteinander im Plenum verletzen. Da gab es nämlich so viele wie seit den Achtzigerjahren nicht mehr: 47.

Nach der Bundestagswahl 2021 ziehen wieder 82 Abgeordnete der AfD ins Hohe Haus ein, darunter altbekannte wie Stephan Brandner, Beatrix von Storch, Corinna Miazga oder Norbert Kleinwächter. Aber auch viele Neue finden sich auf den Sesseln der AfD unter der Reichstagskuppel. Nicht nur die Abgeordneten sind in Teilen andere, auch die Strategie, die die AfD von nun an im Reichstag vertritt, hat sich geändert: Sie widersetzt und inszeniert sich radikaler denn je.

Ein Neuankömmling in der Fraktion benutzt seine Abgeordnetenpauschale, um das Geld an rechtsextreme Organisationen zu spenden. Es handelt sich um Hannes Gnauck aus der brandenburgischen Uckermark, einen Soldaten, der vom Militärischen Abschirmdienst, dem Militärgeheimdienst, als Extremist eingestuft ist. Bereits kurz nach seinem Einzug verkündet er bei Twitter, dass er insgesamt 1800 Euro der Steuergelder für sein Büro an den Oikos-Verlag, die Fluthilfeaktion des *Compact*-Magazins und an den Solifonds von «Ein-Prozent» gespendet habe.

Die studierte und promovierte Volkswirtschaftlerin Alice Weidel behauptet – offenbar fälschlicherweise – in einem TV-Interview im Dezember 2021, dass auf Intensivstationen mehr Geimpfte als Ungeimpfte lägen, und reagiert auf spontane Kritik des Moderators harsch. Eine Gruppe Abgeordneter weigert sich, gegenüber dem Bundestag ihren Infektionsstatus offenzulegen, darunter auch Weidel, und muss infolgedessen auf der Besuchertribüne Platz nehmen – der AfD beschert es Bilder in den Nachrichtensendungen sowie Klicks und Applaus in ihren alternativen Medien.

«Muppet-Show» wird Jörg Meuthen diese in seinen Augen beschämenden Auftritte nennen, als er uns im Januar 2022 anlässlich seines Aus- und Rücktritts vom Parteivorsitz und zugleich aus der AfD ein Interview gibt. Die zweite Legislaturperiode schickt sich an, eine Art Laienspiel zu werden, primär auf Boykott zu zielen, kaum andere Strategien und Inhalte anzustreben. Das Parlament als Bühne und verlängerten Telegram-Kanal zu benutzen – dies scheint die Lehre zu sein, die die erste Fraktion aus vier Jahren gezogen hat.

Die Geschichte der ersten Fraktion im Bundestag ist nach allem, was wir in der *Quasselgruppe* erfahren und darüber hinaus in Gesprächen und Beobachtungen erlebt haben, eine Geschichte des Scheiterns. Nicht nur, weil sich die größte Oppositionsfraktion am Ende selbst ein miserables Zeugnis ausstellt, sich gegenseitig zerlegt und beklagt, keine Führung und keine Inhalte zu haben. Sondern auch, weil die *Quasselgruppe* offenlegt, mit welcher Hybris die Abgeordneten gestartet sind, um dann, gemessen an den eigenen, hochfliegenden Ansprüchen, eine Bruchlandung hinzulegen. Sie seien aus- und in den Bundestag eingezogen, um «Deutschland zu retten», schreiben dort Abgeordnete in den ersten Wochen und Monaten.

Doch schon damals bleibt in diesen Wortwolken verborgen, wovor Deutschland eigentlich gerettet werden soll, und warum eigentlich ausgerechnet die AfD «die letzte Chance für dieses Land» sein soll, inwiefern die Partei also die besseren Lösungen haben soll und wenn ja: welche? Rettung vor Migration, vor dem Islam? Vor einer von ihnen so benannten «Corona-Diktatur»? Vor dem Verlust des Wohlstandes hierzulande, vor Inflation? Auf diese Fragen haben die anfangs 92 Abgeordneten über die gesamten ersten vier Jahre hinweg selbst keine einheitlichen Antworten gefunden. Der großmäulige rechte Populismus schlägt auf dem harten Boden der Realität auf. Im Plenum werden Antworten auf die großen Fragen der Zeit verhandelt – und die AfD kann und wird dazu kaum Erhellendes beitragen.

Vielleicht liegt das auch an einer weiteren unentschiedenen Identitätsfrage der Partei. Als sie mit den ersten Eurokritikern um Bernd Lucke als Wahlalternative 2013 beginnt, ist zunächst nicht klar, ob sie eine politische Protestbewegung bleibt oder sich tatsächlich als Partei formiert. Und als die AfD später in die Parlamente der Republik einzieht, gibt es nicht wenige Mitglieder, die Koalitionen und

Regierungsoptionen grundsätzlich ablehnen, etliche unter ihnen sogar den Einzug in Parlamente selbst und den Parlamentarismus als solchen.

Gleichzeitig wird die AfD gerade im Osten Deutschlands ihre größten Erfolge auf der Straße feiern. Dort schafft sie es, vielen Rechtsradikalen, Erzkonservativen und Enttäuschten zumindest das Gefühl zu vermitteln, «Deutschland retten» zu können, wovor auch immer. Und es gelingt ihr dort auch, andere rechtsradikale Parteien und Gruppierungen mit ihrem Programm zu marginalisieren, was jedoch bedingt, dass die Abgeordneten, die so ins Parlament gelangen werden, diesen Hardliner-Kurs bedienen.

Spätestens im Sommer 2020, im Angesicht der Corona-Pandemie und der Macht der einfachen Un-Wahrheiten auf der Straße, zerfällt die Fraktion in diejenigen, die im Parlament noch nach Antworten suchen möchten, und in die anderen, die das Plenum als Ort der Lösungen bereits als nutzlos für die AfD erachten.

Die *Quasselgruppe* wird letztlich zu einer Art Tagebuch der AfD und ihrer Elite. Kurz bevor wir die Posts der Chatgruppe im Frühjahr 2022 veröffentlichen und kurz nachdem wir Alice Weidel und weiteren Mitgliedern der Chatgruppe Auszüge daraus vorgelesen oder zugeschickt haben, trifft die Fraktion eine Entscheidung. Weidel soll sich bereits direkt nach unserem Interview vor ihren Kollegen heftig über das Leak beschwert haben. Am 10. Mai 2022 fasst die Fraktion laut Protokoll einen gemeinsamen Beschluss: die Chatgruppe der Abgeordneten umgehend aufzulösen und «vorab die dort vorhandenen Beiträge aus der letzten und aus dieser Wahlperiode zu löschen.» Die *Quasselgruppe* geht sozusagen in die ewigen Jagdgründe ein.

Zu spät.

Chat: «Der komplette Inhalt dieser Gruppe wird eines Tages bei der Presse landen. Immer daran denken!» (18. 5. 2019)

Kapitel 3
Freie Radikale

Seit ihrer Gründung ist die AfD immer radikaler geworden. Wir zeigen, wie sie dort hinkam, wo sie 2022 steht. Als Verdachtsfall auf Rechtsextremismus muss sie inzwischen um ihre gesamtdeutsche Relevanz bangen. Von Flügelkämpfen, Naziskandalen und der schwierigen Frage, wo die Meinungsfreiheit endet und die Verfassungsfeindlichkeit beginnt.

Im Saal, in dem an diesem Tag die Grenzen der Radikalität ausgelotet werden sollen, scheint eine lange Linie aus Aktenrücken schier im Endlosen zu verschwinden. Die verspiegelten Wände vervielfachen sie. Ordner an Ordner, Rücken an Rücken haben die Prozessgegner ihre Handakten in einem Mammutverfahren aufgereiht, das an diesem Tag, dem 8. März 2022, in die entscheidende Runde gehen soll. Die «Alternative für Deutschland» klagt gegen das Bundesamt für Verfassungsschutz und deren Ansinnen, die Partei mit nachrichtendienstlichen Mitteln zu durchleuchten. Es ist der vorläufige Endpunkt einer Material- und Paragraphenschlacht, in der einzelne Gutachten mehr als 1000 Seiten umfassen können. Analysen über die AfD und über Vertreter der jeweiligen Parteilager wurden geschrieben und Schriftsätze zwischen den Prozessbeteiligten hin- und hergeschickt, in engem Takt. Am Ende dieses langen Verhandlungstages und einer jahrelangen Auseinandersetzung wird entscheidend sein, wer die besseren Argumente hat: die AfD oder der Inlandsgeheimdienst.

Im Kristallsaal der Messe Köln feiern sonst Abiturienten ihre Abschlüsse und die Bäckerinnung hält ihre Jahrestagung ab. Der Saal hat so viele Spiegel und Kristallleuchter, als befände er sich nicht in einem Zweckbau der Postmoderne, sondern in einem Barockschloss. Das Verwaltungsgericht Köln hat diesen Ort gewählt, um trotz der Corona-Pandemie so viele Prozessbeteiligte, Pressevertreter und Zuschauer wie möglich an der Verhandlung teilnehmen zu lassen. Denn das Verfahren entscheidet maßgeblich über die Zukunft der Partei, und das öffentliche Interesse ist groß. Wir sitzen direkt hinter den Anwälten und den Vertretern der AfD. Für sie wird es ein Tag, an dem kurze Momente der Freude sie nervös auf ihren Stühlen kippeln lassen, während sie am Ende jedoch wortkarg den Saal verlassen. Es geht um gleich vier Eilverfahren, die in einem Rutsch entschieden werden sollen, und die allesamt auf eine entscheidende Frage zulaufen: Wie radikal ist die AfD inzwischen und wie konnte es so weit kommen, dass der Verfassungsschutz dem Verdacht nachgehen will, ob die gesamte Partei rechtsextrem ist? Geht von der AfD, die in fast allen Landtagen sitzt, im Bundestag und im Europaparlament, eine Gefahr für die freiheitlich-demokratische Grundordnung aus – für die Verfassung?

Die Frage, wie radikal die Partei sein will und darf, hat die AfD tief gespalten. Sie findet selbst darauf seit Jahren keine eindeutige Antwort, bewegt sich aber immer wieder an den Grenzen des Sagbaren und darüber hinaus. Deshalb verfolgen wir gespannt, wie das Gericht sich bemüht, die Linien zu markieren, an denen die AfD die Grenzen der Meinungsfreiheit fast systematisch überschritten hat. Am Ende dieses Tages wird der Richter den Weg dafür ebnen, dass der Inlandsgeheimdienst die Partei und ihre Mitglieder nun gezielt unter die Lupe nehmen darf – als sogenannter Verdachtsfall, die zweithöchste Stufe der Beobachtung durch den Staat und eine Art Beobachtung auf Probe. Die AfD als Ganze, nicht mehr nur ihre radikalsten Teile, wie es bis dahin der Fall war, steht nun unter Verdacht, eine Bedrohung für den inneren Frieden Deutschlands zu sein. Der Verfassungsschutz dürfte von nun an unter Umständen sogar Abgeordnete observieren, Kommunikation abhören, V-Leute in die Partei und zu Veranstaltungen schicken. Die AfD geht gegen das Urteil in Berufung. Dennoch setzt der Geheimdienst nun manche dieser Mittel auch ein. Angebote von verprellten AfDlern, die ihre Kenntnisse aus dem Inneren der Partei gern teilen würden, erreichen das Amt offenbar schon regelmäßig, wovon die AfD offiziell nichts weiß. Dort dürfen sie nach dem Kölner Gerichtsentscheid personenbezogene Aktenordner anlegen, sie dürfen ihre Erkenntnisse priorisieren und Daten eine Zeitlang speichern. Und die Behörde darf über ihre aktuellen Erkenntnisse kommunizieren.

Auch auf der anderen Seite, in der Partei, hat der neue Status Folgen. Beamte unter den AfD-Mitgliedern könnten, wenn sie unter Extremismusverdacht stünden, nun dienstrechtliche Probleme bekommen, was bereits auf dem Weg bis zum Gerichtsentscheid in Köln seit 2019 erste Mitglieder, die dies beträfe, zum Austritt motiviert hat. Zwei Polizisten etwa verlassen in jenen Monaten die Bundestagsfraktion. Doch die Kölner Entscheidung wird die Partei zunächst alles andere als zähmen. Und das liegt an dem inneren Prozess, der die AfD an den Punkt gebracht hat, an dem sie nun steht.

Bis dahin geht die AfD seit ihrer Gründung 2013 einen Weg der steten Radikalisierung. Das zwingt die Partei und ihre Verantwortlichen immer wieder dazu, selbst über die Grenzen des Sagbaren zu debattieren. Echte Empörung ist jedoch eher in der Öffentlichkeit zu spüren, weniger unter AfDlern. Der Aufschrei ist groß, als der inzwischen vom Verfassungsschutz als rechtsextrem eingestufte Thüringer Landeschef Björn Höcke 2015 in einer Rede bei einem rechtsextremen Thinktank über den «Bevölkerungsüberschuss Afrikas» spricht und einen «afrikanischen Ausbreitungstyp» als Ursache ausgemacht haben will. Oder als Höckes enger Vertrauter Andreas Kalbitz auf einem Treffen des extrem rechten AfD-Flügels 2017 mit verächtlichen Worten darüber fantasiert, die Erben der 68er auf die «politische Sondermülldeponie der Geschichte zu befördern» und droht: «Wir werden auf den Gräbern tanzen.» Da zuckt die Partei jedes Mal noch kurz, lässt es aber geschehen. Viele Gemäßigtere in der AfD wähnen sich in jenen Jahren noch in der trügerischen Sicherheit, bei den Rechtsradikalen handele es sich doch um den weitaus kleineren und beherrschbaren Teil der Partei. Sie irren, wie sich Jahre später zeigen wird. Zu den radikalen Exzessen tragen Politiker auf allen Ebenen der Partei bei – von der Basis bis zur Parteispitze, mal sind es Einzelne, mal ganze Gruppen.

Eine Gruppe bekommt von 2017 an besonderes Gewicht, weil sie auf einer großen, weithin sichtbaren Bühne agiert, mitten im Herzen der Demokratie: die Bundestagsfraktion. Die beiden Fraktionschefs Alice Weidel und Alexander Gauland treiben diese Fraktion nicht zu einer gemäßigten Linie an. Schon am Wahlabend, dem

24. September 2017, hatte Gauland mit seinem «Wir werden sie jagen!» eine Kampfansage ausgesprochen. Alice Weidel schließt sich dieser Angriffsstrategie offenbar an. Sie gilt zunächst als gemäßigter, schlägt im Bundestag jedoch einen härteren Rechtsaußen-Kurs ein. Sie bezeichnet 2018 in einer Rede unter der Reichstagskuppel Migranten herabwürdigend und pauschalisierend als «Kopftuchmädchen und alimentierte Messermänner und sonstige Taugenichtse» und liefert damit einen bis heute sehr oft zitierten Beleg für eine menschenverachtende AfD-Sicht auf Geflüchtete. Der damalige Bundestagspräsident Wolfgang Schäuble rief sie dafür zur Ordnung.

Ihr Ko-Fraktionsvorsitzender Alexander Gauland applaudiert bei verbalen Entgleisungen wie diesen jedoch stürmisch, was nicht verwundert, wenn man die Reihe seiner eigenen Skandale betrachtet, die sich über die Jahre ansammeln. Schon vor dem Bundestagseinzug sorgt er für einen bekannten Eklat. 2016, als er noch stellvertretender Parteichef ist, empört er das Land mit seinem Ausspruch, dass die Leute Jérôme Boateng als Fußballspieler gut fänden, den Verteidiger der deutschen Nationalmannschaft aber nicht zum Nachbarn würden haben wollen. Im Bundestagswahlkampf im August 2017 polemisierte er in einer Rede vor AfD-Publikum im Eichsfeld, dass die deutsche Integrationsbeauftragte Aydan Özoguz (SPD) «in Anatolien entsorgt» werden könne. Kurz vor der Wahl steht er dann unter Verdacht, die Verbrechen der deutschen Wehrmacht zu verharmlosen, als er fordert, die «Leistungen» der Soldaten der deutschen Wehrmacht zu berücksichtigen. Und Gauland war es wiederum im Juni 2018, der mit der verharmlosenden Aussage provozierte: «Hitler und die Nazis sind nur ein Vogelschiss in über 1000 Jahren erfolgreicher deutscher Geschichte».

Es sind rassistische, die Menschenwürde attackierende Äußerungen, die zeigen, wie weit der ehemalige CDU-Politiker Alexander Gauland sich in den vergangenen Jahren von der politischen Mitte entfernt hat – und die auch dem Verfassungsschutz immer wieder auffallen. «Der Verfassungsschutz kann mir den Buckel runterrutschen. Das ist alles dummes Zeug», sagt uns Gauland, als wir ihn im

August 2022 darauf ansprechen, welchem Lager er sich innerhalb der Partei zuordnet. «Ich rechne mich zu keinem Flügel, ich war immer in der Mitte der Partei», so der Ehrenvorsitzende der AfD, obwohl er das Gründungsdokument des Flügels unterschrieben und dessen Treffen besucht hat. «Ich habe den Leuten vom Flügel nichts vorzuwerfen, das ist alles künstlich vom Verfassungsschutz aufgebauscht.»

Manche von Gaulands verbalen Entgleisungen werden in die vertraulichen und geheimen Materialsammlungen und Gutachten des Verfassungsschutzes aufgenommen, die auch wir lesen können. Auch Weidels Messermänner-Spruch aus ihrer berüchtigten Bundestagsrede registrieren die Verfassungsschützer genau. Doch in der Partei gilt Gauland als unangreifbar, wird nach der Wahl zum Fraktionschef auch noch zum Bundessprecher gewählt, ist heute einziger Ehrenvorsitzender der Partei und darf an jeder Sitzung des Bundesvorstandes teilnehmen. Ans Aufhören denkt er, der 1941 geboren ist und damit seinen 80. Geburtstag bereits gefeiert hat, immer noch nicht. «Ich habe ja keine Ämter mehr, bin aber noch im Bundestag.» Er kündigt an, weitermachen zu wollen, solange er gesund sei. Auch Weidel steigt in der Hierarchie stetig auf, ist nun Partei- und Fraktionschefin zugleich. Zwei der mächtigsten Politikerinnen und Politiker setzen an den sichtbarsten Posten der AfD also keine Grenzen, sondern überschreiten sie selbst. Und viele in der Partei werden ihrem Beispiel folgen.

Gauland ist es auch, der im September 2018 seiner AfD vieles durchgehen lässt, als das politische Leben in Deutschland wochenlang Kopf steht. In Chemnitz hatten nach dem Tod des jungen Deutschen Daniel H. Rechte und Rechtsextreme gegen angeblich eskalierende Migrantengewalt demonstriert und sogar Hetzjagden auf Migranten gestartet. Ein Geflüchteter wurde später wegen Totschlags an Daniel H. verurteilt. Wir sind in jenen Tagen immer wieder in Chemnitz und erleben, wie sich der aufgebrachte Mob mit Teilen der AfD verbrüdert. Aus deren rechtsradikalem Lager laufen Politiker beim sogenannten «Trauermarsch» auf. Landesvorstände wie Björn Höcke oder Jörg Urban oder Bundesvorstandsmitglied

Andreas Kalbitz zeigen sich offen Seite an Seite mit Rechtsextremen wie etwa dem Pegida-Gründer Lutz Bachmann, mit rechten Hooligans und der rechtsextremen Wählervereinigung «Pro Chemnitz». Die AfDler stellen sich selbst als politischen Arm der Bewegung dar. Ausschreitungen, Hitlergrüße auf offener Straße – all dies war in Chemnitz zu sehen. Durch den Schulterschluss beim «Trauermarsch» demonstrierte der rechtsradikale Teil der AfD in den Tagen von Chemnitz seine Macht und Geschlossenheit, auch gegenüber der Parteispitze. Im Bundestag wetterte damals Gauland aber nicht gegen seine eigenen Leute. Er hetzte abermals gegen Migranten: «Und so widerlich Hitlergrüße sind, ich erlaube mir ins Gedächtnis zu rufen, das wirklich schlimme Ereignis in Chemnitz war die Bluttat zweier Asylbewerber. (...) Wer gefährdet den inneren Frieden in diesem Land? Wir nicht!» Er spielte damit auf die beiden damals mutmaßlichen Täter an, einen Syrer und einen Iraker. Gauland fand nicht nur in diesem Fall entschuldigende Worte für die Eskalationen seiner eigenen Leute.

Der aufhaltsame Aufstieg des Björn Höcke

Ganz besonders beschützt Gauland bis heute stets einen Mann, der zum ersten Mal im Oktober 2015 einem bundesweiten Publikum so richtig auffällt. Da sitzt er am Sonntagabend zur besten Sendezeit, direkt nach dem Tatort, in der damaligen ARD-Talkshow «Günther Jauch», wirkt entschlossen und verstörend zugleich und holt eine Deutschlandfahne aus seinem Jackett, die er dann über die Lehne seines Sessels hinweg entrollt, damit die Kameras sie einfangen müssen. Während er sich als selbsternannter Patriot inszeniert, verteidigt er seine rassistischen Thesen und erklärt Multikulti für beendet. Lange unterschätzen Parteikollegen seine politischen Ambitionen, auch wenn er frühzeitig in Texten und bei Auftritten klar formuliert, welches Sendungsbewusstsein er in sich trägt. Doch der Mann mit den stahlblauen Augen wird seine wahre Stärke in der AfD erst viel später demonstrieren. Zu einem Zeitpunkt, an dem sich eigentlich schon alle daran gewöhnt hatten, dass er mit sich selbst und seinem Griff nach der Macht in der Partei droht, aber bisher nie ernst gemacht hat.

Großen Schrittes tritt dieser Björn Höcke an einem Frühsommertag 2017 durch das steinerne Tor einer Ruine in eine längst untergegangene Welt. Er blickt auf das Werratal, das unter ihm liegt, dann auf die gegenüberliegenden Berge. Die verfallenen Mauern gehören Burg Hanstein, auf deren Grundfesten er sich nun aufstellt, um über den tobenden Machtkampf in der Partei sprechen. Unterhalb am Hang, am Fuße der deutschen Märchenstraße, ganz nah an der ehemaligen Grenze zwischen Ost und West, liegt Bornhagen, ein kleines, fast mittelalterlich anmutendes thüringisches Dorf. Björn Höcke ist hier seit einigen Jahren zu Hause. Wir sind an diesem Tag mit ihm für ein Interview verabredet. Der frühere Geschichtslehrer Höcke, der sich kurz vor der Bundestagswahl 2017 eine der größten Burgruinen Mitteldeutschlands als Drehort für sein Interview mit uns gewählt hat, versucht mit seinen Worten immer wieder, die Geschichte zu verdrehen. Höcke inszeniert sich, als lebe er in der Vergangenheit, in einem Idyll; er zeigt am Horizont auf Burgen, spricht über Frau Holle und Dornröschen.

Unten im Dorf liegt Höckes Haus. Das holzverkleidete alte Pfarrhaus befindet sich gleich neben der Kirche hinter einer großen Wiese. Inhaltlich soll es in dem Interview um den damals tobenden Dauerstreit in der AfD gehen, der den Wahlkampf seiner Partei zur Bundestagswahl fast überdeckt. Der innerparteiliche Konflikt hatte sich auch wieder einmal an ihm entzündet. Höcke hatte Monate zuvor in Dresden bei einer Rede das deutsche Geschichtsverständnis angegriffen, eine «erinnerungspolitische Wende um 180 Grad» gefordert und das Holocaust-Mahnmal in Berlin als «Denkmal der Schande» bezeichnet. Es war eine für Höcke typische Rede, einer Struktur folgend, mit Spannungsbogen und dementsprechend nicht zufällig, sondern eine wohlgeplante Grenzüberschreitung. Mit dieser rechtsradikalen Rede hat er sich seiner Anhängerschaft in der

AfD vergewissert, ausgerechnet im sächsischen Landesverband der damaligen Parteichefin und Höckes erklärter Gegnerin Frauke Petry – ohne dass sie etwas davon weiß.

Auf diese Weise stellte er die Partei gleich in mehrerlei Hinsicht auf die Probe. Würde die AfD ihm weiter nach rechts folgen? Es war ein Test in seiner Partei, den Höcke noch mehrfach in ähnlicher Versuchsanordnung wiederholen wird. Frauke Petry durchschaut ihn und will Höckes Macht begrenzen, ihn sogar aus der Partei werfen. Sie hält ihm in einem langen, internen Brief an alle Mitglieder seine gezielten historischen Verdrehungen vor, auch um seine Taktik zu entlarven. Sie schreibt:

«Die öffentliche Debatte über das Verhältnis der AfD zur historischen Betrachtung des ‹dritten Reiches› der Nationalsozialisten ist keine demokratische Entscheidung der Basis, sondern wurde ihr durch B. Höcke zum wiederholten Mal aufgezwungen. Nicht, weil medial berichtet und skandalisiert wurde, sondern weil B. Höcke ausdrücklich für sich in Anspruch nimmt, den besten Weg zum Erfolg für die AfD zu kennen und umzusetzen. Er zelebriert sein Geschichtsverständnis und verleiht ihm seine Sprache. Damit zwingt er die ganze Partei ohne Not, sich damit – eben auch öffentlich – zu beschäftigen, wann und wie er es möchte.»

Nach zähem Ringen entschließt sich der damalige AfD-Bundesvorstand mehrheitlich, gegen die Symbolfigur des rechtsextremen AfD-Flügels ein Parteiausschlussverfahren einzuleiten, was zwei Jahre zuvor noch gescheitert war. Den Flügel hatten Höcke und der radikale Teil der Partei 2015 mit der sogenannten Erfurter Resolution als rechten Pol der AfD gegründet. Höcke festigte damit seine Macht in der Partei. Auch das Ausschlussverfahren gegen ihn scheitert 2018 letztlich an den Kräften, die schon damals auf seiner Seite sind. Der Bundesvorstand beschließt zwar den Ausschluss, aber das zuständige Landesschiedsgericht, das dies final besiegeln muss, liegt in Thüringen, wo Höcke Landesvorsitzender ist. Höcke bleibt.

Ko-Parteichef Meuthen, der später dem Flügel um Höcke den Kampf ansagt, wird damals übrigens gegen einen Ausschluss Höckes votieren. Er habe die Rede als «reichlich misslungen» empfunden, sagte er damals in einem Interview mit dem Sender *Phoenix*. Aber er sehe darin keinerlei Positionen, die außerhalb dessen lägen, «was wir akzeptieren können». Aus heutiger Sicht ein bemerkenswerter Satz. Wir haben mit Jörg Meuthen Ende Juni 2022 noch einmal darüber gesprochen, was ihn damals zu dieser Einschätzung gebracht hat. In dem Gespräch räumt Meuthen ein, dass er «eine taktische Allianz» mit Höcke und dem Flügel eingegangen sei, weil seine Erzfeindin Petry sowohl ihm, Meuthen, den Kampf angesagt hätte als auch Höcke. Er sei diese taktische Allianz eingegangen und habe dabei damals dessen Kraft «unterschätzt». Er habe Höcke in Bornhagen besucht, Höcke und er seien gewandert und hätten sich ausgetauscht. «Ich war in vielem komplett anderer Meinung als er, aber ich habe gedacht, den kann man so mitlaufen lassen.»

Ein Fehler, wie er heute selbst weiß. «Ich habe mich von ihm täuschen lassen», so Meuthen. Ihn habe allein der Gedanke getrieben, dass er sich nicht mit Petry und dem Flügel gleichzeitig habe anlegen können, resümiert er nun, mit dem Abstand mehrerer Jahre und ein halbes Jahr, nachdem er die AfD verlassen hat. Als wir ihn jetzt fragen, ob es nicht klüger gewesen wäre, sich mit Petry zu arrangieren und ihrem Kampf gegen Höcke beizutreten, wird Meuthen kurz still. Das Wort Kampf sei ihm zu martialisch, er will lieber von «Gegenwehr» sprechen. Dann stimmt er zu. «Ich gebe Ihnen Recht, wenn Sie sagen, wenn man damals das PAV durchgezogen hätte, dann wäre vielleicht alles ganz anders gekommen.» Petry und Pretzell, so glaubt er jedoch, hätten sich damals wohl nicht mit ihm arrangiert.

Mit der Dresdner-Rede begeht Höcke also damals einen kalkulierten Tabubruch – und ein Teil der Parteispitze lässt diesen aus strategischen Gründen zu. Höcke selbst sagt uns damals, seine Rede sei «für machtpolitische Zwecke missbraucht worden». In einem Brief an die Parteiführung bezeichnet er sie im Nachhinein als Fehler.

Die Rede findet in den kommenden Jahren immer wieder den Weg in vertrauliche Dokumente des Verfassungsschutzes, die wir in die Hände bekommen. Dort können wir nachlesen, wie sie der Inlandsgeheimdienst als Beleg für Höckes geschichtsrevisionistische Haltung gegenüber dem Nationalsozialismus heranzieht. Der Inlandsgeheimdienst setzt sie in Bezug zu mehreren Texten Höckes, die maßgeblich 2019 dazu führen, dass allein der Flügel als bloßer Teil der Partei schon zum Verdachtsfall auf Rechtsextremismus eingestuft wird, im März 2020 dann gar als «erwiesen extremistische Bestrebung», die Höchststufe der Beobachtung.

Für die Behörde ist Höcke ein Rechtsextremist, der die Moderne zutiefst verachtet, islam – und muslimfeindlich ist, ein rassistisches Weltbild hat, das sich in völkischen Ideen, ja rassistischen Menschenklassifizierungen ausdrückt. Er kultiviere geradezu obsessiv ein geschlossenes deutsch-nationales Denken und lehne das bestehende politische System der Bundesrepublik Deutschland und deren Repräsentanten zutiefst ab, so geht es auch aus vertraulichen Gutachten des Dienstes hervor. Darin findet sich auch ein eigener Abschnitt über Höckes programmatisches Buch «Nie zweimal in denselben Fluss», das er 2018 im rechten Manuscriptum-Verlag veröffentlicht und das in Gesprächsform gestaltet ist. Eine der vielen Äußerungen Höckes, die die Verfassungsschützer daraus zitieren:

«Ja, wenn wir die gewaltsame Transformation des hergebrachten Nationalstaates in eine multikulturelle Zuwanderungsgesellschaft nicht bald stoppen, droht uns in Deutschland und Europa tatsächlich eine kulturelle Kernschmelze.»

Damit bezeichne er die multikulturelle Gesellschaft als kulturlos, werten die Verfassungsschützer.

Innerparteilich beschwört Höcke damals die Einheit der AfD und zieht sich nach dem abgewendeten Parteiausschluss zunächst für Jahre in seinen Landesverband zurück. So sichert, strukturiert und ordnet er gegen alle Widerstände aus der eigenen Partei seine

Machtbasis in der AfD. Für den Moment droht Höckes Anspruch, die AfD ideologisch zu prägen, an den damals noch Mächtigeren in der Partei zu scheitern. An seine Parteikollegen hat Höcke damals im Interview mit uns auf der Burg eine Botschaft: «Ich gehöre ja zum Urgestein. Und Björn Höcke würde dann auch nicht aus der Partei herausgehen, wenn man ihn von entsprechender Seite dazu auffordern würde.» Er wisse, dass er eine treue Anhängerschaft habe, die ihn genau für die Art, wie er Politik mache, wertschätze.

Das ist eine Kampfansage von Rechtsaußen. Die Drohung verfängt damals im Bundesvorstand. Ein weiteres Parteiausschlussverfahren gegen Höcke wird es vorerst nicht mehr geben. Die Macht der Rechtsradikalen wird wachsen, auch weil das gemäßigtere Lager sich nicht entschieden genug gegen Höcke und dessen Gefolgschaft auflehnt. Und das hat seinen Grund.

Auch Alexander Gauland hält über all die Jahre seine schützende Hand immer weiter über Höcke. Im Sommer vor der Bundestagswahl 2017 erklärt uns Gauland, warum dies so ist: Eine AfD ohne Björn Höcke würde Mitglieder verlieren, «zum Teil die aktivsten im Wahlkampf». Die Höcke-Anhänger könnten in der Partei 15 Prozent bis ein Drittel ausmachen. Käme es zu einer weiteren Spaltung, könne dies die AfD nicht verkraften.

Im Sommer 2022 haben wir noch einmal mit Alexander Gauland über Björn Höcke gesprochen. In der Zwischenzeit ist Höcke an alle Grenzen gegangen, die es in der AfD gibt. Gaulands Aussage könnte nicht eindeutiger ausfallen: «Ich habe Björn Höcke weder etwas vorzuwerfen noch sollte er die Partei verlassen. Er ist integraler Teil der Partei.» Und dann setzt er nach: «Ich habe nichts an ihm zu kritisieren.» Und dieser Höcke sei wichtig für den Zusammenhalt der gesamten Partei: «Bei Luckes Weggang gab es noch erhebliche Verluste. Schwächer war das schon bei Petry, bei Meuthen hat sich keiner mehr umgedreht. Bei einem Höcke-Abgang glaube ich, würden viele gehen und wir würden auch viele Wähler verlieren.»

Björn Höcke ist der AfD direkt nach ihrer Gründung 2013 beigetreten. Als Anführer des radikalen Flügels wird er später der starke

Mann des Ostens, der mit den Jahren immer mehr vom Flügel beherrscht wird. Dabei ist er selbst eigentlich tief im Westen sozialisiert. Geboren in Lünen in Westfalen, spricht Höcke mit dem Zungenschlag, den er wohl in Neuwied in Rheinland-Pfalz gelernt hat, wo er zur Schule gegangen ist. In Nordrhein-Westfalen und in Hessen wiederum hat er in den Neunzigerjahren studiert, als Sport- und Geschichtslehrer am Gymnasium angefangen. Zuletzt hat er als verbeamteter Lehrer in Bad Sooden-Allendorf auf hessischer Seite des Werratals gearbeitet, unweit von Bornhagen, das gerade mal so zu Thüringen gehört und von wo aus Höcke mehr als eine Stunde Autofahrt bis zum Erfurter Landtag zurücklegt. Für Politik begann er sich angeblich als 14-Jähriger zu interessieren, so hat er es selbst einmal erzählt. Beeinflusst hätten ihn nicht nur seine Großeltern, Vertriebene aus Ostpreußen, sondern auch ein Mann, der für das steht, wonach sich viele in der AfD sehnen: für die Achtzigerjahre in Westdeutschland. Die Verehrung des frühen Höcke galt Helmut Kohl, Höcke tritt in die Junge Union ein. Sein Vater, so ist es in der Monografie «Das Netzwerk der Neuen Rechten» der Journalisten Christian Fuchs und Paul Middelhoff aus dem Jahr 2019 zu lesen, sei wie Höcke Lehrer gewesen, hätte etwa eine Zeitschrift abonniert gehabt, die Hitler-Porträts und Hitlers Landschaftsmalereien auf dem Titel druckte – ein verbotenes antisemitisches Hetzblatt. Im Jahr 2010 nimmt Höcke am 13. Februar in Dresden an einer von der rechtsextremistischen «Jungen Landsmannschaft Ostpreußen» angemeldeten Demonstration zum Gedenken der Opfer der Bombardierung der Stadt im Februar 1945 teil – so ist es auf Videoaufnahmen zu sehen, die mehrere Medien später veröffentlichen. Höcke soll persönlich bekannt sein mit Thorsten Heise, dem Vizechef der rechtsextremen NPD, der ganz in der Nähe wohnt.

Dass der «Wessi» Höcke also nun vor allem in Ostdeutschland reüssiert, ist im rechtsradikalen Flügel der AfD fast schon üblich: Andreas Kalbitz, lange mächtiger Netzwerker im Flügel, stammt aus München und führte lange den Brandenburger Landesverband. Jens Maier, der ehemals führende sächsische Vertreter des Flügels, ist Bremer. Alexander Gauland wurde zwar in Chemnitz geboren und lebt inzwischen in Potsdam. Politisch groß geworden ist er jedoch in Hessen, als Büroleiter des Frankfurter Oberbürgermeisters und dann als Leiter der Hessischen Staatskanzlei. Im Osten hätte man doch niemanden in der AfD gehabt, der sich in die erste Reihe trauen würde, so begründet diesen Umstand ein ehemaliger Parteichef. Und auch der Vordenker des Flügels, der selbst kein AfD-Mitglied ist, ist ein Mann, der mit westdeutschem Akzent spricht, mit schwäbischer Färbung.

Gemeint ist Götz Kubitschek, einer der wohl wirkmächtigsten Einflüsterer jener Denkschule, die auch hinter Höcke und dem Flügel steht. Die Neue Rechte sah seit Gründung der AfD in der Partei auch eine Chance, das jahrzehntelange selbstformulierte Ziel einer gesellschaftlich rechten sogenannten «Konservativen Revolution» erreichen zu können. Es sind ursprünglich alte Vorstellungen aus Zeiten der Weimarer Republik, gehüllt in ein neues rechtes Gewand. Das Bestehende soll mit dieser Revolution nicht bewahrt, sondern überwunden werden, das staatliche System durchaus miteingeschlossen. Es geht um antidemokratische Umbrüche. Zu den Grundüberzeugungen der Neuen Rechten gehören ein völkischer Nationalismus, ein sogenannter Ethnopluralismus, also der Gegenentwurf zu einer multikulturellen Gesellschaft, gleichsam der Hass auf den Islam, Kritik an Parteien und Eliten und dem Wunsch nach einem starken oder gar autoritären Staat, so führen es Christian Fuchs und Paul Middelhof im Buch «Netzwerk der Neuen Rechten» aus: «Sie verklären die Vergangenheit und sehnen sich nach einem Deutschland, das es so nie gab.» Hitler, die Nazis und deren Gräueltaten lehnen die Vertreter der Szene ab oder verurteilen sie, aber die deutsche Geschichte nur auf das Dritte Reich zu verkürzen, das würde dem Deutschen nicht gerecht. Die Neue Rechte sei eine ideologische Denkrichtung einer losen Gruppe von Intellektuellen, die sich in besonderen Grundprinzipien einig seien, so beschreibt Armin Pfahl-Traughber im Buch «Intellektuelle Rechtsextremisten» die neurechte Szene. Über Seminare, Schriften und Konferenzen knüpften sie Kontakte zu politischen Organisationen. Eine Strategie dieser Vordenker: «dass durch geistige Anregungen konkrete Wirkungen auf der politischen Ebene entfaltet werden sollen». Götz Kubitscheks Institut für Staatspolitik in einem alten Rittergehöft im sachsen-anhaltinischen Schnellroda gilt als ein Zentrum der Neuen Rechten in Deutschland. Er unterstützte rechte außerparlamentarische Initiativen wie «Ein-Prozent», seine Verlage und Zeitschriften und seine Netzwerke führen seit Jahren rechtsextreme rassistische Bewegungen wie die Identitäre Bewegung (IB), neurechte Schriftsteller und Intellektuelle, rechte Politiker zusammen, auch jene der AfD. Kubitschek ist die Spinne im Netz des geistigen Überbaus der Bewegung. Er gilt in der AfD auch als Einflüsterer Höckes; Fragen dazu will er aber nicht beantworten. «Ich spreche schon seit Jahren nicht mit deutschen Publizisten», schreibt er uns.

Die AfD fährt 2016 bei der Landtagswahl in Sachsen-Anhalt ihren ersten großen Wahlerfolg im Osten der Republik ein. Jeder Vierte hat dort die AfD gerade in den Landtag gewählt. Während die etablierten Parteien damals noch gar nicht richtig begreifen können, was da auf sie zukommen wird, tritt noch am Wahlabend ebenjener Götz Kubitschek auf der Party der AfD in Magdeburg aus dem Schatten und nutzt das Licht der rechten Feier, um auch sich und seinen Anteil am Erfolg herauszustellen.

Wir sind vor Ort. Andre Poggenburg, damals Spitzenkandidat seiner Partei und einer der Anführer des radikalen Parteiflügels, geht schnellen Schrittes an uns Journalisten vorbei und wird dann von Kubitschek aufgehalten, um sein erstes Interview nach Bekanntgabe des Wahlergebnisses zu geben – und zwar nicht vor den Mikrofonen öffentlich-rechtlicher Rundfunksender, wie es sonst üblich ist. Er tritt in ein Wahlstudio des rechtsextremen Magazins *Compact* des Publizisten Jürgen Elsässer. Gemeinsam erklären sie endlose Minuten lang ihrer rechten Community per Stream im Internet die Gründe für den Wahlerfolg der AfD. Draußen, vor dem Studio, müssen sich Dutzende Journalisten von ZDF, ARD und den Zeitungen dieses Landes in einen schmalen Gang und gegen die Glasscheibe drücken. Das Bild, das an jenem Abend inszeniert wird, soll den Triumph der rechtsextremen «Gegenöffentlichkeit» zeigen.

Für viele Journalisten wird an diesem Abend zum ersten Mal deutlich, wie die AfD plötzlich alte und neue rechte Wähler erreicht. Zugleich deutet die AfD an, dass in einem von ihr regierten Deutschland womöglich kein Platz mehr für die bisherige Medienlandschaft sein würde. In den kommenden Jahren baut die Partei diese Gegenöffentlichkeit auf Facebook, in ihren parteieigenen Publikationen und in der Medienwelt um sie herum mit auf. Einzelne Journalisten der etablierten Medienwelt werden bis heute von der AfD immer wieder nicht als Berichterstatter auf deren Parteitagen zugelassen. Auch auf dem Bundesparteitag in Riesa 2022 heben AfD-Politiker, darunter Höcke, die Bedeutung rechtsalternativer Medien für die Partei hervor. Es ist ein Geheimnis des AfD-Erfolgs, dort diejenigen unmittelbar und wirkungsvoll zu erreichen, die sich von der Gesellschaft mehr und mehr abwenden, bis hin zu den Rechtsextremen.

Als sich die Wahlparty in Magdeburg damals langsam auflöst, tritt Götz Kubitschek doch noch vor unsere Kamera. Er will seine rechte Expertise jetzt den neuen AfD-Abgeordneten zur Verfügung stellen:

«Ich kann Ihnen versichern, dass diese Praktiker, die jetzt mit 27 Mann in diesem Landtag vertreten sein werden, hier in Sachsen-Anhalt und mit großen Fraktionen auch in Rheinland-Pfalz und Württemberg, sehr sehr gerne den ein oder anderen Begriff, das ein oder andere Thema, die ein oder andere aufbereitete Expertise aus unseren Projekten übernehmen und politisch umsetzen werden.»

Während die AfD es in den Jahren 2014 bis 2018 schafft, in alle Landesparlamente, den Bundestag und das Europaparlament einzuziehen, transportiert sie diese rechtsradikalen Ideologien dorthin weiter. Sie eilt von einem Wahlerfolg zum nächsten. Nur bei der Bundestagswahl 2013 und der hessischen Landtagswahl im selben Jahr war sie jeweils – knapp – wenige Monate nach der Gründung gescheitert. Während die Gemäßigteren zwar jahrelang das weitaus größere Lager in der AfD bilden, organisieren sie sich schlechter und scheitern darin, einen geschlossenen Block zu bilden. Sie markieren mit der «Alternativen Mitte» zwar ein Sammelbecken, aber wirklich mit Leben füllen sie dieses nicht.

Anders ist es im rechtsradikalen Lager der AfD – dem Flügel. Höcke bleibt jahrelang die zentrale Symbol- und Führungsfigur. Während Parteichefs kommen und gehen, führt der Thüringer Dauer-Landeschef den rechtsextremen Teil der AfD konstant gegen das, wie er es nennt, Establishment an – auch gegen das parteiinterne. Die Rechtsradikalen verfolgen in der AfD beharrlich ihre Ziele, sind laut und schaffen eigene Strukturen. Sie sind zwischenzeitlich fast eine Art Partei in der Partei. Mit einem Verein baut sich der Flügel sogar vorübergehend eine eigene heimliche Kasse auf, von der mancher in der Parteiführung lange nichts weiß.

Der Flügel besitzt sogar in den fünf Jahren seines formalen Bestehens eigene Führungskader, darunter mit Andreas Kalbitz einen Ober-Koordinator neben Höcke. Ein Bundestagsabgeordneter, Frank Pasemann, übernimmt die Rolle als eine Art «Finanzminister». Es gibt sogenannte Obmänner und -frauen in den jeweiligen Landesverbänden, die regionalen Statthalter. Und wenn sich der Flügel einmal jährlich zu seinem Kyffhäuser-Treffen versammelt, einer Art nationalem Traditions- und Rechtsaußengegeifer inklusive Höcke-Huldigungs-Show, dann sind die Deutschlandfahnen oft größer als die Menschen, die sie tragen; und man bekommt den Eindruck, hier versammelt sich eine feste eigenständige Gruppierung. Einer der früheren, wiederholten Besucher war übrigens jemand, der eigentlich inhaltlich für die gemäßigtere Richtung steht: Dreimal besuchte Jörg Meuthen das Treffen, zuletzt 2018. Auch der Parteivorsitzende kommt um den Flügel nicht herum, so organisiert sind dessen Stimmen. Und das weiß auch die Parteispitze, wenngleich sie es so darstellt, als ob es sich beim Flügel lediglich um eine lose Vereinigung von Parteimitgliedern handele. In den Amtsstuben des Inland-Geheimdienstes sieht man dies anders, und die Beamten registrieren im Laufe der Jahre die straffe Organisation und die Radikalität des AfD-Flügels genau.

Unter Beobachtung des Verfassungsschutzes

Seit dem Jahr des Bundestagseinzugs 2017 hatten Landesämter des Verfassungsschutzes bereits etwas genauer auf die Partei geschaut. Und es waren zunächst auch Einzelne, die in den Fokus gerieten. Da war zum Beispiel der damalige bayerische Landeschef, den das dortige Landesamt für Verfassungsschutz 2017 unter Beobachtung stellte und dies öffentlich machte. Weil die Behörde auch noch drei weitere Landtagsabgeordnete beobachtet, bekommt sie so aus nächster Nähe einen Eklat mit, der sich im Mai 2019 im bayerischen Greding ereignet, als sich der Flügel dort trifft. Er findet nicht im Geheimen, sondern auf offener Bühne statt. Aus den Lautsprechern schallt plötzlich die erste Strophe des Deutschlandliedes. Die ist zwar nicht verboten. Man singt sie aber nicht, weil sie das Deutsche Reich in den Grenzen feiert, wie es bis 1945 die Nationalsozialisten besungen haben. Wer sie aber dennoch singt, produziert absichtlich einen Eklat. Hochrangige Flügel-Vertreter stimmen damals mit ein, darunter der damalige Bundestagsabgeordnete Hansjörg Müller sowie Christina Baum aus dem Landtag Baden-Württemberg, eine enge Vertraute von Björn Höcke. Sie ist auf Videos zu sehen, wie sie nicht nur mitsingt, sondern sogar ihre Hand aufs Herz legt. Baum haben solche Exzesse nicht geschadet, sie wird 2021 für die AfD in den Bundestag einziehen und Beisitzerin im Parteivorstand.

Der Verfassungsschutz schaut auch schon früh an anderer Stelle genauer hin. Er beschäftigt sich laut *Spiegel* von 2017 an mit einer weiteren radikalen Gruppierung der AfD, der sogenannten «Patriotischen Plattform», deren Ziel es bis zu ihrer Auflösung 2018 war, eine weiche Linie der AfD zu verhindern. Auch ein erster Verband der Nachwuchsorganisation der AfD – der besonders radikalen «Jungen Alternative» – gerät schon 2017 in den Blick des Geheimdienstes.

Die gesamte AfD wird wenige Monate später im Bundesamt für Verfassungsschutz immer mehr Beamte beschäftigen. Im Frühjahr 2018 beginnt die Behörde, Indizien für Verstöße der Partei gegen die freiheitlich-demokratische Grundordnung zu sammeln. Das Amt fängt damit an, auch wenn es sich unter dem damaligen Präsidenten, dem überaus konservativen Juristen Hans-Georg Maaßen, lange sehr zurückhaltend gegenüber der neuen Partei am rechten Rand verhält. Maaßen stand der WerteUnion in der CDU nahe, die immer wieder selbst AfD-typische Themen vertrat, und für die Maaßen nach seiner Ablösung später zeitweise auf Podien sprach. Maaßen wurde vorgeworfen, den Prozess zu verzögern. Er soll dem immer stärkeren Drängen seiner Leute in der Abteilung Rechtsextremismus sowie bei Treffen der Amtsleiter mehrerer Länder, die längst eine andere Gangart einschlagen wollten, noch bis zum Frühsommer 2017 nicht nachgegeben haben. Erst dann, nach einem Treffen mit fünf Länderchefs, habe das BfV zur «ergebnisoffenen Prüfung» eine Materialsammlung angefordert, so hieß es in einem *Spiegel*-Bericht im Februar 2022. Maaßen führte 2015 zwei Gespräche mit der damaligen Parteichefin Frauke Petry, wie das Amt einräumte. Als verschiedene Medien spekulierten, dass er sie gewarnt habe, womöglich sogar beraten, wie die AfD eine Beobachtung umgehen könne, wies das BfV dies zurück. Inzwischen ist Maaßen, Jahre nach seiner Ablösung als Chef des Inlandsgeheimdienstes, überzeugt: «Wer nach dem Weggang von Meuthen immer noch glaubt, die AfD sei eine gemäßigte Partei, dem ist nicht mehr zu helfen!», schrieb er im Juni 2022 bei Twitter.

Auch der zögerliche Behördenchef Maaßen verhinderte damals letztlich nicht, dass der Inlandsnachrichtendienst sich zunehmend oft mit der gesamten AfD befasste. Vor allem im Osten nehmen die Verfassungsschützer wahr, wie der Einfluss der Radikalen in den Landesverbänden zunimmt. In Sachsen, Brandenburg, Sachsen-Anhalt und Thüringen schätzt die Behörde 2019 den Flügel als so stark ein, dass er dort die gesamte Partei dominiert. Und etwa jeder Fünfte ist damals dort bereit, die Partei zu wählen, geht aus Umfragen hervor.

Schrittweise beginnt sich der Staat nun gegen die immer radikalere AfD zu wehren. Die Behörde wird von Januar 2019 an nicht mehr nur den Flügel im Blick haben, sondern die gesamte Partei und diese zunächst als sogenannten «Prüffall» auf verfassungsfeindliche Bestrebungen führen. Sie darf jetzt etwa aus offenen Quellen, aus Social Media oder von Parteitagsreden, Belege zusammentragen und bewerten. Es ist die niedrigste Stufe, auf die der Verfassungsschutz die Partei heben kann, und eine Warnung an die AfD. Erst viel später, seit dem Gerichtsentscheid in Köln im Jahr 2022 und der Einstufung der AfD durch den Verfassungsschutz als «Verdachtsfall» auf Rechtsextremismus, kann die Behörde die gesamte Partei auch unter Einsatz von nachrichtendienstlichen Mitteln ausspähen.

Damals, im Januar 2019, tritt Thomas Haldenwang, inzwischen neuer oberster Verfassungshüter, in Berlin vor die versammelte Hauptstadtpresse und verkündet den «Prüffall». Dem liegt eine über 400-seitige vertrauliche Materialsammlung zugrunde mit dem sperrigen Titel: «Gutachten zu tatsächlichen Anhaltspunkten für Bestrebungen gegen die freiheitliche demokratische Grundordnung in der ‹Alternative für Deutschland› (AfD) und ihren Teilorganisationen». Der Pressetermin ist ein echtes Politikum, denn Prüffälle werden eigentlich nicht öffentlich verkündet. Die AfD klagt und bekommt in diesem Punkt später Recht. Dies ist der Beginn jahrelanger juristischer Auseinandersetzungen zwischen Partei und Behörde, aber auch der gegenseitigen Befassung miteinander.

Immer mehr Beamte prüfen also, ob durch den Flügel, die Nachwuchsorganisation der Partei «Junge Alternative» und letztlich die AfD im Gesamten das höchste Gut dieses Rechtsstaates in Gefahr gerät – die Verfassung. Nach dem Grundgesetz sind solche Parteien verfassungswidrig, «die nach ihren Zielen oder nach dem Verhalten ihrer Anhänger darauf ausgehen, die freiheitliche demokratische Grundordnung zu beeinträchtigen oder zu beseitigen (...)». Auch deshalb ist der Verfassungsschutz befugt, solche Parteien zu prüfen.

Damit agiert der Staat auf einem hochsensiblen Gebiet, er greift heftig in die Freiheit der Partei ein. Der Eingriff hat zur Folge, dass die Partei ihre politischen Ziele und den politischen Willen ihrer Mitglieder und Wähler unter den Augen des Staates entwickeln muss. Es ist derselbe Staat, gegen dessen Regierung sie mitunter gerade opponiert. Bei der AfD ist diese Hürde besonders hoch, denn in den ersten vier Jahren, in denen sie im Bundestag sitzt, bildet sie die größte Oppositionsfraktion. Um die freiheitlich-demokratische Grundordnung zu schützen, prüft der Verfassungsschutz in aller Regel, ob die Partei und deren Vertreter verschiedene Grundprinzipien der Verfassung verletzen. Es handelt sich dabei um das Menschenwürde-, das Demokratie- und das Rechtsstaatsprinzip. Dabei schützt die Garantie der Menschenwürde den Einzelnen im Kern seiner persönlichen Identität, Individualität und seiner Gleichheit vor dem Recht. Äußerungen wie jene des damaligen AfD-Flügel-Koordinators Andreas Kalbitz bei einem politischen Aschermittwoch der AfD 2019 zum Beispiel stehen diesem Prinzip laut der Verfassungsschützer entgegen. Deshalb nehmen sie sie in eines ihrer vertraulichen Gutachten auf:

«Und dann schüttet man vorne nen Deutschkurs rein und glaubt, hinten kommt ein Deutscher raus. Was für ein Blödsinn! Und weil dieser 12-jährige Syrer mit Bart so traumatisiert ist, (…) tanzen dann – und da sind wir wieder bei den Geschwätz-Wissenschaftlern – tanzen dann fünf Sozialtherapeuten herum, werfen dem bunte Bällchen zu, dass er die Finger von unseren Töchtern lässt (…).»

Neben der Menschenwürde, die geschützt werden muss, gilt zugleich das Demokratieprinzip. Es bezieht sich auf die politische Freiheit der Bürger, der Souverän ist das Volk. Hier sind es beispielsweise Äußerungen von Björn Höcke, die dieser auf dem Kyffhäuser-Treffen des Flügels 2019 formulierte, die aus Sicht der Beamten das Demokratieprinzip infrage stellen: «Das, liebe Freunde, ist nicht Deutschland, das ist das Gegenteil von Deutschland. Das ist Merkel-Land.»

Ähnlich verhält es sich mit Attacken auf das Rechtsstaatsprinzip: In der deutschen Demokratie sind die Gewalten im politischen System geteilt. Das Grundgesetz hat Vorrang vor anderen Gesetzen, ist deshalb besonders schützenswert, und das Grundgesetz garantiert die Rechtssicherheit. Unter den möglichen Attacken auf das Rechtsstaatsprinzip, die dem Verfassungsschutz auffallen, findet sich auch eine Aussage der damaligen AfD-Bundesvorständin Beatrix von Storch, welche diese 2017 in einem Facebook-Post verbreitet hatte:

«Die Vollverschleierung im öffentlichen Raum und das Tragen des Kopftuches im öffentlichen Dienst müssen verboten werden. Die Moscheen müssen vom Verfassungsschutz überwacht und gegebenenfalls geschlossen werden.»

Die drei Grundprinzipien sind für die Verfassungsschützer vor allem dann schnell berührt, wenn auf die Ideologie des Nationalsozialismus angespielt wird. Die Behörde sucht seit 2018 innerhalb der AfD nach Verstößen gegen diese Grundsätze. Sie zieht dazu vor allem Äußerungen ihrer Funktionäre oder der Basis heran. Aber sie durchkämmt auch Parteischriften, etwa das Grundsatzprogramm, oder betrachtet die Positionen der Jugendorganisation «Junge Alternative». Die Beamten sammeln immer mehr Beispiele, die diese Grundsätze offenbar verletzen, und die sie beanstanden. Sie führen sie in Papieren und Materialsammlungen auf, die wir immer wieder aus vertraulichen Quellen zugespielt bekommen. So können wir die Argumente des Verfassungsschutzes nachlesen, genauso wie diejenigen, die die AfD entgegenhält. Oft zieht die Partei gegen die Einstufungen der Behörde vor Gericht. Ihre Argumente gleichen sich dabei immer wieder: Die AfD fühlt sich gegenüber der politischen Konkurrenz schon deshalb benachteiligt, weil der Verfassungsschutz öffentlich gemacht hatte, sie auf verfassungsfeindliche Bestrebungen zu prüfen. Auch die Hochstufung vom Prüf- zum Verdachtsfall werte die Partei in der Öffentlichkeit ab und beraube sie fairer Chancen im politischen Wettbewerb. Allein im Jahr 2021, in dem die AfD besonders intensiv mit dem Inlandsgeheimdienst ringt, wählen Menschen in fünf Ländern und im Bund ein neues Parlament. In anderen Klageschriften aus dem Jahr zuvor können wir zudem lesen, dass die AfD argumentiert, auch inhaltlich nichts falsch gemacht zu haben. Weder ihre scharfe Migrationskritik noch ihren kulturell-ethnischen Volksbegriff sieht sie als unzulässige Grenzüberschreitung. Auch radikale Aussagen oder Verbindungen zu verfassungsfeindlichen Vereinigungen sieht die Partei damals zum Teil selbst als unproblematisch an. Solche Kontakte gehörten zum demokratischen Diskurs, heißt es.

Für den Verfassungsschutz sind aber genau diese Vorgänge gute Argumente, der Partei immer weitere Schritte in den Rechtsextremismus zu bescheinigen.

Der AfD geht es bei den Klagen wohl auch nicht immer in erster Linie um Erfolge vor Gericht, so hören wir es aus der Partei. Es geht auch darum, medienwirksam zu demonstrieren, dass sie sich gegen den Staat nach Art von Dissidenten zur Wehr setze. Um die Bemühungen des Verfassungsschutzes auszubremsen, versucht die AfD, das Rechtsaußen-Lager gerichtlich kleinzureden.

Rechtsradikales, extremes Gedankengut verbreiten jedoch nicht nur Vertreter der Partei-Elite, sondern nicht zuletzt die Basis. Bei Facebook stach zum Beispiel immer wieder der Freiburger Stadtrat und Rechtsanwalt Dubravko Mandic hervor, der innerhalb der Partei lange eine Art Influencer-Status hatte. Er hetzte mal frauenfeindlich, mal rassistisch: «Der schwarze Mensch schaut zu Weißen auf, wenn sie hart und gerecht regieren», schrieb er einmal bei Twitter. Er kommt, bezogen auf die Ausrichtung der AfD, einem Bericht des ARD-Magazins *Monitor* zufolge zu dem vielsagenden Schluss: «Von der NPD unterscheiden wir uns vornehmlich durch unser bürgerliches Unterstützer-Umfeld». Auch zur als rechtsextrem eingestuften Identitären Bewegung, die auf der Unvereinbarkeitsliste steht, wollte Mandic die Grenzen mindestens aufweichen, bezeichnete sie als vorpolitisches Feld, das die AfD brauche wie etwa die

SPD die Gewerkschaften, wie wir in einer Stellungnahme Mandics an den Bundesvorstand im Februar 2020 lesen. In dieser Mail schlug er stattdessen seiner Partei vor:

«Man sollte doch endlich das VS-System zur (Abschaffungs-)Diskussion stellen, anstatt nach VS-Melodie zu singen, was man ohnehin nie schafft, weil dann der Takt beliebig geändert wird.»

Inzwischen hat Mandic freiwillig die Partei verlassen, nachdem er in mehreren Anläufen aus der Partei ausgeschlossen werden sollte, aber immer wieder rechtlich dagegen vorgegangen war. Doch die Strategie, die er vorschlägt, verfolgen viele seiner ehemaligen Gesinnungsgenossen.

Rechtsradikal auf allen Ebenen

Noch radikaler geht es meist zu, wenn AfDler denken, dass niemand mitliest und glauben, unter sich zu sein – in den unzähligen Chatgruppen der AfD, die seit Gründung der Partei bei WhatsApp, Telegram und all den anderen Messenger-Diensten das virtuelle innerparteiliche Leben der AfD prägen. Im Laufe der Jahre gründen sich Gruppen mit Funktionären aus Kreis-, Landes- oder Bundesvorständen, es gibt Chats des Flügels und des gemäßigteren Lagers, der Partei-Elite und der Basis. Virtuelle Räume, in denen manchmal mehr und härter diskutiert wird als in der Realität. Mitunter werden unverblümt Hass und Hetze ausgetauscht, werden Umsturzfantasien, Rassismus, Antisemitismus und neonazistisches Gedankengut geteilt, als wäre es das Normalste der Welt.

Im Mai 2018 bekommen wir von einem Informanten aus der Partei eine Mail zugeschickt. Sie enthält einen Untersuchungsbericht der AfD Sachsen. Darin finden sich radikale Posts von AfD-Lokalpolitikern aus dem sächsischen Vogtland, die sich in einer WhatsApp-Chatgruppe zusammengeschlossen haben. Dort haben sie neonazistische und menschenverachtende Inhalte verbreitet. Unter anderem teilen die AfD-Politiker darin brutale Fotomontagen zur standrechtlichen Erschießung von Bundeskanzlerin Angela Merkel, Fotos von Wehrmachtsdevotionalien, sie machen üble und menschenverachtende Späße über die Tötung von Geflüchteten und Juden. Eines der verschickten Bilder zeigt eine SS-Mütze mit der Aufschrift: «Liebe Flüchtlinge, an diesen Mützen erkennen Sie Ihren Sachbearbeiter.» Die Staatsanwaltschaft Zwickau nimmt im Anschluss an unsere Berichterstattung gegen sechs Personen Ermittlungen unter anderem wegen Volksverhetzung und des Verwendens von Kennzeichen verfassungswidriger Organisationen sowie der Aufforderung zu Straftaten auf. Sie werden jedoch 2018 eingestellt. Auf Anfrage schreibt die Staatsanwaltschaft uns 2022: «Da die versandten Chat-Nachrichten jedoch nur von dem geschlossenen Teilnehmerkreis von neun persönlich bekannten Personen wahrgenommen wurden und damit gerade nicht für eine unüberschaubare Anzahl von anderen Menschen wahrnehmbar waren, fehlte es am Tatbestandsmerkmal der Verbreitung bzw. Veröffentlichung.» Jörg Meuthen als damaliger Parteichef kündigte besonders harte Konsequenzen an. Ein Mitglied tritt nach einer Anhörung aus der Partei aus. Ein Parteiausschlussverfahren wird damals gegen einen der Chatteilnehmer eingeleitet; zudem werden zwei Ämtersperren verhängt.

Im Herbst 2021 veröffentlicht der Bayerische Rundfunk radikale Chats einer bayerischen Gruppe, in der sich Funktionäre aus Landtag, Bundestag und Landesvorstand sowie der Basis austauschten. In der Chatgruppe finden sich 16 der 18 bayerischen Landtags- und elf der zwölf Bundestagsabgeordneten. Aus dem AfD-Landesvorstand sind zehn von 13 Personen vertreten. Zwei Bundestagsabgeordnete waren die Administratoren der Telegram-Gruppe. Die Nachrichten umfassen den Zeitraum von Ende 2017 bis Mitte 2021. Immer wieder tauschen die rund 200 Mitglieder auch islam- und ausländerfeindliche Nachrichten aus. Auch uns liegen die deutlich mehr als 100 000 Chatnachrichten der «Alternative Nachrichtengruppe

Bayern» damals schon eine Weile vor, wir kommen aber nicht dazu, die Postings der Gruppe und deren radikale Inhalte überhaupt zu sichten, weil wir uns gerade intensiv mit einer anderen Chatgruppe, der *Quasselgruppe* im Bundestag, beschäftigen.

Als die BR-Kollegen ihre Analyse veröffentlichen, sind auch wir trotz der vielen Chats, die wir in all den Jahren zuvor gelesen haben, überrascht, denn auch Abgeordnete äußern darin mutmaßlich extremistisches Gedankengut: «Denke, dass wir ohne Bürgerkrieg aus dieser Nummer nicht mehr rauskommen werden», schreibt am 4. Dezember 2020, nach einem Dreivierteljahr Corona-Pandemie und einer aufgeheizten politischen Stimmung im Lager der Maßnahmengegner, eine bayerische Landtagsabgeordnete in einer Antwort an einen Kreisvorsitzenden. Der hatte kurz zuvor gepostet: «Manchmal denk ich mir das ganze System (Politik, Medien, Justiz...) hier im Bananenland ist derart korrupt, kriminell...das nur noch eine Revolution hilft. Auf welche Art und Weise auch immer. Diese regierenden Verbrecher, mit den meisten deutschen Schlafschafen ja simpel zu realisieren, werden uns derart zum Absturz bringen, in eine gewaltige Katastrophe treiben die seinesgleichen erstmal gefunden werden muss. Ohne Umsturz und Revolution erreichen wir hier keinen Kurswechsel mehr. Der Abgrund ist nahe. Wahlen helfen hierzu ohnehin nicht mehr.» Und er wird Tage später, am 7.12.2020, noch deutlicher: «Wir sind an allem Schuld. Wir brauchen die totale Revolution. So nimmt das kein Ende mehr, den totalen Systemwechsel. Anzünden müsste man diese ganze ‹Politik› samt ihren Schreiberlingen...»

Gegen den Kreisvorsitzenden werden staatsanwaltschaftliche Ermittlungen eingeleitet, bei einer Hausdurchsuchung werden sein Computer und sein Smartphone konfisziert. Die Äußerungen finden schnell Eingang in den Rechtsstreit zwischen AfD und dem Inlandsgeheimdienst und werden von diesem herangezogen, um kurz vor dem Kölner Gerichtstermin klarzumachen, wie tief das demokratiegefährdende Gedankengut mittlerweile in der AfD verbreitet ist.

Radikale Äußerungen aus allen Ebenen der Partei, wie wir sie zuletzt aufgezeigt haben, führen dazu, dass von Mitte 2018 an das Auge des Verfassungsschutzes immer stärker auf der AfD ruht. Und weil die Parteispitze das mitbekommt, wird deshalb in den folgenden Jahren das gesamte Gefüge der Partei in Aufruhr sein. Während sich ab Ende 2018 die einen immer mehr dafür stark machen, der AfD ein weniger radikales Äußeres zu verleihen oder sie sogar tatsächlich in ihren Ansichten zu zähmen, setzen die anderen darauf, den Verfassungsschutz zu ignorieren oder gerade das anti-staatliche Gesicht der AfD als «einzig wahre» Oppositionspartei herauszukehren. Björn Höcke verunglimpft die Bemühungen der Gemäßigteren und die Angst vor den Geheimdiensten im November 2018 als «politische Bettnässerei». Es folgen Lagerkämpfe, die alles in den Schatten stellen, was die Partei bisher an Machtkämpfen gesehen hat. Denn von nun an wird die AfD nicht mehr so sehr von internen Verteilungskämpfen um Posten bestimmt. Von nun an geht es um mehr, um das Überleben und den Markenkern der Partei.

Der Verfassungsschutz registriert den Richtungskampf auch deshalb sehr aufmerksam, weil es für seine Bewertung nicht unwichtig ist, welches Lager sich durchsetzt. Hinzu kommt, dass eine Reihe rechtsterroristischer Gewalttaten die Frage aufwirft, ob die AfD längst ein politischer Arm des Rechtsterrorismus geworden ist, so twittert es wiederholt der damalige Staatsminister für Europafragen, Michael Roth (SPD). Auch für die Medien stellt sich immer mehr die Frage, ob die AfD zumindest das Klima geschaffen hat, in dem rechter Terror wächst: der Mord an Walter Lübcke, 2. Juni 2019; das Attentat auf die Synagoge in Halle, 9. Oktober 2019; die Mordserie von Hanau am 19. Februar 2020.

Innerhalb der AfD hat all das Folgen. Es entbrennt ein Kampf darum, wie weit rechts die Partei mindestens stehen muss, um die erfolgreiche AfD zu bleiben – und wie weit rechts sie maximal stehen darf, ohne dass der Verfassungsschutz die gesamte Partei mit geheimdienstlichen Mitteln durchleuchtet, wovor sich vor allem die Gemäßigteren fürchten, auch weil sie gesellschaftlich mehr zu verlieren haben.

Bereits im Jahr zuvor, im Spätsommer 2018, werden in der Öffentlichkeit die Rufe nach Beobachtung der AfD durch den Inlandsnachrichtendienst lauter, ganz besonders nach den Ereignissen von Chemnitz. Deshalb setzt der Bundesvorstand eine neue Kommission ein: die Arbeitsgruppe Verfassungsschutz, in der Partei kurz «AG VS» genannt. An ihre Spitze stellt der Vorstand zunächst den damaligen Bundestagsabgeordneten Roland Hartwig, einen Juristen, der seit 2013 Parteimitglied ist und zuvor mehrere Jahrzehnte als Jurist im Bayer-Konzern gearbeitet hat. Er soll Wege finden, wie die Partei einer Beobachtung durch den Verfassungsschutz entgehen kann.

Eine seiner ersten Amtshandlungen ist damals ein Auftrag, den er an einen anderen Juristen vergibt, an Dietrich Murswiek, einen emeritierten Staats- und Verwaltungsrechtler aus Freiburg im Breisgau. Murswiek erstellt ein Gutachten, das er im Oktober 2018 an seine Auftraggeber sendet. Hartwig wiederum fasst das Gutachten für den Parteivorstand in einem Papier zusammen, das Handlungsempfehlungen enthält: eine Art Fibel für verfassungskonformes Benehmen. Nur Tage später wird es uns zugespielt, und wir veröffentlichen die Kernpunkte. Wir staunen nicht schlecht, in dem Gutachten werden viele in der Partei völlig gängige Formulierungen und Argumentationslinien nun als problematisch, ja extremismusverdächtig eingestuft: pauschale Diffamierungen von Migranten und von Religionen wie dem Islam, verbale Herabwürdigungen des politischen Gegners, der Medien oder staatlicher Institutionen. Extremistische Reizwörter wie «Umvolkung», «Überfremdung», «Volkstod» oder «Umerziehung» müssten vermieden werden. All das, was Mitglieder der Partei, von der Basis bis zu Mandatsträgern, auf Demonstrationen, in Parlamentsreden oder in den sozialen Medien verbreiten.

Der Flügel wertet dies als Kriegserklärung – und fährt eine eigene Strategie: Den Verfassungsschutz als angebliches staatliches Kampfinstrument der sogenannten Altparteien zu brandmarken, das den Erfolg der AfD stoppen solle. Besonders vehement setzt sich ein Mann aus Bayern für eine sogenannte «Aktivstrategie» gegen den Verfassungsschutz ein: der Bundestagsabgeordnete und ab September 2019 zeitweise stellvertretende bayerische Landesvorsitzende Hansjörg Müller, den wir im letzten Kapitel schon kennengelernt haben. Auch er wittert hinter dem Verfassungsschutz ein Instrument, das die einzig wahre Opposition zu unterdrücken trachte. Er warnt – etwa in der fraktionsinternen Chatgruppe, aber auch öffentlich – vor einer «selbstzerstörerischen Distanzeritis» der AfD von sich selbst und vor ihrer «Selbstentkernung». Viele aus der Parteirechten werden sich nach dieser Maßgabe richten.

Im Murswiek-Gutachten lässt sich die AfD ihre eigene Radikalität bestätigen, und schon, als wir es das erste Mal durchblättern, kommt uns ein Gedanke: Wird dies hier, zumal durch unsere Berichterstattung, ein gigantisches Eigentor für die AfD? Schon wenige Monate später, als das Bundesamt für Verfassungsschutz die AfD zum Prüffall erhebt und dies verkündet, scheint es genau so zu kommen. Und auch das Verwaltungsgericht Köln wird dem Murswiek-Gutachten im Frühjahr 2022 eine besondere Bedeutung beimessen und es während der Gerichtsverhandlung immer wieder erwähnen. Schließlich, so der Richter, konnte die Parteispitze durch die Analyse Murswieks bereits im Sommer 2018 zu der Erkenntnis gelangen, dass sich die Partei mit vielen ihrer gängigen Äußerungen jenseits der Grenzen bewegte, die der Verfassungsschutz noch als zulässig ansieht. Dies abzuwenden, habe sie offenbar nicht entschlossen genug vermocht.

Tatsächlich findet auch ein Maßnahmenkatalog, den die «AG VS» im Herbst 2018 vorschlägt, offenbar wenig Anklang in der Partei. Das Strategiepapier schlägt einige konkrete Verbesserungen im Verhalten der AfD-Funktionäre vor, etwa in der Außendarstellung: Themen aus den Jahren 1933–45 sollten gemieden, das Thema «Deutscher Schuldkult» ausgespart werden. Auch die Kommunikation untereinander solle anders geregelt werden. Facebook- und WhatsApp-Gruppen seien «keine geeigneten Kommunikationskanäle für vertrauliche Informationen», heißt es in der Powerpoint-

Präsentation, die uns zugespielt wird. Es ändert aber nichts, diese Social-Media-Kanäle bleiben Kern der internen Kommunikation auf allen Ebenen der Partei: in den Lagern, in Kreisverbänden, auf Parteitagen, in heimlichen Verschwörergruppen, ja sogar in der Bundestagsfraktion mit ihrer «Quasselgruppe». Letztere wittert in den Handlungsempfehlungen einen Angriff auf ihre bisherige Strategie bei Äußerungen im Bundestag. Ein Abgeordneter meint, dann könne man sich vielleicht gleich selbst auflösen; ein anderer beklagt, nach Murswieks Kriterien ja gar keine Meinung mehr äußern zu können.

Viele in der Partei schalten weitgehend auf Ablehnung um. Es scheint sie nicht zu verängstigen, dass der Verfassungsschutz – wie bereits gezeigt – seinen Kurs verschärft, die gesamte AfD zum Prüffall macht, Flügel und «Junge Alternative» zu Verdachtsfällen erklärt. Insbesondere der Flügel unternimmt nichts, um sich zu mäßigen.

Gut anderthalb Jahre später, Ende Februar 2020, beschließt der Bundesvorstand darum, viel Geld in eine Kampagne zu investieren, um sich als grundgesetzkonform darzustellen. Ziel der medialen Offensive sollte es nun sein,

«die freiheitlich-demokratische Grundüberzeugung der bürgerlichen Rechtsstaatspartei AfD als Verteidigerin des Grundgesetzes für jeden verständlich auf den Punkt zu bringen und möglichst breitenwirksam nicht nur den Parteimitgliedern, sondern vor allem den Bürgern sowie der Presse in Deutschland zu verdeutlichen»,

notiert die Parteispitze im vertraulichen Protokoll ihrer Vorstandssitzung vom 25. Februar 2020. 250 000 Euro gibt die Parteispitze frei und beauftragt eine externe Kommunikationsagentur. Alle zwölf stimmberechtigten Vorstände votieren einstimmig mit Ja. Doch hier endet die Einigkeit schon weitgehend.

Noch bevor die Flyer verteilt werden und Anzeigen in Zeitungen geschaltet sind, tritt am 12. März 2020 in Berlin ein Mann mit Bürstenhaarschnitt vor die Kameras und vor viele Journalistinnen und Journalisten mit ihren Notizblöcken. Er hat eine Nachricht mitgebracht. Thomas Haldenwang ist Präsident des Bundesamtes für Verfassungsschutz. Er spricht den entscheidenden Satz aus, der innerhalb der AfD vieles verschieben wird:

«Heute teile ich Ihnen mit, dass wir den ‹Flügel› als erwiesen extremistische Bestrebung eingestuft haben. Das heißt: Die bisherigen verfassungsfeindlichen Anhaltspunkte haben sich zur Gewissheit verdichtet.»

Der rechtsradikale Teil der AfD gilt damit in diesem Moment offiziell als verfassungsfeindlich. Für die AfD bedeutet dies, dass sie sich jetzt wirklich entscheiden muss, welche Partei sie sein will. Soll sie den Weg immer weiter nach rechts mitgehen, oder stößt sie die Radikalen ab? Und wenn sie sich von den Extremen trennt, wird sie dann als Partei überleben oder sich spalten und in ihren Teilen unbedeutender werden? Neben dieser parteiinternen Krise muss sich die AfD, wie das gesamte Land in jenen Wochen, einer zweiten, neuen und gigantischen Herausforderung stellen. Die erste Corona-Welle hat Deutschland fest im Griff, und die AfD ringt intern nach politischen Lösungen, wie sie dieser Krise begegnen will.

Björn Höcke gibt den Verfassungsschützern in den Tagen nach der Pressekonferenz einen weiteren Grund für ihre Einschätzung. Bei Twitter taucht ein Video auf, in dem Höcke seine bisher deutlichste Entgleisung begeht, er spielt offen auf das größte Verbrechen des Nationalsozialismus an. Der Satz, den Höcke ausspricht, richtet sich an interne Kritiker des «Flügels» innerhalb der Partei:

«Die, die nicht in der Lage sind, das Wichtigste zu leben, was wir zu leisten haben, nämlich die Einheit, dass die allmählich auch mal ausgeschwitzt werden.»

Ausgeschwitzt – viele empfinden dies als Anspielung auf Auschwitz und als üble Kampfansage an seine parteiinternen Gegner.

Angriff auf den Flügel

Jörg Meuthen gelingt es nun, eine zunächst acht-, dann zehnköpfige Unterstützergruppe im Parteivorstand zusammenzubringen, die beschließt, dass nun wirklich etwas gegen den Flügel geschehen soll. Beatrix von Storch gehört dazu, Alexander Wolf, der Schatzmeister Carsten Hütter und weitere Politiker, die sich zu diesem Zeitpunkt für einen Anti-Flügel-Kurs entscheiden, um aus ihrer Sicht die Zukunft der Partei zu bewahren. Denn aus Sicht der Gruppe um Meuthen und ihre Pläne für die AfD wäre eine Beobachtung durch den Verfassungsschutz fatal. Bereits auf dem Parteitag in Braunschweig Ende 2019 hatte Meuthen nach seiner Wiederwahl angekündigt, dass die AfD nun regierungsfähig werden solle – ein erklärtes Ziel des für AfD-Verhältnisse gemäßigteren Lagers, auch unter vorherigen Parteichefs – und im kompletten Widerspruch zur radikalen Fundamentalopposition des Flügels stehend.

Meuthen und seine Gruppe im Bundesvorstand setzen im Frühjahr 2020 zum gezielten Angriff auf den Flügel und seinen mächtigen Führungszirkel an. Der Flügel, so wird es der Gruppe um Meuthen immer klarer, ist zwar ein nützlicher Mehrheitsbeschaffer bei Abstimmungen. Die Flügel-Anführer scheren sich jedoch nicht darum, dass und wie oft ihr Name in den eigentlich vertraulichen Verfassungsschutzgutachten auftaucht, die die Partei inzwischen genau kennt. Im Kreis ihrer Anhängerschaft schadet ihnen dies auch nicht. Manchem nützt es sogar, weil es seiner Radikalität und dem Kampf gegen das «Establishment» noch zusätzliche Glaubwürdigkeit verleiht.

Meuthens gemäßigteres Lager will keine rechte Revolution, sondern einen reformierten, deutlich konservativeren Staat. Eine

Partei, die Beamte, Rechtsanwälte, Polizisten und Soldaten unter ihren Mitgliedern behalten kann und die knapp jenseits des rechten Randes von Union und FDP angesiedelt ist, aber nicht extremistisch, nicht völkisch. Eine Partei, die mit gesellschaftlichen Folgen der linken 68er-Bewegung aufräumt, die auch nicht multikulti sein will, sondern sich ein Deutschland des weißen, alten Mannes zurückwünscht. Die Meuthen-Gruppe glaubt, dass das Label «Rechtsextremismus» Wählerschichten abschrecken könnte, die sie gern gewinnen möchte. Sie schließt sich also aus strategischen Gründen zusammen, um den Gegner zu bekämpfen, nicht als monolithischer, in jeder Frage einiger Block, so schildert es uns ein Mitglied. Jeden Sonntag bespricht sich die Gruppe am Abend vor. Um dann, in der Montags-Telefonrunde des Parteivorstandes, abgestimmt zu sein. Und eine Zeitlang habe das auch gut funktioniert.

Meuthen wird in diesem Machtkampf, der sich 2020, zeitgleich zum Beginn der Corona-Krise, verschärft, erneut die Macht des Flügels unterschätzen. Seit seiner «taktischen Allianz» mit Höcke gegen Petry ist der radikale Teil der AfD viel stärker geworden – auch weil Meuthen selbst ihn lange ungehindert hat wachsen lassen.

Mehrere Entscheidungen, die die Meuthen-Gruppe nun in den folgenden Monaten erzwingen wird, wären indessen ohne den Druck des Verfassungsschutzes vermutlich nicht möglich gewesen. Flankiert werden deren Bemühungen noch von einer weiteren, etwa 20 Köpfe umfassenden, parteiübergreifenden Gruppe aus dem gemäßigteren Lager. Zu ihr gehören ehemals einflussreiche Parteigrößen, darunter Parteiurgesteine wie die ehemaligen Bundeswehr-Offiziere Georg Pazderski aus Berlin und Uwe Junge aus Rheinland-Pfalz. Junge schreibt in einem offenen Brief:

«Ich erhalte aus allen Teilen des Landes empörte Meldungen und die unübersehbare Bereitschaft, die Partei zu verlassen, wenn jetzt nicht entschlossen reagiert wird. Diejenigen, die nicht mehr gewillt sind, sich von Höcke, Kalbitz und Co ‹in den Dreck› ziehen zu lassen, sind unsere Leistungsträger.»

Ende März 2020, nachdem die AfD von 14 auf zehn, dann neun Prozent der Wählergunst abstürzt, lässt sich Junge bei Facebook vernehmen:

«Die Umfrageergebnisse bestätigen den Trend! Ich fürchte, wir haben die bürgerliche Mitte verloren, weil wir den Radikalen wie Gauland, Höcke und Kalbitz nicht rechtzeitig die Stirn geboten haben.»

Der Bundesvorstand der AfD prüft danach, ob letztere Äußerung ein «parteischädigendes Verhalten» darstellt, einen Grund für Partei-Sanktionen. Junge – oft selbst für harsche Formulierungen bekannt – tritt knapp anderthalb Jahre später aus der AfD aus. Weil sie ihm zu weit nach rechts gerückt sei, wie er sagt.

All diese Bemühungen der Gemäßigteren gegen die Rechtsradikalen haben Folgen für das Parteigefüge. Nur eine gute Woche, nachdem Haldenwang die Flügel-Beobachtung verkündet hat, trifft der Bundesvorstand eine spektakuläre Entscheidung. Er beschließt, dass der Flügel sich bis 30. April 2020 auflösen soll. Der Meuthen-Gruppe gelingt es, dass Alice Weidel und Tino Chrupalla sich Meuthens Initiative anschließen. Der Druck, der auf ihnen liegt, ist hoch. Immer wieder werden sie bei Abstimmungen durch Mehrheiten des Flügels gestützt. Die Parteispitze stimmt bei dieser Entscheidung mit elf zu zwei Stimmen für die Flügel-Auflösung. Nur Andreas Kalbitz aus Brandenburg votiert erwartungsgemäß dagegen, Stephan Brandner aus Thüringen enthält sich.

Kalbitz ist damals der organisatorische Strippenzieher des Flügels. Am Tag darauf soll es ein Flügel-Treffen geben, nach einigem Hin und Her trifft sich aber nur ein kleiner Kreis der einflussreichsten Flügel-Vertreter. Am Abend des 21. März 2020 veröffentlicht das Theorie-Magazin *Sezession* des neurechten Instituts für Staatspolitik (IfS) ein Interview mit Höcke, es trägt die Überschrift «Über den Flügel hinaus». Götz Kubitschek, der Chefideologe des IfS, hat das Gespräch höchstselbst geführt. «Ich bin als AfD-Mitglied peinlich berührt», sagt Höcke, von Kubitschek befragt, wie er denn auf die Forderung seines Parteivorstands zu reagieren gedenke. «Denn diese Forderung kommt zum falschen Zeitpunkt und unterläuft einen Vorgang, den der ‹Flügel› längst umsetzt: seine Historierung.» Kubitschek fragt nun nach, was Höcke damit meine.

«Wir alle wissen, daß der Flügel vor fast genau fünf Jahren mit der ‹Erfurter Resolution› sein Gründungsdokument vorlegte, um den Einbau der AfD ins Establishment zu verhindern. (...) Nun brauchen wir einen Impuls, der über den Flügel hinausweist und die Einheit der Partei betont.»

In den darauffolgenden Tagen wird zunächst gerätselt, ob dies wirklich bedeutet, dass sich der Flügel auflöst. Zumindest wertet der Bundesvorstand es so, dass der Flügel dem Beschluss nachgekommen sei. Dann erscheint auf der damaligen Flügel-Internetseite eine eindeutige Nachricht:

«Grundsätzlich kann nicht aufgelöst werden, was formal nicht existiert. Um die Einheit der Partei zu wahren und das Projekt einer politischen Alternative für Deutschland nicht zu gefährden, haben Björn Höcke und Andreas Kalbitz jedoch entschieden, diesem Wunsch nachzukommen. Wir fordern alle, die sich der Interessensgemeinschaft angehörig fühlen, auf, bis zum 30. April ihre Aktivitäten im Rahmen des Flügels einzustellen.»
Die Webseite geht kurz darauf vom Netz, der Verkaufsshop, in dem es bis dahin Devotionalien von der Flügel-Tasse bis zum Manschettenknopf zu erstehen gab, stellt seinen Dienst ein.

Zunächst reagieren manche an der Flügel-Basis wütend, fühlen sich von Höcke im Stich gelassen. Doch schon bald werden viele noch einmal genauer nachlesen, was Höcke eigentlich gesagt hat – und was erst im Stillen, dann ganz offensichtlich passiert. Als Netzwerk zwischen Einzelnen, die sich in ihrer Gesinnung einig sind, lässt sich der Flügel nicht auflösen. Er sammelt neue Kraft, und Angehörige des Ex-Flügels treten weiter öffentlich auf: auf den Corona-Demonstrationen etwa, die im Sommer 2020 immer lauter werden.

Es finden auch mehrere konspirative Treffen von Flügel-Anhängern statt, die in den bisherigen organisatorischen Strukturen Vorteile sehen und erwägen, diese wiederzubeleben. Eines dieser Treffen findet im Februar 2021 in einem Gasthof in Verden (Aller) fast ein Jahr nach der formalen Auflösung des Flügels statt. Wir bekommen ein heimlich aufgenommenes Tondokument zugespielt.

Aufgenommen wurde es von einem Parteimitglied, das sich auf die Veranstaltung eingeschleust hatte, um herauszufinden, was auf dem Treffen geschieht. Es waren mehrere Mitglieder des Vorstandes der niedersächsischen AfD sowie mehrere Bundestagsabgeordnete an dem Treffen beteiligt, insgesamt etwa 40 Politikerinnen und Politiker, so erfahren wir es von Zeugen. Die Aufnahme legt nahe, wie der Ex-Flügel neue Strukturen errichten will, Regionalbeauftragte innerhalb Niedersachsens benennen etwa, ähnlich den früheren Obleuten des Flügels. «Ich beglückwünsche uns dazu, dass wir die alten Flügel-Strukturen wieder reaktiviert haben», sagte ein Teilnehmer, nachdem die Veranstaltung mehr als ein Dutzend sogenannte Regionalkoordinatoren ernannt hatte, so ist es auf der Tonspur zu hören. Und wir hören noch mehr: Es solle sich um eine Parallelstruktur handeln, die «zu 100 Prozent» an den Kreisverbänden vorbeigehe. Ziel der neuen Strukturen sei es, darüber Mehrheiten zu gewinnen bei parteiinternen Abstimmungen.

So sagte ein Teilnehmer nach der Wahl von Regionalkoordinatoren, dass diese nun Vernetzungsarbeit leisten sollen, von der die Partei «wenn möglich nichts mitbekommen» solle.

Nach unserer Berichterstattung beantragt der Bundesvorstand der AfD gegen drei Landesvorstände Parteiausschlussverfahren: gegen den Vize-Landeschef Stefan Bothe, den Vize-Landeschef Uwe Wappler und den damaligen Beisitzer Thorsten Althaus, der am Tag nach der Berichterstattung von seinem Amt zurücktrat. Bothe hatte öffentlich bestritten, den Flügel wiederaufleben lassen zu wollen, wird aber für sechs Monate für AfD-Ämter gesperrt. Statt der Ausschlussverfahren erhielten die Vorstandsmitglieder eine «offizielle Abmahnung», so teilt es uns der Landesverband im Sommer 2022 mit. «Die rechtlich anzweifelbare Beweislage hätte den Ausgang von Parteiausschlussverfahren wenig erfolgversprechend erscheinen lassen», heißt es.

Das Treffen fällt auch den Verfassungsschützern auf, die es als Zeichen werten, dass der Flügel weiter besteht. Im jährlich erscheinenden öffentlichen Bericht des Geheimdienstes und des Innenministeriums über verfassungsfeindliche Bestrebungen im Land heißt es für 2021 im schönsten Behördendeutsch:

«Hinreichend gewichtige tatsächliche Anhaltspunkte lassen auf Fortsetzungsaktivitäten von Anhängern des zum 30. April 2020 formal aufgelösten Personenzusammenschlusses ‹Der Flügel› (…) schließen».

Auch wenn die AfD dies offiziell immer wieder bestreitet: Das Netzwerk bleibt nach der Auflösung des Flügels also aktiv. Und dies nicht mehr in seinem abgezirkelten Flügel-Separée, sondern seine ideologischen Anhänger beanspruchen Einfluss auf die Geschicke der gesamten Partei. Die Rechtsradikalen werden sich immer größere Anteile der Macht nehmen. Und ganz besonders dort wird das ehemalige Flügel-Lager schon bald für die Parteimehrheit stehen, wo die Rechtsaußen-Kräfte ohnehin schon weitgehend die Landesverbände übernommen hatten: in den starken ostdeutschen Landesverbänden, insbesondere in Sachsen, Thüringen und Sachsen-Anhalt.

Dennoch geht das Kölner Verwaltungsgericht im März 2022 letztlich davon aus, dass der Flügel tatsächlich nicht mehr als fester Verbund existiert. Das Gericht entscheidet, dass der aufgelöste Flügel nicht mehr als «gesichert extremistische Bestrebung» beobachtet werden kann. Denn: Diese Stufe setze die «Existenz des Beobachtungsobjektes» voraus, teilt das Gericht mit. Der Verfassungsschutz beobachtet die Menschen, die den Flügel ausmachten, nun gemeinsam mit der gesamten AfD.

Von einer Einheit der Partei, die mit der Auflösung des Flügels angeblich hergestellt werden sollte, kann im Frühjahr 2020, im unmittelbaren Anschluss an die Auflösung, erst einmal keine Rede sein. Deshalb versucht die Meuthen-Gruppe nun, das Netzwerk und damit die besondere Stärke des Flügels zu schwächen. Die wichtigsten Zielpersonen, die sie in den Blick nehmen, sind Machtpolitiker. Und als Erster bietet sich Strippenzieher Andreas Kalbitz an. Lange war er für seine Gegner geradezu unantastbar. Das ändert sich jetzt. Einer unserer Informanten erklärt uns damals den vertraulichen Plan, der in Meuthens Gruppe heranreift: Kalbitz, der mächtige Mehrheitsbeschaffer des Flügels, soll die Partei verlassen. Sein Name soll als Erster von mehreren Rechtsradikalen und Rechtsextremen auf einer längeren Abschussliste stehen, die zwischenzeitlich einmal mehr als hundert Namen umfasst habe, erzählt uns ein Gruppenmitglied. Die Meuthen-Gruppe plant, ein sichtbares Signal an die Partei zu setzen, aber auch dem Verfassungsschutz zu bedeuten: Wir tun etwas gegen die Rechtsextremisten.

Die Personalie Kalbitz und dessen Zukunft in der Partei wird damals zum Symbol für die Positionen beider Lager, und das wird sich über Jahre hinweg so fortsetzen. Das siegreiche Lager geht mit der Gewissheit, sich durchgesetzt zu haben, in die nächsten Grabenkämpfe, etwa bei den Listenaufstellungen für die Bundestagswahl 2021. Die damalige Meuthen-Gruppe findet im Frühjahr 2020 einen Weg, der den Rauswurf von Kalbitz möglich macht, einen ungewöhnlichen und schnellen. Der Tag, der das Ende des Andreas Kalbitz in der AfD bedeutet, liegt viele Jahre in der Vergangenheit, im Frühjahr 2007. Kalbitz ist auf einem Video zu sehen; man sieht ihn da bei Eschede in einem Pfingstlager der inzwischen verbotenen rechtsextremen «Heimattreuen Deutschen Jugend». Kalbitz trägt fast Glatze und eine kurze Lederhose im Stil der Nachkriegsjahre; er läuft durch hohes Gras auf ein Zelt zu, dreht sich zur Seite und blickt an einer Kamera vorbei. Zwölf Jahre später werden die Aufnahmen publik. In den Medien gab es immer wieder Veröffentlichungen zu rechtsradikalen Episoden in Kalbitz' Biografie, aber lange blieb das für ihn ohne Folgen.

Die «Heimattreue Deutsche Jugend» steht auf der Unvereinbarkeitsliste der Partei, ein Ausschlusskriterium für eine AfD-Mitgliedschaft. Kalbitz hat eine Mitgliedschaft in der HDJ bei seinem Eintritt in die AfD nicht deklariert, er bestreitet bis heute, dort formal Mitglied gewesen zu sein. Der *Spiegel* veröffentlicht dann jedoch einen Auszug aus dem vertraulichen Gutachten des Verfassungsschutzes, mit dem dieser die Beobachtung des Flügels rechtfertigte. Darin wird eine Liste zitiert, die offenbar bei einer Hausdurchsuchung bei einem ehemaligen HDJ-Funktionär gefunden worden war, und die eine «Familie Andreas Kalbitz» mit einer vierstelligen Nummer versieht. Der Verfassungsschutz wertet dies als Mitgliedsnummer.

Die Liste ermöglicht der Meuthen-Gruppe, von März bis Mai 2020 über mehrere Etappen hinweg die entscheidende Attacke gegen Kalbitz zu reiten. Der Bundesvorstand bittet ihn zunächst um eine Stellungnahme zu seiner Biografie, über die immer neue Details herausgekommen sind. Diese umfasst fünf Seiten und wird uns kurz vor einer entscheidenden Sitzung des Bundesvorstandes Mitte Mai von einer Quelle aus der Partei zugespielt. Wir fahren dazu einmal quer durch Deutschland, so wertvoll scheint uns dieses Papier, denn unsere Quelle will sie keinesfalls verschicken, um nicht als Hinweisgeber identifiziert zu werden. Die Stellungnahme enthält mehrere entscheidende Punkte, die in der unmittelbar darauffolgenden Sitzung dazu führen werden, dass Kalbitz seine Parteimitgliedschaft verliert. Unter anderem räumt Kalbitz darin ein, dass sein Name auf einer Art «Interessenten- oder Kontaktliste» gestanden haben könnte und er dies sogar für möglich und wahrscheinlich halte, weil er zwei Veranstaltungen besucht habe. Kalbitz selbst schreibt in einer Art Resümee an seine Parteifreunde:

«Der Vorhalt, ich hätte den größten Teil meiner politischen Biografie im nationalkonservativen Spektrum zugebracht und hätte eine (im demokratischen Sinne) rechte Biografie, ist völlig zutreffend, samt einzelner als rechtsextrem auslegbarer oder so bewerteter Bezüge, die ich stets offen eingeräumt (...) habe».

Auch eine etwa einjährige Mitgliedschaft bei den Republikanern, die damals schon vom Verfassungsschutz beobachtet wurden, taucht in Kalbitz' Stellungnahme auf, aber an anderer Stelle fehlt sie offenbar genauso wie die mutmaßliche HDJ-Mitgliedschaft: in seiner Beitrittserklärung, in der er dies hätte angeben müssen.

Nachdem all diese Details durch unsere Berichterstattung öffentlich bekannt sind, erhöht sich im Bundesvorstand der Druck, Kalbitz wegen erkennbarer Verstöße gegen die Parteiordnung wirklich aus der AfD zu entfernen. Und, was selbst in der Parteispitze lange Zeit wenige für möglich gehalten hätten, passiert an einem Freitagnachmittag im Mai 2020 in einer Sitzung, zu der sich der Bundesvorstand trotz Corona-Lockdown in der Berliner Parteizentrale trifft. Man nutzt einen Trick, mit dem der Ausschluss per Federstreich gelingt: Weil er bei seinem Eintritt eine Mitgliedschaft in der HDJ und bei den Republikanern verschwiegen habe, wird Kalbitz' Mitgliedschaft einfach für nichtig erklärt. Er ist also nie rechtsgültig in die AfD eingetreten. Einer der Bundesvorstände am Tisch ist also von einer Sekunde auf die nächste nicht mehr Teil der AfD.

Viele im rechtsextremen Lager begreifen dies als parteiinterne Kriegserklärung. Kalbitz wird vor Gericht gegen seine ehemalige Partei klagen, wird in einem Eilentscheid einen Erfolg feiern, jedoch am Ende in mehreren Instanzen unterliegen. Verschwinden, wie es geplant war, wird er jedoch aus dem Umfeld der AfD nie; er wird zum Beispiel ein gefragter Redner für die AfD auf Wahlkampfveranstaltungen, auch im Bundestagswahlkampf 2021. Kalbitz kann zwar nicht mehr brandenburgischer Landeschef sein. Er bleibt aber als Parteiloser Teil der AfD-Fraktion im Brandenburger Landtag, weil sie das so will und eine besondere rechtliche Konstruktion dies erlaubt. Die Fraktion hatte mehrheitlich für Kalbitz' Verbleib gestimmt und dafür eigens ihre Geschäftsordnung geändert.

So wie Kalbitz bleibt faktisch auch ein weiterer Flügel-Promi an Bord, den der Landesverband Sachsen-Anhalt mit dem Wohlwollen der Meuthen-Gruppe im Bundesvorstand noch im August 2020 aus der Partei ausschließt, was das Bundesschiedsgericht im November 2020 bestätigt: der Bundestagsabgeordnete Frank Pasemann aus Sachsen-Anhalt, der heimliche Flügel-«Finanzminister». Auch Pasemann ist wie Kalbitz derart in seinem radikalen Lager verortet, dass er sich zwar formal hinauswerfen lässt, aber von seinen Getreuen zum AfD-Direktkandidaten für die Bundestagswahl 2021 im Wahlkreis 69 (Magdeburg und Umgebung) nominiert wird. Im April 2022 trat er, unterstützt von der AfD, als Oberbürgermeisterkandidat in Magdeburg an.

Tatsächlich behalten Pasemann und Kalbitz in ihren gewachsenen Netzwerkstrukturen Einfluss. Der Flügel verselbständigt sich, wird zu einem Untoten in der AfD. All dies notieren die BfV-Sachbearbeiter fleißig und packen es in ihre Sammelordner, in denen sich die Anhaltspunkte immer mehr verdichten, dass sich diese Partei in ihrer Gesamtheit trotz aller Versuche nicht mäßigt, sondern sogar noch radikalisiert. Dass die Meuthen-Gruppe innerhalb der Parteiführung Ernst zu machen versucht, können die Verfassungsschutzmitarbeiter zwar nicht ignorieren. Sie können jedoch bewerten, inwieweit das Meuthen-Lager jenseits des Vorstands im Verlauf der Jahre 2020 und 2021 noch die tatsächliche Mehrheit der Partei vertritt. Und dies, so werden wir es im Frühjahr 2021 in einer knappen Analyse der Juristen der Behörde lesen, ist aus Sicht des Amtes nicht mehr der Fall.

Meuthens letzter Machtkampf

Die Kölner Sachbearbeiter notieren auch eine andere einschneidende Episode, die in der AfD kurz vor dem Kalbitz-Rauswurf großen Ärger bringt und die langfristige Einheit des gemäßigteren Lagers schwächt. Jörg Meuthen gibt im Krisen-Frühjahr 2020, in dem der Verfassungsschutz den Flügel als verfassungsfeindlich stempelt und die Corona-Pandemie das Land befällt, dem rechtskonservativen Magazin *Tichys Einblick* ein Interview, das ausgerechnet am 1. April veröffentlicht wird, weshalb manche es darum zunächst für einen schlechten Aprilscherz halten. Meuthen regt darin an, dass seine Partei ergebnisoffen über ihre Teilung diskutieren sollte. Aufgrund der großen ideologischen Differenzen, so sein Vorschlag, könnte eine Spaltung der AfD in einen «freiheitlich-konservativen» und einen «sozialpatriotischen» Flügel ein Ausweg aus dem immerwährenden Machtkampf sein.

Seine ihm zugehörigen Ko-Vorstände informiert er vorab nicht. Diejenigen, die ihm im Kampf gegen die Rechtsradikalen folgten, sind überrascht; vielen geht das so zu weit. Die Einheit der Partei ist für die Parteispitze während all der Jahre immer erstrebenswert gewesen, weil beide Teile der AfD wissen, dass sie ihren gemeinsamen Erfolg nur einander zu verdanken haben, so sehr sie sich auch bekämpfen.

Er habe die Verärgerung seiner Truppe damals noch einmal einfangen können, so bilanziert es Meuthen Sommer 2022 im Gespräch mit uns. Dabei habe er damals nichts anderes gesagt als das, was alle wussten: dass es zwei Parteien in einer seien. «Ich habe einfach diesen Stein ins Wasser geworfen und die Welle war viel größer, als ich dachte und die hat mich ganz schön unter Wasser gezogen.»

Im Bundesvorstand wird Meuthen sogar dazu gezwungen, diesen Fehler offen und fürs Protokoll zuzugeben – für ihn eine peinliche Angelegenheit. Im rechtsextremen Lager führt der Druck, der von Meuthen ausgeht, in jedem Fall zum Gegendruck und wohl auch zu einer neuen Sammlungsbewegung.

Ende November 2020 trifft sich eine zutiefst zerstrittene AfD zu ihrem Bundesparteitag in Kalkar. Es ist ihr so wichtig, dass sie in der Veranstaltungshalle «Wunderland» persönlich zusammenkommt, obwohl die Corona-Zahlen rasant gestiegen sind und die Intensivstationen sich füllen. Dort, wo einst der «Schnelle Brüter» stand, der Atommeiler, der nie in Betrieb genommen wurde, kochen an diesem

Tag die Emotionen hoch. Wir verfolgen diesen Parteitag, wie die meisten unserer Kollegen, aus sicherem Abstand im Livestream. Schon am Morgen bekommen wir von Jörg Meuthen eine E-Mail, darin das Manuskript einer Rede, in der er alles auf eine Karte setzt. Er wendet sich an seine Partei und spricht direkt auch diejenigen an, die Worte wie «Corona-Diktatur» und «Ermächtigungsgesetz» im Munde führen. Neue Schlachtrufe, die aus der Querdenkerbewegung in die Partei und ihren Wortschatz eingesickert sind. Meuthen adressiert damit also, ohne Namen zu nennen, große Teile der AfD-Bundestagsfraktion und viele Rechtsaußen-Funktionäre aus den Ostverbänden. Dass die AfD den politischen Diskurs mit solchen sprachlich-radikalen Wortfiguren führt, will Meuthen nicht länger dulden.

«Das kann und darf so keinesfalls weitergehen! Entweder wir kriegen hier die Kurve, und zwar sehr entschlossen und sehr bald, oder wir werden als Partei in keineswegs ferner Zukunft ein grandioses Scheitern erleben. Ein Scheitern, auf das unsere Gegner sehnlichst warten und das wir ihnen nicht durch eigene Unzulänglichkeiten auch noch frei Haus liefern dürfen! (...) Und währenddessen verhalten sich bei uns einige unreife und dieser Verantwortung offenkundig nicht gewachsene Mitglieder bis hin zu hohen Mandats- und Amtsträgern wie trotzige Pubertierende mit Lust an billiger, zuweilen regelrecht flegelhafter Provokation, in der sie sich auch noch geradezu selbstverliebt gefallen.»

Wer gerne weiter «Revolution oder Politkasperle» spielen wolle, könne und sollte dies woanders tun, aber nicht in der AfD. Noch im Saal wird er von Vertretern der Parteirechten, die sich angesprochen fühlen, heftig angegriffen. Der Ehrenvorsitzende Alexander Gauland bezeichnet die Rede als «spalterisch». Einen spontanen Antrag, den Parteichef sogar unmittelbar formal zu rügen, kann Meuthen damals mit knapper Mehrheit abwenden.

Mit seiner Rede in Kalkar habe er etwas bewirkt. Er habe nämlich

die Entscheidung über eine Beobachtung durch den Verfassungsschutz vorübergehend aufgehalten, wird er uns später erzählen.
Doch er betont zugleich, «dass ich diese Rede keineswegs in irgendeiner Form – auch nicht indirekt – an den Adressaten VS gehalten
habe. Sondern es ging mir tatsächlich einzig darum, die Partei gehö-
rig wachzurütteln und ihr den nach meiner Überzeugung allein
richtigen Weg aufzuzeigen.»

Im Nachgang zu Kalkar habe er «über informelle Kanäle» erfahren, «dass ich mit dieser Rede im VS wohl große Unruhe ausgelöst
und die eigentlich fest geplante Beobachtung damit noch einmal
vorübergehend abgewendet habe. Ich betone, das erfuhr ich über
indirekte Quellen, ich hatte nie und habe bis heute selbst keinerlei
Kontakt zum BfV».

In einem internen Dokument des Inlandsgeheimdienstes lesen
wir im März 2021 eine andere Deutung zu Kalkar. Dort ist notiert,
dass die heftige Gegenwehr im Saal bereits gezeigt habe, dass Meuthen schon damals nicht unbedingt für die Mehrheit in der Partei
gesprochen habe. Und wir lesen auch, wie die Behörde dies bewertet: Die AfD befinde sich inzwischen in einem noch radikaleren
Zustand als zur Zeit der Flügel-Auflösung.

Nicht nur Meuthen verliert nach seiner Rede in Kalkar zunehmend an Macht, es ist auch der gemäßigtere Teil der Partei insgesamt, der von nun an beginnt, den Rechtsradikalen immer stärker
zu weichen. Und auch die Einigkeit innerhalb der Meuthen-Gruppe
im Bundesvorstand bekommt erste Risse, erzählt uns einer der
damals Beteiligten. Einige halten damals seine harschen Worte für
politisch unklug. Es sei die Zeit gewesen, in der ihm die Partei langsam entglitt, so bilanziert es Meuthen später selbst im Gespräch mit
uns. Aus seiner heutigen Sicht sei das «bürgerlich gemäßigte Lager
komplett erodiert».

Zu diesem Erosionsprozess trägt bei, dass sein Lager sein
Hauptziel verfehlt und sich immer deutlicher abzeichnet, dass die
schlimmstmögliche Wendung, die Verfassungsschutzbeobachtung,
eintreten wird. Wenige Monate nach dem Parteitag in Kalkar, Ende

Februar 2021, kommt das Bundesamt für Verfassungsschutz zu der inhaltlichen Einschätzung, dass die gesamte AfD nun ebenjener Verdachtsfall auf Rechtsextremismus sei, so lesen wir es in einem vertraulichen Papier.

Diese Einstufung behält die Behörde damals für sich und spricht nicht öffentlich darüber. In dem vertraulichen Dokument lesen wir die Gründe, die der Nachrichtendienst für die Hochstufung anführt: Seitenlang reihen sich rassistische Äußerungen von AfD-Funktionären als Belege für deren Missachtung der Menschenwürde aneinander. Ähnlich verhält es sich mit Äußerungen, die die damalige Corona-Politik der Regierung diffamieren. Vor allem aber, so argumentiert der Verfassungsschutz, habe sich der rechtsextreme Flügel nur zum Schein aufgelöst. Der Ex-Flügel präge die Partei, indem er über einen erheblichen personellen und ideologischen Einfluss verfüge, so die entscheidende Passage. Zugleich würden mächtige Funktionäre im Bundesvorstand eine friedliche Koexistenz mit dem rechtsextremen Lager anstreben, namentlich werden Alexander Gauland und Alice Weidel erwähnt. Der Rauswurf von Flügel-Mann Kalbitz sei vor allem von symbolischem Wert gewesen. Und mehr noch: Die wichtigen Anführer des formal aufgelösten, aber dennoch wirkmächtigen Flügels seien in der AfD inzwischen einflussreicher denn je. In der Corona-Zeit findet der Verfassungsschutz besonders viele Belege für verbale Grenzüberschreitungen.

Der Verfassungsschutz geht, als er den Flügel für rechtsextrem erklärt, im Frühjahr 2020 davon aus, dass dieser «7000 Mitglieder» habe, was damals etwa einem Viertel der Parteimitglieder entsprochen hätte. Die Behörde stützte sich bei ihrer Schätzung vor allem auf Aussagen von Parteifunktionären. Die Partei hat jedoch stets bestritten, dass der Flügel diese Mitgliederzahl gehabt habe. Sie klagte wegen der Zahl 7000 und führte diesen Kampf auch deshalb so vehement, weil die Parteispitze die Gefahr sah, dass ihr so in den Statistiken 7000 Rechtsextreme zugeordnet werden könnten.

Weil mehrere Medien damals über die verschiedenen, eigentlich streng vertraulichen Vorgänge innerhalb des Verfassungsschutzes berichten, erwirkt die AfD einen juristischen Erfolg und Aufschub. Das Gericht vermutet die Indiskretionen auf Seiten des Inlandsgeheimdienstes und teilt dies sogar öffentlich mit. Dies sei ein «unvertretbarer Eingriff in die Chancengleichheit der Parteien», heißt es in einem Beschluss; das Gericht entscheidet, dass die Partei ohne den Makel einer Beobachtung in die Bundestagswahl ziehen darf, ein Anrecht hat auf Gleichbehandlung.

Der Verfassungsschutz muss jetzt abwarten, bis das Verwaltungsgericht über verschiedene offene Eilanträge der Partei entscheidet. Und das wird bis März 2022 dauern. Im Kölner Kristallsaal, in dem dieses Kapitel begann, bekommt das Bundesamt für Verfassungsschutz dann in den meisten Punkten recht. Aufgrund des ethnisch-kulturellen Volksbegriffes der AfD, ihrer rassistischen Agitationen und den parteiintern immer stärker werdenden verfassungsfeindlichen Bestrebungen, so steht es unter anderem in dem Urteil, darf der Verfassungsschutz die AfD als Verdachtsfall einstufen, also beobachten.

Doch einen kleinen Erfolg hat die Partei. Sie gewinnt ihre Klage zur Größe des Flügels. Die Schätzung der Zahl sei nicht nachvollziehbar, so das Gericht, und der Nachrichtendienst habe formal fälschlicherweise von «Mitgliedern» gesprochen, ohne dies belegen zu können, statt von einem «Personenpotenzial», was wohl zulässig gewesen wäre. Für die Frage, wie radikal die Partei eigentlich ist, ist dieser Punktsieg aber damals schon gar nicht mehr relevant. Zu viele Rechtsextremisten haben Einfluss auf die Geschicke der Gesamtpartei. Und zu deutlich haben sich inzwischen die Machtverhältnisse in der AfD zugunsten des Rechtsaußenlagers verschoben. Das zeigen etwa die Wahlerfolge in den ostdeutschen Landesverbänden bei der Bundestagswahl, die stark von der Parteirechten dominiert sind.

Jörg Meuthens Ende als Parteichef nimmt schon vor der Kölner Entscheidung seinen Anfang. Im Frühjahr 2021, auf dem Bundesparteitag in Dresden, erkennt er, dass er immer größere Probleme hat, sich durchzusetzen. Björn Höcke sucht zum ersten Mal so richtig die große Parteitagsbühne und macht jetzt durch laute Auftritte in der Halle auf sich aufmerksam. Und Meuthen erleidet eine schwere inhaltliche Niederlage gegen die Radikalen in der Partei. Sie votieren dafür, den «Dexit» ins Wahlprogramm der Bundestagswahl aufzunehmen, also den Austritt Deutschlands aus der EU. Meuthen versucht, die Delegierten umzustimmen und scheitert.

Als Europapolitiker will Meuthen diese Position im EU-Parlament nicht vertreten, sagt er später. Und er sagt auch, dass er damals seine «Truppen», die einstmalige Zehner-Gruppe im Bundesvorstand, zerfallen sieht. Auch aus der Gruppe heraus gibt es Kritik an seinem Führungsstil: Manche haben den Eindruck, Meuthen habe ausgekeilt, wenn er sich in die Enge getrieben gefühlt habe, und sich zum Teil treiben lassen. Er habe zu Hauruck-Aktionen geneigt, sei mit Themen rausgegangen, bevor sie innerhalb der Gruppe ausrecherchiert gewesen seien und zu handfesten politischen Argumenten hätten werden können.

Einige sollen angesichts der sich verschiebenden Machtverhältnisse nun persönliche Konsequenzen gefürchtet haben. Für sie geht es um Listenplätze für die Kandidatur zur bevorstehenden Bundestagswahl. Für viele der bekannteren AfDler ist ihre politische Karriere inzwischen existentiell und geht ihnen über jede inhaltliche Positionierung der Partei. Denn je radikaler die AfD nach außen hin erscheint, umso mehr sind all jene, die mit der Partei durch ihre Namen und Gesichter verknüpft sind, von ihren Parteikarrieren abhängig geworden. Für viele gibt es aus beruflicher Sicht kaum mehr eine Alternative zur Alternative, deshalb halten sie länger an der Partei fest, als man es aus ihren überaus selbstkritischen Äußerungen hinter vorgehaltener Hand schließen würde. Meuthen sagt, dass er das zu spüren bekommen habe. Er sei irgendwann weitgehend allein gewesen, ohne seine ehemaligen Truppen. Im Herbst 2021, direkt nach der Bundestagswahl, kündigt er an, nicht wieder als Bundessprecher der AfD zu kandidieren. Wohl auch, weil er weiß, dass eine Mehrheit für ihn inzwischen unwahrscheinlich, wenn nicht ausgeschlossen ist. Meuthens politische Linie gegen die Parteirechte wird immer unsichtbarer. Der Bundesvorstand löst sogar die Arbeitsgruppe Verfassungsschutz auf, deren Ziel es war, eine Beobachtung abzuwenden.

Innerhalb und außerhalb der Partei erwarten zu diesem Zeitpunkt viele bereits, dass Meuthen hinwirft. Zu entfremdet und zu enttäuscht scheint er von der eigenen Partei zu sein. Daraus macht er in Gesprächen mit uns keinen Hehl. Sein Mandat im EU-Parlament wolle er in jedem Fall behalten, kündigt er schon früh an. An einem Montag Ende Januar telefonieren wir, und er bietet uns ein Treffen in Berlin an, gemeinsam mit unserem Kollegen Martin Schmidt aus dem Hauptstadtstudio der ARD. Er werde zurück- und austreten, und er sei bereit, uns dies in einem exklusiven Interview zu verkünden, so Meuthen wenige Tage vor dem 28. Januar, den er dafür ausgewählt hat. Es ist ein Freitag, der in Berlin oft eher nachrichtenarm ist. Ein Tag, an dem man es leichter hat als an anderen, in die Nachrichtensendungen durchzudringen.

In dem Interview geht er mit der Partei hart ins Gericht, bescheinigt ihr «totalitäre Züge» und greift einzelne seiner Parteikollegen, etwa Höcke, frontal an. Es ist aber dennoch ein Gespräch, das typisch ist für einen Berufspolitiker, der er inzwischen geworden ist. Im Moment des absoluten Machtverlustes sprechen Politiker eigentlich befreit. Aber Jörg Meuthen hätte sich nicht so lange an der Spitze der AfD gehalten, wenn er nicht ein Meister darin wäre, seine Aussagen abzuschwächen und zu relativieren – nämlich dann, wenn es um seinen eigenen Anteil am Zustand der AfD geht, die er sechseinhalb Jahre lang geführt hat. Ein eigenes Verschulden daran, dass der Flügel so mächtig werden konnte, will er an jenem Tag nicht sehen. Jedoch wagt er es selbst in diesem Moment nicht, einzelne Widersacher außer Höcke persönlich öffentlich anzugreifen; zu Alice Weidel etwa möchte er nicht dezidiert etwas sagen und windet sich. Und so erleben wir auch an jenem Tag einen Jörg Meuthen, der uns, sobald die Kameras aus sind, in noch viel deutlicheren Worten schildert, wie verdorben und gefährlich seine Partei sei. Der offizielle Ton klingt dann so: Teile der Partei stünden nicht auf dem Boden der freiheitlich-demokratischen Grundordnung. Björn Höcke etwa benutze «nationalsozialistische Anleihen». Mit seinem moderateren Kurs sei er nicht mehr durchgedrungen. Ist dies das späte Eingeständnis eines Gescheiterten? Eines Parteichefs, der den Rechtsradikalen in der Partei so lange viele Räume offen gelassen hat?

Wenige Stunden nach dem Interview sind wir noch einmal mit ihm verabredet. Wir treffen ihn in einem italienischen Restaurant in Berlin-Mitte, unweit des Reichstages, direkt hinter der britischen Botschaft. Fünf Minuten zuvor haben wir die Eilmeldung über seinen Parteiaustritt und das Exklusiv-Interview veröffentlicht, und hier hatte er einige seiner letzten verbliebenen Unterstützer aus dem Parteivorstand kurz zum Lunch getroffen, um sie persönlich über seinen Austritt in Kenntnis zu setzen. Meuthens Fahrer, sein vielleicht engster Wegbegleiter, ist mit seinem und dem Austrittsschreiben seiner Frau Natalia unterwegs zur Bundesgeschäftsstelle, vielleicht zwei Kilometer entfernt, wo Meuthens bisherige Kollegen versammelt sind. Die Nachricht von Meuthens Abschied trifft sie dann doch unvorbereitet, und die Bundesvorstände lassen die Langfassung unseres Interviews, die wir ins Internet gestellt haben, zu Beginn der Sitzung an die Wand projizieren.

Meuthen bekommt davon nichts mit, er gehört nicht mehr dazu. Er wollte einen großen Knall, und jetzt sitzt er als einziger Gast in einem Allerwelts-Restaurant mit roten Kunstledersitzen an einem langen Tisch in leblosem Ambiente. Er ist allein, begleitet nur von seinem Büroleiter aus dem Europaparlament, ohne Security, ohne den Fahrer. Unentwegt klingelt sein Handy, Journalisten wollen ein Statement. Er geht nicht ran, wird sie später erst zurückrufen. Er wirkt wie von einer Last erlöst.

Das haben wir als Journalisten schon ein paarmal in der Vergangenheit erlebt, bei anderen Politikern, auch unabhängig von der AfD: Wenn die Macht verschwindet, entspannen sich die Gesichtszüge; selbst Wochen danach ist der Unterschied oft noch erkennbar. Wir fragen Meuthen, während sein Handy unablässig surrt, ob er meine, er könne das Stigma, lange Jahre Parteichef einer zumindest in Teilen rechtsextremen Partei gewesen zu sein, irgendwann loswerden, und wenn nein: Wie er damit nun leben könne und müsse?

«Ich stehe dazu, das ist meine Vergangenheit. Ich bin mit einem Idealismus in die AfD eingetreten.» Dieser habe ihn über die ersten Jahre auch getragen. Und als es gekippt sei, sei er immer nachdenklicher geworden und hätte Konsequenzen gezogen. «Und nun mögen die Leute überlegen, ob sie an dieser Stigmatisierung festhalten wollen.»

Welche AfD er hinterlassen habe, welche Mitverantwortung er selber daran trage, dass dieses Land nun eine so starke rechte bis rechtsextreme Partei habe – solche Eingeständnisse suchten wir am Tag seines AfD-Austritts bei Meuthen vergeblich. Als sie in den Kommentarspalten und Einschätzungen zahlreicher Journalistinnen und Journalisten genannt wurden, reagierte er damals dünnhäutig. Er habe doch alles auf eine Karte gesetzt, argumentiert er gegen den Vorwurf, dass unter seiner Führung die Partei immer weiter in Richtung Rechtsextremismus gerutscht sei. «Und ich habe meine Konsequenz gezogen, als die Karte nicht stach.»

Rechtsrutsch #3: Showdown in Riesa

Als Journalisten müssen wir immer genau abwägen, wie groß die Bühne ist, die wir Menschen für ihre Geschichten und Informationen geben. Dies gilt für Protagonisten einer Partei wie der AfD, die mindestens in Teilen jenseits der freiheitlich-demokratischen Grundordnung steht und das System bekämpfen, wenn nicht gar stürzen will, ganz besonders. Der Austritt von Jörg Meuthen, dessen Gründe und Erklärungen dafür, rechtfertigen aus unserer Sicht diese Bühne. Denn dieser Schritt sagt nicht nur etwas über die Person Meuthen, sondern über die Zukunft der gesamten Partei aus. Die Möglichkeit, diese Entscheidung journalistisch einordnen und bewerten zu können, speist sich dabei nicht nur aus dem Ereignis an sich.

Jörg Meuthens vorübergehender Sieg über die Rechtsradikalen um die Flügel-Chefs Björn Höcke und Andreas Kalbitz hat sich am Ende als sein persönlicher Pyrrhussieg erwiesen. Es war ein Sieg, dem die Niederlage bereits innewohnte. Mit seinem Fortgang erlebt die AfD den dritten und bislang letzten Rechtsrutsch ihrer Geschichte. Wobei die Bezeichnung des Rechtsrutsches im Kern eine Frage der Perspektive ist. Viel treffender ist es wohl, den Standpunkt so zu wählen: In der AfD gibt es schon immer auch Rechtsextreme. Doch in vielen Machtkämpfen sind die Rechtsradikalen auch deshalb stärker geworden, weil die jeweils gemäßigtere Seite verloren hat und nicht nur ihre gescheiterten Spitzenfunktionäre, sondern auch deren Anhänger die Partei verlassen haben. Nach und nach hat sich so das Mischungsverhältnis verändert. Und das Rechtsaußenlager nimmt sich, seit es den Flügel nicht mehr gibt, nun die ganze Partei vor, will «über den Flügel hinaus» die gesamte AfD dominieren, wie es Höcke am Tag der formalen Auflösung im Interview bereits prognostiziert hatte. Jörg Meuthen wird uns später sagen: «Wer da jetzt noch sich halten will, der muss mit den Rechtsextremen gemeinsame Sache machen.» Eine Analyse, die wir einerseits teilen, an die sich für uns jedoch die Frage anschließt, seit wann diese in der AfD eigentlich Gültigkeit gehabt haben müsste?

Nachdem Meuthen geht, steht sein ehemaliges Lager gebeutelt und orientierungslos da. Und er selbst bietet ihnen augenscheinlich auch keinen Weg an. Er kündigt zwar an, in der Politik bleiben zu wollen, setzt sich aber nicht mehr an die Spitze einer neuen Bewegung; er sucht in erster Linie nach einer Möglichkeit, womöglich ein weiteres Mal ins Europaparlament einziehen zu können. Meuthen tritt der ultrakonservativen «Deutschen Zentrumspartei» bei – der formal ältesten deutschen Partei, als politisches Sammelbecken des organisierten Katholizismus eine ideologische Vorläuferin der CDU. Doch sie ist ein Schatten ihrer glorreichen Vergangenheit, eine Kleinpartei mit ein paar Hundert Mitgliedern, die darum ringen muss, bei Landtagswahlen überhaupt die nötigen Unterschriften einzuwerben, damit sie antreten kann. Anfang 2022 hatte sich ihr bereits der bisherige AfD-Bundestagsabgeordnete Uwe Witt angeschlossen. Als Meuthen dann im Sommer in die Bundespressekonferenz einlädt, um seinen Parteieintritt zu verkünden, schlagen die Wellen längst nicht mehr so hoch wie noch bei seinem Austritt.

Nur wenige Wochen nach seinem Beitritt gibt es schon Ärger in der neuen Partei. Als diese zur Niedersachsen-Wahl an den notwendigen Stimmen für die Zulassung scheitert, macht sie den Meuthen-Beitritt dafür verantwortlich.

Sein ehemaliger Parteikollege, der Bundestagsabgeordnete Uwe Witt, verlässt die Zentrumspartei deshalb wieder. Noch viel schneller als bei den anderen ehemaligen Parteichefs geht es für Meuthen in seiner Alternative zur Alternative bergab.

Beim Bundesparteitag in Riesa, auf dem eine neue Parteispitze gewählt wird, arbeiten sich jedoch auf der Bühne und an den Saalmikrofonen die Redner an Meuthen ab. Ein Nachfolger oder eine Nachfolgerin bei den Gemäßigteren hat sich in den Monaten seit seinem Austritt nicht gefunden. Sein Name steht deshalb immer für die Gegenseite, die auf diesem Parteitag nur noch marginal zu sehen ist, für die letzten Vertreter des gemäßigteren Lagers.

Auch Alice Weidel tritt noch mal nach, denn zwischen ihr und Meuthen herrschte schon lange ein Verhältnis, das von gegenseitigem Misstrauen, Feindseligkeit und Spott geprägt war. Einen teuren Konferenzraum für seine Pressekonferenz anzumieten, das hätte sich Meuthen doch sparen können, sagte Weidel in ihrer Bewerbungsrede um seine Nachfolge, und sie fügte spitz hinzu: Für seinen Übertritt zur katholischen Zentrumspartei hätte «ein Beichtstuhl auf einem Friedhof» vollkommen ausgereicht. Der Saal jubelt ihr, die Pointen klug zu setzen weiß, zu.

Doch die persönlichen Differenzen spielen in Riesa nur eine Nebenrolle. Denn alle im Saal – Delegierte, Journalisten und Parteiführung – fragen sich, wie radikal genau die neue Spitze am Ende des Parteitages sein wird. Bundessprecher werden tatsächlich Tino Chrupalla und Alice Weidel – zwei prominente Gesichter der AfD, deren Mehrheiten schon lange auch im rechtsradikalen Parteiflügel liegen.

Nachdem sich die Traube um die frisch gewählte Alice Weidel gelöst hat, beginnt die eigentlich spannende Wahl; es geht um die übrigen Plätze im insgesamt vierzehnköpfigen Bundesvorstand. Deren Besetzung bestimmt letztlich, welchen Kurs die Partei in den kommenden zwei Jahren nehmen wird. Eine Politik gegen den Gesamtvorstand durchzusetzen, das gelingt auch den Chefs in der AfD nicht. Meuthens Weg etwa war nur so lange erfolgreich, bis seine Zehnergruppe zerfiel. Aus dessen ehemaligem Lager wird am Ende dieser Wahlen in Riesa mit Schatzmeister Carsten Hütter nur noch einer im neuen Bundesvorstand vertreten sein. Die richtungsweisende Mehrheit haben nun die Parteirechten. Im neuen «BuVo», wie das Gremium in der Partei genannt wird, haben sich die Machtverhältnisse ins Gegenteil verkehrt.

Für diesen Rechtsrutsch in der Parteispitze spricht auch der Umstand, dass gleich mehrere radikale Äußerungen oder Auftritte der neuen Parteivorstände in den vertraulichen Gutachten und Materialsammlungen des Bundesamtes für Verfassungsschutz zitiert werden. Die Behörde bezieht sich dabei auf öffentlich zugängliche Informationen und nutzt sie auch als Belege, um die AfD als Verdachtsfall auf Rechtsextremismus zu rechtfertigen. Den Beamten war aufgefallen, dass der Bundestagsabgeordnete Harald Weyel, nun neu gewählter stellvertretender Bundesschatzmeister, in der Vergangenheit auf Vortragsveranstaltungen des rechtsextremen Instituts für Staatspolitik referierte und dessen Vorsitzenden als Mitarbeiter seines Bundestagsbüros beschäftigte. Der neue Beisitzer im Bundesvorstand, Marc Jongen, ist demnach mehrmals auf Tagungen des Instituts für Staatspolitik als Redner aufgetreten. Zudem zitiert die Behörde in den Papieren auch konkrete Äußerungen Jongens, der die Partei als kulturpolitischer Sprecher im Bundestag vertritt; darunter diesen Post aus dem Jahr 2016 von dessen Facebook-Account:

«Nur durch einen weitgehenden Austausch der ‹Eliten› ist unser schwer geschundenes Deutschland noch zu retten!»

Auch Äußerungen anderer neuer Bundesvorstände sammelt der Verfassungsschutz als Belege für die Radikalität der Partei. Der Bundestagsabgeordnete Martin Reichardt etwa habe mal die Grünen diffamiert, indem er die Klimadebatte als eine Neuauflage der «Grünen-Pädophiliebewegung» beschrieben habe.

«Die Grünen haben schon in den 80er-Jahren Sex mit Kindern legalisieren wollen, und jetzt strecken sich ihre schmierigen Finger wieder in unsere Kindergärten und Schulen aus.»

Den neuen Beisitzer im Bundesvorstand, den Europaabgeordneten Maximilian Krah, registriert der Verfassungsschutz im Oktober 2019, als dieser im sächsischen Pirna gemeinsam mit dem Chefredakteur des rechtsextremen Magazins *Compact*, Jürgen Elsässer, bei einer Veranstaltung mit dem Titel: «COMPACT Live: Höcke und die Zukunft der AfD» diskutiert. Eine weitere Beisitzerin im neuen Bundesvorstand wird die ehemalige Landesobfrau des rechtsextremen Flügels in Baden-Württemberg, Christina Baum. In den Gutachten des Verfassungsschutzes, die wir im Laufe der Jahre zugespielt bekommen, wird sie häufig zitiert. Auf Facebook etwa hetzt sie 2021 gegen Migranten:

«Deutschland darf nicht zum Fremdland werden! +++ Asylmoratorium jetzt! +++ Jede einzelne Aufnahme weiterer kulturfremder Menschen in Deutschland bedeutet einen weiteren Schritt zum kulturellen Selbstmord unserer Nation.»

Für die Behörde ist dies eine Äußerung, die geeignet sei, Ablehnung, Angst und Hass gegen jeden einzelnen Migranten hervorzurufen.

Mit ihrem neuen Bundesvorstand steht die AfD im Sommer 2022 so weit rechts wie nie zuvor in ihrer zehnjährigen Geschichte. Grenzen, rote Linien nach Rechtsaußen hatten in der Vergangenheit mehrere Parteichefs der AfD versucht aufzuerlegen, mal aus Sorge vor einer Beobachtung durch den Verfassungsschutz, mal aus strategischen Gründen, um regierungsfähig zu werden. Sie waren daran stets gescheitert. In Riesa definiert der Kopf des rechtsextremen Parteiflügels diese Linien nun einfach selbst. Höcke äußert einen entscheidenden Satz darüber, wonach er die politische Linie der AfD künftig auszurichten gedenkt. «Wir bestimmen qua eigener Kraft, wer extremistisch ist.» Das sagt ausgerechnet der Mann, über den wenige Wochen zuvor Verfassungsschutzpräsident Haldenwang äußerte: «Björn Höcke ist der Rechtsextremist», mit Betonung auf dem «der».

Das Bundesamt und die Landesämter für Verfassungsschutz durften dank des Kölner Urteils aus dem März 2022 auf dem Parteitag in Riesa erstmals ganz genau hinsehen und hinhören. Und sie durften danach neue Erkenntnisse und Beobachtungen in ihren Sammelmappen abspeichern. Und so nimmt der Verfassungsschutz wahr, wie das Kölner Urteil die AfD offenbar unbeeindruckt ließ. Wenige Wochen nach dem Parteitag offenbart das Bundesamt für Verfassungsschutz, wie es die Vorstandswahlen und den Weg, den die AfD in Riesa eingeschlagen hat, bewertet. Die extremistischen Strömungen in der Partei hätten an Einfluss und Bedeutung sogar hinzugewonnen, teilt uns das Amt auf Anfrage mit. Im neuen Bundesvorstand fände sich kein dezidierter Kritiker des formal aufgelösten rechtsextremistischen Verdachtsfalls «Flügel» mehr. «Es ist deshalb derzeit nicht zu erwarten, dass aus diesem Führungsgremium heraus noch offen oder gar offensiv gegen die rechtsextremistische ‹Flügel›-Führungsfigur Björn Höcke und dessen Unterstützerumfeld Stellung bezogen wird.»

Schlussfolgerungen muss der Verfassungsschutz daraus aber gar nicht sofort ziehen, die Beamten können in aller Ruhe weiter beobachten, wie sich die Machtlinien in der Partei entwickeln. Sie haben jetzt qua Gesetz nämlich fünf Jahre lang Zeit dafür. Erst dann müssen sie beurteilen, ob aus dem Verdachtsfall ein Fall von erwiesenem

Rechtsextremismus wird – oder ob es der AfD entgegen aller Wahrscheinlichkeit doch gelungen sein sollte, sich selbst zu zähmen. Wenn nicht, bekäme die AfD den Stempel der Verfassungsfeindlichkeit.

Ganz gleich wie weit die AfD auch nach Rechtsaußen driftet, die Anzahl ihrer Mitglieder ist seit ihren Anfangsjahren in etwa konstant geblieben. Hatte sie zu ihren Hochzeiten einmal rund 35 000 Mitglieder, sind es am 1. Juli 2022 nurmehr 28 900 – vor allem, weil 5000 Karteileichen seit 2020 aussortiert wurden. Nach Jörg Meuthens Austritt und nach dem richtungsentscheidenden Parteitag in Riesa hat die AfD jeweils nur 100 Mitglieder verloren, wenn man Austritte und Eintritte in Relation setzt, so erfahren wir es von einem Bundesvorstandsmitglied. Die Mitglieder seien eben weitgehend schmerzbefreit, glaubt er, der selbst trotz der neuen Rechtsaußen-Parteiführung in der AfD bleibt.

Insgesamt aber schärfen Austritte von gemäßigteren Kräften, für die das Projekt AfD nun Geschichte ist, und Eintritte von solchen, die der Rechtsaußen-Kurs offenbar anzieht, das rechtsradikale Profil der AfD. In Kreis- und Kommunalverbänden verlassen Funktionäre die Partei, wie im Emsland oder in Mönchengladbach, vornehmlich also im Westen des Landes. Auch Landtagsabgeordnete kehren der AfD den Rücken. «Diese Partei ist keine Alternative, sie ist der Abgrund für Deutschland», so ist es in einem Austrittsschreiben des niedersächsischen Landtagsabgeordneten Christopher Emden zu lesen, das öffentlich wird; die AfD sei ein «Sammelbecken für Versager, Gangster und Minderbemittelte».

Als der Rechtsextremist Björn Höcke auf dem Parteitag in Riesa ans Rednerpult trat und einen Vorstand forderte, der sich auf den politischen Gegner fokussiert, beschrieb er gleich noch eine Linie der AfD: «Die DNA der Partei muss der Erfolg sein, nicht die Doppelspitze.» Einem neuen Führungsduo und dessen Wirkmacht versuchte er, damit schnell Grenzen aufzuzeigen; einer neuen Spitze, die ohnehin nicht so mächtig ist, wie eine stabile Parteispitze es bedurft hätte. Alice Weidel wurde mit fast 70 Prozent zwar noch von einer Mehrheit der Delegierten getragen. Tino Chrupalla jedoch wurde nur äußerst knapp gewählt, mit gerade einmal 53 Prozent. Beide bilden eine gleichberechtigte Doppelspitze. Aber führen sie auch die Partei? Dies ist nach dem Parteitag fraglich. Beide Bundessprecher stehen seit langem immer wieder in der innerparteilichen Kritik. Folgt man den vielen Posts aus der internen Chatgruppe der Bundestagsfraktion, entzündet sich diese vor allem an Führungsschwäche; eine Kritik, die beide trifft. Der Unmut gegenüber Chrupalla hatte sich zuletzt wegen seiner prorussischen Äußerungen während des Ukrainekrieges verschärft. Kritik, die sie mitunter barsch zurückweisen und die sie vielleicht nur dann wirklich abschütteln könnten, wenn sie die AfD zu Erfolgen führen würde.

Solche Erfolge erwarten sowohl der neue Vorstand als auch der rechtsradikale Parteiflügel von den neuen Vorsitzenden. Und auch die gemäßigteren Teile der Partei, die vornehmlich im Westen des Landes zu finden sind, erwarten, dass Weidel und Chrupalla den Prozess des Bedeutungsverlusts im Westen stoppen – denn dort lebt immer noch die große Mehrheit der Mitglieder, und dort sind eben auch die Mehrheiten bundesweit zu gewinnen.

Es gleicht der Quadratur des Kreises, alle Wünsche zu bedienen: im Westen ein gemäßigteres Gesicht zu zeigen, im Osten ein rechtsradikales Profil einer Protestpartei zu bedienen, das ihnen dort weiter Wahlergebnisse über 20 Prozent beschert. So schwer miteinander zu versöhnen waren die Erwartungen noch nie – und so weit voneinander entfernt waren die inhaltlichen Vorstellungen in den Lagern auch noch nie. Die Parteispitze steht also vor einer Aufgabe, die vielleicht nur dann gelingen kann, wenn die AfD sich ein weiteres Mal inhaltlich neu erfindet, eine Krise zum Thema machen kann und dem Druck der Straße eine Stimme gibt. Seit dem Parteitag in Riesa steht eine solche Zukunft der AfD aber mehr denn je unter Beobachtung des Verfassungsschutzes – unter dem Verdacht, das System, in dem wir leben, fundamental zu gefährden.

Kapitel 4
Millionen für ein rechtes Deutschland

Ein deutscher Tarnverein hat eine enorm teure Kampagne zugunsten der AfD gesponsert – die Gönner sind unbekannt. Wer sind diese Hinterleute? Unterwegs auf der Spur der Scheine. Und zu einer Spinne im Netz.

Die Zürcher Bahnhofstraße ist gerade einmal 1400 Meter lang. Und doch birgt sie wohl mehr Geheimnisse als die meisten Straßen der Welt, wenn es um Geld geht. Denn ganz anders als in vielen Metropolen ist diese Meile zwischen Hauptbahnhof und Zürichsee nicht von Spielhöllen, schäbigen Stundenhotels oder Prostituierten geprägt, die ihre Vergnügungen feilböten. Es ist im Gegenteil eine Welt der edlen Aktenkoffer und Anzüge, der handgenähten Lederschuhe und Pelzkragen. Eine der exklusivsten Einkaufsstraßen überhaupt, eine Welt, in der Luxus neben Understatement wohnt und in der dennoch das Unsichtbare die eigentliche Hauptrolle spielt. Die Zürcher Bahnhofstraße ist flankiert von edlen Boutiquen und Schmuckläden, führt an Bankfilialen vorbei, die sich nach etwa einem Kilometer am Paradeplatz konzentrieren, an den gepflegten Fassaden hundert Jahre alter Häuser, und Hotels wie dem «Baur au Lac» ums Eck am Schanzengraben. Schilder aus Messing und Plexiglas tragen die Namenszüge der bedeutendsten Schweizerischen Banken, jener Horte der Diskretion, für die man diese Straße schätzt. Vor allem jene Klientel, die in Zürich und in der Schweiz ganz besonders eines sucht: absolute Verschwiegenheit. Hier geht es um unsichtbare Geldflüsse. Auch solche zugunsten der AfD.

Zwei Jahre, bevor wir über das Pflaster der Bahnhofstraße spazieren und all die Schilder und Schriftzüge nach passenden Spuren absuchen, haben wir zum ersten Mal von sehr viel heimlichem Geld für die AfD gehört. Von Geld, das ein ominöser Unterstützerverein «zur Erhaltung der Rechtsstaatlichkeit und bürgerlichen Freiheiten» zugunsten von Werbekampagnen für die Partei bereitgestellt haben soll. Es geht um Millionensummen, so hören wir 2016, mit denen unbekannte Vermögende die AfD in die Parlamente hineinbringen wollen. Und jeder in Deutschland kann auf den Straßen sehen, wie sich das äußert: Fotos von Frauen in Burka, dazu der Slogan «Islamisierung stoppen» sind da großflächig an großen Straßen, in Unterführungen oder an Bushaltestellen plakatiert. «Das will die Regierung Merkel: Schluss mit dem Bargeld. Wer das nicht will, wählt AfD», heißt es auf einem anderen. Und ein drittes Motiv zeigt ein kleines Mädchen, das Luftballons in der Hand hält und vor Betonpollern steht. Dazu die manipulative Frage: «Wollen wir so leben? Besser AfD wählen».

Als wir und viele andere Journalisten erstmals im Landtagswahlkampf in Rheinland-Pfalz Anfang 2016 von solchen Plakaten hören, irritiert uns, dass niemand weiß, wer dahintersteckt. Die AfD behauptet damals, sie wisse selbst nicht, wer da genau und mit welchem Geld so laut die Werbetrommel für sie rührt. Wir finden das sonderbar. Und als sich diese Präsenz in den folgenden Monaten in weiteren Landtagswahlkämpfen fortsetzt und dazu noch in Millionenauflagen sogenannte «Extrablätter», Gratiszeitungen, in den Briefkästen der Wähler landen, beginnen wir, diesen Fragen systematisch nachzugehen. Wer hat das alles organisiert, wer gibt für die AfD so viel Geld aus? Und warum heimlich?

Bald melden sich angebliche Insider. Was sie erzählen, klingt interessant, aber doch sehr unkonkret. Es gehe um sehr vermögende Gönner, schon hochbetagt. Sie wollten die politische Unruhe nutzen, die nach der Ankunft von fast 900 000 Geflüchteten seit dem Herbst 2015 in Deutschland entstanden sei. Sie seien gegen Migration, gegen die Asylpolitik Angela Merkels und manche von ihnen verfolgten rassistische, islamophobe Ideen. Es gehe um schwerreiche, marktradikale Netzwerke und Logen, die ihren Einfluss geltend machen wollten. Und es gehe auch um Multimillionäre und Milliardäre, die es gewohnt seien, Parteien und Politiker aus dem konservativen und liberalen Spektrum nach ihren Interessen mit Geld auszustatten. Menschen, für die ein paar Millionen Euro zur politischen Landschaftspflege Kleingeld seien. Erzkonservative, die das Abendland vor dem Untergang wähnten, und die in der AfD nun die letzte Chance in einer langen Reihe gescheiterter rechter Parteiprojekte sähen. Ihr Ziel sei es, die Politik der vergangenen Jahre zu «korrigieren» und die Republik nach rechts zu rücken. Einige von diesen vagen Beschreibungen werden wir später, als wir uns Namen nähern, als zutreffend ansehen.

Namen will uns niemand dieser angeblich gut informierten Quellen zu Beginn unserer Recherche nennen – zunächst. Bis zur Bundestagswahl 2017 werden die Gönner des Unterstützervereins nach Berechnungen der Organisation Lobbycontrol mindestens sechs Millionen Euro in die Hand nehmen, um ihre Botschaften zu platzieren.

Eine der großen Fragen, die wir uns stellen: Warum machen diese Gönner aus ihrer Unterstützung ein solches Geheimnis, um die Spur der Scheine zu verschleiern? Damals ahnen wir nicht, wie verschlungen die Pfade wirklich sein werden. Denn das Geld der Reichen strömt oft durch Tausende Gefäße, Unternehmen, Stiftungen, Vereine, manchmal nimmt es abseitige Wege durch Steueroasen, bevor es am Ende am Ort seiner Bestimmung landet. Wir werden dem Weg des Geldes folgen.

Nebelkerzen vom Zürichsee

Politische Macht entsteht in der repräsentativen Demokratie durch Wählerstimmen. Um für die Wählerinnen und Wähler sichtbar zu werden, bedarf es entsprechender Mittel. Für uns ist das der Grund, ganz genau hinzuschauen, wenn plötzlich so viel Geld in den politischen Wettbewerb eintritt, dessen Quelle niemand kennt. Denn wenn teure Kampagnen gekauft werden, an der Parteikasse vorbei, dann drängt sich der Verdacht auf, dass die politische Willensbildung manipuliert werden soll – und die Fairness im politischen Wettbewerb auf der Strecke bleibt. Unabhängig von der konkreten Kampagne zugunsten der AfD lässt sich dieser Trend weltweit wahrnehmen. Mit Geld, so haben es vor allem Wahlkämpfe in den

USA gezeigt, lässt sich inzwischen vieles erreichen, das früher nicht denkbar erschien. Die technischen Möglichkeiten, unsichtbar Einfluss auf den Wählerwillen zu nehmen, sind im Zuge der Digitalisierung immens gewachsen. Mithilfe künstlicher Intelligenz und Algorithmen, die personenbezogene Daten der Einzelnen analysieren und damit ihre spezifischen Vorlieben ins Visier nehmen, werden Menschen gezielt umgarnt und kaum wahrnehmbar beeinflusst: sogenanntes Microtargeting. Es sind technische Möglichkeiten, die internationale Konzerne für viel Geld und mit absoluter Diskretion anbieten. Sie könnten für jede Partei von unschätzbarem Wert sein, besonders für eine Partei, die so stark durch die sozialen Medien gewachsen ist, weil sie genau zu Beginn dieses Booms gegründet wurde. 2013 hatte sich Facebook in Deutschland gerade enorm ausgebreitet und war zum Massenmedium geworden. Erstaunlich ist, dass die anonymen Gönner in den analogen Wahlkampf investieren. Und zwar derart erhebliche Geldsummen, dass sie die offiziellen Kampagnen der Partei mitunter sogar überstrahlen. Selbst in Nachrichtensendungen werden die Vereins-Plakate manchmal als vermeintliche AfD-Plakate gezeigt, eine vielsagende Verwechslung. Auf den Plakaten war «AfD wählen» zu lesen, und auch thematisch wirkten sie wie echte Plakate der Partei, obwohl das Parteilogo fehlte.

Schon als wir die Recherche beginnen, geht es für uns aus all diesen Gründen um den wohl größten Parteispendenskandal Deutschlands seit der CDU-Spendenaffäre. Heute, wie damals auch, führt uns und unsere Journalistenkollegen der rote Faden der Recherche immer wieder in das Land, in dem man mit solcherlei Fragen diskret umgeht. In die Schweiz. In Zürich in der Bahnhofstraße ist Schweigen tatsächlich Gold.

Schon früh haben wir den Tipp bekommen, uns auf der Suche nach diesen heimlichen Gönnern vor allem in der Schweiz umzuschauen. Denn dorthin haben viele deutsche Großindustrielle schon vor Jahren ihre Vermögen und ihren offiziellen Lebensmittelpunkt verlegt. Sie wollen Steuern sparen. Das ist aber wohl nicht der einzige Grund, der die Schweiz zum Sehnsuchtsort der konservativen Superreichen werden ließ. Sie ziehen mit ihrem Geld zugleich auch in eine andere Gesellschaft um, in der andere Werte gelten. Rechtspopulisten von der Schweizerischen Volkspartei (SVP) haben dort viele politische Ziele erfolgreich vorangetrieben, die Liberalkonservative für Deutschland nur ersehnen können. Die SVP zählt zu den etablierten Parteien im politischen System der Schweiz. Ihre Politikerinnen und Politiker werden nicht wie ihre deutschen Kollegen von der AfD als Schmuddelkinder angesehen. Die Schweiz zeigt sich als Puppenstübchen des rechten Konservatismus – und in ihr lebt eine Gesellschaft, in der der Mainstream anders tickt als in Deutschland, eine, die Fremdes eher außen vor halten als integrieren will.

Hunderte Telefonate und Treffen mit Informanten vergehen, bis wir im Mai 2018 tatsächlich auf der Züricher Bahnhofstraße landen. Unser Spaziergang beginnt unweit des Zürcher Sees am Hotel «Baur au Lac» mit seinem Gründerzeitstuck und den livrierten Pagen im Entrée und endet an einem geheimen Briefkasten im Hausflur eines der unscheinbarsten Bürohäuser der Milliarden-Meile. An einer Adresse, die uns auch später noch sehr beschäftigen wird. Auf dem Briefkasten der Hausnummer 106, der eigentlich einer Anwaltskanzlei gehört, findet sich ein besonderer Name. Er wird im Laufe dieser Recherche erst als vager Verdacht, dann mit immer mehr Klarheit zur Spinne im Netz der mutmaßlich illegalen Millionenspenden. Ein Name mit sechs Großbuchstaben: GOAL AG.

Die GOAL AG ist eigentlich keine Geheimorganisation, sondern für das Gegenteil zuständig, für Öffentlichkeitsarbeit. Sie bietet ihre Dienste als Werbeagentur an. Rechtspopulistische Parteien in Österreich, den Niederlanden, der Schweiz haben schon von ihren teils umstrittenen Kampagnen profitiert. Und damals, so zeigen es unsere Recherchen und die einiger Kollegen, arbeitet sie offenbar auch im Auftrag des intransparenten Unterstützervereins, der für die AfD die teuren Plakatkampagnen in Deutschland organisiert. Dass wir nun vor dem Bürohaus in Zürich stehen, in dem die

Agentur einen nur Insidern bekannten Treffpunkt hat, verdanken wir einer Kollegin, die uns den Tipp gegeben hat. Denn eigentlich ist diese Adresse im Zusammenhang mit der GOAL AG völlig unbekannt. Sie findet sich in keinem Firmenregister und natürlich auch nicht auf der Agentur-Homepage. Ihr eigentlicher Sitz ist etwa 40 Kilometer entfernt in Andelfingen nahe der deutschen Grenze, im Privathaus des Agenturchefs. Wozu braucht die GOAL AG eine versteckte zweite Adresse in so einer teuren Lage mitten in Zürich?

Diese Heimlichkeit passt zumindest zum Vorgehen der anonymen Gönner, für die die GOAL AG die AfD-Kampagne gestaltet. Und nicht nur die Heimlichkeiten um die Agentur stehen dafür, wie in dieser Spendenaffäre Spuren verwischt und Nebelkerzen gezündet werden. Um dafür ein perfektes Konstrukt zu schaffen, haben sich einige Menschen offenbar viele Gedanken gemacht. Sie haben ein Schlupfloch gefunden, den Tarnverein, der die AfD unterstützt. Im September 2016 wird er offiziell in Stuttgart ins Vereinsregister eingetragen – in derselben Weise wie ein Kaninchenzüchter- oder Sportverein. Eine unserer Quellen, die allesamt anonym bleiben wollen, erzählt uns, wie es angeblich funktioniert: Man habe mehrere der besten Wirtschaftskanzleien Deutschlands überprüfen lassen, dass sich über einen in Deutschland eingetragenen Verein, der keine Einnahmen und Ausgaben veröffentlichen muss, ganz legal Werbung zugunsten einer Partei betreiben lässt. Denn jeder Bürger und auch jeder Verein darf öffentlich dazu aufrufen, eine Partei zu wählen. Es gibt Wahlwerbung in Deutschland, in der prominente Personen etwa in einem Interview sagen, wen sie wählen und warum. Es gibt Zeitschriften, die eine klare Wahlempfehlung an ihre Leser herausgeben. Und es gibt nun den AfD-Unterstützerverein, der eine millionenschwere Werbekampagne mit der Botschaft fährt, am besten die AfD zu wählen. Dies gelingt zunächst, ohne das deutsche Recht zu verletzen, ohne der Partei direkt Geld zu spenden und ohne die Identität der Geldgeber offenlegen zu müssen.

Im deutschen Parteienrecht gibt es Regeln für Wahlwerbung, die weit dehnbar sind, wie die Konstruktion des AfD-Unterstützervereins zeigt. Wer nicht der Partei selbst spendet, sondern eine sogenannte «Parallelkampagne» lanciert, kann zwar keine Spendenquittung bei der Steuer einreichen. Er taucht aber namentlich auch nicht im Rechenschaftsbericht der Parteien auf, den der Bundestag jährlich veröffentlicht. In diesem Bericht müssen Einnahmen und Zuwendungen ab einer Höhe von 10 000,01 Euro mit Namen der Spender offengelegt werden, für jedermann im Internet abrufbar. Spendet jemand mehr als 50 000 Euro, müssen dem Bundestag von den Parteien Name und Einzelspende sogar unmittelbar gemeldet und dann veröffentlicht werden. Und Zuwendungen von Menschen und Firmen aus dem Nicht-EU-Ausland, die 1000 Euro übersteigen, sind laut Parteienrecht gar nicht erst zulässig – ein Punkt, der später bei einer Zuwendung zugunsten des Wahlkampfs von Alice Weidel noch wichtig werden wird. Dies alles soll verhindern, dass Parteipolitik käuflich wird. Es geht dabei um die Unabhängigkeit deutscher Parteipolitik, um Schutz vor unzulässiger Einflussnahme, vor Korruption – und um Transparenz. Die Öffentlichkeit soll Zusammenhänge zwischen Parteispenden und Abstimmungsverhalten im Bundestag überprüfen können. Doch das Beispiel des Tarnvereins zeigt, dass sich diese Regelungen mit ein paar Tricks leicht umgehen lassen. Je länger wir zu dem AfD-Unterstützerverein recherchieren, umso klarer erkennen wir: Das deutsche Parteiengesetz ist löchrig wie ein Schweizer Käse.

Als wir unsere Spurensuche nach den Hinterleuten der Millionenkampagne 2016 beginnen, liegt die Gründung der AfD erst drei Jahre zurück. Wir versuchen also, den Weg des Geldes immer weiter in die Anfangszeit der AfD zurückzuverfolgen. Denn schnell hat sich uns die Frage aufgedrängt, ob erzkonservative Superreiche schon die Gründung der Partei tatkräftig unterstützt haben, die so rasend schnell erfolgreich war. Allerdings hatte sie in den ersten Jahren das Problem, Spender zu finden, die der neuen rechten Partei sichtbar Unterstützung zukommen lassen wollten. Zwischenzeitlich war die AfD immer mal wieder klamm. Die Parteiführung ergriff deshalb in der Vergangenheit auch ungewöhnliche und teils fragwürdige Initiativen, um das Geld der AfD zu mehren. Unter ihrem Vorsitzenden Bernd Lucke verkaufte sie in den ersten Jahren Goldmünzen und Goldbarren, um die eigenen Umsätze zu steigern, denn höhere Umsätze werden von der staatlichen Parteienfinanzierung belohnt. Mit dem Goldverkauf sollte mehr Geld in die Kassen fließen.

Wenige Monate nach ihrer Gründung hatte die Partei nur geringe Einnahmen über die Mitgliedsbeiträge hinaus. Dann gewährte Hans-Olaf Henkel, der ehemalige Präsident des Bundesverbandes der Deutschen Industrie und bis zu seinem Austritt 2015 einer der führenden Funktionäre der AfD, der eigenen Partei einen Kredit über etwa eine Million Euro. So hielt er sie nicht nur am Leben, sondern ermöglichte ihr auch einen erfolgreichen Europawahlkampf.

Offizielle Großspender halten sich im Vergleich zu anderen Parteien von der AfD bis heute eher fern. Die wenigen größeren Spenden der vergangenen Jahre übersteigen selten einmal die 50 000-Euro-Schwelle, in der Regel liegen sie weit darunter. Es sind eher Kleinspenden, die das offizielle Vermögen der AfD im Laufe der Jahre wachsen ließen, sagen uns Menschen, die die Interna der AfD-Finanzen gut kennen. Aus diesem Grund dürfte die Kampagne von der Seitenlinie der AfD durchaus genützt haben, auch wenn die AfD das immer wieder bestritten hat.

Mit jedem neuen Namen, der uns als möglicher heimlicher Finanzier dieses Tarnvereins genannt wird, entstehen für uns neue Verbindungen und Plausibilitäten. Wir gehen ihnen nach. Wir erhalten in den kommenden Monaten ein widersprüchliches Bild. Zu wenig Handfestes, um es zu veröffentlichen, aber genug, um als Reporter nicht loslassen zu können. In unserem Büro beginnen wir damit, große Schaubilder zu zeichnen, Namen von möglichen Finanziers, von marktradikalen Logen und Wirtschafts-Netzwerken, Vereinen, Stiftungen, Helfershelfern und Politikern. Immer wieder überkleben wir Namen, übermalen Pfeile, zeichnen neu. Und jeder, der reinkommt, sieht das. Auch in anderen Redaktionen haben sich Teams zusammengetan, um dieselben oder ähnliche Verbindungen zu durchleuchten.

Der naheliegende Weg führt nach Stuttgart, in eine Industriestraße im Ortsteil Degerloch, zur offiziellen Vereinsanschrift. Werden hier die Plakate entworfen und die Zeitungen erstellt, die inzwischen unter dem Namen «Deutschland-Kurier» erscheinen? Nichts deutet darauf hin. Denn hier müssen wir selbst den Vereinsnamen mühsam auf einem Briefkasten mit Dutzenden Aufklebern suchen – er ist sogar falsch geschrieben. Kein Wunder, denn der Name ist sperrig: Er lautet «Verein zur Erhaltung der Rechtsstaatlichkeit und bürgerlichen Freiheiten».

Der Briefkasten gehört einem Businesscenter. Das ist ein beliebtes Modell auch für Firmen, die eine Anschrift nur aus rechtlichen Gründen brauchen, aber keiner wirklichen Tätigkeit nachgehen. Es wird sich später herausstellen, dass den Verein außer dessen Vorsitzendem offenbar noch nicht einmal echte Ehrenamtler mit Leben erfüllt haben. Zunächst ist uns das aber nicht klar. Öffentlich sichtbar ist, dass an der Spitze ein junger Mann namens David Bendels steht, der verkündet, eine Art konservativen Thinktank leiten zu wollen. Bendels ist aber wohl nur ein Aushängeschild. Geboren in Duisburg, mit Anfang 20 nach Franken gezogen, verehrt er die CSU-Ikone Franz Josef Strauß. In der Partei macht er sich zunächst einen Namen, dann ab 2014 unbeliebt: als von der Presse sogenannter «CSU-Rebell», als Mitbegründer einer Basisbewegung extrem konservativer CSUler, die sich «Konservativer Aufbruch» nennt. Die Partei erkennt diese Gruppierung offiziell nicht an und bekämpft sie letztlich. Der «Konservative Aufbruch» wird eines der Saatkörner, aus dem kurz darauf die sogenannte «WerteUnion» wächst, ein selbsternannter Stachel im Fleisch der Union, der aber nie eine relevante Größe in den Unionsparteien erreicht. Indessen verkündet die «WerteUnion» bis heute vor allem AfD-ähnliche Positionen, obwohl die Gruppierung sich lange offiziell von der AfD distanziert. David Bendels, der Wert darauf legt, sich englisch als «Dävid» ansprechen zu lassen, eckt auf seinem Weg nach rechts in der CSU immer öfter an. Kurze Zeit ist er im fränkischen Wahlkreisbüro der Strauß-Tochter und Europaabgeordneten Monika Hohlmeier angestellt, wo er zu deren Missfallen einen Strauß-Schrein auf seinem Schreibtisch errichtet, wie sie uns berichtet. Die Anstellung endet 2014 im Streit. Als Bendels geht, verschwindet auch seine Personalmappe samt Lebenslauf, was man sich dort bis heute nicht erklären kann. Nachdem er als Talkshowgast bei «Maischberger» im Namen der CSU Parolen verbreitet, die so nicht mit der Parteilinie zu verbinden sind, und zudem ankündigt, an einer AfD-Veranstaltung teilnehmen zu wollen, beschäftigt sich die Parteizentrale in München mit ihm. Er kommt, so hören wir, seinem eigenen Rausschmiss zuvor und tritt im Juni 2016 aus. Wenige Monate später soll er von einem Gremium der heimlichen AfD-Gönner an die Spitze des AfD-Spendervereins befördert worden sein, so sagt er es uns später, mit dem er sich auch abstimmen müsse. Mehr Details will er uns jedoch nicht verraten. Als Vorsitzender des Vereins wird er im September 2016 auch ins Vereinsregister in Stuttgart eingetragen. Im Juli 2017 wird er Chefredakteur und Inhaber des von diesem Verein herausgegebenen rechtspopulistischen Magazins «Deutschland-Kurier», das seit Anfang 2019 nur noch online erscheint. Er wird fortan als sichtbare Marionette auftreten und auf Fragen stets dieselben einstudiert wirkenden Antworten geben. Dazu gehört, dass er und sein Verein parteipolitisch unabhängig seien und die AfD derzeit für ihn die einzig wählbare konservative Partei. Es sind Worthülsen, die Bendels seit dem Jahr 2016 im Repertoir hat und nur leicht variiert, wenn man ihm konkrete Fragen schickt.

Eine weitere Erzählung, die er verbreitet, werden wir später als dreiste Lüge enttarnen. Er behauptet, dass hinter dem Verein nicht Millionäre steckten, sondern etwa 14 000 Unterstützer, die Kleinspenden zusammenbrächten, um ihre AfD nach vorn zu bringen. Anfang 2020 bekommen wir im Zuge unserer Recherchen Einblick in ein – inzwischen gelöschtes – Konto des Vereins bei einer kleinen Volksbank in Franken. Dort bestand es, während der Verein angeblich in mehreren Landtagswahlkämpfen Plakate aufhängen ließ und Gratiszeitungen druckte, also Ausgaben in Millionenhöhe hatte. Der Blick auf das Konto und die Zahlen bestätigen unsere jahrelange

Vermutung: Hier wurden damals keine Millionen eingesammelt, obwohl auf der Homepage des Vereins monatelang mit einem Klick über PayPal Geld an genau dieses Konto gespendet werden konnte. Doch auf dem Konto lagerte nie mehr als ein vierstelliges Euro-Guthaben, bringen wir 2021 gemeinsam mit zwei Kollegen der *ZEIT* in Erfahrung. Die angeblichen Kleinspender, deren abgekürzte Namen sogar auf der Vereins-Internetseite publiziert waren, haben offenbar gar kein Geld gespendet, wie behauptet worden war. Die Zahlungen für die Pro-AfD-Kampagnen in mehreren Wahlkämpfen wurden auch nicht über dieses Vereinskonto abgewickelt. Es hat den Anschein, dass der Verein nicht mehr als Tarnung war – und dass das Geld, das im Namen des Vereins ausgegeben wurde, ganz andere Wege nahm – am Verein und seinem offiziellen Konto vorbei. Es ist ein Verein, der offenbar nur dazu dient, einen formalen Urheber der Unterstützerkampagne bereitzustellen und auf die Plakate und ins Impressum der Zeitungen zu drucken, um die Werbung als rechtlich zulässige Parallelkampagne zu tarnen. Ganz anders, als es Vereinslobbyist Bendels, mit einer großen Portion Selbst- und Sendungsbewusstsein ausgestattet, stets vorgegaukelt hatte, spricht das, was wir über die Kontostände in Erfahrung bringen konnten, für sich.

Bendels indes bleibt bei seiner Version. Nach unserer Berichterstattung über diese neuen Erkenntnisse bestreitet er all das am Telefon. Recherchen mehrerer Medien zeigten schon kurz, nachdem die ersten Plakatkampagnen geschaltet waren, dass an dem Verein überhaupt vieles Fake zu sein scheint. Durch einen Medienbericht wurde bekannt, dass die Post des Vereins von dem Businesscenter in Stuttgart-Degerloch aus in die Schweiz geschickt wird – direkt an die GOAL AG. Und deshalb staunen wir nicht schlecht, als wir in der Bahnhofstraße in Zürich den zweiten, geheimen Briefkasten genau dieser GOAL AG finden.

Deshalb widmen wir uns der Werbeagentur noch einmal intensiver. In der europäischen rechtspopulistischen Propaganda-Maschinerie hat sie eine gewisse Prominenz. Unter dem langjährigen Schweizer Nationalrat und Unternehmer Christoph Blocher, der

der SVP erst zu ihrer rechtspopulistischen Kraft und ihrem Wähler-potenzial verholfen hatte, war die GOAL AG 1979 erstmals für die SVP im Einsatz. Sie hat später auch international gearbeitet und etwa dabei geholfen, die belgische rechte Partei Vlaams Belange größer zu machen, und unterstützte mit Werbemaßnahmen die rechtspopulistische FPÖ in Österreich. Sie erfand 2010 die umstrittene und doppeldeutige Schäfchen-Kampagne der SVP, die für eine «Ausschaffung» der schwarzen Schafe, also pro Abschiebung «krimineller Ausländer» plädierte, sowie die Volksinitiative der SVP. Neben Marketing für rechte Politik soll die Schweizer Werbeagentur aber auch bei diskreten Geldtransfers einschlägige Erfahrungen gesammelt haben, berichteten vor allem Schweizer Zeitungen.

Ein Jahr vor Gründung der AfD, also 2012, deckte die *NZZ am Sonntag* auf, dass die GOAL AG schon einmal in eine Parteispenden-affäre verstrickt war. Jahre zuvor sollen über eine Stiftung in Zug und über ein Anwaltsbüro in Zürich diskret immer wieder viele Millionen zugunsten der SVP geflossen sein, so war es in der *NZZ* zu lesen, die sich unter anderem auf eine interne Liste der SVP berief, wonach die GOAL AG im Jahr 2007 270 000 Franken in bar erhalten haben soll. Wer die anonymen Spender damals waren, ist bis heute ein Geheimnis. Solche Transaktionen haben in der Schweiz keine strafrechtlichen Folgen, anonyme Parteispenden sind dort legal. Es blieb aber ein moralischer Skandal, und Schweizer Medien prangerten dies deshalb an. Die GOAL AG soll in der SVP-Kampagne offenbar mehrmals große Summen Bargeld angenommen haben, um damit Werbung zu produzieren. War dies die Blaupause für die AfD-Kampagne? Und haben sich dieselben Köpfe, die in der Lage waren, Millionen zugunsten der SVP zu verschleiern, auch geheime Unterstützungswege für die AfD ausgedacht?

Dass die Agentur offenbar mehr macht, als nur Plakate und Zeitungslayouts zu entwerfen, haben Kollegen des *Spiegel* schon im Spätsommer 2016 enthüllt. Sie finden heraus, dass die GOAL AG mit den damaligen Aktionen des ominösen AfD-Unterstützervereins zu tun hatte, die damals etwa ein halbes Jahr lang laufen.

Es ist Anfang September und leicht bewölkt in Berlin, als die «Spree-Comtess», ein Veranstaltungsdampfer, auf einem der Seitenarme der Spree ablegt. An Bord befinden sich 180 Gäste und Vertreter des dubiosen Vereins. Auch der ehemalige tschechische Staatspräsident Vaclav Klaus ist unter den Besuchern. Er hält eine Rede, während sich die Passagiere an Kanapees mit geräuchertem Lachs und Blauem Spätburgunder laben. So zeigen es die Charterunterlagen, Rechnungen und Mailabsprachen zu dem Abend, die wir vier Jahre später einsehen können. Die Unterlagen offenbaren aber noch ein entscheidendes Detail. Die Anfrage an die Chartergesellschaft kam zwar zunächst von dem Verein, der sich abgekürzt «Recht und Freiheit» nennt, so steht es in einer Mail. Die weitere Organisation und den weiteren Mailverlauf übernahm dann aber die GOAL AG.

Auch die Rechnung der Reederei über 6295 Euro beglich nicht der Verein, sondern die Werbeagentur. Als Ansprechpartner ist in den Unterlagen eine Schweizer Telefonnummer angegeben und ein «Herr Segert». Alexander Segert ist Geschäftsführer der GOAL AG. Er ist deutscher Staatsbürger, 1963 gebürtig und aufgewachsen in Hamburg, seit Mitte der 1980er-Jahre wohnhaft in der Schweiz. Er lebt gleich hinter der Grenze zu Deutschland nahe dem Rheinfall, im Zürcher Weinland. Segert steht der SVP nicht nur als Werber nahe. Seine Lebenspartnerin, Alexia Heine, ist Bundesrichterin in Bellinzona und Lokalpolitikerin der SVP.

Alexander Segert hat eine schillernde Vergangenheit. Schon als Student ging er Mitte der 1980er-Jahre in die Schweiz – weil er Deutschland als verschlafen, die Schweiz als prosperierend empfunden habe, wie das Schweizer Magazin *Republik* aus einem der seltenen Gespräche mit dem Werber berichtet. Uns hat Alexander Segert, trotz vielfacher Versuche, Bitten um Gespräche bisher stets ausgeschlagen. Er fällt vor allem im Zusammenhang mit einer rechten, dezidiert anti-linken Psychosekte namens VPM auf, eines «Vereins zur Förderung der psychologischen Menschenkenntnis», der sich gegen den angeblich allgemeinen Werteverfall und etwa gegen Drogenmissbrauch und Aids als Erscheinungen dieses Verfalls auflehnte. Dem *Republik*-Magazin sagte Segert, dass er bereits als Jugendlicher mit dem VPM im Kontakt gewesen sei, von diesem Lerntechniken mit auf den Weg bekommen habe. «Ohne diese Leute hätte ich das Abitur nicht bestanden.» Während seines Studiums sei er Mitglied gewesen und hätte beim Austritt die Hälfte seiner Jahresvereinsbeiträge erstattet bekommen. Er habe sich aber nicht in deren Fängen befunden und habe die als autoritär geltende Vereinigung nie als Psychosekte empfunden. Er distanziere sich nicht davon, es gehöre zu seinem Leben.

Von der Schweiz aus hatte der VPM in den 1980er-Jahren ein informelles Partnernetz auch nach Deutschland aufgebaut. Zwischen dem VPM und der Schweizer Volkspartei (SVP), Segerts späterem Auftraggeber, gab es personelle Verbindungen. Um die 2000er-Jahre ist der VPM dann weitgehend von der Bildfläche verschwunden. Segert wird Lokalpolitiker für die SVP, gibt Seminare für die Schweizer Rechtspopulisten und für Journalisten und kümmert sich eine Zeitlang um deren Wahlwerbung. Über seine Arbeit wird er einmal sagen: «Ich gebe der Angst eine Stimme.» In dem bereits benannten Interview beschreibt er sein Credo so: Ein Plakat müsse man in zwei Sekunden verstehen, sonst sei es wertlos. Eine Ausstellungsmacherin, die in dem Artikel zitiert wird, spricht von visueller Vergewaltigung. Und die Motive der SVP-Plakate transportierten regelmäßig ein menschenverachtendes Weltbild. Böse Eindringlinge, gute Schweiz. Schwarze Stiefel, die über die Schweiz trampeln, ein Minarett, das die Schweizer Landkarte durchbohrt.

Segert ist, dafür sprechen unsere Recherchen, von Anfang an in die millionenschwere Parallel-Kampagne für die AfD eingebunden. Schon den ersten Repräsentanten der losen Vorgänger-Vereinigung des Tarnvereins, einen bayerischen Werber und AfD-Funktionär namens Josef Konrad, soll Segert persönlich für den Posten rekrutiert haben. So räumt es zumindest Konrad Jahre später in einem Gespräch mit uns ein. Und so soll es auch bei einem Redaktionsmitarbeiter der Gratis-Vereinszeitung «Deutschland-Kurier» abgelaufen sein, der anonym bleiben will. Segert ist es wiederum, der Ende 2019 in Berlin einen AfD-Mitarbeiter aus dem Bundestag anspricht, ob er nicht Lust hätte, operativer Chef des «Deutschland-Kuriers» zu werden, was jener ablehnt und uns anschließend empört berichtet. Und es sind wiederum Segert und seine Agentur, die aufstrebende Funktionäre der AfD offenbar persönlich ansprechen. Talente, denen man gedenkt, unter die Arme zu greifen. Segert, Segert, immer wieder Segert.

Was uns bei all der medialen Aufmerksamkeit verwundert, die wir und andere dieser fragwürdigen AfD-Werbung widmen, ist der Umgang, den die AfD mit all dem praktiziert. Er ist zunächst von einer geradezu demonstrativen, naiven Unschuld geprägt. David Bendels ist nämlich lange Zeit alles andere als geächtet in AfD-Kreisen. Er tritt in Bierzelten auf und hält Volksreden, bei einer Parteiveranstaltung in Sindelfingen sitzt Alice Weidel neben ihm auf dem Podium, und er macht mit ihr Selfies. Im hessischen Büdingen sitzt er 2017 mit Alexander Gauland und der damaligen Spitzenkandidatin für den dortigen Bundestagswahlkampf zum Auftakt der offiziellen AfD-Kampagne am Ehrentisch. Er sieht so aus, als gefalle er sich darin, ganz nah dran zu sein an den AfD-Funktionären.

Auch seine Produkte schaffen es, ganz nah dran zu sein am AfD-Geschehen. Ausgaben seines Werbeblattes «Deutschland-Kurier» liegen beim Bundesparteitag in Augsburg 2018 auf einem großen Stapel am Einlass aus. Und Bendels veranstaltet, zusammen mit dem neurechten «Studienzentrum Weikersheim», einmal sogar eine große Podiumsdiskussion auf Burg Lichtenberg in der Pfalz, unter anderem mit vielen AfD-Promis und Stars der Konservativen und Rechten wie Karl-Albrecht Schachtschneider oder Thilo Sarrazin. Wieder ist Alice Weidel dabei, später stellt sie den Mitorganisator des Events, Weikersheim-Geschäftsführer Daniel Tapp, als ihren Büroleiter ein; er ist seitdem einer ihrer engsten Vertrauten. Der künftige Europaabgeordnete Maximilian Krah aus Sachsen hält eine Rede, gespickt mit Anspielungen auf den nationalistischen Schriftsteller Ernst Jünger.

Bendels besucht manche Funktionäre auch zu Hause, so auch den späteren Bundestagsabgeordneten aus Bayern, Hansjörg Müller, dem parteiweit gute Verbindungen nach Moskau nachgesagt werden. Er soll Bendels und dem Verein helfen, Kontakte nach Moskau zu knüpfen, um diese dann gemeinsam aufzusuchen. So geht es auch aus Schriftverkehr hervor, den Müller uns zeigt. Bendels verfasst ein Schreiben, das der AfD-Politiker an seine russischen Kontakte weiterleitet.

«Der Verein möchte dazu beitragen, dass sich die politischen und gesellschaftlichen Beziehungen zwischen unseren beiden Ländern und Völkern zum Positiven entwickeln. In diesem Zusammenhang würde ich mich sehr freuen, Sie im Zeitraum Februar / März 2017 in Moskau aufsuchen zu können, um einen Dialog zu beginnen»,

schreibt Bendels in dem Brief. Er werde gemeinsam mit Müller anreisen, der den Kontakt hergestellt habe, schreibt Bendels am 15. Dezember 2016. Ein späteres Schreiben vom 11. Mai 2017 adressiert er sehr vage mit «Sehr geehrte Damen und Herren der verantwortlichen Organe der russischen Föderation». Er beteuert, nach wie vor großes Interesse an dem Kontakt zu haben, um «die deutsch-russischen Beziehungen (...) gemeinsam auf ein höheres Niveau zu bringen», sagt aber einen offenbar für die Woche darauf geplanten Termin in Moskau ab. Die Begründung macht uns überaus neugierig:

«Zum Gespräch wollte ursprünglich einer unserer wichtigen Sponsoren mitkommen, der nächste Woche aus unvorhersehbaren Gründen leider verhindert ist»,

schreibt Bendels. Ihre Vorstellungen solle die russische Seite einstweilen dem AfD-Politiker vortragen, der dennoch zum Termin erscheinen werde, um eine spätere gemeinsame Reise vorzubereiten. Müller, der von Bendels daraufhin wissen will, wer dieser ominöse Sponsor sei, wartet vergeblich auf eine Antwort. Er habe auch im Namen der russischen Seite nachhaken sollen, erzählt Müller. Er sei verärgert gewesen und habe ihn daraufhin in Freilassing besucht. Als Müller ihn nochmals löchert, wer der ominöse Millionär sei, bekam er keine Antwort, dafür aber ein attraktives Angebot: Bendels bot ihm, nachdem er einen guten Listenplatz für die Bundestagswahl erhalten hatte, Wahlkampfunterstützung an. Eigene Plakate und Aufsteller, an Kreisverkehren oder Bushaltestellen. Müller sagt, dass er abgelehnt habe, auch aufgrund seiner russischen Erfahrungen mit Korruption. «Nachdem ich abgelehnt habe, hat er sich nie wieder gemeldet», sagt Müller. Bendels ließ dazu eine Anfrage unbeantwortet.

Auch andere Abgeordnete, die mit Bendels in Kontakt stehen, kommen bei der Frage nach den Geldgebern nicht weiter. Einer erzählt uns von einem seiner ganz persönlichen Treffen mit dem Vereinschef in Berlin, es sei reichlich Alkohol geflossen. Er habe Bendels dann nach dem gemeinsamen Gelage mit dem Bundestagsfahrdienst ins Hotel transportiert. Wer Bendels finanziere, das habe ihm dieser aber weder in nüchternem noch betrunkenem Zustand erzählt.

Und dann wären da noch jene AfD-Politiker, die sogar als Kolumnisten für den «Deutschland-Kurier» schreiben. Für jene Gratiszeitung also, die zunächst unter dem Namen «Extrablatt» nur unmittelbar in Wahlkämpfen erschienen war, später als gedruckte, regelmäßige Publikation. Heute ist sie eine reine Internet-Postille, eine Art Boulevardzeitung von rechtsaußen nach Stil des amerikanischen Kanals *Breitbart*, die sogar einen ehemaligen *Bild*-Chefreporter zu ihren Machern zählt. Herausgegeben wurde sie zunächst vom Verein selbst, inzwischen von einer Conservare Communication GmbH in Hamburg, deren Geschäftsführer und alleiniger Gesellschafter wiederum David Bendels ist. Zu den AfD-Kolumnisten mit wenigen Berührungsängsten zählen mehrere Bundestagsabgeordnete wie der Außenpolitiker Petr Bystron («Bystrons Blattschuss»), Stefan Keuter oder die Vorsitzende der parteinahen Stiftung der

AfD, Erika Steinbach. Maximilian Krah aus dem Europaparlament schreibt die Kolumne «Hier kräht der Krah». «Migranten Massenschlägerei im Freibad», «Asylzahlen explodieren» «Lauterbach gehört die Zulassung als Arzt entzogen» und AfD, AfD, AfD – das ist in etwa die Mischung, die sich auf der Seite des «Deutschland-Kurier» findet.

Die Widersprüche dieser AfD-Werbemaschine sind frappierend: Es gibt also einen Verein, der nur Tarnung ist und der angibt, unabhängig Wahlempfehlungen für die AfD auszusprechen. Dafür setzt er aber auch auf die Unterstützung von AfD-Funktionären. Und es gibt eine sehr deutlich erkennbare Geldspur zu einer Werbeagentur in der Schweiz, die im Auftrag dieses Vereins vielfältig tätig ist. Sie ist versiert, mit dem Geld unklarer Herkunft viel Wind in Form von einfachen, knallharten rechtspopulistischen Botschaften zu erzeugen.

Der Umweg, den nun auch die heimlichen AfD-Gönner gewählt haben, geht also vereinfacht so: Mit Strohleuten und einer Vorzeigefigur wurde ein deutscher Verein gegründet, der gesetzlich nicht verpflichtet ist, Informationen zu seinen Finanzen und Spendern offenzulegen. Und er darf sogenannte «Parallelkampagnen» lancieren – Werbeaktionen für die AfD, Plakatkampagnen, Internetwerbung, Gratiszeitungen etwa. Der Verein liefert das deutsche Impressum und die Legende des großen konservativen Unterstützerkreises – den Rest erledigt offenbar die Werbeagentur.

Das ist legal, doch es gibt eine Auflage. Erlaubt ist dieser Weg nur, solange dies nicht mit der Partei abgesprochen ist, die Partei oder wichtige Funktionäre also nicht in die genauen Pläne der Spender eingeweiht sind. Die Absprachen müssten sich auf konkrete Zuwendungen beziehen, so will es das Parteienrecht. Gemeinsam Kaffeetrinken, Tennisspielen oder sogar Auftritte von AfD-Politikern auf Veranstaltungen des Vereins oder Kolumnen in dessen Zeitungen sind demnach gerade noch erlaubt. So erklären es uns während der Recherche unterschiedliche Juristen, die sich in diesem Zusammenhang schärfere Regeln wünschen würden. Gratiszeitungen beim Verein für den eigenen Kreisverband zu bestellen, um sie dann von Funktionären austragen oder auslegen zu lassen, ist wiederum nicht mehr erlaubt, weil dies eine bestellte kostenfreie Unterstützung darstellt, eine Absprache – und damit eine Parteispende, die deklariert werden müsste. Die AfD hat deshalb bereits eine Strafe an die Bundestagsverwaltung entrichtet. Und vor allem wäre es verboten, die Werbung der Partei in einem bestimmten Wahlkampf mit der Unterstützungs-Kampagne des Vereins zu koordinieren.

Für die Partei birgt dies eine enorme Gefahr. Sollten Teile oder gar die gesamte Kampagne des Vereins mit der Partei eben doch abgesprochen worden sein, dann handelte es sich um illegale Parteienfinanzierung. In diesem Fall drohten der AfD Strafzahlungen in Millionenhöhe. Denn würde eine solche Absprache nachgewiesen werden, könnte die Bundestagsverwaltung den dreifachen Wert der illegalen Zuwendung von der Partei einfordern. Und auch strafrechtliche Konsequenzen könnten den verantwortlichen Funktionären drohen.

Jörg Meuthen denkt nichts Böses

Die teuren Kampagnen des Vereins und der GOAL AG beginnen in einem für die AfD, aber auch für Deutschland einschneidenden Moment. Genau zu jenem Zeitpunkt, in dem die Partei eigentlich am Boden liegt, als Projekt nahezu gescheitert ist, aufgespalten in zwei Teile: den eher wirtschaftspolitisch-orientierten, eurokritischen eines Bernd Lucke und den radikaleren, rechtspopulistisch bis rechtsextremen Teil, aus dem die neue Post-2015-AfD werden wird. Nach dem entscheidenden Machtkampf auf dem Parteitag in Essen im August 2015 tritt Lucke aus der AfD aus, mit ihm verlassen einflussreiche Mitglieder die Partei – so haben wir es bereits zu Anfang dieses Buches ausführlicher erzählt. An die Spitze treten damals die verbleibende Parteichefin und Diplom-Chemikerin Dr. Frauke Petry und, an ihrer Seite, der politisch noch deutlich unerfahrenere FH-Professor Dr. Jörg Meuthen.

Meuthen übernimmt als Politneuling gleich mehrere einfluss- und arbeitsreiche Posten und stellt sich nicht nur an die Spitze der AfD, sondern wird zudem Landessprecher und Spitzenkandidat in Baden-Württemberg. Er wird in Windeseile das neue bürgerliche Gesicht der rechten Partei. Seinen plötzlichen Aufstieg wird Meuthen später als Entschuldigung für gleich mehrere schwerwiegende Fehler anführen, die er selbst bis heute als eine Art Lässlichkeit hinstellt, als Amateurfehler und Kavaliersdelikte. Es sind Fehler, die seine Partei letztlich teuer zu stehen kommen werden, weil eine Spende an ihn in eine illegale Parteienfinanzierung mündet und die AfD 269 400 Euro Strafzahlungen kosten werden. Sie haben, mal wieder, mit zwei wohlbekannten Namen zu tun: Alexander Segert, und GOAL AG.

Segert, der smarte Werber aus Andelfingen, tritt im Umfeld der AfD genau zu jenem Zeitpunkt auf den Plan, als es für die deutschen Rechtspopulisten ganz plötzlich wieder steil bergauf geht. Es ist jenes Zeitfenster, in dem wenige Monate zuvor noch etwas Entscheidendes passiert, und zwar außerhalb der Partei. Im Herbst 2015 hatte die AfD davon profitiert, dass Angela Merkel sich in dramatischen Tagen dazu entschließt, die Grenzen offen zu lassen, Züge aus Budapest erst nach München und dann in viele deutsche Bahnhöfe rollen und mehr als 800 000 Geflüchtete binnen weniger Wochen in Deutschland ankommen. Eine Welle großer Hilfsbereitschaft und Solidarität breitet sich über Deutschland aus. Doch nicht alle stehen hinter Merkels Parole «Wir schaffen das!» und tragen Buttons und Fahnen mit der Aufschrift «Refugees welcome».

Die Stimmung kippt, und Deutschland spaltet sich auf. Die AfD wird diese Spaltung massiv vorantreiben. Aus einer nach rechts hin offenen eurokritischen wird eine dezidiert rechte, geradezu rechtsradikale AfD, eine Anti-Migrations-Partei. Ganz gezielt schürt die AfD in der Bevölkerung Ängste vor dem Fremden und vermeintlichen Gefahren. Kurz nach dem Abschied Luckes und der Parteispaltung hat die AfD kaum noch politikerfahrenes Personal in ihren Reihen. Sie bekommt nun aber massiv Zustimmung. Umfragen schreiben ihr aus dem Nichts rund um den Jahreswechsel 2015/16 ein Wählerpotenzial von bis zu 14 Prozent zu.

In Köln hatte es in der Silvesternacht am Hauptbahnhof massive Übergriffe von männlichen Migranten auf Frauen gegeben; die Medien, Polizei und Politik hatten darüber zunächst kaum berichtet. Als es bekannt wird, beginnt das Jahr 2016 deshalb mit einer Debatte darüber, ob Deutschland durch die Zuwanderung unsicherer geworden sei und ob es eine Art Schweigekartell aus Politik und «Systemmedien» über kriminelle Taten von Migranten gäbe. Aufwind für die AfD, der sie nun durch mehrere anstehende Landtagswahlen tragen wird. Und auf diesen Aufwind legt Segert seine Kampagnen wie einen Drachen, der nach oben steigen soll. Die Millionen-Maschinerie rollt an, die der AfD helfen soll, dieses Wählerpotenzial auch abzuschöpfen. Der deutsche Tarnverein nimmt sein Dasein als angeblicher Urheber der Kampagnen auf.

Und auch die AfD selbst macht ein wenig eigenen Wind: Aus der Partei heraus startet schon im September 2015 die «Herbstoffensive» mit über 2000 Infoständen im ganzen Land. So heißt das offizielle AfD-Programm, das die Partei nun auf Rechtsaußenkurs drehen soll, angeführt vom neuen Bundesvorstand, dem auch eine blonde Politikerin vom Bodensee nun erstmals angehört. Alice Weidel engagiert sich in dieser Kampagne. Das Konzept richtet sich gegen die vielen neuen Geflüchteten, neue Mitglieder sollen so gewonnen und die Reihen aufgefüllt werden.

Denn manche Kreisverbände, gerade in Westdeutschland, liegen nach vielen Parteiaustritten brach. Verantwortet wird diese offizielle AfD-Kampagne des Bundesvorstandes ausgerechnet von jenem Werber aus Bayern, der Anfang 2016 einen neuen Job bekommen hatte. Das AfD-Mitglied Josef Konrad wird zum ersten Organisator der Parallelkampagne bestellt: dem ersten Chef des anonymen Tarnvereins. Es sind solche personellen Überschneidungen, ganz erstaunliche Zufälle also, die uns immer wieder stutzig machen.

Jetzt, im Frühjahr 2016, geht es Schlag auf Schlag. In Baden-Württemberg finden im März Landtagswahlen statt, kurz darauf in Rheinland-Pfalz. Der ominöse Verein und seine unbekannten Finanziers greifen der AfD erstmals sichtbar unter die Arme und plakatieren ihre Motive, was das Zeug hält. Kostenlose «Extrablätter», von der GOAL AG optisch nur minimal verändert und von der Schweizer SVP abgekupfert, stecken in den Briefkästen. Die vielen AfD-Funktionäre, die dazu von der Öffentlichkeit und den Behörden befragt werden, zeigen sich allesamt ahnungslos, was hinter dieser für die AfD kostenlosen Hilfe von der Seitenlinie steckt.

Auch Jörg Meuthen sagt damals, er wisse von nichts. Mit fast 13 Prozent führt er die AfD in Baden-Württemberg überraschend stark in den Landtag. Doch dass er gänzlich ahnungslos war, wer da kräftig mithilft, stellt sich später zumindest als reichlich fragwürdig heraus – in gleich mehrfacher Hinsicht. Während des Wahlkampfes bekommt er nämlich selbst persönliche Unterstützung – von der GOAL AG. Im Fall Meuthen geht es nicht um eine Geldsumme, sondern um Sachleistungen, eine Homepage etwa, Plakate und Werbeannoncen in einer Lokalzeitung, wofür er der GOAL AG sogar die Nutzungsrechte eines Fotos schriftlich einräumt. Deren Chef Alexander Segert sei ein Duzfreund aus früheren Tagen, erzählt Meuthen, nachdem die Sache auffliegt. Er habe darum nichts Böses gedacht und keine Ahnung gehabt, dass dies so unzulässig sein könnte. Woher diese Freundschaft zu Segert genau rührt und wie lange sie bereits währt, darüber schweigen Meuthen und Segert sich bis heute aus.

Nur zögerlich und über Jahre hinweg räumt Meuthen Fehler ein, gezwungen zunächst durch die Veröffentlichungen, später durch eine Richterin des Verwaltungsgerichts Berlin und noch später durch Frauke Petry, seine alte Erzfeindin, die Revanche nimmt. Vor dem Gericht in Berlin hatten Meuthen und die AfD erfolglos gegen die hohe Strafzahlung der Bundestagsverwaltung wegen der Annahme der besagten illegalen Parteispende geklagt. Dort gibt er im Januar 2020 sinngemäß folgende Erklärung ab: Alexander Segert, so Meuthens Version, habe ihm am Rande eines freundschaftlichen Kaffeetrinkens angeboten, ihn in seinem persönlichen Wahlkampf zu unterstützen. Wir sitzen damals im Prozess schräg hinter Meuthen und erleben einen fahrigen Parteichef mit vielen Erinnerungslücken. Der sonst so wortgewandte ehemalige Hochschulprofessor muss jeden seiner Sätze mit großer Aufmerksamkeit formen, so erscheint es uns. Was Meuthen im Berliner Verwaltungsgericht vor der Richterin und der versammelten Hauptstadtpresse einräumt: Damals habe «jeder Kandidat in Baden-Württemberg so seinen eigenen Wahlkampf gemacht» und «Segert hat damals zu mir gesagt: So Typen wie du gehören in den Landtag. Ich will, dass du da hinkommst.» Schon Monate zuvor habe Segert ihm als Freundschaftsdienst besagte Homepage eingerichtet, und dann sei von Segert der Vorschlag gekommen, er könne ihm auch «Plakate machen». «Ich daraufhin: ja mach!» Er sei davon ausgegangen, dass all das Segert persönlich gezahlt habe. Uns gegenüber wird Meuthen später immer wieder beteuern, er habe nie einen einzigen Euro genommen.

Jörg Meuthen ist nicht der einzige von gleich mehreren prominenten AfD-Funktionären, die neben dem Treiben des Tarnvereins auch persönliche Unterstützung durch die GOAL AG erhalten haben. Der ehemalige Bergmann und Ex-SPDler Guido Reil, späterer Europaabgeordneter der AfD, bekam im Frühjahr 2017 ein Plakat für seinen persönlichen Wahlkampf von der GOAL AG finanziert. So berichtet es damals *Correctiv*. Der damalige NRW-Landeschef Marcus Pretzell, Ehemann von Frauke Petry, erhielt von der GOAL AG eine großzügige Unterstützung von etwa 28 000 Euro, um in Düsseldorf einen teuren, internationalen Kongress zu veranstalten, auf dem auch seine heutige Ehefrau, die damalige AfD-Chefin Frauke Petry, und Heinz-Christian Strache, damals FPÖ, auftraten. Pretzell hatte damals gegenüber dem *Spiegel* argumentiert, dass es sich nicht um eine Parteiveranstaltung gehandelt habe, weshalb auch keine Grundsätze der Parteienfinanzierung zum Tragen gekommen wären. Dennoch hat die Bundestagsverwaltung der AfD in der Angelegenheit inzwischen einen Strafbescheid zugestellt. Es sind die Fälle, bei denen das Eingreifen der GOAL AG ruchbar wurde. Sie kamen etwa heraus, weil Einzelne sich verquatscht oder

Journalisten es aufgedeckt hatten. Manche sind Früchte des Macht-kampfs, der die AfD regelmäßig umtreibt.

Wir fragen uns schon früh in der Recherche: Wie genau kommt das Geld in das System hinein, in Form von Bargeld im Geldkoffer, wie einst bei der CDU-Spendenaffäre? Per Überweisung, per Ver-rechnung? Oder gar digital, per Kryptowährung oder Zahlungs-dienstleister wie Paypal? Ihren Ursprung hat die Antwort darauf in einem kleinen Artikel in der *Bild*-Zeitung. Mit Verweis auf eigene Recherchen berichtet sie, dass AfD-Funktionär Josef Konrad, der AfD-Campaigner aus der Herbstoffensive, als Vorstand einer AfD-Unterstützervereinigung bestellt sei. Diese neue Vereinigung werde angeblich von zwölf Millionären gesponsert, die die AfD unter-stützen wollten, ohne selbst in Erscheinung zu treten. Eine Ankün-digung, die wir und andere Journalistenkolleginnen und -kollegen so empörend finden, dass wir diesen Millionären die Maske vom Gesicht reißen wollen. Denn wer eine politische Partei fördern möchte, noch dazu die AfD mit ihren immer radikaleren und spal-terischen Ideen, und ausgerechnet in diesem Land, mit dieser so besonderen, so schwierigen, so menschenverachtenden Geschichte, der sollte dazu stehen. Die Menschen und Wähler in diesem Land sollten schließlich wissen, wer die AfD groß machen und als erste dezidiert rechtsradikale Partei seit den Sechzigerjahren wieder in alle deutschen Parlamente bringen will – koste es, was es wolle.

«Rechts vom Gustl steht bloß noch Dschingis Khan» – August von Finck junior

Es vergehen damals nur einige Monate, und wir haben einen ganz bestimmten Verdacht, welcher Milliardär zum Kreis dieser Gönner gehören könnte. Der galante Herr ist zu diesem Zeitpunkt bereits hochbetagt, optisch ein Gentleman mit feinen Gesichtszügen, der inwendige Mensch von einer schon sprichwörtlichen rechten Gesinnung, die sich durch die Familiengeschichte zieht. «Rechts vom Gustl steht bloß noch der Dschingis Khan», so klar verortete ihn sein Bankierskollege Ferdinand Graf von Galen politisch. Die rechte Familiengeschichte beginnt mit dem Vater, als Unterstützer und Sponsor von Adolf Hitler und Profiteur der Nationalsozialisten. Im Zuge der sogenannten Arisierung fielen ihm wichtige Banken von jüdischen Familien in Wien und Berlin in die Hände. Der Sohn, August von Finck junior, Gustl genannt, hat mit dem väterlichen Erbe das von Finck'sche Familienimperium noch vergrößert. Er hat mit dem Bankhaus Merck-Finck viele Millionen gemacht, bis er es schon in den Neunzigerjahren veräußerte und seither, bis zu seinem Tod Ende 2021, in seinem Portfolio auf einen bunten Mix setzte, darunter Maschinenbauer, eine Hotelkette, Immobilien und Edelmetall-Händler. Den Fincks und ihrem weitverzweigten Firmennetz gehören in München und anderswo ganze Straßenzüge in teuersten Lagen, und wer sich in einer Wirtschaftsdatenbank alle Beteiligungen der Fincks ausdruckt, kommt auf Tausende solcher Firmen, die sich an das Firmennetz anschließen lassen. Der Bloomberg-Billionaires-Index schätzt sein Vermögen im Jahr 2021 auf etwa acht Milliarden Euro – wie vollständig solcherlei Rankings auch sein mögen, basieren sie doch nur auf sichtbarem Vermögen und Schätzungen.

August von Finck, der bis ins Greisenalter der «Junior» genannt wurde, galt früher als enger Spezl des konservativen bayerischen Übervaters Franz Josef Strauß (FJS). Es gibt zahlreiche Berichte von Wegbegleitern seiner Zeit, wie nah die von Fincks den Lenkern des bayerischen Staates stets standen. Sie spendeten auch an die CSU, zuletzt auch an die FDP, jeweils offen. Die letzten sichtbaren Spenden einer Finck-Firma in Höhe von insgesamt 1,1 Millionen Euro an die FDP aus dem Jahr 2009 wurden zum Skandal, die FDP danach «Mövenpick-Partei» genannt, weil sie unter Verdacht stand, sich wegen dieser Zuwendung für die Senkung der Mehrwertsteuer auf Hotelübernachtungen stark gemacht zu haben. Früher schon hatte Finck über seine Firmen Parteien hohe Spenden zukommen lassen, etwa 2008 der CSU mehr als 800 000 Euro.

Doch die allmähliche Entfremdung vom bestehenden Parteiensystem beginnt schon früher, nach dem Tod von FJS und als die politischen Erben Strauß' Bayern übernehmen. In den Neunzigerjahren war das, in denen Finck das Projekt der Europäischen Union grundweg ablehnt. Womöglich lehnt er die Großräumigkeit eines solchen Staatenbundes, die Übernationalität, auch deshalb ab, weil er mit der Macht des großen Geldes die kleinen Räume besser beherrschen konnte als ein solches Gebilde. In Bayern und vor der Wende in der Bonner Republik: Hier fühlte von Finck sich zu Hause und konnte seine Interessen durchsetzen. Der Milliardär lehnte auch die Idee einer einheitlichen europäischen Währung ab, die ausgerechnet ein CSU-Mann, Theo Waigel, als Bundesfinanzminister zu seinem politischen Lebenswerk machte.

Finck wird zum frühen Europa- und Euroskeptiker und er soll auch zum Förderer vieler Bewegungen und politischer Projekte geworden sein, die diesen Prozess aufhalten wollten. Und so liegt es nahe, dass Finck zum Bewunderer rechter, rechtspopulistischer Politik mit dem Potenzial zur Volkspartei wird. Ganz besonders soll es ihm Jörg Haider angetan haben, der erst die österreichische FPÖ, dann deren Abspaltung BZÖ mit seinem Charisma in politische Verantwortung brachte. Der Rechtspopulismus zog so in den deutschsprachigen Raum ein und fand mit Haider seinen ersten Star. Fincks Name findet sich dann auch unter einem Solidaritätsaufruf, Österreich unter Haider in Europa nicht zu isolieren.

Für Deutschland konnte sich Finck ein ganz ähnliches Projekt vorstellen, so berichten es uns immer wieder Gesprächspartner, die sich in der von Finck'schen Welt gut auskennen – eine deutsche FPÖ gewissermaßen. So unterstützte Finck etwa eine Kleinstpartei, die es um die Jahrtausendwende mit ihrem AfD-ähnlichen Profil in den Münchner Stadtrat schaffte, den «Bund freier Bürger». Außerhalb der bayerischen Hauptstadt scheiterte sie jedoch mit ihren bundesweiten Ambitionen und verschwand dann wieder von der Bildfläche. Die Zeit war noch nicht reif für ihr Programm, das jenem der Ur-AfD verblüffend ähnelte. Auch sie bekämpfte den

Euro und war mindestens migrationskritisch. Zahlreiche ehemalige Funktionäre des «Bund freier Bürger» (BfB) werden später in der AfD oder ihrem Umfeld wiedergesehen. Karl-Albrecht Schachtschneider etwa oder Joachim Starbatty. Über Fincks rechte Hand, einen schwäbischen Kaufmann namens Ernst-Knut Stahl, ließ der Milliardär in den 1990er-Jahren dem BfB-Chef Manfred Brunner in Geldkoffern für den Anti-Euro-Kampf rund 8,5 Millionen D-Mark in bar zukommen, offenbar um die Partei voranzubringen. Die versteckte Finanzierung des BfB und Brunners wurde letztlich von Münchner Staatsanwälten aufgedeckt. Ihnen gegenüber habe der BfB-Chef damals angegeben, Milliardär Finck habe ihn zu einer festen politischen Größe in Deutschland machen wollen – so berichtete es damals die *Süddeutsche Zeitung*. Wir hätten Brunner gern zu den Details gefragt, doch er ist überraschend im Sommer 2018 verstorben. Seine Familie wollte ebenfalls nicht mit uns über dessen politische Vergangenheit sprechen.

Sein eigenes Firmenimperium begann Finck, in den Neunzigerjahren größtenteils in die Schweiz zu verlagern, so ließen sich für ihn Millionen an Steuern sparen und das Vermögen dem deutschen Fiskus entziehen – und damit auch dem so unliebsamen neuen Euroraum. Es half ihm sicher auch, dass er sich für diesen Schritt Rat bei einem früheren Experten aus der bayerischen Staatsregierung suchen konnte. Gert Amtstätter war einstiger Referent und Büroleiter von Franz Josef Strauss, zuletzt Protokollchef. Ein Jurist und Steuerexperte aus dem Finanzministerium. Der ehemalige hochrangige Beamte wechselte zu Finck und stieg in den kleinen Kreis von Fincks engsten Vertrauten auf, an dessen Spitze er sich setzte. Als Einziger trug er den Titel «Generalbevollmächtigter». Auch den eigenen und den Wohnsitz seiner Frau und der Kinder verlegte Finck offiziell in die Schweiz; am Starnberger See behielten sie Schloss Seeseiten als Zweitdomizil. Er und die Gattin machten jedoch das verwunschene Familienschloss Weinfelden im Schweizer Kanton Thurgau, seit 1973 in Familienbesitz, zu ihrem Hauptwohnsitz. Bis zuletzt residierte Finck hier diskret im Wald, über

Weinbergen an einem steilen Hang, hinter einer Zugbrücke abgeschottet. Wenn man den Bewohnern des kleinen Örtchens unterhalb des Schlosses glauben darf, dann flog er per Hubschrauber ein, er besaß eine eigene Fluglizenz. Zu den Nachbarn habe August von Finck junior – anders als sein Vater – sehr großen Abstand gehalten, berichtet uns ein Gastronom, bei dem wir nach unserem Ausflug zum Finck'schen Anwesen eingekehrt sind. Der Schlossherr stirbt im November 2021 im hohen Alter von 91 Jahren in London. Viele Geheimnisse über seine finanziellen Engagements für rechte Politik nimmt der Milliardär mit ins Grab, aber nicht alle.

Es gibt nur eine kleine Handvoll Menschen, die wir auf dieser langen Recherche getroffen haben, die es in den späten Tagen seines Lebens bis an den Tisch des Milliardärs zu einem Tête à tête, zu einem politischen Gedankenaustausch, geschafft haben. Einer von ihnen hat uns in allen Einzelheiten von einem Treffen berichtet, zu dem ihn nach jahrelangem Abtasten Ernst-Knut Stahl mitgenommen habe. Der Mann möchte, weil er Angst hat vor persönlichen Konsequenzen, nicht mit seinem Namen identifizierbar sein, und auch sonst müssen wir einige Details zu seinem Schutz aussparen oder gezielt verschleiern. Unser Informant hat, auch nach dem Tod des sogenannten «Barons», wie von Finck fälschlicherweise häufig tituliert wurde, noch Angst vor der Macht seines weiterhin bestehenden Netzwerks.

Andere Informanten haben uns strikt untersagt, irgendetwas davon öffentlich zu machen, was sie uns im Vertrauen berichtet haben, und wir müssen uns daran halten. Wir können nur so viel sagen: Es sind Informationen, die unseren Verdacht massiv stärken, dass das Umfeld August von Fincks zu jenem Kreis gehört, der über den Tarnverein und die GOAL AG die Millionenkampagne angeschoben hat. Sie sollen die AfD auch seit ihren ersten Tagen überaus wohlwollend betrachtet haben. Mit Parteigründer Bernd Lucke traf sich Stahl einmal, 2015, nachdem dieser die AfD verlassen und mit der ALFA (später: LKR) eine neue Partei gegründet habe, bestätigt dieser, doch man habe inhaltlich nicht harmoniert und es sei kein zweites Treffen gefolgt. Und es gab auch personelle Verbindungen zwischen den Firmen des Milliardärs und der jungen AfD. Zum Kreis der ersten Führungsfiguren der Partei gehörte mit Pressesprecherin Dagmar Metzger eine PR-Unternehmerin, die mit Fincks rechter Hand Stahl seit Jahren bekannt war und schon viele Jahre lang für verschiedene Finck-Firmen gearbeitet hatte. In libertären, Finck nahen Netzwerken war sie lange Zeit zu Hause. Sie trat in den Anfangsmonaten, bevor sie die Partei bereits 2014 verließ, über ihre Agentur auch als Parteispenderin der AfD auf. Im Rechenschaftsbericht wurden etwa 35 000 Euro als Leistungen vermerkt, die sie für verschiedene Veranstaltungen, zumeist Pressekonferenzen, vorgestreckt hatte.

Der *Spiegel* stellte die These auf, dass über Metzger und ihre Agentur viel mehr Finck'sches Geld in die Partei geflossen sei, und listete weitere Veranstaltungen auf, die sich nicht im Rechenschaftsbericht fanden, und auf diesem Wege bezahlt worden sein sollten. Unterlagen, die uns uns damals zugespielt wurden, zeigten jedoch, dass einige der fraglichen Veranstaltungen tatsächlich von der Partei oder anderen Spendern beglichen wurden. Ob die von Metzger deklarierten Zuwendungen vollständig waren, wollte jahrelang die Bundesverwaltung von der AfD wissen, kam aber offenbar zu keinen weiteren Erkenntnissen. Metzger bestreitet, Finck'sches Geld in die Partei gesteckt zu haben. Sie habe, wie viele andere auch, sehr viel eigenes Geld vorgestreckt und dies später nachträglich als Spende deklariert. Ob jedoch Mittel, die Fincks Firmen für PR-Aufträge an die Agentur zahlten, mitunter auch für AfD-Arbeit verwendet wurden, lässt sich freilich in Konstellationen wie diesen kaum ermitteln.

Unser Informant, der Zugang zu Finck hatte, kann jedenfalls bezeugen, dass sich das Umfeld des Milliardärs schon während der AfD-Gründung intensiv mit der Idee einer neuen, eurokritischen Partei beschäftigt hat. Drei-, viermal im Jahr habe er sich seinerzeit mit der rechten Hand von August von Finck jr. getroffen, mit Ernst-Knut Stahl also. Es sei dabei häufig um das Thema Edelmetalle gegangen, mit denen Finck handelte, etwa beim Degussa Goldhandel, und worin er zuletzt große Vermögensteile investiert hatte. Eine seiner Firmen, die Custodia AG, weist in ihrem Geschäftsbericht 2017 laut verschiedenen Medienberichten, etwa des *Business-Insider,* sogar mehr als eine halbe Tonne Gold aus, in die man Firmenvermögen angelegt hat.

Stahl und unser Informant, so erzählt es dieser, hätten jedoch auch viel über Politik gesprochen. Zwar habe Stahl nie explizit gesagt, dass er oder der «Baron» Geld in die AfD steckten – er habe jedoch nie einen Hehl daraus gemacht, dass man es überaus begrüßen würde, wenn die AfD im Bundestag säße.

Im Herbst 2015 also sitzt man in München beisammen. Nur wenige Wochen, nachdem die Kanzlerin die Grenzen zu den Nachbarländern offen lässt und Hunderttausende Geflüchtete nach Deutschland kommen. Von Finck habe in dem etwa dreistündigen Treffen zum Ausdruck gebracht, dass er angesichts der Entscheidungen Merkels in punkto Migration in großer Sorge um Deutschland sei. Er erwarte eine Art Bürgerkrieg. Und er überlege, etwas zu tun. Nur genau was – darüber sei von Finck äußerst unentschieden gewesen. Man sei sich jedoch einig gewesen, jetzt unbedingt konservative Kräfte stärken zu müssen. Die Runde spricht über die AfD, die FPÖ und die SVP. Auf die «Alternative für Deutschland», die im Oktober 2015 nach dem Austritt Luckes und vieler Eurokritiker, noch vor ihrer Wiederbelebung steht, habe der Baron zu diesem Zeitpunkt offenbar nicht mehr viel gegeben, so der Eindruck seines Gastes. Man habe überlegt, ob man eine neue Initiative starten solle.

Doch dann überschlagen sich die Ereignisse. Die AfD steht plötzlich – wie schon beschrieben – auf wie Phoenix aus der Asche, weil sie ihr Programm an die politische Lage anpasst, indem sie die Islam- und Migrationskritik in den Mittelpunkt rückt. Kurz darauf rollt das Millionenspiel der anonymen Unterstützerkampagne des Tarnvereins an. Zu gern hätten auch wir mit von Finck an seinem Tisch gesessen und über dessen Engagement für die AfD und rechte Politik im Land gesprochen. Sein Umfeld und er selbst schweigen stets eisern. Etliche Anfragen und Briefe an ihn und dessen rechte Hand Ernst-Knut Stahl blieben unbeantwortet. Zahlreiche Berichte von uns und Kollegen über eine Förderung der AfD durch Stahl und von Finck ließ von Finck zu seinen Lebzeiten unbeantwortet. Auch Fincks Familie wollte nach seinem Tod nicht mit uns über all diese Fragen sprechen.

Unser Informant trifft sich damals weiter mit Stahl. Auch Ende April 2016 sitzt man beisammen. Es muss jener Tag gewesen sein, an dem in der *Neuen Zürcher Zeitung* auf Seite 2 eine Anzeige erscheint, die später auch als animiertes Video bei YouTube zu sehen ist. Die deutsche Kanzlerin wird als Hütchenspielerin gezeigt. «Merkel mogelt weiter!», lautet die Überschrift, unterzeichnet hat sie die damals noch völlig unbekannte «Vereinigung zur Erhaltung der Rechtsstaatlichkeit und bürgerlichen Freiheiten», der Vorläufer des dubiosen Tarnvereins. Wie er diese Initiative finde, soll Stahl unseren Informanten gefragt haben. Weil unsere Quelle die Annonce nicht gekannt habe, habe Stahl ihr diese von seiner Sekretärin am 27. 4. 2016 per E-Mail zusenden lassen. Wir bekommen sie später zu lesen: «Herr Stahl hat mich gebeten Ihnen angefügte Anzeige zu übermitteln», steht da, im Anhang angefügt die eingescannte Annonce des Tarnvereins. Immer wieder, so unsere Quelle, habe Stahl ihm in der Folgezeit Annoncen und Plakate des Vereins zu den regelmäßigen Treffen mitgebracht, habe ihm diese vorgelegt und ihn um seine Meinung dazu gebeten.

Und dass Stahl Details der AfD oder der Vereinskampagne besprochen habe, berichten auch andere. Als sie sich einmal in einem Nobelhotel im Rheinland treffen, kommt das Gespräch auf die Postille «Deutschland-Kurier», jenes Blatt, mit dem der dubiose Verein zu dieser Zeit Werbung für die AfD und deren politische Inhalte macht. Unser Informant hat Interesse, mit dem Macher in Kontakt zu kommen. Stahl soll daraufhin sein Handy genommen und David Bendels angerufen haben – den damaligen Vereins- und Zeitungschef in Personalunion. Als dieser sich nicht meldete, habe Stahl Bendels auf die Mailbox gesprochen mit der Bitte, unseren

Informanten zu kontaktieren. Bendels habe sich jedoch nicht zurückgemeldet. Erst später kommen sie miteinander in Kontakt. Dies geschieht dank der Vermittlung des Bundestagsabgeordneten Peter Boehringer, des einflussreichen Vorsitzenden des Haushaltsausschusses, der beide in einer E-Mail miteinander verdrahtet, und in dieser Mail blumig beschreibt, wie wichtig Bendels und sein einflussreicher Verein inzwischen für die AfD seien. Auch Boehringer hatte also damals die Handynummer des Unterstützervereinschefs zur Hand. Und der AfD-Politiker stand zudem, wie wir aus anderen Mails und aus Erzählungen unserer Quellen wissen, schon vor seinem Einzug in den Bundestag in gelegentlichem Kontakt mit Ernst-Knut Stahl, man kannte sich aus München und aus der Edelmetallszene. Schließlich hatte man vor allem wirtschaftspolitisch langfristig sehr kompatible Ziele, die man in gemeinsamen Netzwerken wie der libertären Hayek-Gesellschaft oder dem in der von Finck'schen Hauptverwaltung in München angesiedelten «Mises-Institut» vorantreibt: Den Goldstandard durchsetzen, die Zentralbanken entmachten, den Staat auf Minimalaufgaben herabstufen und die Märkte deregulieren.

Auch mit Stahl haben wir über mehrere Jahre hinweg versucht zu sprechen. Wir haben ihm E-Mails mit konkreten Fragen geschickt. Wir haben mit seiner Sekretärin gesprochen, immer wieder um Rückruf und um ein Treffen gebeten. Wir haben seine Büroadresse in der Münchner Innenstadt unweit der Feldherrnhalle aufgesucht. Wir haben an einer Privatadresse am Ufer der Isar geklingelt, um ihn mit all dem zu konfrontieren. Leider blieb all das vergeblich.

Stahl, der über die Jahre und auch noch 2022 während seiner verschiedenen Tätigkeiten im Firmennetz von Fincks auch Mandate in der Schweiz hat, soll manche Geschäftspartner auch dort getroffen haben, wohin viele Spuren führen: in der Züricher Bahnhofsstraße, der Meile der großen Geheimnisse. Sie dinieren gemeinsam im Hotel «Baur au Lac». Hier soll Stahl regelmäßig für Geschäftliches absteigen. Es ist dieselbe edle Adresse, an der auch der Vereinschef David Bendels mitunter weilt, wenn er in Zürich auf Dienstreise ist, wie er in der Frühzeit seiner Tarnvereins-Karriere noch stolz auf seinem Facebook-Account postet. Auch einige Hausnummern entfernt, in einem anderen Hotel in der Bahnhofstraße, checkt Bendels ein; in das «St. Gotthard» bestellt er sogar einmal eine Journalistin zu einem Meeting an der Hotelbar, die uns davon erzählt. Es ist mit vier Sternen etwas preisgünstiger als das «Baur au Lac». Und es hat womöglich noch einen anderen Vorzug: Wer die von zwei Messing-Löwen gesäumte Pforte verlässt und sich schräg gegenüber nach links orientiert, der steht nur wenige Sekunde später vor der Tür der Bahnhofstraße 106. Vor der geheimen Adresse der GOAL AG von Alexander Segert. Diese habe er, so lesen wir es später in einem Gespräch Segerts mit dem Schweizer Magazin *Republik*, «für unkomplizierte Treffen» untergemietet; seine Agentur selbst sei Tabu. Die Nähe zum Bendels-Hotel: Wieder so ein erstaunlicher Zufall.

Ob Bendels deshalb so oft in der Bahnhofstraße in Zürich abgestiegen ist? Auch er möchte über diese Dinge nicht sprechen. Doch immer mehr Details dieser Recherche deuten uns damals ein System an: Da ist eine Partei, die schwächelt, aber ein Programm hat, das vom Sommer 2015 an mit den vielen neuen Geflüchteten in die Zeit passt. Da ist mindestens ein erzkonservativer Milliardär, der wegen der Migranten Angst hat, dass Deutschland nun untergehe, und der mit seinem Umfeld darüber sinniert, was man tun könne, um diesen Untergang aufzuhalten. Ein Milliardär, dem es angesichts seines Reichtums, aber auch seiner Überzeugungen leichtfällt, rechte Politik zu unterstützen. Ein Milliardär, dessen engstes Umfeld sich all das, was dieser ominöse AfD-Unterstützerverein macht, sehr genau ansieht, sich darüber austauscht und auch die Handynummer des Vereinschefs offenbar flugs zur Hand hat. Und es gibt diese ausgeklügelte Konstruktion zwischen dem Tarnverein und einer verschwiegenen, in rechten Kampagnen versierten Werbeagentur, die das Geld in harte, populistische Slogans tauscht und offenbar auch einzelne, erfolgversprechende AfD-Politiker in ihrer noch ziemlich amateurhaften AfD-Aufbauarbeit unterstützt.

Und genauso, wie sich diese Details immer mehr zu einem Bild verdichten, kommen an einem speziellen Ort viele Zufälle zusammen. Als wir 2018 das erste Mal vor der GOAL-Adresse in der Zürcher Bahnhofstrasse stehen und dann die Briefkästen betrachten, recherchieren wir noch am Abend im Hotel zu dessen Eigentümern und Bewohnern. Eine internationale Steuerkanzlei hat im selben Geschäftshaus ihren Sitz. Mehrere Firmen, die zu einem Edelmetallexperten führen. Und schließlich ist da eine Anwaltskanzlei, auf deren Briefkasten die GOAL AG und weitere Segert-Firmen als Untermieter gelistet sind. Dass Firmen sich Anwaltskanzleien als offizielle Sitze wählen, ist ein altbekanntes Muster: das System Briefkastenfirma. Doch fast immer geht es für die Unternehmen darum, überhaupt eine Adresse zu haben. Die Kanzlei selbst führt zwei Namen auf. Einer der Partner hat offenbar noch eine zweite Adresse, im Steuerparadies Zug gelegen, in einem mehrstöckigen Geschäftshaus. Und hier hat nicht nur der Zürcher Anwalt ein Büro. Hier sitzen ausgerechnet auch jene Stiftungen, über die einst der Schweizer Parteispendenskandal der SVP abgewickelt wurde, damals auch von anonymen Geldgebern. Millionen, die unter anderem bei der GOAL AG gelandet waren, in bar, so hatten wir es in den Schweizer Zeitungen gelesen.

Beide Adressen scheinen also durch einen historischen Zusammenhang verbunden, durch einen Parteispendenskandal einer rechtspopulistischen Partei. Ist das jetzt schon wieder so ein Zufall? Haben also die unbekannten, schwerreichen Gönner der AfD noch mehr von dem Muster dieses moralischen SVP-Skandals kopiert als eine Ablaufplanung für Gratiszeitungen und Plakatkampagnen? Wir wissen es, Stand Sommer 2022, immer noch nicht genau, werden aber bald auf einen weiteren verblüffenden Zufall stoßen.

Lange gelingt es uns, die Geheimadresse der GOAL AG für uns zu behalten. Erst mehr als drei Jahre später, im Dezember 2021, stolpern wir bei «Twitter» über den Tweet eines Kollegen des Recherchenetzwerks *Correctiv*. Er recherchiert ebenfalls schon lange zur Spendenaffäre. Der Kollege war nun auch vor Ort und hat auf dem

Briefkasten der Kanzlei und der GOAL AG einen neuen Namen gelesen, den wir damals noch nicht finden konnten. Es ist der Name einer Filmfirma. Das Unternehmen wurde erst anderthalb Jahre nach unserem Besuch in jener Bahnhofstraße 106 gegründet und Anfang 2019 ins Register eingetragen. Der Name steht nun mit einem eigenen Schild auf dem Briefkasten, den auch die GOAL AG nutzt. Die Filmfirma wird unter anderem von der Lebenspartnerin von Alice Weidel geleitet. Wieder alles nur ein Zufall? So lässt uns zumindest die mächtigste Frau der AfD damals über ihren Sprecher mitteilen. Ein halbes Jahr, bevor ihre Lebenspartnerin diese Film-firma gründet, haben wir einen Parteispendenskandal rund um Alice Weidel enthüllt. Dieser erschien uns zunächst losgelöst zu sein von all diesen Zusammenhängen. Doch je mehr wir damals der Spur des Geldes folgen, umso deutlicher führt die Fährte am Ende doch wieder in eine Richtung, hin zur Spinne im Netz. Zu Alexander Segert. Und damit, wenn man so will, auch auf die Bahnhofstraße.

Kapitel 5
Die Spur der Milliardäre

Der Inhalt eines braunen Briefumschlags bringt die mächtigste Frau der AfD politisch ins Wanken. Und eine Gabe aus der Schweiz wird erst zum Problem, dann zu einem Skandal. Von Strohmännern, Karrierefrauen und der Erkenntnis, dass alle Spendenaffären der AfD an einer einzigen Stelle zusammenlaufen.

Köln, ein Tag Ende April 2017. Im Maritim-Hotel in der Innenstadt richtet der Bundesparteitag der AfD seine bisherige Königin hin. Sie trägt beim Gang auf das politische Schafott ein rotes Kleid, einen gewaltigen Schwangerschaftsbauch und eine Kämpfermiene. Frauke Petry wird an diesem Wochenende alles auf eine Karte setzen. Sie will die Partei mit einem «Zukunftsantrag» mäßigen und koalitionsfähig machen. Draußen toben die Demonstranten gegen die Partei, während drinnen Petry jene Schmach erleidet, die ihren Abstieg einläutet und unumkehrbar macht (siehe auch Kapitel 1).

An der Parteispitze entsteht in diesem Moment ein Vakuum, das die AfD noch weniger aushält als andere Parteien. Zu viele Emporkömmlinge streben an die Macht. Während Alexander Gauland uns im Foyer des Hotels noch in die Kamera raunt, die Partei lasse sich nicht disziplinieren, tritt nur Minuten nach Petrys Ende eine blonde junge Frau ans Rednerpult und verkündet, dass die *politische Korrektheit* auf den «Müllhaufen der Geschichte» gehöre. Worte, die man so aus ihrem Munde damals nicht erwartet hätte. Kühl-distanziert gibt sie sich üblicherweise, wägt ihre Worte, bevor sie spricht, scheut Körperkontakt und reicht schon vor Corona ungern Fremden die Hand zur Begrüßung. Doch sind die Türen einmal hinter ihr geschlossen und fühlt sie sich von der Öffentlichkeit unbeobachtet, am besten von bekannten Gesichtern umgeben, dann kann Alice Elisabeth Weidel auch lachen und charmant sein, zeigt Wortwitz und wie schnell sie ist im Sprechen und Denken. Sie sieht aus wie eine BWL-Absolventin mit ihrem Hosenanzug, dem weißen Hemd, Stehkragen und Perlenkette und ihre Biografie ist voll von elitär klingenden Stationen. Die sehr konservative *Neue Zürcher Zeitung* hatte ihr schon vor ihrem Aufstieg in der AfD eine glänzende Zukunft in der Partei prophezeit, als neues gemäßigtes Gesicht der AfD. Sie ist zu diesem Zeitpunkt, bei dem Parteitag in Köln, 38 Jahre alt. Die gebürtige Münsterländerin ist promovierte Volkswirtin; schon im Studium ist sie eine der Jahrgangsbesten. Ihre Promotion in Bayreuth wurde unter anderem von der Konrad-Adenauer-Stiftung gefördert. Einen wissenschaftlichen Aufenthalt in China unterstützte der Deutsche Akademische Austauschdienst. Viele hofften damals auf die smarte junge Frau, die später ihre Hoffnungen in eine Partei am rechten Rand der Gesellschaft setzen wird. Zunächst zieht es Weidel in die Wirtschaft. Ihre ersten beruflichen Stationen absolvierte sie bei Allianz Global Investors und bei der Investmentbank Goldman Sachs. Was Weidel in Parteien wie der FDP einen dicken Bonus eingebracht hätte, gilt in der AfD, der selbsternannten Partei der kleinen Leute, gemeinhin eher als Malus. Zumal die AfD in der Großbank·Goldman Sachs primär das verhasste amerikanische Großkapital und die Wallstreet wittert, mit der sich viele ihrer Parteikollegen vor allem in wüsten, antisemitisch gefärbten Verschwörungstheorien beschäftigen. Seit einem mehrjährigen Chinaaufenthalt soll Weidel, die über das dortige Rentensystem promovierte («Summa cum laude»), außerdem Mandarin sprechen. Weidel hat internationale Erfahrung, ihr Lebenslauf wirkt weltgewandt – deutlich weltläufiger als das Parteiprogramm.

Es ist nicht der einzige Widerspruch, der sich zwischen Gaulands neuer Ko-Spitzenkandidatin für die Wahl 2017 und dem Gesellschaftsbild auftut, für das die AfD steht und eintritt. Da sind noch mehr Widersprüche, die sowohl die Öffentlichkeit als auch ihre Parteikollegen so faszinieren wie irritieren. Plötzlich ist sie da. Nur, wo genau sie eigentlich herkommt und wofür sie steht, das fragen sich damals Journalistinnen und Journalisten auf dem Parteitag in Köln und begeben sich danach auf Spurensuche.

Aufgewachsen ist Alice Weidel in Harsewinkel in Ostwestfalen-Lippe, wo sie 1998 Abitur gemacht hat. Als der Vater, ein gut verdienender Handelsverteter mit Vertriebenen-Hintergrund, in Rente geht, so erzählt sie es, will er nach Südwestdeutschland ziehen, wo er beruflich viel unterwegs gewesen war. Die Wahl des Familienrats sei auf den Bodensee gefallen. Weidel selbst lebt inzwischen, wie auch ihr Bruder, schon lange in der Schweiz, zunächst im liberaleren Biel im Kanton Bern, jetzt in Einsiedeln im Kanton Schwyz, idyllisch in Stauseenähe gelegen. In Deutschland ist sie im baden-württembergischen Überlingen am Bodensee bei ihren Eltern gemeldet. Die Spitzenkandidatin der angeblich so patriotischen AfD lebt also im Ausland. Es ist ein Thema, über das Weidel ungern spricht, und ein Widerspruch, den sie leugnet. Einmal postet sie im Sommer 2018 ein Bild vom Wandern am Schweizer St. Gotthard-Pass, verbunden mit dem Satz: «Ist der Weg auch noch so steinig, werden wir diesen zusammen meistern. Holen wir uns unser Land zurück! #AfD» Dieser Tweet führt zu zahlreichen entrüsteten Artikeln in Schweizer Zeitungen. Welches Land will sich die deutsche Politikerin da zurückholen – etwa die Schweiz?

War dies vor allem eine etwas peinliche Panne, so gibt es noch etwas anderes in ihrem Leben, das manche ihrer Parteikollegen tiefergehend verstört und für andere zumindest schwer miteinander vereinbar scheint: Sie, die Spitzenkandidatin einer migrationsfeindlichen, anti-diversen und für ein reaktionäres Familienbild eintretenden Partei, lebt mit einer Frau in einer eingetragenen Partnerschaft, mit einer Frau, die in Sri Lanka geboren wurde, bevor sie in die Schweiz kam. Viele fragen sich, wie Weidel eine Frau mit Migrationsbiografie lieben und mit ihr zwei gemeinsame Söhne haben kann, die People of Colour sind, während sie gleichzeitig eine rechte und in Teilen rechtsradikale Partei anführen will? Wie kann sie vor diesem Hintergrund auf Bühnen wie im Bundestag pauschal gegen Migranten als «alimentierte Messermänner» und «Kopftuchmädchen» agitieren, ohne zugleich ihre eigene private Lebensweise zu verhöhnen? Auch das ist ein Widerspruch, über den sie nicht reden möchte.

Das Bild der privaten und der öffentlichen Alice Weidel ist höchst unterschiedlich, fast als gebe es zwei Alice Weidels: die witzige «Lille» mit ihrem eher regenbogenfarbenen Lebensstil und die oft verbissen wirkende, für heftige Wutanfälle berüchtigte AfD-Politikerin, die strategisch wohlüberlegte Unternehmensberaterin, die sich die AfD zu ihrem Projekt gemacht zu haben scheint. Letztere füllt auf jenem Parteitag 2017 in Köln das Vakuum an der Parteispitze und arbeitet sich fortan mehr und mehr zur neuen starken Frau einer AfD empor, die immer weiter rechts außen steht.

Mit dem raschen Aufstieg der jungen Politikerin mehrt sich die Zahl ihrer internen Feinde. So geht es oft zu in Parteien, in der AfD aber nimmt das, wie so vieles, groteske Züge an. Im Lauf der Zeit werden Weidels Gegner immer öfter behaupten, sie sei von düsteren Mächten an der Parteispitze «installiert» worden und nicht mehr als eine ferngesteuerte Marionette, die der AfD schaden solle. Es ist eine der vielen Verschwörungserzählungen, die in der Partei von Mund zu Mund gehen und selbst von hochrangigen Mandatsträgern in einem Plauderton vorgetragen werden, als rede man über das Wetter. «Das sind Minderheitenmeinungen, die es in Phasen immer mal wieder gab und die man nur als krude Phantasien bewerten kann», sagt ihr Sprecher.

Und dessen ungeachtet gibt es Anzeichen, dass tatsächlich Versuche unternommen wurden, von außen auf Weidels Umfeld und ihre Politik Einfluss zu nehmen. Nur drei Monate nach dem Parteitag in Köln fließt Geld aus der Schweiz auf ein Konto des Kreisverbandes von Alice Weidel am Bodensee. Geld aus dem Nicht-EU-Ausland, mutmaßlich illegal also, von dem niemand erfährt und das auch nicht an die Parteizentrale in Berlin und schon gar nicht an die Bundestagsverwaltung gemeldet wird. Noch kann die neue Spitzenfrau der AfD nicht wissen, wie fragil diese unbekannte Parteispende die neu gewonnene Macht werden lassen könnte. Denn diese und weitere Zahlungen werden Ende November 2018 zum Skandal, und wir werden ihn enthüllen. Am Ende von schier unglaublichen Tagen und Wochen.

Für uns beginnt die Geschichte, wie so oft, mit einem Hinweis von einem unserer sehr guten Informanten. Er ist bestens verdrahtet in der süddeutschen Wirtschaftswelt, hat bei einem Whiskey gehört, dass Alice Weidel viel Geld von ihr und der AfD zugeneigten Spendern bekommen haben solle. All das hat natürlich zunächst einmal eher den Status eines Gerüchts. Dennoch fragen wir uns: Könnte etwas daran sein und wenn ja, könnte es dabei etwa um dieselben schwerreichen Geldgeber gehen, die schon länger die millionenschwere Parallelkampagne zugunsten der AfD-Wahlkämpfe bezahlen sollen? Für uns ist das damals eine naheliegende Frage. Denn mit Alice Weidel führt die Spur mal wieder in die Schweiz. So wie wir versuchen 2017 viele Journalisten, die neue mächtigste Frau der AfD zu durchleuchten, ihren Antrieb zu verstehen und sie an ihrem Anspruch zu messen, das Gesicht der «Alternative» zu sein.

Weidel reagiert damals empfindlich auf Berichte über ihr Leben und ihre persönlichen Belange, schaltet immer wieder Medienanwälte ein. Einmal geht es um ein Porträt, das ihre beruflichen Stationen und ihre politische Sozialisierung nachzuzeichnen versucht. Ein anderes Mal geht es um eine Mail, die Weidel laut einem Bericht der *Welt am Sonntag* 2013 einem früheren Bekannten geschrieben haben soll. Teile sollen rassistisches Denken zeigen und die Bundesregierung verunglimpfen, sie als «Schweine» und «Marionetten der Siegermaechte des 2. Wk» bezeichnen. Weidel bestreitet zunächst die Echtheit, später dementiert sie diese nicht mehr. Damals gibt es die AfD noch nicht, Weidel engagiert sich aber in der Vorläuferorganisation, der «Wahlalternative 2013». In die AfD sei sie schließlich gegangen, weil ihre Lebenspartnerin ihr dazu geraten habe, erzählt sie. Diese habe so etwas gesagt wie: Weidel solle nicht immer nur meckern, sondern es selbst besser machen.

Im Herbst 2017 zieht die AfD in den Bundestag ein. Alice Weidel wird – neben Alexander Gauland – die erste Fraktionsvorsitzende der Parteigeschichte. Das Gerücht über die angeblichen Zahlungen verlieren wir nicht mehr aus dem Fokus. Im ersten Sommer, in dem die AfD im Bundestag sitzt, versuchen wir, bei unseren Kontakten auch mit unserer Spendenrecherche voranzukommen. Gerade in Berlin tummeln sich jetzt viele, die selbst gern in den Bundestag eingezogen wären und Rache nehmen wollen, weil sie sich in der eigenen Partei übergangen fühlen. Für Reporter gibt es schlechtere Zeiten. Auch zahlreiche unserer alten Kontakte aus der Zeit vor der Bundestagswahl haben es nach Berlin geschafft. Mal treffen wir uns mit ihnen dort, wo man solche Gespräche erwarten würde, im elitären Politik-Journalistentreff «Café Einstein» Unter den Linden etwa, wo sich Berlin am herrschaftlichsten zeigt und klassizistische Schinkel-Bauten das Straßenbild bestimmen. Solche Orte strahlen den Glanz aus, in dem sich die Neuen von der AfD nun gerne sonnen. Mal bekommen wir ein vertrauliches Dokument auf den Fluren des Bundestags in die Hände gedrückt, mal am Dönerstand. Mal können wir in einem Biergarten Fragen zu Kontakten zur GOAL AG und den Werbeaktionen stellen oder in einer Kiezkneipe in Wilmersdorf die großen Linien der Partei abklopfen. Für Journalisten gibt es dabei eine unverrückbare Regel: Wir geben nichts. Wir bekommen nur.

Der Moment, an dem wir zum ersten Mal von dem geheimen Konto im Wahlkreis von Alice Weidel hören, unterscheidet sich zunächst kaum von den vielen anderen Gesprächen. Wir treffen im «Hopfinger Bräu» neben dem Brandenburger Tor, gleich gegenüber des mondänen Hotel Adlon, einen Herrn, den wir schon seit vielen Monaten immer wieder sprechen, wenn wir in seiner Stadt sind oder er in unserer. Auch er wurde in der Partei übergangen. Der Mann gewährt uns, Schritt für Schritt, tiefere Einblicke in das, was er von der Spur des heimlichen Geldes weiß. Er hat einiges im Zusammenhang mit der Gründung einer parteinahen Stiftung für die AfD mitbekommen. Das sind jene staatlich und privat finanzierten Geldtöpfe, die den Parteien das politische Überleben sichern und mit denen sie durch Bildungsakademien und Förderung der Parteikader mit ihren politischen Vorstellungen tief in die Gesellschaft hinwirken wollen. Und auch in der AfD wird seit der Gründung über eine solche Stiftung diskutiert. Der Mann ist mit einem dieser Projekte beschäftigt, jetzt hat er lange mit sich gerungen, wie tiefgehend er seine Beobachtungen mit uns teilen möchte, ohne sich parteiintern zu sehr die Finger zu verbrennen. Und doch erzählt er nun, beim Kaffee, von einer Begebenheit, die ihm nicht mehr aus dem Kopf geht. Sie spielt Anfang Oktober 2017, kurz nach der Bundestagswahl, auf der Terrasse eines der teuersten Hotels Deutschlands. Dort, im Hotel Bayerischer Hof in München, hätten mehrere Herren an einem Tisch gesessen, so versichert er uns eidesstattlich. Arrangiert haben soll das Treffen Hans Hausberger, ein damals enger Vertrauter Alice Weidels aus Überlingen, ein Österreicher, der sich in ihrem Wahlkreis am Bodensee im Kreisvorstand engagiert und damals für sie die Organisation der neuen parteinahen Stiftung betreut. Mit Stiftungen kennt Hausberger sich aus, hat er doch früher für die Partei «Die Republikaner» eine solche mitaufgebaut. In der Erzählung unseres Informanten fällt jetzt jedoch ein weiterer Name, der uns noch mehr aufhorchen lässt. David Bendels. Auch der Vorsitzende des Vereins für Rechtsstaatlichkeit, jenes Vereins, der damals die millionenschwere Parallelkampagne für die AfD mit der GOAL AG organisiert, nahm demnach an der Herrenrunde teil.

Mails zeigen uns später, wie eng die Herren im Austausch standen. Bei dem Gespräch im Bayerischen Hof sei es dem Informanten zufolge darum gegangen, Stiftungskapital zusammenzubekommen. Bendels soll in Aussicht gestellt haben, womöglich die benötigte Summe von 50 000 Euro bei seinen Geldgebern besorgen zu können. Man habe sich irgendwann freundlich verabschiedet, so unser Informant. Bendels habe noch einen Anschlusstermin gehabt. Vor der Tür zum Bayerischen Hof habe er diesen begrüßt. Es sei Ernst Knut Stahl gewesen, die rechte Hand August von Fincks. Stahl, der enge Vertraute des Milliardärs, der für ihn schon früher einmal der Geldbote für rechte Politik gewesen ist und der sich für den AfD-Unterstützerverein interessiert.

Sollten wir uns also doch nicht irren? Schwerreiche erzkonservative Deutsche unterstützen die AfD oder deren parteinahe Organisationen auf Umwegen. Hängt alles mit allem zusammen?

Am darauffolgenden Tag, so erinnert sich unser Informant, habe er einen Anruf erhalten, der ihm im Gedächtnis geblieben sei, weil er sich sehr geärgert habe. Hans Hausberger, Weidels Mann vom

Bodensee, sei in der Leitung gewesen. Er habe ihm berichtet, dass er gerade aus Elmau komme. Dort habe er im Namen Weidels an einem Gespräch mit «den Investoren» teilgenommen, so der Wortlaut, den der Informant uns eidesstattlich versichert. Namen der Teilnehmer habe Hausberger nicht genannt. Elmau – zunächst denkt unsere Quelle dabei an den österreichischen Skiort am Wilden Kaiser, doch dann korrigiert er sich und ist sich sicher. Es gehe um das Fünf-Sterne-Hotel Elmau, jenes Luxusresort, in dem beim G7-Gipfel 2015 Barack Obama und Angela Merkel vor idyllischer Alpenkulisse posierten und in dem sich auch 2022 wieder die wichtigsten Staatenlenker unter anderem über den Ukrainekrieg unterhalten. Ein Idyll, von dem aus ein Weg zum Schachen führt, zur Alpenresidenz des einstigen Märchenkönigs Ludwig II. Es ist ein elitärer Ort. Hier erfreuen sich die Reichen, Klugen und Schönen des Landes an edlen Speisen und teurem Wein. Elmau ist deshalb auch ein Ort der Diskretion. Hausberger, der ein solches Gespräch und einen Besuch in Elmau auf unsere Anfrage hin später dementiert, soll unserem Informanten in dem fraglichen Telefonat etwas erzählt haben, das unsere Recherche voranbringen wird: Das nötige Stiftungskapital könne notfalls auch von einem anderen Guthaben gedeckt werden – von Geld, das auf einem Konto im Kreisverband von Alice Weidel liege und das sie für ihren persönlichen Wahlkampf bekommen habe. Geld, das nun, nach dem Wahlkampf, übrig sei, wegmüsse, so soll er sich ausgedrückt haben. «Bendels-Geld» sei das, auf einem AfD-Parteikonto, glaubt sich unser Informant zu erinnern. Hausberger wird all dies auf unsere Nachfrage später bestreiten. Auch David Bendels wird das Treffen dementieren. Doch wir bekommen Mails in die Hand, die aus dem Sommer und Herbst 2018 stammen und die Version unseres Informanten stützen. Bis wir sie in Händen halten, werden viele weitere Treffen vergehen.

Das Gespräch mit dem Informanten offenbart etwas völlig Neues. Es ist die erste Spur zu konkreten Geldflüssen der schwerreichen Unterstützer an die Partei selbst, auf ein Parteikonto und nicht, wie bisher bekannt, an den dubiosen Bendels-Verein und dessen Parallelkampagne. Für die AfD wäre ein solches Konto – mit dem Geld von Millionären gefüllt und Alice Weidel im Bundestagswahlkampf gewidmet – aus gleich mehrerlei Gründen ein Skandal. Die angebliche «Partei der kleinen Leute» wäre damit an dieser Stelle heimlich fremdfinanziert durch privates Großkapital, am Ende noch aus dem Ausland und damit parteienrechtlich illegal. Eine «Alternative für Deutschland», die sich so gern das Image der Rechtsstaatspartei gibt, entpuppt sich als Kopie anderer Parteien mit deren früheren Spendenaffären?

Dies klingt nach einer überaus spannenden Geschichte, doch noch hat sie entscheidende Schwächen. Wir kennen damals nämlich weder eine Kontonummer noch eine konkrete Summe, wir wissen nicht, wer der Spender sein soll. Vor allem aber haben wir noch keines der Dokumente, die wir brauchten, um diese Geschichte zu belegen.

Deshalb überlegen wir uns eine Art Dominospiel, bei dem wir einen Spielstein gezielt umschubsen und auf eine Kettenreaktion hoffen. Dafür verabreden wir uns mit ausgewählten Kontakten in und um die Partei herum, die jeweils ein Interesse haben könnten, das Konto zu finden. Entweder, um selbst Schadensbegrenzung wegen eigener Fehler zu betreiben, oder um mögliche Verfehlungen konkurrierender Funktionäre öffentlich zu machen. Uns geht es dabei nicht um machtpolitische Spielchen, sondern darum, Missstände ans Licht bringen. Bei Treffen mit Personen, die ein Motiv haben könnten, uns zu helfen, fragen wir also ganz beiläufig nach dem angeblich gut gefüllten Wahlkampfkonto in Weidels Kreisverband. Dabei lassen wir fallen, dass darauf womöglich faules Geld schlummere, welches offenbar mit den anonymen superreichen Gönnern des Vereins für Rechtsstaatlichkeit zu tun haben könnte. Und so machen wir es ein paar Mal. Aus Sommer wird Herbst, und der Plan funktioniert nicht. Nichts passiert.

Bis zu diesem Tag, dem 6. November 2018. Wir sind nach Stuttgart geflogen, weil wir uns in einem Steakhaus nahe dem Hauptbahnhof mit einem Mann treffen wollen, der sauer ist. Bei einem der

Treffen zuvor hatten wir den Tipp bekommen. Qua seines Amtes könnte er etwas über Weidels Finanzen wissen. Wir können ihn und einen weiteren Teilnehmer des Mittagessens nur deshalb so genau beschreiben, weil er sich und den weiteren Teilnehmer der Steakhaus-Runde später selbst vor seinen Parteikollegen geoutet hat – nachdem ihn eine parteiinterne Intrige zu einer schriftlichen Stellungnahme zur Affäre Weidel nötigte. Deshalb können wir hier die Fakten nennen, die Frank Kral, so heißt der Mann, dort veröffentlicht hat. Kral war bis zum Herbst 2018 eine Art Geschäftsführer der Bundestagsfraktion, zuständig für deren organisatorischen Aufbau. Dann wurde er von der Fraktionsspitze geschasst. Es ging um mutmaßliche Unregelmäßigkeiten bei den Fraktionsfinanzen, eher um kleine Lässlichkeiten als einen wirklichen Skandal. Wir erhoffen uns, dass er mehr wissen könnte über das geheime Konto im Kreisverband Bodenseekreis, denn Kral ist damals Landesschatzmeister, eine Art Finanzchef des Landesverbandes. Wer, wenn nicht er, sollte einen Einblick in die Konten haben?

Kral erscheint zum Termin in Begleitung seines Landesvorsitzenden. Damals ist das Ralf Özkara, ein Flügel-Mann, der rechts außen in der Partei steht und früher einmal ein enger Mitarbeiter Jörg Meuthens war. Wir sind zunächst enttäuscht. Der Gesprächspartner, der uns, wenn er will, vielleicht wirklich weiterhelfen könnte, bringt seinen Boss mit. Wenn es Zeugen gibt und dann noch einen solchen, kann man keine absolute Vertraulichkeit in einem Gespräch vereinbaren. Der Termin verebbt bei Burger und «Fitnesspfanne».

Tausend Kilometer Recherchereise an einem Tag umsonst, es wäre nicht das erste Mal, aber sehr ärgerlich. Zögerlich fragen wir noch nach dem «Weidel-Konto», tippen auch noch den Namen GOAL AG an. Kral kann sich zunächst nicht erinnern, es sei mal irgendwas mit einer Spende aus der Schweiz gewesen, aber etwas Legales. Wir wechseln das Thema, alle sind schon in Abschiedsstimmung. Und Özkara fragt uns, eher im Smalltalk-Modus, was wir generell über diese Spendenaffäre denken würden, bei der es immer wieder um diese «Gaul» ginge? Noch bevor wir antworten können, fällt der Schatzmeister seinem Vorsitzenden ins Wort und verbessert ihn. «Goal» heiße das korrekt ausgesprochen, wie englisch: «Tor».

Alle schauen ihn jetzt an. Ja, das wisse er eben deshalb so genau, weil es bei dieser ganz legalen Sache am Bodensee doch seiner Erinnerung nach um diese GOAL AG gegangen sei.

Landeschef Özkara sieht in diesem Moment aus, als falle ihm seine gesamte politische Karriere vor die Füße. Binnen Sekunden wird er blass, greift zu seiner Zigarettenschachtel und sagt, er müsse erst mal vor die Tür, und zwar allein. Als er zurückkommt, sagt er, dass für ihn politisch nun viel, wenn nicht gar alles auf dem Spiel stehe. «Ich habe ja in Ihrer Anwesenheit gerade sowas erfahren, und ich bin verantwortlich für den Landesverband.» Er brauche Zeit, er müsse überlegen.

Noch am Abend schauen die beiden offenbar die Aktenordner in der Landesgeschäftsstelle der Partei durch. Am nächsten Tag klingelt unser Telefon. Dann sagt Özkara sarkastisch: «Haben Sie Interesse?» Es gehe um Wahlkampfhilfe – aus der Schweiz.

Einen Tag später, zurück im Stuttgarter Steakhouse, treffen wir ihn erneut, und jetzt wechselt ein brauner Briefumschlag die Tischseiten. Özkara sagt, ihm sei klar, dass er, der Landesvorsitzende, nur eine Chance habe, den Skandal zu überstehen, wenn er die Rolle des Aufklärers einnehme. Ob seine Partei ihm dies danken werde, das wisse er nicht. Dann fahren wir vor dem Restaurant mit der Rolltreppe nach unten, zurück zur U-Bahn, zurück nach Berlin. Es wird nicht die letzte Stuttgart-Reise der Woche sein.

Die Kontoauszüge verraten die ersten Details: 132 000 Euro aus der Schweiz, auf ein Konto des AfD-Bodenseekreis überwiesen. Wer will hier Weidel so wohlwollend unterstützen und warum? Für uns liegt damals die These nahe, dass von dort, woher das Geld stammt, womöglich noch viel mehr gekommen ist. Und damit sollten wir recht behalten.

Bei unseren vertraulichen Kontakten in der Parteispitze, die von solchen Geldern wissen müssten, sind die Überweisungen aus der Schweiz nicht bekannt. Und auch in offiziellen Rechenschaftsberichten der AfD findet sich dazu kein Eintrag, obwohl die Spende weit über der Schwelle liegt, bei der die Partei dies gegenüber der Bundestagsverwaltung und der Öffentlichkeit transparent machen muss. Laut Kontoauszug kommt das Geld von einer Firma namens PWS Pharmawholesale aus Zürich. Einer Firma, die in der Vergangenheit offenbar mit Heilmitteln gehandelt hat, wie die wenigen öffentlichen Unternehmensangaben behaupten. Überwiesen wurden 18 Tranchen, jeweils knapp unter der gesetzlichen Veröffentlichungsgrenze im deutschen Rechenschaftsbericht. Wer so stückelt, will üblicherweise verhindern, dass der Geldfluss auffällt. Die Geldtransfers tragen den Verwendungszweck «Wahlkampf Alice Weidel Social Media». Die erste Tranche geht wenige Wochen nach Weidels plötzlichem Aufstieg zur Spitzenkandidatin ein, die letzte nur wenige Wochen vor der Bundestagswahl 2017. Das Geld wird auf das offizielle Konto des Kreisverbandes überwiesen und dann auf ein anderes Konto des Kreisverbandes weitergeleitet. Dort wurden damals alle Spenden gesammelt, die zweckgebunden für den Bundestagswahlkampf von Weidel eingingen. Als wir die Kontoauszüge zum ersten Mal durchsehen, fällt uns ein Name auf. Die Auszüge wurden an Alice Weidels Vater verschickt, der ebenfalls einmal im Kreisvorstand der AfD Bodenseekreis war, an Weidels offizielle Meldeadresse.

Jetzt haben wir die Dokumente, die wir brauchen, um den Weg des Geldes zurückverfolgen zu können. Langsam ergänzt sich das Recherche-Puzzle, und einige der Pfeile und Fäden an unserer Wand im Büro beginnen, sich ineinander zu verweben. Die Firma auf den Überweisungsträgern führt zu Kurt H., Besitzer mehrerer Apotheken am Zürichberg, einem Villenviertel mit Blick über die Schweizer Finanzmetropole. Wir versuchen, alles über diese Firma und ihren Chef herauszufinden. Viel ist es zunächst nicht. Führt die Spur des Geldes womöglich zum Unterstützerverein, zu Alexander Segert, zur GOAL AG und zu Millionären im Hintergrund?

Wir entscheiden uns, die illegale Spende damals umgehend zu

veröffentlichen, weil wir Sorge haben, ein anderes Medium könnte an die Infos gelangen. Denn in der Partei hoffen die Gegner Weidels, mit solchen Nachrichten ihre politische Karriere zu beenden. Und je mehr diese Gegner von den Kontoauszügen oder deren Inhalten erfahren, umso größer wird das Heer derer, die gegen Weidel in die Schlacht ziehen wollen. Welche Journalisten sie dafür kontaktieren, das haben wir nicht in der Hand. Also kontaktieren wir Alice Weidel und ihren Büroleiter im Bundestag, ihren engen Vertrauten Daniel Tapp. Wir stellen ihr Fragen zu den Geldflüssen und bieten ihr ein Kamerainterview an.

Alice Weidel sagt zu. Sie kommt mit Tapp ins ARD-Hauptstadt-studio. Sie kann kaum gehen; lag bis gerade krank zu Hause mit einem Bandscheibenvorfall. Aber nicht nur deshalb wirkt sie angespannt. Ihr ist offenbar klar, dass sie dieses Interview geben und damit selbst die Zuwendung öffentlich machen muss, statt sie unkommentiert zu lassen. Viele in der Partei werden uns gegenüber später sagen, sie habe nur so ihren Hals aus der Schlinge ziehen können.

Auch das ist eine Besonderheit der AfD. Seit der Gründung der Partei überstehen die führenden Köpfe innerparteilich in aller Regelmäßigkeit einen Skandal nach dem nächsten, vor allem, wenn es um extrem rechte Entgleisungen geht. Geht es um dunkle Gelder, verzeiht das die Partei schwerer. Die AfD wird es darum auch Alice Weidel nicht leicht machen.

Doch zunächst nimmt sie auf dem Stuhl vor der Kamera Platz, lächelt angestrengt und blickt ins grelle Scheinwerferlicht. Sie habe am Rande einer Wahlkampfveranstaltung für die Bundestagswahl von ihrer Schatzmeisterin von der Spende erfahren. Sie sei die Spitzenkandidatin gewesen und habe sich damit nicht beschäftigt. «Ich kenne die Firma nicht, kenne auch den Eigentümer nicht und ich kann mir auch die Beweggründe nicht erklären.» Sie habe sich nicht erkundigt, wer hinter der Firma und der Spende stecken könnte, denn es sei ein Konto des Kreisverbandes gewesen, keine persönliche Spende. Jahre später werden ihre Anwälte genau das aber zu ihrer Verteidigung anführen und sie damit in Widersprüche verwickeln. Weidel stolpert durch die Sätze während des Interviews, verspricht sich für ihre Verhältnisse ungewöhnlich oft. Wir wollen von ihr wissen, ob sie sich persönlich etwas vorzuwerfen habe? «Nein», sagt sie entschieden, «weil ich nicht Inhaberin des Kontos bin.» Stattdessen hätten ihre Kollegen im Kreis- und Landesverband viel früher reagieren müssen.

Persönliche Konsequenzen? Sie wolle keine ziehen. Aber sie war doch die Spitzenkandidatin und die Spende ihrem persönlichen Wahlkampf gewidmet? Auf ihre Anweisung hin sei das Geld schließlich zurücküberwiesen worden, ein gutes Dreivierteljahr, nachdem es eingegangen war. Warum erst so spät, kann Weidel bis heute nicht nachvollziehbar erklären. Zumal die Kontoauszüge zeigen, dass sie Teile des Geldes verwendet hat. Sie hat damit Rechnungen für eine Social-Media-Agentur, Anwaltsrechnungen und Auslagen eines Beraters beglichen – so, als handele es sich um eine ordentliche Spende und ein normales Guthaben. Sie liefert bis heute auch keine plausible Erklärung, warum sie weder dem Bundesschatzmeister noch der Bundestagsverwaltung Meldung gemacht hatte, räumt aber ein, dass dies ein Fehler gewesen sei. Ihr Sprecher erklärt heute, dass die Schatzmeisterin persönliche Probleme gehabt hätte und dies die Umsetzung verlangsamt habe.

Eines ist für uns nach diesem Gespräch noch klarer als zuvor: Ohne das Mittagessen im Steakhaus und ohne unseren Hinweisgeber aus dem Hopfingerbräu in Berlin hätte vermutlich nie jemand etwas von der Zuwendung erfahren. Weidel fragt an diesem 11. November am Ende des Interviews, wann wir über die Spende berichten werden. Dabei unterläuft uns ein Fehler, der später noch Gold wert sein wird. «In der *Tagesschau* um 17.15 Uhr», sagen wir ihr mit voller Überzeugung. Dann könne sie Alexander Gauland ja gegen 17 Uhr vorwarnen, entgegnet darauf Weidel sinngemäß; wenigstens er, mit dem sie die Bundestagsfraktion führt, solle es nicht aus den Medien erfahren. Doch die *Tagesschau* läuft um 17 Uhr. Es ist eine Kleinigkeit, aus der später noch ein wichtiges

Puzzleteil werden soll, denn wir können die Spur unseres Fehlers über verschiedene Chats hinweg verfolgen und darüber zu ganz neuen Erkenntnissen über den engen Kreis von Weidels Vertrauten kommen.

Nach dem Interview müssen wir schnell weiter Richtung Flughafen, wieder nach Stuttgart und dort den Landesvorsitzenden Ralf Özkara für die *Tagesthemen* und die *Süddeutsche Zeitung* interviewen. Er hat sich damals dafür entschieden, in die Offensive zu gehen und das Interview deshalb zu geben. Es bietet ihm die Möglichkeit, wahrheitsgemäß zu sagen, dass wir ihn mit einem massiven Verdacht konfrontiert haben, dem er dann als Landesvorsitzender aufgrund der Sachlage habe nachgehen müssen. Wir schaffen es gerade noch so, den Flieger zu erwischen, indem wir kurzerhand über eine Absperrung klettern. Das letzte Telefonat mit einem unserer Chefs führen wir, während der Flieger zur Startbahn rollt. Während unsere Recherche in der Tagesschau um 17 Uhr veröffentlicht wird, sitzen wir im Taxi zur Landesgeschäftsstelle der AfD Baden-Württemberg. Und auf unseren Handys leuchten Push-Mitteilungen auf und trudeln erste Nachrichten ein.

Der Milliardär vom Zürichberg

Noch ist aber völlig unklar, wo die illegale Spende tatsächlich ihren Ursprung hat. Uns helfen nun Kolleginnen und Kollegen, die sich besonders gut mit Unternehmensdaten und Grundbuchämtern auskennen. Unter ihnen sind auch solche, die in Zürich arbeiten, Kollegen vom *Tages-Anzeiger*, mit denen wir kooperieren. Sie suchen am Zürichberg sofort die Apotheke von Kurt H. auf.

Wir erwischen den Verwaltungsrat der PWS Pharmawholesale, zu der die Apotheke gehört, am Telefon. Und er räumt ein: Kurt H., der Apotheker und Drogist, hat gar nicht sein eigenes Geld auf das AfD-Konto überwiesen, sondern treuhänderisch das eines Geschäftsfreundes. Wer der Freund des Apothekers sei, könne er –

der Verwaltungsrat – jedoch nicht sagen. Und wir bekommen einen weiteren Tipp: Der wahre Geldgeber soll ein reicher Deutscher sein, der in Zürich mehrere Immobilien besitze und hier schon Jahrzehnte lebe.

Damit sind wir zwar einen Schritt weiter, haben aber dennoch ein Problem. Am Zürichberg wohnen nämlich sehr viele reiche, konservative Deutsche. In dem Millionärsviertel kommen also viele potenzielle «Geschäftsfreunde» als Geldgeber infrage. Das Problem werden wir erst Monate später nach Recherchen in der Schweiz, Deutschland, Spanien und Belgien lösen.

Zunächst führt unser Weg in die Niederlande. Denn in diesen Tagen im November 2018 bekommen wir einen weiteren Anruf aus der Partei. Wir erhalten die Information, dass es eine zweite, noch höhere Spende an den Kreisverband von Alice Weidel gegeben hat. Diesmal sind es 150 000 Euro. Sie kommen von einer niederländischen Stiftung namens «Stichting Identiteit Europa». Geld, das erneut ungewöhnliche Wege nimmt und über ein Liechtensteiner Konto fließt, wie wir Jahre später in einer Akte lesen werden. Auch dieses Geld wurde letztlich, nach einigen Monaten der Prüfung, zurücküberwiesen, stellt nach heutiger Ansicht der Bundestagsverwaltung aber eine illegale Parteispende dar. Deshalb wird die AfD Jahre später, im Sommer 2022, Post von der Behörde bekommen: Sie hätte den Betrag an den Bundestag überweisen müssen, so will es das Parteiengesetz.

Zwischen der Spende aus den Niederlanden und aus der Schweiz gibt es neben dem Empfänger noch eine Parallele: Auch hier hat der Kreisverband von Alice Weidel offenbar weder den Landesnoch den Bundesschatzmeister der AfD informiert und auch nicht die Bundestagsverwaltung, der ja eine Spende von mehr als 50 000 Euro sofort hätte gemeldet werden müssen. Nachdem wir auch den ominösen Geldfluss aus den Niederlanden wenige Tage nach der ersten «Weidel-Spende» veröffentlichen, fordern Vertreter der anderen Parteien im Bundestag, die Finanzströme der AfD genau untersuchen zu lassen. So mancher legt Weidel einen Rücktritt nahe. Die für sie und ihren Kreisverband zuständige Staatsanwaltschaft in Konstanz war bereits einen Tag zuvor tätig geworden. Sie hatte Ermittlungen gegen die AfD-Politikerin und weitere Parteikollegen aufgenommen.

Wir pendeln in jener Woche zwischen Stuttgart, Köln und Berlin, telefonieren aus den Zügen, wechseln die Bahnsteige auf halber Strecke, weil die Ereignisse uns plötzlich zwingen, in eine andere Richtung zu fahren. Wir schreiben Texte auf unseren Handys und schließlich in Magdeburg auf einem Hotelflur, denn dort findet am Ende dieser turbulenten Woche der Bundesparteitag der AfD statt. Es geht um die Besetzung der Listenplätze für die anstehende Europawahl. Und wir werden von einer weiteren wohl illegalen Spende an die AfD erfahren und diese veröffentlichen.

Zunächst aber hat uns ein Mann, der uns dringend sprechen möchte, in ein schmuckloses Businesshotel am Stadtrand von Magdeburg bestellt. Es ist jemand, den wir innerhalb unseres Recherche-Puzzles als eine der zentralen Figuren sehen. Jetzt überrascht er uns. Er bietet uns an, unser interner Chef-Aufklärer zu werden. Er habe Zugang zu vielen Unterlagen, die wolle er uns besorgen, wir müssten nur genaue Wünsche formulieren, sagt er. Ein Versprechen, das er niemals einlösen wird. Wir glauben ihm schon damals nicht, als wir in seinem Zimmer neben seinem Hotelbett sitzen und er, unterwürfig und sichtlich angespannt, auf der Bettkante. Uns beide beschleicht dasselbe seltsame Bauchgefühl: Wir fürchten, dass wir hier nur ausgehorcht werden sollen. Also bleiben wir mit unseren Äußerungen sehr im Allgemeinen und geben so wenig wie möglich von unserem Wissen preis. Später bekommen wir eine Ahnung davon, warum dieser Mann so dringend unsere Informationswünsche und damit etwas über unseren Kenntnisstand in Erfahrung bringen wollte. Denn er wird in Verdacht geraten, selbst an der Koordinierung der dubiosen Plakatkampagnen beteiligt gewesen zu sein, was er bis heute vehement bestreitet.

Aber der Tag wird dennoch ein Erfolgserlebnis für uns bereithalten. Noch während wir in dem Hotelzimmer sitzen, bekommen wir einen Anruf von einem seiner früheren Parteikollegen. Dieser gibt uns den Tipp, dass es noch eine weitere fragwürdige Parteispende gegeben haben soll. Auch diese sei von der ominösen «Stichting Identiteit» aus den Niederlanden gekommen, die schon an den Wahlkreis von Alice Weidel gespendet hatte. Eingegangen sei sie in NRW im Frühjahr 2016. Die Spendensumme betrug hier 49 000 Euro, eine Zuwendung knapp unterhalb der Schwelle, die sofort an die Bundestagsverwaltung gemeldet werden muss. Der damalige AfD-Landesvorsitzende Marcus Pretzell und sein Schatzmeister zogen den Bundesschatzmeister der Partei zurate und entschieden dann, die Spende binnen nur weniger Tage zurückzuüberweisen. Sie hätten den Verdacht gehabt, dass hinter der Stiftung ein anderer Spender gesteckt haben könnte, so sagte es uns Marcus Pretzell damals, als wir ihn danach fragen. Präzisieren wollte er seine Vermutung auf unsere Nachfrage hin damals indessen nicht.

Wenn Pretzells Verdacht stimmte, wäre die dubiose Spende in diesem Fall über einen Strohmann geflossen, und Strohmann-Spenden sind laut Parteienrecht verboten. Zudem dürfen Stiftungen, die keine Wirtschaftsunternehmen sind, nicht an Parteien spenden. Für die Verantwortlichen in NRW war dies jedenfalls Grund genug gewesen, auf die Parteispende zu verzichten.

Am Ende dieser Woche im November 2018 haben wir drei illegale oder mindestens dubiose Spenden öffentlich gemacht: eine aus der Schweiz an Weidels Kreisverband für ihren Wahlkampf, eine weitere von einer Stiftung aus den Niederlanden auf dasselbe Kreisverbands-Konto, und die dritte von ebenjener Stiftung aus den Niederlanden an den Landesverband NRW. Steckte hinter all diesen Spenden derselbe wohlhabende Geldgeber? Und falls ja: Warum gibt er sich nicht zu erkennen und setzt so viele unterschiedliche Masken auf?

Diese Fragen und die Spendenaffäre der AfD beschäftigen in den folgenden Wochen nicht nur uns. Die Affäre wird zum Kriminalfall, zur Causa Weidel. Die Bundestagsverwaltung leitet sofort einen

Prüfvorgang ein, es geht um mögliche Strafzahlungen für die AfD, und die Staatsanwaltschaft Konstanz treibt ihr Ermittlungsverfahren gegen die Verantwortlichen im Kreisverband von Weidel voran. Nach außen hin sichtbar tut sich nicht viel. Das Jahr wechselt, und der Winter neigt sich dem Ende zu. Dann treffen wir einen unserer langjährigen Informanten in unserer Berliner Stammkneipe in Mitte. Er gehört zu jenen in der AfD, für die beim Thema Geld die innerparteiliche Freundschaft aufhört. Er will, dass seine Partei eine Partei der Rechtsstaatlichkeit sein soll, anständig – so wie es sich die AfD ins Programm geschrieben hat, ohne es zu sein. Und deshalb wechselt in der Kneipe an der Theke ein Papier den Besitzer.

Das Dokument stammt vom Apotheker aus Zürich, von der PWS Pharmawholesale, von jener Firma also, die die 132 000-Euro-Spende an den Kreisverband von Alice Weidel weitergeleitet hatte. Die AfD hatte um das Schreiben gebeten, und der Apotheker hatte es nach Berlin an die Bundesgeschäftsstelle geschickt. Dann hat die Partei das Papier an die Bundestagsverwaltung weitergeleitet, ohne es auf Plausibilität zu prüfen, wie wir bei dem Treffen erfahren.

Sowohl diese Behörde als auch die ermittelnde Staatsanwaltschaft interessieren sich sehr für den Inhalt – und wir natürlich auch. Denn in dem Papier präsentiert die PWS Pharmawholesale aus Zürich nun die angeblich wahren wirtschaftlichen Spender an Weidels Kreisverband. 14 Namen und Adressen stehen darauf, Namen von Menschen und Orten, die uns nichts sagen und die sich auf den ersten schnellen Blick weder mit der AfD noch mit Reichtum in Verbindung bringen lassen. Wir stutzen, als wir in der Kneipe auf das Schreiben blicken. Schließlich hatte der Verwaltungsrat der Firma am Telefon die Spende doch als Gefallen des Apothekers für einen reichen «Geschäftsfreund» erklärt. Das passt nicht zusammen. Es ist der Moment in der Recherche, in dem offenbar nicht nur wir, sondern auch die Staatsanwaltschaft, die Bundestagsverwaltung und nicht zuletzt mancher hoher Funktionär in der AfD das Gefühl hat, belogen zu werden.

Am nächsten Morgen sitzen wir im Auto. Noch bevor wir losfahren, erscheint ein Bericht von Kollegen des ARD-Magazins *Report Mainz*, die mit dem *Spiegel* zusammen recherchieren. Sie kennen einige der Namen, die auf einer der Spenderliste stehen, und haben mit angeblichen Spendern in Deutschland und Spanien gesprochen. Alles deutet darauf hin, dass es Strohleute sind. Wir machen uns also selbst auf den Weg und fangen an, die Adressen abzuklappern. Die Liste führt uns zu Menschen im Hunsrück in Rheinland-Pfalz, nach Nordrhein-Westfalen, zu Adressen in Antwerpen in Belgien und zu zwei Anschriften an der Costa Brava in Spanien.

Ein großer Hund bellt uns an, als wir die Pforte zu einem gepflegten Vorgarten öffnen. Das Einfamilienhaus liegt am Rande eines Dorfes, in einer hügeligen Mittelgebirgslandschaft nahe des Rheins, in einer waldigen Gegend voller hingetupfter Dörfchen. Wir sind im Hunsrück und wir schmunzeln, dass es hier Orte gibt, die passenderweise Kleinweidelbach und Altweidelbach heißen. Hier, im Umkreis von etwa 15 Kilometern, sollen der Liste zufolge gleich mehrere der angeblichen Spender leben. Wir wissen nicht, was uns erwartet, und wir sind deshalb nervös, als wir den Klingelknopf drücken.

Ein freundlicher Mann öffnet die Tür. Zunächst zögert er, mit uns zu sprechen. Doch als wir ihm versichern, dass sein Name und selbst der Ort, in dem er lebt, nicht veröffentlicht werden, bietet er uns einen Kaffee an und erzählt. Er berichtet, wie er und einige alte Kumpels mit dem Billigflieger zu einem Auswandererfreund nach Spanien geflogen sind, eine feuchtfröhliche Herrenrunde im Sonnenschein bei Sangria. Und wie ihm dieser alte Bekannte dann nach der Rückkehr in Deutschland aufgrund der wiederbelebten Freundschaft einen attraktiven Deal vorgeschlagen habe: ein Geschäft, bei dem man nur seine Unterschrift und seinen Namen zur Verfügung stelle und als Gegenleistung 1000 Euro pro Person erhalte.

Was sich hinter diesem Deal genau verbarg, so beteuert unser Gegenüber, habe er nicht gewusst. Nur, dass er eingewilligt habe und die Namen von sich selbst, einem Kind, der Oma im Altenheim und sogar der Ex-Schwiegertochter zur Verfügung gestellt hat. Mit der AfD, so versichert der Mann, habe er überhaupt nichts am Hut. Zweimal sei das so gelaufen – aber nur einmal habe er das versprochene Geld auch erhalten.

Die Großfamilie hat, als sie ahnt, worin sie verstrickt wird, sofort Selbstanzeige erstattet. Weil sie später alle auspacken, signalisiert ihnen die zuständige Staatsanwaltschaft, dass sie wohl straffrei davonkommen. Jetzt wollen sie nur noch ihre Ruhe, erklärt der Mann. Einige Dörfer weiter stehen noch zwei Namen von Frauen auf der Spenderliste. Auch sie, so klärt uns unser neuer Bekannter auf, haben einen Bezug zu dem ausgewanderten Hunsrücker in Spanien; sie sind mit ihm verwandt.

Die zweite Adresse vor Ort führt uns zu einem Nagelstudio in der Dorfmitte. Wieder bellt ein Hund, als wir das Studio betreten, und die Frau, die zu Hündchen und Studio gehört, sagt uns zwar, dass sie diejenige sei, die wir suchen, wirft uns dann jedoch hochkant hinaus. Aber wir wissen jetzt, dass hinter der Spenderliste eine Art Schneeballsystem mit Strohmännern und -frauen steckt.

Nur: Wer steht an der Spitze der Pyramide? Wir fahren noch am selben Tag nach Belgien, hierhin führt Adresse Nummer 11 auf der Liste. In einem Vorort von Antwerpen soll ein Mann namens Philippe M. wohnen. Während der Fahrt bekommen wir den Anruf eines wichtigen Informanten. Er hat weitere Kontoauszüge vom Bodensee gesehen, die ihn stutzig machen. Es geht um kleinere Summen, die im Winter nach der Bundestagswahl auf dem Kreisverbands-Konto eingegangen sind. Als der Informant uns die Namen durchgibt, stutzen wir wieder einmal. Einer der Namen lautet Philippe M. Und genau zu ihm sind wir gerade unterwegs. Zwei weitere Namen dieser Nachspender führen ins Ruhrgebiet. Einen werden wir später auf anderen Listen der AfD-Spendenaffäre finden. Und der andere Name, der Name einer Frau, wird wenig später unseren Verdacht stärken, wer der wahre Geldgeber ist. Von Philippe M. finden wir im Internet noch eine weitere Adresse, die wir zuerst ansteuern, als wir Antwerpen erreichen. Sie befindet sich nämlich nur eine gute Viertelstunde Fußweg von unserem Hotel entfernt.

Dort soll Philippe M. in einem Bürohaus als eine Art Immobilienmakler residieren.

Im Eingang erschlägt uns schier die Masse der Firmenschilder. Es sind mehr Firmennamen als das Haus Büros haben kann. Wir laufen die Flure entlang, finden die passende Tür nicht. Als wir im obersten Stock ankommen, steigt ein jüngerer Mann aus dem Fahrstuhl, er trägt Fahrradhelm und fragt uns, ob er helfen kann. Wir fragen ihn nach Philippe M. Und zu unserer großen Verwunderung kennt er ihn. Es sei der Vater seines Chefs, sagt er, und winkt uns in ein schickes Atelier hinein. Der Vater habe hier auch einen Schreibtisch, sei aber nicht oft da. Ob wir ihn sprechen können, fragen wir? Der freundliche Mann zögert kurz, dann ruft er Philippe M. auf seinem Handy an, spricht kurz mit ihm und hält uns dann das Handy ans Ohr.

Philippe M. ist perplex. Er sagt, er kenne keine Alice Weidel und habe auch nichts mit Politik zu tun. Er sei jedoch gefragt worden, ob er seinen Namen zur Verfügung stellen könnte – und zwar nicht erst jetzt, sondern schon viel früher. Wer ihn gefragt habe? Die Antwort ist zunächst Schweigen. Dann: Ein Mann aus der Schweiz, mehr wolle er nicht sagen. Auch, weil es etwas mit seinem früheren beruflichen Umfeld zu tun habe, fügt er hinzu. Dann bittet er darum, das Gespräch zu beenden. Treffen will er uns nicht. Als wir das Handy zurückgeben, kommt gerade Philippe M.s Sohn im Büro an und ist wenig begeistert, uns zu sehen.

Wir springen ins Auto, fahren zur Privatadresse von Philippe M., jedenfalls glauben wir das. Zu der Adresse, die auf der Spenderliste aufgeführt ist. Wir hoffen, den Senior im persönlichen Gespräch davon überzeugen zu können, uns mehr zu sagen. Doch die Adresse auf der Liste führt nicht zu ihm, sondern zu einer Villa, die etwas zurückgesetzt hinter einem hohen Zaun liegt und zu einem schwerreichen Belgier gehört, einem Geschäftsmann. Von dem gesuchten Philippe M. keine Spur. Offenbar sind wir einem Verwirrspiel aufgesessen. Die Adresse scheint ein Fake zu sein.

Das Telefongespräch mit Philippe M. aber, das war echt, und es bringt uns einen entscheidenden Schritt voran. Noch während wir durch Antwerpen fahren, leuchten unsere Kollegen in der Redaktion das berufliche Umfeld von Philippe M. aus. Wir selbst fahren zu einem letzten Ziel an diesem Tag. Die Nachspenderin steht nicht auf der Liste. Es geht nach Duisburg, gerade einmal gut zwei Autostunden von Antwerpen entfernt. Das Ziel liegt in einem gehobenen Wohnviertel. In einem der Häuser mit hohen Hecken und Kameras an den Hauseingängen lebt die Frau, die eine kleinere Summe an den Kreisverband von Alice Weidel gespendet haben soll und deren Namen uns unser Informant auf der Autofahrt zugerufen hatte. Wir klingeln, niemand ist da. Vor der Tür jedoch sehen wir einen Firmenwagen, «Westfalia Immobilien» steht darauf geschrieben. Und wir entdecken direkt nebenan die dazugehörige Firmenzentrale. Seltsam, denken wir noch, Philippe M. ist ja auch im Immobiliengeschäft, wo noch mal genau?

Es ist der Moment, in dem die Puzzlestücke plötzlich tatsächlich ineinanderpassen. Denn unsere Kollegen melden sich mit einer sehr entscheidenden Information. Philippe M. hat für eine Firma gearbeitet, die demselben Mann gehört wie die «Westfalia Immobilien». Er ist gebürtiger Duisburger, lebt in der Schweiz auf dem Zürichberg und in London, sein Vater wurde mit dem Bau von Abertausenden Sozialwohnungen reich, und sein Sohn hat dieses Vermögen offenbar noch vermehrt: Die Rede ist von dem Milliardär Henning Conle. Unser Bauchgefühl ist diesmal sehr eindeutig: Das hier ist nun wirklich kein Zufall mehr.

Gleich am nächsten Morgen fliegen wir nach Zürich und treffen uns mit unseren Kollegen vom *Tagesanzeiger*. Die haben bereits mehrere Straßen ausfindig gemacht, in denen Mitglieder der Familie Conle wohnen. Wir klappern sie ab, wollen mit Conle das Gespräch suchen. Das Navigationsgerät lotst uns entlang des Hanges den Zürichberg hinauf, führt uns durch schmale Straßen an großen, teuren Villen mit Markisen und Sonnenterrassen entlang, rechts unter uns im Tal flirrt die Luft über dem Zürichsee. Plötzlich passieren wir die Apotheke des Kurt H., des Geschäftsführers der PWS Pharmawholesale.

Kurz darauf stoppen wir am Eingang einer schmalen Straße. Zwei große Steinsäulen säumen die Durchfahrt. Auf der einen ist der Schriftzug «Privatstrasse» eingemeißelt. Wir versuchen, das Ende zu erspähen, dort, wo die große Villa liegt. Hinter Zäunen, Hecken und hohen Bäumen soll Henning Conle eines seiner Häuser haben. Wir klingeln, aber niemand macht auf. Nichts regt sich hinter den großen Fenstern. Wir werfen einen Brief ein, den wir sicherheitshalber schon vorbereitet hatten. Darin die Frage, ob es stimme, dass er der Geldgeber der «Weidel-Spende» sei, der Milliardär vom Zürichberg, der über seinen Geschäftsfreund, den Apotheker, eine Strohmann-Spende an die AfD gegeben habe. Auch an der Adresse der Firma eines Sohnes probieren wir es. Hier übergeben wir einer Angestellten unseren Brief und bitten sie, bei ihrem Chef ein gutes Wort für uns einzulegen.

Von Conle jedoch hören wir nichts. Dafür erfahren wir und unsere Schweizer Kollegen so einiges über ihn. Henning Conle, so zeigt es ein Eintrag im Internet, hat der SVP offen Geld gespendet, also rechte Politik unterstützt. Er ist verwandt mit dem Mitgründer der früheren Reisefirma LTU, handelt international mit Immobilien, ein werthaltiges Portfolio, zu dem etwa die «Kensington Roof Gardens» gehören – eine noble Adresse in London, Privatclub mit lebenden Flamingos und künstlichem Bach inklusive. Henning Conle Sr. zog schon in den 1990er-Jahren mit Frau und Kindern in einen seiner Wohnsitze in die Schweiz, er soll auch die Schweizer Staatsbürgerschaft angenommen haben, lesen wir später in einer Akte. Der AfD dürfte er, wenn er nicht auch einen EU-Pass hat, inzwischen also nicht mehr offiziell spenden. Der Vater Heinz und der Onkel Kurt sollen in der Nachkriegszeit von Mülheim an der Ruhr und Duisburg aus zunächst mit Sozialwohnungen und öffentlichen Bauten zu viel Geld gekommen sein. Henning, der selbst Architekt und Immobilienunternehmer wurde, trat in deren Fußstapfen und betreibt diverse Firmen und Stiftungen; darunter, als eine Art Herzstück, die Liechtensteiner Gesellschaft Sirosa. In London kauften die Conle-Firmen im vergangenen Jahrzehnt eine Reihe teurer Immobilien, die Presse vermeldete 2014 Käufe des Shell-Mex-Houses oder mehrerer Gewerbeimmobilien auf den teuren Einkaufsmeilen der britischen Hauptstadt.

Auch in Deutschland besitzen die Conle-Firmen ein großes Immobilienportfolio. Immer wieder standen Conles Firmen, etwa in Hamburg oder Berlin, in den vergangenen Jahrzehnten in der Kritik; der Vorwurf lautete, sie sorgten nicht gut für diese Immobilien und deren Mieter, was eine der deutschen Conle-Firmen 2014 gegenüber der *Süddeutschen Zeitung* bestritt. Dem gesamten Familienverband Conle hat die Schweizer Zeitschrift *Bilanz* 2018 ein Vermögen von etwa einer Milliarde Schweizer Franken zugeschrieben. Die Familie gilt als überaus verschwiegen. Wir finden von keinem ihrer Mitglieder ein Foto im Internet. Auch Interviews oder andere öffentliche Äußerungen sind uns nicht bekannt.

Wenn von den Conles niemand reden will, dann vielleicht der Anwalt des Apothekers? Dessen Kanzlei befindet sich auch in Zürich. Unsere Schweizer Kollegen kennen Valentin Landmann bereits bestens aus anderen Recherchen. Es empfängt uns ein älterer Herr mit einer überaus schillernden Vita. In Hamburg soll er sich bestens im Rotlichtmilieu auskennen, er hat über dieses Milieu ein Buch geschrieben; in der Schweiz hat er zuletzt einen mutmaßlichen Spion verteidigt, der in Deutschland im Einsatz gewesen sein soll. Auf seinem Schreibtisch liegt ein Totenschädel, und auch ein Spazierstock, der in seinem Büro steht, hat einen Schädel-Knauf aus Chrom. Als wir kommen, wird gerade ein Schweizer Bundesrat verabschiedet, ein prominentes Mitglied der Regierung, wie uns unsere Schweizer Kollegen aufklären. Nach dem Bundesrat dürfen wir eintreten. Landmann gibt uns ein Kamera-Interview, in dem er die Spenderliste, die sein Mandant an die AfD geschickt hatte und über die wir zu diesem Zeitpunkt schon berichtet haben, als «Mist» einstuft, was sich mit unseren Recherchen im Hunsrück und Antwerpen deckt. Dass das alles strafbar sein könnte, davon geht er aber nicht aus. Und dann sagt Landmann am Rande des Interviews etwas für uns Entscheidendes: Ihm sei bekannt, dass wir bei den Conles waren, und er kenne auch unsere Briefe. Ob er jetzt auch *ihr* Anwalt sei, das will er zu diesem Zeitpunkt noch nicht bestätigen. Landmann wird jedoch später sowohl als Anwalt des Apothekers wie auch des Milliardärs tätig werden. Unsere Gesprächswünsche mit beiden verspricht er stets freundlich weiterzuleiten, dabei bleibt es aber – bis heute. Conle und der Apotheker möchten beide auf Anfrage für dieses Buch nicht Stellung nehmen. In Zürich wird uns bei unserem damaligen Besuch noch eine mit der Angelegenheit vertraute Quelle bestätigen, dass der wahre Geldgeber tatsächlich Henning Conle senior sei.

Ein Flieger bringt uns am nächsten Morgen nach Köln zum WDR, und wir veröffentlichen die Recherche am Abend in der *Tagesschau,* in der *Süddeutschen Zeitung* und im *Tagesanzeiger.* Nach Milliardär August von Finck, über dessen mögliche Nähe zur AfD sowohl der *Spiegel* als auch wir inzwischen eine Geschichte veröffentlicht haben, ist nun der nächste bislang geheime schwerreiche Gönner zugunsten der AfD bekannt. Im Lauf der Jahre leuchten zwar immer mal wieder weitere Namen von Millionären und Milliardären in der Recherche auf, die alle heimlich die AfD unterstützen sollen. Im Gegensatz zu Finck und Conle wird von diesen bis heute aber keiner so greifbar, dass wir seinen oder ihren Namen veröffentlichen könnten. Dafür heften sich auch Kollegen an von Finck und Conle.

Brisant wird eine Enthüllung sein, die etwa zwei Jahre später im ZDF gesendet wird und die auch das Recherchezentrum *Correctiv* berichtet. Frauke Petry, die ehemalige Parteichefin, erklärt, dass sie selbst und ihr damals neuer Ko-Parteichef Jörg Meuthen sich 2015 mit Henning Conle nahe Zürich getroffen hätten und dass der Milliardär Unterstützung für die Partei signalisiert habe. Sie habe sich sogar mehrfach mit Conle getroffen, aber selbst nie Zahlungen angenommen, so Petry. Kurz nach dem Interview erzählt Petrys Ehemann Marcus Pretzell im März 2021 in einer öffentlichen Sitzung des Landtags NRW, dass Meuthen am 15. 12. 2015 bei dem gemeinsamen Besuch mit Petry bei Henning Conle in Küsnacht bei Zürich einen «voluminösen Umschlag» überreicht bekommen habe.

Meuthen wehrt sich gegen diesen Vorwurf und bestreitet ihn vehement, auch gegenüber engen Vertrauten, wie wir erfahren. Juristisch geht er nicht gegen Pretzell vor. Auf Anfrage nennt er uns den Grund:

> «Der Grund dafür liegt darin, dass ich davon ausgehe, dass Pretzell genau das intendierte, um auf diese Weise mediale Aufmerksamkeit und weiteres Aufsehen für das kurz darauf erscheinende Buch seiner Frau zu erzeugen. Den Gefallen wollte ich ihm nicht tun. Herr Pretzell bekommt von mir genau die Aufmerksamkeit, die er verdient, nämlich so gut wie keine.»

Für die vielen Berichte über die Spendenaffäre und die einzelnen fragwürdigen Zuwendungen interessiert sich noch eine Staatsanwaltschaft ganz besonders. In Berlin ist die Behörde auf Straftaten spezialisiert, die mit Politikern und Parteien zu tun haben, allein schon, weil der Bundestag und die Parteizentralen ganz in ihrer Nähe liegen. Die Staatsanwaltschaft in der Hauptstadt beginnt 2018 zu prüfen, was es mit den dubiosen Spendenfällen der AfD seit 2016 auf sich hat; nach unseren Informationen geht es dabei auch um die Fälle Meuthen, Weidel und Reil. Vor allem aber geht es den Staatsanwälten darum, ob alle fragwürdigen Spendenfälle auch ordnungsgemäß in die jährlichen Rechenschaftsberichte der Partei eingetragen sind. Gegen Jörg Meuthen als verantwortlichen Parteichef leitet sie im Frühjahr 2022 ein Ermittlungsverfahren ein; ein zweites schon vorher gegen einen ehemaligen Schatzmeister der AfD.

Demnach seien ebenjene Berichte unrichtig bei der Bundestagsverwaltung eingereicht worden, so würde der Vorwurf gegen ihn lauten, erklärt uns Meuthen ein halbes Jahr später. Er kenne aber keinen aktuellen Sachstand. «Ich selbst habe gegenüber der Staatsanwaltschaft mehrfach meine vollständige und jederzeitige umfängliche Auskunftsbereitschaft versichert, um dazu beizutragen, die gegen mich erhobenen Vorwürfe vollumfänglich auszuräumen und so die Einstellung des Ermittlungsverfahrens zu beschleunigen.» Laut Bundestagsverwaltung prüft die Berliner Staatsanwaltschaft noch immer viel mehr Vorgänge und einen entscheidenden Zusammenhang: Demnach müsse abgewartet werden, «ob sich ergibt, dass das Vorgehen von Verein, der GOAL AG und den dahinterstehenden Geldgebern mit maßgeblichen Parteivertretern nachweisbar abgesprochen worden ist», so die Verwaltungsbehörde.

Bei seinem Dementi, in Sachen Spenden irgendetwas falsch gemacht zu haben, bleibt Meuthen also. Jedoch selbst enge Weggefährten, die ihn lange intern gegen Angriffe der Basis oder Parteispitze verteidigt haben, kommen ins Grübeln, weil Meuthen sein Meeting mit Conle jahrelang auch ihnen sorgsam verschwiegen und stets behauptet hatte, dass alle Karten längst auf dem Tisch lägen. Warum er Conle verschwieg, habe er ihnen nicht überzeugend erklären können.

Was die frühere AfD-Chefin Frauke Petry von der AfD-Spendenaffäre genau mitbekommen hat, ist bis heute noch nicht restlos geklärt. Wir haben schon 2018 brisante SMS zugespielt bekommen. Einer der damaligen Berater Petrys hatte im Jahr der Bundestagswahl 2017 seiner Chefin mehrere Nachrichten geschrieben. Er richtete ihr aus, dass ein Manager des Unternehmens Ströer sie dringend sprechen wolle. Ströer bietet deutschlandweit die Werbeflächen an, die Parteien buchen, um dort Werbung zu veröffentlichen. Auch die AfD hat damals dort solche Flächen gebucht. Und nicht nur sie: Der AfD-Unterstützerverein mit den angeblich vollkommen unabhängigen Kampagnen pro AfD war ebenfalls Kunde bei Ströer. In der Nachricht schreibt Petrys Berater auf ihre Nachfrage, worum es denn gehe: Es solle in dem Gespräch um die Koordination «der edlen Spender aus dem Süden mit den Kampagnen hier» gehen. Er habe nicht gewusst, um welche Spender es sich dabei handelt, sagt uns der Ströer-Manager später auf Nachfrage. Petry bestätigte damals die Echtheit der SMS. Zu weiteren Fragen wollte sie sich nicht äußern. In dem SMS-Verlauf taucht auch der Mann aus dem Magdeburger Hotelzimmer auf. Er soll in den Vorgang involviert gewesen sein, so steht es in den Nachrichten. Es ist jener Mann, der sich in der Woche der «Weidel-Spende» uns gegenüber als Chef-Aufklärer für die Affäre angeboten und bei uns den Eindruck erweckt hatte, er wolle uns aushorchen. Wir lesen diesen SMS-Verlauf so, dass es damals darum ging, die Wahlkampfkampagne der AfD mit der teuren Plakatkampagne des ominösen AfD-Unterstützervereins zu koordinieren. Würde man dieser Bewertung folgen, dann wäre dies verdeckte Parteienfinanzierung, und es könnten Millionensummen an Strafzahlungen für die AfD fällig werden.

Immer wieder GOAL AG

Die Welt dieser Superreichen und deren erzkonservativer und rechter Netzwerke ist verschwiegen, es dauert lange, bis Einzelne darin Informationen preisgeben wollen. Und doch haben wir im Laufe der Jahre für diese Recherche mit mehreren Hundert Menschen gesprochen, unzählige Akten einsehen können oder sogar zusammengetragen. Die für uns wichtige Frage bleibt aber: Wie hängt diese verschwiegene Welt genau zusammen? Wir haben August von Finck und Henning Conle als superreiche Unterstützer der AfD enthüllt. Milliardär von Finck hat, nach allem, was wir an Indizien zusammengetragen haben, mit seinem Engagement für den Verein für Rechtsstaatlichkeit und dessen Parallelaktionen die AfD als Ganze unterstützt. Milliardär Henning Conle schien sich offenbar mit Frauke Petry, Jörg Meuthen und Alice Weidel gezielter auch auf die Prominenten der Partei, also das Spitzenpersonal, fokussiert zu haben. Wo aber liegt zwischen den Spendenfällen, den Superreichen und den Mittelsmännern die Verbindung? Es ist Anfang 2019, als wir in unserem Büro erneut auf unserer Recherchewand Pfeile und Namen neu sortieren und Spuren verdichten. Je mehr Puzzleteile wir ergänzen, desto deutlicher wird das Bindeglied, über das wir nun schon vieles geschrieben haben: die GOAL AG.

Wir kommen darauf, als wir auf die fingierte Spenderliste schauen, oder vielmehr auf die Listen. Denn inzwischen gibt es drei davon, und wir haben sie alle in die Hände bekommen. Eine für den Fall der illegalen Spende aus der Schweiz für Alice Weidel, eine für den am Anfang des Kapitels beschriebenen Fall des ehemaligen Parteichefs Jörg Meuthen und eine dritte für den Fall des AfD-Europaabgeordneten Guido Reil. Während die Liste mit den falschen Spendernamen im Fall Weidel noch vom Strohmann selbst, also dem Apotheker, an die AfD gesandt worden war, tauchte nun auf den Listen der anderen Fälle die GOAL AG als Absender auf. Obwohl die drei Listen also zwei verschiedene Absender haben, gibt es eine entscheidende Gemeinsamkeit: Manche der Fakespender-Namen sind identisch, sind also auf der Liste des Apothekers und zugleich auf denen der GOAL AG zu finden. Der Verdacht drängt sich auf, dass die GOAL AG und die PWS zusammenarbeiten, sich in jedem Fall abgesprochen haben dürften. Auf einem der Namen bleibt unser Blick besonders aufmerksam hängen, denn auch er ist auf allen drei Listen zu lesen. Wir haben sogar schon mit dem Namensträger gesprochen. Es ist Philippe M., der Mann, den wir in Antwerpen am Telefon hatten, der früher für eine Conle-Firma gearbeitet hat und der uns maßgeblich so zu dem Milliardär nach Zürich geführt hatte. Die Vermutung liegt also nahe, dass es sich nicht nur im Fall Weidel, sondern auch im Fall von Reil und Meuthen um Zuwendungen von Henning Conle gehandelt haben könnte. Und der Verdacht geht noch weiter: Kann es sein, dass die GOAL AG in allen drei Fällen so etwas wie der Agent, der Mittler war?

In der Liste der «Weidel-Spende» finden sich drei Personen mit Adressen in Spanien, alle wohnen nah beieinander. Und wir hatten ja von unserer Spenderfamilie aus dem Hunsrück gehört, dass sie selbst über den spanischen Auswandererfreund zu Strohleuten geworden waren. Als wir an einem Frühjahrs-Wochenende 2019 in Barcelona landen, haben wir die Hoffnung, dass eine dieser drei Personen tatsächlich eine Art «Oberstrohmann» gewesen sein könnte – also jene Person, die von den Hinterleuten der Strohmann-Pyramide als Erste angesprochen wurde, ob sie denn Fakespender sein möchte. Es wäre diejenige Person, die mehr weiß, die eine Zwiebelschicht näher am Ursprung des Geldes ist, und die uns deshalb vielleicht erklären könnte, wie alles miteinander zusammenhängt.

Wir fahren durch einen der belebten Urlaubsorte an der Costa Brava, vorbei an reichen Russen-Villen und an Golfplätzen, auf denen auch Deutsche ihr Rentnerdasein pflegen. Die weißen Häuser schmiegen sich an die Hügel, und im Tal sieht man zuerst die Sonnenliegen, dann das glitzernde Mittelmeer.

Weil einer der beiden Männer, die wir aufspüren wollen, umgezogen ist und wir die neue Adresse nur vage beschrieben bekommen, kurven wir stundenlang durch die Straßen. Vergeblich. Wir suchen einen Mann, der Masseur für betuchte Menschen sein soll. Ein deutschsprachiger Arzt vor Ort kennt ihn, kann ihn aber auch nicht erreichen. Bei den anderen beiden Strohleuten handelt es sich um ein Paar – und hier haben wir mehr Erfolg. Sie leben noch an der Adresse, mit der sie auf der Liste stehen, in einem kleinen Haus mit Blick zum Meer. Eigentlich will der Hausherr los, als wir an seiner Tür klingeln. Er wolle zum Geburtstagsfest eines Kumpels auf Mallorca. Von dieser für uns eher nutzlosen Information abgesehen, ist er sehr schmallippig. Zu seiner Motivation möchte er nichts sagen. Nicht einmal, als wir ihm vorhalten, er sei doch nur Fakespender. Auch zu seinem Freund und dessen neuer Adresse möchte er uns nicht weiterhelfen. Aber wir bekommen seine Handynummer, bleiben mit ihm in Kontakt, telefonieren immer mal wieder mit ihm.

Später wird er uns dann doch noch erzählen, was wir wissen wollen. Ein Mann, der häufig in der Europäer-Siedlung weile, habe seinen Freund angesprochen. Der Freund, der Masseur, soll sich seit einigen Jahren um eine ältere Dame gekümmert haben, eine Schweizerin, die regelmäßig Besuch von ihrer Tochter und deren Lebensgefährten habe. So sei man in Kontakt gekommen. Der Besucher komme ebenfalls aus der Schweiz, sei aber Deutscher. Uns gegenüber will der sich nicht äußern. Sein Name: Alexander Segert. Der Chef der GOAL AG. Unsere Spinne im Netz.

Die drei Fakespender-Listen zeigen uns damals noch einen weiteren Kreis, der sich schließen lässt. Auf der Liste der GOAL AG im «Fall Meuthen» taucht nämlich ein Name auf, den wir schon kennen. Dabei handelt es sich um einen hochbetagten ehemaligen Notar aus Sonthofen im Allgäu. Wir haben seinen Namen schon in einem anderen Dokument gelesen: in den Gründungspapieren des dubiosen «Vereins zur Erhaltung der Rechtsstaatlichkeit und bürgerlichen Freiheiten», des AfD-Unterstützervereins. Sprechen wollte er über all das nicht.

Ausgerechnet in die Nähe des Tarnvereins, der die teuren Plakatkampagnen zur Unterstützung der AfD bei Wahlkämpfen aufgelegt hatte, ist nun spätestens durch all diese Umstände nach von Finck ein weiterer Superreicher gerückt: Henning Conle. Einiges deutet also darauf hin, dass die bislang bekannten großen dubiosen oder illegalen Spendenaffären der AfD miteinander zusammenhängen und zu einer einzigen Affäre verschmelzen. Zu einer Affäre, die daraus folgt, dass schwerreiche Erzkonservative die Republik nach rechts verrücken wollen.

In der AfD sorgen all diese Spendenfälle vor allem an der Basis für Aufregung. Das liegt nicht zuletzt an der Außenwirkung der Affären. Eine gute Woche nach unseren Enthüllungen zum Fall Weidel im November 2018 etwa drückt die Spendenaffäre das Umfrageergebnis der AfD nach unten, so ist in einigen Zeitungen zu lesen. Viele einfache Mitglieder und Wähler nehmen den führenden Köpfen der Partei ihre Verfehlungen übel. Auf Parteitagen, zuletzt im Juni 2022 in Riesa, treten immer wieder Mitglieder ans Mikrofon und stellen die Frage, ob die Verantwortlichen für die hohen Bußgelder nicht von der Partei in Regress genommen werden könnten. Ein Vorschlag, über den auch der Konvent der Partei mehrfach diskutiert hat. Am Ende entschieden die Funktionäre bisher immer, die Verantwortlichen nicht in Haftung zu nehmen, zumal auch Ehrenamtliche etwa in Kreisverbänden betroffen wären, die ohnehin schwer für solche Funktionen zu gewinnen sind. Doch die Affären rütteln für viele in der AfD an den Grundfesten der Partei, die für eine Anti-Establishment-Politik stehen will und gegen Korruption. Es ist eine der Gründungserzählungen der AfD, moralisch besser, nicht käuflich und in diesem Punkt anders sein zu wollen.

In der von Weidel geführten Bundestagsfraktion, der Speerspitze der Partei, sind es letztlich nur wenige, die aufbegehren. So können wir es in der internen vertraulichen Chatgruppe der Abgeordneten, der *Quasselgruppe*, nachlesen. Dort finden wir Nachrichten wie diese (grammatikalische und orthografische Fehler im Original):

Chat: «*Das Schlimmste daran ist, wenn es war ist, daß uns viele einfache Menschen vertrauen, uns oftmals von ihrem wenigen Geld auch noch spenden und dann erfahren müssen, wie wir durch Strafzahlungen, damit umgehen.*» *(15. 11. 2018)*

Chat: «*Wo, wodurch und durch wen wurde denn jetzt wirklich ein messbarer Schaden für die Partei verursacht? Stichwort: Parteispenden. Wie wurde darauf bisher reagiert? Gibt es Abmahnungen, Ämtersperren oder PAV? Davon habe ich bisher nichts mitbekommen, obwohl es in dieser Sache wohl nicht nur um einen Vogelschiss geht.*» *(6. 4. 2019) (PAV ist übliche Abkürzung für Parteiausschlussverfahren, Anm. d. Autoren)*

Der Vogelschiss und die Ämtersperren sollen sich auf rechtsradikale Eskalationen beziehen, die durchaus innerparteiliche Folgen für die Verursacher haben können. In diesem Chat empört sich ein prominentes Mitglied des Flügels, das findet, dass über Ausschläge nach Rechtsaußen viel mehr Aufhebens gemacht werde als über Parteispenden und die Folgen für die Partei. Doch die Tendenz geht dahin, die Sache mit den Spenden zumindest in der Bundestagsfraktion kleinzureden.

Chat: «Es war ein vermeidbarer Patzer. In allen Fällen. Lieber nix nehmen oder unverzüglich die obersten Stellen informieren. Unabhängig davon müssen wir nach außen die Sprachregelung finden, dass den Fall Gerichte entscheiden werden.» (16. 4. 2019)

Die Spendenaffäre zwingt die betroffenen Akteurinnen und Akteure, sich innerhalb der Partei neu aufzustellen – besonders Alice Weidel. Ihre innerparteilichen Feinde, die Weidel ohnehin schon länger loswerden wollen und bekämpfen, stellen viele eigene Recherchen nach weiteren möglichen Verfehlungen Weidels an. Sie wollen sie so zum Rückzug bringen. Wacklige Fotos sollen einen Koffer Weidels in einem Privatjet von Henning Conles Sohn zeigen, doch sie selbst ist nirgends zu sehen. Und es wird behauptet, Weidel sei mit diesem sogar zur Schule gegangen. Gerüchte und vermeintliche Spuren, denen wir nachgehen, die Weidel amüsiert bestreitet und die eines gemeinsam haben: Sie führen ins Nichts. Die damals noch als gemäßigter geltende Weidel gerät durch die Angriffe vorübergehend dennoch politisch unter Druck und entscheidet sich nun mehr als zuvor, sich stabile, verlässliche Mehrheiten zu suchen. Sie findet diese auf Bundesebene nun zunehmend beim rechtsextremen Flügel und scheut auch Kontakte zu dessen ideologischem Vordenker Götz Kubitschek nicht. Sie referiert im September 2019 in seinem neurechten Thinktank im sachsen-anhaltinischen Schnellroda auf einer Veranstaltung der «Sommerakademie» des «Instituts für Staatspolitik» vor IfS-Mitgliedern und vor Aktivisten der rechtsextremen Identitären Bewegung (IB) und anderen Personen mit extrem rechten Bezügen, darunter die neurechte Kampagnen-Plattform «Ein Prozent», eine aktivistische Gruppierung, die der IB nahesteht. «Ich fand es unwahrscheinlich wichtig und schön, hier zu sein, danke für die Einladung», sagte Weidel in einem Video von der Veranstaltung in Schnellroda, auf dem sie mit Erik Lehnert, dem Institutsleiter, zu sehen ist, untermalt von dynamischer Musik. Das Video ist auf dem «Kanal Schnellroda» bei YouTube abrufbar und hat im Sommer 2022 mehr als 15 000 Klicks. «Es ist das erste

Mal für mich gewesen, ich habe viele junge, interessierte Menschen gesehen», sagt Weidel darin, und dazu werden Bilder in das Video hineingeschnitten, die Politpromi Weidel und ihren Büroleiter fröhlich lachend inmitten der Veranstaltung und dieser jungen Leute zeigen. Auch mit Hausherr Kubitschek ist sie im Plausch zu sehen. Sie freue sich sehr, hier zu sein, «man merkt so richtig, die Leute sind aktiv, wissbegierig». Alle seien hier ihre Fans, anders als im Bundestag, souffliert Lehnert, und Weidel lacht gelöst. Ja, das sei hier ihr Ausgleich zum Bundestag.

Sie stellt sogar den Schwiegersohn der Kubitscheks in der Bundestagsfraktion als Mitarbeiter für die wichtigen Themen Grundsatz und Programmatik ein – angeblich vermittelt über ein anderes Bundestagsbüro, nicht über Familie Kubitschek, teilt uns ihr Sprecher mit. In Baden-Württemberg, ihrem eigenen, als sehr zerstritten geltenden Landesverband, hat sie besonders viele erbitterte Gegner. Hier sucht sie eigene, lagerübergreifende Allianzen und beschließt 2020, sich als Landesvorsitzende zur Wahl zu stellen. Ein heikles Unterfangen, das sie nach zähem Kampf gegen ihren Widersacher Dirk Spaniel für sich entscheidet. Den Vorsitz gibt sie im Juli 2022 auf eigenen Wunsch wieder ab.

Die Flucht nach vorn wird ihre innerparteiliche politische Führungsstrategie werden. Am Ende kommt sie so bis an die Spitze der Partei. Im Juni 2022 wird sie mit fast 70 Prozent der Delegiertenstimmen auf dem Parteitag in Riesa zur Vorsitzenden der AfD gewählt, mit weit besserem Ergebnis als Ko-Chef Tino Chrupalla.

Die Affäre, die sie den Kopf hätte kosten können, übersteht sie also unbeschadet, oder – anders gesagt – durch entschlossene Schadensbegrenzung. Weidel, so werden es auch die Szenen nach ihrer Wahl zur Bundessprecherin zeigen, hat sich inzwischen viel Sympathie in der Partei erarbeitet, obwohl sie bis heute kein eigenes klares politisches Programm entwickelt hat. Wenige wissen so recht, wofür genau sie steht, wofür sie politisch brennt. Der Weg an die Spitze selbst sichert immer wieder das politische Überleben der inzwischen mächtigsten Politikerin der AfD. Und wer diese Macht in der AfD in den vergangenen Jahren herausforderte, scheiterte. An Weidel, so scheint es, führt in der AfD inzwischen kein Weg mehr vorbei.

Zu den Enthüllungen um Conle hält sie sich stets bedeckt. Weidel bleibt dabei, dass sie Conle und dessen Familie persönlich nicht kenne und dass sie auch nichts davon gewusst habe, dass er ihre Kandidatur habe unterstützen wollen. Einige Parteikollegen halten das in Gesprächen mit uns für wenig plausibel, auch, weil sie selbst in der Schweiz lebt, sich häufig in Zürich aufhält – und weil Conle zumindest zu zwei anderen Spitzenfunktionären der AfD, zu Petry und zu Meuthen, einen persönlichen Kontakt gesucht hatte. In einem Chatverlauf zwischen Weidel und einem ihrer damals sehr engen Vertrauten lesen wir, wie genervt sie sich in den Tagen der Spendenenthüllung gibt. Auch dort, gegenüber dem Freund, betont sie, sich in dieser Sache nichts vorzuwerfen zu haben. Und darauf legt auch ihr Anwalt wert, einer der teuersten Strafverteidiger des Landes. Die Ermittlungen der Staatsanwaltschaft Konstanz sowie des LKA Baden-Württemberg ziehen sich fast drei Jahre lang hin. Sie gingen der Frage nach, ob sich Weidel und drei weitere Mitglieder ihres Kreisverbandes wegen Untreue und des Verstoßes gegen das Parteiengesetz verantworten müssen. Dabei ging es, bezogen auf Weidel, um deren persönliche strafrechtliche Vorwerfbarkeit. Die Ermittler interessierte weniger, was die AfD parteienrechtlich falsch gemacht hatte – ob sie also das Geld hätte annehmen dürfen und ob es nicht korrekt gemeldet wurde. Letzteres prüfte die Bundestagsverwaltung, die mit den Ermittlern in Kontakt stand. Diese Behörde entschied im Herbst 2020, dass es sich bei den 132 000 Euro aus ihrer Sicht um eine illegale Parteispende handelte, weil sie über einen Strohmann erfolgt sei und erst zu einem Zeitpunkt zurückgezahlt worden ist, an dem sie als wirtschaftlich vereinnahmt galt. Die Bundestagsverwaltung schickte der AfD einen Strafbescheid über den dreifachen Wert der Spende, abzüglich eines kleineren Betrags, den die AfD bereits hinterlegt hatte. Die Partei ist in Revision gegangen, im Sommer 2022 ist das Verfahren immer noch nicht abgeschlossen.

Die Ermittler des Landeskriminalamtes kommen ein paar Monate später als die Bundestagsverwaltung zum Abschluss und verfassen einen vertraulichen Bericht an die Staatsanwaltschaft Konstanz. Akten des Verfahrens «Gabe» mit dem Zeichen Az 40 Js 27643/18 werden uns von einer Quelle im Frühjahr 2021 zugänglich gemacht – wenige Monate, bevor die Ermittler bekannt geben, ob sich Weidel und ihre drei Parteikollegen durch die Spende strafbar gemacht haben. Um die «Akte Bodensee» in die Hände zu bekommen, wie wir sie intern nennen, fahren wir mitten in der Nacht einmal quer durch die Republik und zurück. Wir hoffen, in der Akte eine Antwort auf eine naheliegende und entscheidende Frage zu finden, eine, die wir durch unsere Recherchen nie selbst aufklären konnten: Hat es für die Zahlungen eine gezielte Absprache zwischen dem Spender, also dem Milliardär Henning Conle, und dem Empfänger, also den Verantwortlichen vom AfD-Bodenseekreis und allen voran Alice Weidel gegeben? Und haben die Ermittler auch die Spur der GOAL AG dezidiert verfolgt? Das Ergebnis ist weitgehend enttäuschend – aber auch verwirrend zugleich. Einerseits können auch die Ermittler eine solche Absprache nicht belegen, sie haben Conle nicht sprechen können, und auch britische Behörden haben ihn an seiner Londoner Adresse in Kensington nicht angetroffen. Die GOAL AG haben sie sich nicht vorgenommen.

Aber als wir die Akte durchblättern, stoßen wir dennoch auf mehrere spannende Informationen. Bei der Staatsanwaltschaft Konstanz ging nur wenige Tage nach unserer Veröffentlichung 2018 ein brisantes anonymes Schreiben ein. Er oder sie gehe davon aus, dass hinter der Spende an Alice Weidel ein Mann namens Henning Conle stecke, ist dort zu lesen: «Ich bin überzeugt, dass es sich mit sehr hoher Wahrscheinlichkeit um Henning Conle Senior handelt. Er ist Immobilienunternehmer und Architekt im Ruhestand. Er hat mir gegenüber folgende Aussage gemacht: ‹Die AfD ist jetzt endlich mal eine Partei, der man sein Geld geben kann.›»

Wer dieser anonyme Informant ist, bleibt bis heute unbekannt. Die Staatsanwaltschaft hatte frühzeitig einen Verdacht auf den wahren Spender – mutmaßlich von einem Funktionär oder einer Funktionärin, der oder die Conle persönlich getroffen hatte. Was die Ermittler eindeutig beweisen können, ist der Geldfluss: Dank eines Rechtshilfeersuchens an die Schweiz liegt ihnen die Überweisung der Spende über 150 000 Schweizer Franken von Henning Conles Konto auf das Konto der PWS Pharmawholesale genauso vor wie die Überweisungen auf das Konto der AfD sowie die Zahlungseingänge dort.

Und noch etwas anderes fällt uns in der Akte auf: Nachdem die Verantwortlichen im Kreisverband von Weidel sich im Frühjahr 2018 entschlossen hatten, die Spende auf das Konto des Pharmaunternehmens und Zürcher Apothekers zu überweisen, floss es offenbar von dort nicht zurück an den wahren Geldgeber Henning Conle. Es findet sich jedenfalls kein Hinweis auf eine Rücküberweisung, stattdessen floss es weiter. Die Akten zeigen, wie Überweisungen an etliche Firmen und Einzelpersonen gingen. Mal beglich der Apotheker für eine Unternehmerin eine fünfstellige Hotelrechnung in Leipzig, mal zahlte er zwei Männern aus Franken hohe Summen. Als wir bei einem dieser Männer einen Tag nach dem Aktenstudium in einem kleinen bayerischen Dorf klingeln, wollen wir wissen, ob die Weidel-Spende über neue Strohleute vielleicht doch wieder an die AfD zurückgeflossen sein könnte. Er könne das zumindest für sich und für einen Freund ausschließen, der auch Geld bekommen hatte, sagt der Mann. Ja, er kenne den Apotheker von früher, und er habe sich damals in einer finanziellen Schieflage befunden. Der Apotheker habe ihm geholfen, alles hänge mit einem Betrugsprozess zusammen, in den beide verwickelt gewesen seien. Wir klingeln noch bei mehreren der Empfänger, und alle geben an, nichts von einer Verbindung zu der Spende an die AfD zu wissen. Auch die Ermittler sahen am Ende offenbar keine Anhaltspunkte dafür, dass über diese Konstruktion Geld verdeckt wieder an die AfD zurückgeflossen sein könnte, wie es zunächst in den Akten als Hypothese zu lesen war. Ob der Apotheker dem Milliardär Conle das Geld am Ende in bar oder anderweitig zurückgegeben hat oder ob er es behalten hat, bleibt unklar. Beide wollten sich auf Anfrage nicht äußern.

Am Ende stellen die Staatsanwälte aus Konstanz das gesamte Verfahren ein. Sie mussten diesen Schritt auch deshalb gehen, weil es ihnen nicht gelungen war, eine Beziehung zwischen Conle und dem AfD-Kreisverband, dem Weidel angehört, herzustellen – und auch nicht, eine ganz konkrete Absprache zu finden, dass eine bestimmte Summe als Spende angewiesen werden solle. Für Letzteres habe allerdings – außer der Spendenstückelung selbst – auch der Umstand gesprochen, dass das Konto des AfD-Kreisverbandes, auf dem die Spenden eingingen, erst wenige Tage vor dem ersten Zahlungseingang eröffnet worden war, so erklärt es uns die Staatsanwaltschaft Konstanz später. Aber die Ermittler kommen damals zu dem Schluss, dass sich Weidel und die damaligen Vorstände ihres Kreisverbandes strafrechtlich nichts haben zuschulden kommen lassen. «Frau Dr. Weidel nimmt diesen Umstand mit Genugtuung zur Kenntnis, sind damit doch allen haltlosen Spekulationen in der Öffentlichkeit endgültig die Grundlage entzogen», teilte uns an dem Tag ihr Sprecher mit.

Ihren Preis hatte die Spendenaffäre für die AfD jedoch. Die Partei muss teuer dafür bezahlen. Bisher – Stand Juli 2022 – hat die Bundestagsverwaltung mehr als 1,1 Millionen Euro von der AfD eingefordert, auch wenn die Partei in einigen Fällen noch dagegen klagt. Im Fall Weidel geht sie, wie beschrieben, noch gegen das Strafgeld von 396 000 Euro vor. Für die illegale Wahlkampfunterstützung Jörg Meuthens durch die GOAL AG beträgt die Strafsumme 270 000 Euro, der Fall ist abgeschlossen. Im Fall Guido Reil sind es etwa 130 000 Euro. Im Spendenfall des ehemaligen NRW-Landeschefs Marcus Pretzell soll die Partei rund 108 000 Euro bezahlen, sie klagt dagegen im Sommer 2022 noch in zweiter Instanz. Und im Fall der niederländischen Spende auf das Konto am Bodensee hat die Bundestagsverwaltung im Juli 2022 einen Bescheid an die AfD verschickt, der ankündigt, dass die Partei 150 000 Euro zahlen soll, weil sie die ursprüngliche illegale Spende nicht an sie, sondern an den Absender weitergeleitet hatte – nach Ansicht der Bundestagsverwaltung ein Verstoß gegen die Regeln; die AfD will dagegen klagen. Die Partei ist immer wieder juristisch gegen Bescheide vorgegangen. Einige Vorgänge befänden sich derzeit noch in der Prüfung durch die Bundestagsverwaltung, andere werden derzeit vor Gericht verhandelt, heißt es auf Anfrage bei der AfD.

Besonders teuer könnten aber die Plakatkampagnen des fragwürdigen AfD-Unterstützervereins für die AfD werden. Im Fall seiner kostenlosen Werbezeitung namens «Deutschland-Kurier» hat die Behörde bereits kleinere Bußgelder ausgesprochen, wenn auch bisher keine für die wirklich teuren Kampagnen des Vereins. Die AfD hat hier 72 000 Euro Strafe gezahlt, weil sie bestellte Gratis-Werbezeitungen in Bayern und Hessen nicht in ihrem Rechenschaftsbericht als Spenden verbucht hatte. Der Bescheid wurde akzeptiert. Die Behörde prüft die AfD und deren Verbindungen zum Verein und der GOAL AG weiterhin. Auch die Staatsanwaltschaft Berlin hat schon länger einen Prüfvorgang eingeleitet und führt auch zwei separate Ermittlungsverfahren gegen die Verantwortlichen in der Partei. Wenn die Beamten zweifelsfrei spendenbezogene Absprachen mit der AfD für die gesamten Kampagnen belegen könnten, würden der Partei weitere Strafen in Millionenhöhe drohen.

Rechtes Geld

Viele Funktionäre in der AfD hatten die Sorge, dass die Strafzahlungen die AfD und ihre Kassen in Bedrängnis bringen könnten. Das wäre auch lange Zeit der Fall gewesen. Wenngleich die Finanzlage der AfD im Vergleich zu anderen im Bundestag vertretenen Parteien nicht üppig ist, flossen der AfD inzwischen aber in den vergangenen Jahren ganz legal immer mehr Gelder zu. Dies liegt auch an den Mandatsträgerabgaben, die seit dem Einzug in immer mehr Parlamente von 2024 an zu einer wichtigen Einnahmequelle wurden. Das reine Vermögen der Partei betrug 2020 laut Rechen-schaftsbericht des Bundestags rund 33 Millionen Euro. Etwa das Achtfache, nämlich um die jeweils 270 Millionen Euro, besaßen im gleichen Jahr Union und SPD. Noch immer fehlen ihr Unter-nehmensspenden. Trotz dieses starken Gefälles sei die Partei inzwischen mit einem solchen Vermögen ausgestattet, dass man sie, so der langjährige Bundesschatzmeister Carsten Hütter, über das Thema Geld nicht mehr existentiell gefährden könne. So gut sei die Partei noch nie durchfinanziert gewesen, und sie sei schulden-frei, erzählt er uns um Frühjahr 2022. Das bedeutet: Selbst wenn es die AfD aus irgendeinem Grund also nicht mehr geben sollte, dann könnte das Vermögen womöglich in einer neuen Struktur seine ide-elle Wirkkraft behalten.

Es würde also viel Geld übrig bleiben, um rechtsradikale und rechtsextreme Gedanken in der Gesellschaft zu verankern. Und die AfD hat auch noch eine parteinahe Stiftung, die Desiderius Erasmus Stiftung (DES), die zusätzlich ein eigenes Vermögen besitzt und genau zu dieser Verankerung in der Gesellschaft gedacht ist. Sie steht nicht nur als Auffangbecken für ehemalige Parteifunktionäre zur Verfügung, sondern will in Seminaren und einer Bildungsaka-demie die Ideologie der AfD fördern. Noch im Sommer 2022 streitet sich die DES mit dem Haushaltsausschuss des Bundestages und will vor Gericht ziehen, weil dieser die DES trotz des erneuten Einzugs der AfD in den Bundestag nicht bei der Verteilung des für die partei-nahen Stiftungen vorgesehenen, mit vielen Millionen ausgestatte-ten Topfes aus Steuermitteln im Haushalt 2022 berücksichtigt hat. Allein für die DES könnte es nach dem bisherigen Vergabeverfahren dabei um etwa 70 Millionen Euro pro Jahr gehen. Die Entscheidung des Haushaltsausschusses, die AfD-nahe Stiftung von den Förder-mitteln erneut auszuschließen, fiel im Anschluss an die Gerichts-verhandlung in Köln, bei der die AfD gegen die Einstufung des Bun-desamtes für Verfassungsschutz als rechtsextremer Verdachtsfall geklagt hatte und unterlegen war.

Gönner aus dem sehr rechten Milieu halten wiederkehrende Einstufungen dieser Art nicht davon ab, weiter Geld zu spenden. Manche dieser Spenden sind problematisch. Eine könnte womöglich zusammenhängen mit einer Bewerbung um das mächtigste Amt des Staates. Zumindest gibt es eine erstaunliche Zuwendung, die einen solchen Verdacht nährt. Als im Frühjahr 2022 ein neuer Bundespräsident gewählt werden soll, nominiert die AfD überraschend den umstrittenen Ökonomen Max Otte als ihren Kandidaten. Er ist bis dahin Vorsitzender der ultrakonservativen und CDU-nahen WerteUnion, CDU-Mitglied. Wir bekommen Unterlagen zugespielt, die zeigen, dass Otte etwa ein Jahr zuvor an den AfD-Kreisverband von Parteichef Chrupalla insgesamt 20 000 Euro gespendet und Chrupalla sich danach ganz besonders für Otte als Kandidaten stark gemacht haben soll. Handelt es sich um gekaufte Politik, so wie manche es in der Partei schnell unterstellen? Otte und Chrupalla weisen das weit von sich und sehen in dem Vorgang kein Problem. Weil sich Otte für das Amt des Bundespräsidenten von der AfD nominieren lässt, wird ihn die CDU wenige Monate später aus der Partei ausschließen.

An die AfD lehnen sich aber nicht nur Akteure aus dem erzkonservativen Lager mit ihren Geldern an, es gibt auch rechtsradikale Spender. Der rechtsextreme Mörder des Kasseler Regierungspräsidenten Walter Lübcke soll 2016 einen kleinen Betrag an die AfD gespendet haben, das berichten nach der Tat mehrere Medien. Die Parteispende soll demnach für die Thüringer AfD von Björn Höcke bestimmt gewesen, jedoch an den Bundesverband überwiesen worden sein. Dieser wollte sich nach Medienberichten nicht dazu inhaltlich äußern.

Gerade der radikale Landesverband Thüringen zeigt aber auch, wie unterschiedlich Geldgeber inzwischen auf die zunehmende Rechtsdrift der AfD blicken. Denn im Frühjahr 2022 forderte einer der wenigen öffentlich im Rechenschaftsbericht einsehbaren Großspender der Partei zunächst per Klage seine 100 000 Euro Spendengeld von Höckes Landesverband zurück, weil, so seine Begründung, sich die Partei inzwischen zunehmend verfassungsfeindlich gezeigt hätte. Das Geld sei zur Demokratieförderung gedacht gewesen. Später zog er die Klage zurück, weil er – so die Begründung – nach deren Einreichung einer Flut an Beleidigungen und Bedrohungen vor allem in den sozialen Medien ausgesetzt gewesen sei.

Neben den Spenden sprudelt eine weitere, beständige und noch viel bedeutsamere Geldquelle. Auch im Jahr 2022 erwartet die AfD in Summe aus dieser Quelle wieder eine niedrige einstellige Millionensumme. Es geht um Erbschaften, vor allem Immobilien. Ganz besonders ein Vermögen soll inzwischen etwa doppelt so viel wert sein wie bei Antritt des Erbes. Es ist damals die bei weitem höchste Einnahme in der Geschichte der AfD und einer der größten Geldflüsse an Parteien, die es je in Deutschland gab. Anfang 2020 bekommen wir die Unterlagen dazu vertraulich zu sehen und berichten darüber. Es geht um einen Nachlass, der aus lukrativen Patenten, etwa 50 Goldbarren, Krügerrand-Goldmünzen und Goldunzen, einem Grundstück und mehreren Immobilien besteht. Der Eigentümer, ein 79-jähriger Ingenieur aus Bückeburg, war etwa zwei Jahre zuvor gestorben und hatte der AfD sein komplettes Vermögen hinterlassen, nachdem er sich selbst mit Benzin an einer Autobahnauffahrt angezündet hatte. Ein martialischer Tod – und eine Hinterlassenschaft im Wert von damals sieben Millionen Euro. Der unverhoffte Schatz kommt der AfD damals gerade recht. Sie hatte zuvor eine Million Euro aus dem Parteivermögen beiseitelegen müssen, um all die Strafen bezahlen zu können, die der Staat bislang für die Spendenaffäre ihrer führenden Gesichter um Weidel und Meuthen eingefordert hatte.

Als besonders bemerkenswert empfinden wir es bis heute, dass niemand über diese Skandale gestolpert ist. Es mag damit zu tun haben, dass die AfD jeden Skandal als Angriff von außen begreift, und das schließt letztlich in der Partei regelmäßig die Reihen, für den Moment sogar zwischen den verfeindeten Lagern. Alice Weidel hat die Spendenaffäre unbeschadet überstanden, ihr Aufstieg wurde nicht gebremst, sie ist nun Parteichefin. Ihr Vorgänger Jörg Meuthen hielt sich an der Spitze und ging als bisher langlebigster Vorsitzender in die Parteigeschichte ein. Dass er es am Ende schwer hatte, Mehrheiten zu organisieren, hatte nichts mit GOAL AG und Conle zu tun. Und Guido Reil, der Europaabgeordnete mit dem GOAL-Plakat, wurde auch nicht politisch abgestraft. Keiner der involvierten AfD-Funktionäre, die uns bekannt sind, musste wegen der dubiosen oder illegalen Geldflüsse zurücktreten oder die Partei verlassen.

Vielleicht überleben die betreffenden AfD-Politiker auch deshalb, weil die AfD ein immer deutlicher werdendes Personalproblem hat, sie besitzt immer weniger Funktionäre in ihren Reihen, die eine einigermaßen erfolgreiche Vita mitbringen, die mitreißende Reden halten können, die irgendetwas auszeichnet, was sie als Berufspolitiker geeignet erscheinen lässt. Wer die Partei verließ, tat das aus anderen Gründen, und wusste – wie Petry und Pretzell – um den Sprengstoff, den sie oder er bei ihrem Abschied in den Taschen mit davontrugen.

Während die AfD-Akteure also noch da sind, ist der ominöse Unterstützerverein mit den millionenschweren Kampagnen für die AfD schon seit einiger Zeit immer weniger aktiv gewesen. Im Sommer 2022 hat ihn sein Vorsitzender Bendels auch aus dem Vereinsregister löschen lassen. Als Urheber der Kampagnen war er nicht nur verbrannt, er war auch aus juristischen Gründen nach unserem Dafürhalten nicht mehr zweckdienlich. Die Partei hatte sich, wohl ebenfalls juristisch beraten, im Laufe der Jahre von ihm distanziert und ihm verboten, für die AfD weiterhin zu werben und bestimmte optische Elemente abzukupfern.

David Bendels kümmert sich schon länger vor allem um den «Deutschland-Kurier», der sich auch weiterhin klar für die AfD-Positionen stark macht: gegen Windräder, pro Russland, gegen Geflüchtete, gegen «Gender-Gaga». Zuletzt machte Bendels, wenn man so will, indirekt Werbung für die AfD, indem er vor der Bundestagswahl 2021 mit seiner Conservare Communications GmbH, die den «Deutschland-Kurier» herausgibt, eine Anti-Grünen-Kampagne plakatierte, «Grüner Mist» genannt. Diesmal zeigten die Großplakate eben nicht an, wer gewählt, sondern wer nicht gewählt werden sollte. Wer für die Kampagne zahlte, wollte Bendels nicht preisgeben. Ob die GOAL AG oder Superreiche im Hintergrund erneut involviert waren, all das sind Fragen, die wir uns auch stellen.

Für uns Journalisten ist es normal, dass Recherchen niemals ganz aufhören. In jedem Fall sollten sie letztlich dazu beitragen, dass Missstände aufgedeckt werden, aber da endet aus unserer Sicht auch unsere Aufgabe. Wir informieren. Ob sich an dem konkreten Problem etwas ändern soll, das müssen die Menschen selbst entscheiden. Es ist ihre Wahl. Was uns aber empört, sind strukturelle Schlupflöcher, die es all jenen, die den Fluss des Geldes verschleiern wollen, und die das nötige Geld dazu haben, so leicht machen. Das Problem: Für wohlhabende Gönner gibt es in Deutschland viele legale Umwege, um Parteien, in diesem Fall der inzwischen rechtsradikalen AfD, verschleiert Unterstützung zukommen zu lassen. Sie können sich eine Tarnkonstruktion kaufen. Womöglich gelingt es ihnen so auch, direkt Einfluss zu nehmen, indem Empfänger von Annehmlichkeiten für sie ansprechbar sind. So entstehen Abhängigkeiten – quid pro quo. Die Gönner haben noch eine weitere Einflussmöglichkeit. Mit ihren Vereinskampagnen können sie sich in die programmatische Arbeit der gesamten Partei einmischen und bestimmte, für sie besonders passende Inhalte betonen. Für solche Entscheidungen wären eigentlich Parteigremien zuständig, die ihren Mitgliedern verpflichtet sind.

Das deutsche Parteienrecht hilft ihnen indirekt, denn es ist lückenhaft. Es gab immer mal wieder Bemühungen, es zu verschärfen, sie blieben vergeblich. Sie scheiterten am Willen derer, die es letztlich betrifft, und die von Spenden profitieren – den Parteien im Bundestag selbst. Dabei ist eine grundlegende Reform des Parteienrechts wohl die einzige Möglichkeit, solchen verdeckten Geldflüssen die Wege zu verschließen. Der letzte Anlauf für so eine Novellierung scheiterte noch vor der Bundestagswahl 2021. Aus Verhandlungskreisen war zu hören, dass die Union, die jährlich mit Abstand die meisten Spenden aller Parteien erhält, die Reform blockiert habe.

Der Koalitionsvertrag der Ampel-Regierung aus SPD, Grünen und FDP enthält nun den Plan, Parallelaktionen wie der des Tarnvereins einen Riegel vorzuschieben. Wie man dieses Ziel erreichen will, lässt man noch offen. Es gehe darum, die Integrität des politischen Wettbewerbs vor einer Beeinträchtigung durch verdeckte Wahlkampffinanzierung zu schützen, heißt es in dem Vertrag. Man wird sehen, was daraus folgt.

Aus der CDU-Spendenaffäre der 1980er- und 90er-Jahre oder aus Verfehlungen anderer Parteien in der Vergangenheit haben die Parteien selbst offenbar nicht genug gelernt. Gelernt haben sie aber, damit zu leben. So auch die AfD, die weit davon entfernt ist, eine Partei der «kleinen Leute» zu sein, sondern sich mit der Frage auseinandersetzen muss, ob sie auch die Partei reaktionärer Milliardäre ist, die sich ein Vehikel geschaffen haben, mit dem sie die etablierten Parteien treiben können.

Kapitel 6
Auf der Suche nach dem blonden Phantom

Wie hat ein Mann namens Tom Rohrböck die AfD über Jahre beeinflusst? Auf der Spur eines Mannes, der sich seit den ersten Tagen der Partei ein großes Netzwerk in der AfD aufgebaut hat – und der seine Schützlinge in Luxushotels zur kostenlosen politischen Beratung empfing.

Politische Beratung ist eine hohe Kunst. Dies ist die Geschichte von einem, der diese Kunst offenbar gut beherrscht – und dabei möglichst wenig Spuren hinterließ.

Im Februar 2020 hat ein AfD-Abgeordneter offenbar genug von den Rätseln und Fragen, die sich mancher seiner Kollegen damals stellt. Im Saal der AfD-Bundestagsfraktion, hinter jenem lichtdurchfluteten Foyer mit den gläsernen Zwischenwänden, legt er einen Stapel Flugblätter aus, so werden es uns Teilnehmer der Sitzung später berichten. Darauf ist der Schriftzug «Wanted?» zu lesen, das Layout wie auf einem Fahndungsplakat aus dem Wilden Westen gestaltet. Weiter ist das Bild eines auffällig blonden, tief gebräunten Mannes im schwarzen Anzug und mit gelber Krawatte zu sehen. «Tom Rohrböck, Politische Beratung der CDU & AfD, sucht weitere MdB und MdL. Machen Sie Karriere, aber richtig!», heißt es auf dem Papier.

Das Plakat sorgt in den Büros von AfD-Bundestagsabgeordneten und in internen Chatgruppen der Partei für viel Gesprächsstoff. Auch wir kennen den Namen des Mannes zu diesem Zeitpunkt schon länger, der hier zur parteiinternen Fahndung ausgeschrieben ist. Die Rolle, die er womöglich in der AfD spielen soll, beschäftigt uns damals schon viele Monate lang. Denn offenbar gelang es diesem Tom Rohrböck, der AfD von Anbeginn an zu folgen wie ein Schatten. Er soll in der Partei ein beeindruckendes Netzwerk aufgebaut haben – bis in die Parteispitze.

Wir sind deshalb nicht die Einzigen, die sich für ihn und seine Rolle als klandestiner Einflüsterer der AfD interessieren – und dafür, was dabei echter Einfluss ist und was womöglich Hochstapelei oder übertriebenes Geraune. Rohrböck ist damals in vielen Hintergrundgesprächen mit Funktionären auf den Fluren des

Bundestages ein großes Tuschelthema, denn offen möchte niemand über ihn sprechen.

Der Mann, der im Frühjahr 2020 auf diesem Weg versucht, Klarheit über diesen Tom Rohrböck zu bekommen, ist ein Abgeordneter aus Bayern. Er ergreift diese Initiative, weil er endlich wissen will, was an den unzähligen Gerüchten über diesen Rohrböck dran ist. Denn über diesen Mann, der in der AfD damals keinerlei offizielle Funktion hat, ja noch nicht einmal Parteimitglied ist, werden die abenteuerlichsten Geschichten verbreitet: Ein ehemaliger Fraktionsmitarbeiter nennt ihn einen «heimlichen Strippenzieher», einen «Königsmacher». Er sei einer, der im Verborgenen hochrangige AfD-Funktionäre maßgeblich beeinflusse, womöglich sogar die ganze Partei heimlich steuere, sagen andere. Er sei ein Einflüsterer, «das Gespenst der AfD», der im Auftrag ominöser Auftraggeber handele und politische Karrieren befördern und beenden könne. Dabei sagt Rohrböck über sich selbst, wie wir in einem WhatsApp-Chat lesen: «Inhaltlich bin ich kein AfDler.»

All das hören wir über ihn, von unterschiedlichen Mitgliedern in der Partei. Zudem noch etwas, das uns besonders hellhörig macht: Er lade Funktionäre in teure Hotels ein, biete ihnen sogar finanzielle Unterstützung an für ihre politische Arbeit. Letzteres behaupten manche in der AfD, die zugleich jedoch beteuern, selbst nie Geld angenommen zu haben. Wieder andere wissen zu berichten, dass Tom Rohrböck ein beeindruckendes Netzwerk in Politik und Wirtschaft besitze, von dem jene, die er als seine «Schützlinge» bezeichnete, auf ihren politischen Karrierewegen profitieren könnten.

Bis heute versucht die AfD herauszufinden, was es mit dem blonden Phantom wirklich auf sich hat, und wie groß sein Einfluss auf die Partei und einzelne Funktionäre, mit denen er im engen Austausch gewesen sein soll, wirklich war. Nachdem wir im Sommer 2021 zum ersten Mal über Rohrböck und sein Wirken in der AfD berichtet haben, beruft die AfD gar eine Untersuchungskommission ein, die parteiinterne Nachforschungen aufnimmt – aber lange Zeit so gut wie keine Ergebnisse vorweisen kann. Carsten Hütter,

Mitglied des Bundesvorstands und Schatzmeister der AfD, sagt uns damals, Tom Rohrböck habe seinen eigenen parteiinternen Recherchen zufolge versucht, «Einfluss auf Entscheidungen von Mandatsträgern zu nehmen» – in Bezug auf rund 30 Abgeordnete sei ihm das ganz konkret bekannt. «Die meisten im Bereich der Fraktion im Deutschen Bundestag und zehn auf Landesebene», so Hütter. Als das AfD-interne Krisenteam bundesweit abfragen lässt, welche Funktionäre mit Rohrböck in Kontakt waren und wie sich dieser Kontakt jeweils genau gestaltete, war der erste Rücklauf gering und die Erkenntnis dünn. Hochrangige Funktionäre, die nachweisbar mit Rohrböck jahrelang in Kontakt standen, ließen die Abfrage einfach unbeantwortet. «Dieses Verhalten lässt tief blicken und beunruhigt mich», sagt uns ein Bundesvorstand. Auf dem Bundesparteitag im Sommer 2022 musste Tino Chrupalla, der Parteichef, sich gegenüber der Basis rechtfertigen, dass er und die anderen Bundesvorstände dem Rohrböck'schen Wirken nicht entschlossen genug nachgehen würden.

Rohrböck bleibt für die AfD, aber auch für uns als Reporter, die seinen Spuren gefolgt sind, ein schwer fassbares Phänomen. Der Informant, der uns genau zwei Jahre, bevor das Fahndungsplakat im Fraktionsflur hing, zum ersten Mal von diesem angeblichen Strippenzieher berichtet hat, will uns den Namen damals zunächst nur ins Ohr sagen. Er müsse sehr vorsichtig sein, betont er, als wir ihn in Berlin treffen. Denn dieser Strippenzieher habe seine Augen und Ohren überall – und er habe Kontakte, die auch überall mithören könnten, sagt er, und meint Nachrichtendienste. Auf unserer Spurensuche werden wir später einen ehemaligen Geheimdienstchef aus Österreich finden, der mit ihm in Kontakt steht. Dieser Rohrböck, von dem er berichtet, erscheint groß gewachsen, seine Figur muskulös, fast bullig, und sein Gesicht sieht auf allen Bildern, die wir von ihm im Internet finden werden, vom Fitnessstudio bis zum Wander-Selfie, stets braun gebrannt aus. Nur die Augenpartie ist auffallend hell, genau dort, wo tagein, tagaus eine dunkle, tiefschwarze Sonnenbrille sitzt.

Der Mann sei so einflussreich wie gefährlich, klärt uns unser Informant damals auf. Weshalb dieser Mann so wichtig sei? Unser Informant schluckt sichtbar. Der Mann sei «der Berater». Der Mann, der heimlich Alice Weidel steuere, wie eine «Marionette», so seine damaligen Worte, und Weidel wird einen solchen Einfluss später dementieren. Wenn dieser Rohrböck nicht gleich die ganze AfD steuere, die womöglich einfach nur ein «Fake für Deutschland» sei. Er hat Angst vor ihm. Und viele andere, die wir während dieser Recherche sprechen werden, haben sie auch. Ein Bundestagsabgeordneter wird deshalb später, als wir aus unserer Spurensuche einen Film für die ARD machen, mit Perücke vor uns sitzen und seine Antworten mit Gummihandschuhen nur auf einen Computerbildschirm tippen.

Alles, was uns unser ursprünglicher Informant im Frühjahr 2018 berichtet, erscheint uns damals unwirklich. Wir wissen zu diesem Zeitpunkt nicht, dass dies dennoch der Beginn einer weiteren, jahrelangen Spurensuche werden wird, die uns wieder einmal quer durch Europa reisen lässt – zu unzähligen Gesprächspartnern. Damals sind wir weit davon entfernt, sofort den Spuren des Phantoms zu folgen. Zu viele unwahre Geschichten von angeblichen Einflüsterern, von Strippenziehern und «U-Booten der Geheimdienste» hat man uns in der AfD schon erzählt – Gerüchte, die in der AfD häufig kursieren. Denn in dieser Partei glauben viele an Verschwörungserzählungen, an eine Art «tiefen Staat» und an heimliche Netzwerke, die etwa mithilfe des Verfassungsschutzes an den eigentlichen Stellschrauben der Partei drehen sollen.

Als wir Rohrböck damals googeln, bestärkt das erst einmal unsere Skepsis. Mal soll er angeblich ein Versicherungsberater in Triest sein, mal Verkäufer eines ominösen Eierkochers namens «Superegg 3000», mal einfach nur Geschäftsmann. Glaubt man den Angaben auf seiner Facebook-Seite, den E-Mail-Signaturen und seinen eigenen Behauptungen, etwa in Chats, dann ist er auch physisch, zumindest bis vor der Corona-Pandemie, immer woanders: im Raum Amsterdam, in Österreich, im britischen Steuerparadies Guernsey.

Der Name Rohrböck führt in eine bunte, geradezu schillernde Welt. Und er führt zu vielen Fotos im Netz, die keinen professionellen Eindruck hinterlassen, sondern eher Schnappschüssen gleichen. Es sind Fotos des blonden Beraters mit Politikern verschiedener Parteien, und viele der Aufnahmen sind bereits Jahre alt. Mal stellt er sich zwischen SPD-Mann Günter Verheugen und den ehemaligen BDI-Chef und späteren AfD-Europaabgeordneten Hans Olaf Henkel, mal lässt er sich mit CDU-Urgestein Wolfgang Bosbach ablichten oder mit konservativen Politikern aus Österreich oder Italien. Er wirkt hier wie ein Autogramm-Jäger. Aber Rohrböck scheint eher eine Art Journalist zu sein, politische Podien mit diesen Herrschaften zu organisieren und zu moderieren. Und, was uns dabei stutzig macht: Die Veranstaltungen finden in teuren Locations statt, mal in Salzburg, mal in München, in Schlössern und schicken Hotels.

Die Bilder zeigen noch mehr: Er scheint viel zu reisen, und er scheint auch nicht aufs Geld achten zu müssen. Mal steht Rohrböck mit einer Hand am Oldtimer vor einem Schloss in Österreich. Mal postet er Bilder von einem Sportwagen in Norditalien. Seinen Gesprächspartnern soll er sich schnell als «Tom» vorstellen. Wirklich ernst nehmen wir diese Figur jedoch erst, als er inmitten eines anderen Skandals auftaucht und uns eine Kostprobe seines Einflusses zeigt.

Im November 2018 ändert sich unser Blick auf Rohrböck. Es ist Sonntagnachmittag, der 11.11., und wir sitzen im Taxi zum Flughafen, als eines unserer Handys die Textnachricht eines Informanten empfängt. Der Mann, der uns anschreibt, weiß nicht, dass wir gerade eben noch mit Alice Weidel im ARD-Hauptstadtstudio beisammenstanden. Es ist jener Tag, an dem wir ihren Spendenskandal enthüllen, und wir haben gerade ein Interview für die *Tagesschau* mit ihr geführt. Es geht um ihr politisches Überleben, aber nicht einmal ihr Ko-Fraktionsvorsitzender Alexander Gauland weiß zu diesem Zeitpunkt von der 132 000-Euro-Spende aus der Schweiz für ihren persönlichen Wahlkampf. Die Textnachricht unseres Informanten ist deshalb so kurz wie brisant: «Mr. T. informiert.»

Mr. T, so nennt dieser Informant uns gegenüber damals regelmäßig Tom Rohrböck. Dazu leitet er einen Screenshot an uns weiter, der eine Nachricht Rohrböcks an eine bayerische Bundestagsabgeordnete der AfD zeigt: «17.15 h Tagesschau. Spendenskandal der AfD.»

Wir schauen uns an – und sind baff. Tom Rohrböck weiß offenbar jetzt schon von unserer geplanten Berichterstattung – aber woher? Rohrböck hat die Nachricht offenbar nur wenige Minuten, nachdem wir mit Alice Weidel und ihrem Büroleiter beisammenstanden, in sein Handy getippt. Und so kurz die Nachricht von Rohrböck ist, sie enthält einen besonderen Clou: einen unabsichtlichen Fehler von uns, der noch viel wert sein wird. 17.15 Uhr, hatte wir Alice Weidel gesagt, als sie nach dem Zeitpunkt unserer Veröffentlichung fragte, um Gauland noch informieren zu können. Aber in Wahrheit lief die Sendung schon um 17 Uhr.

Offenbar verbreitet Tom Rohrböck Minuten nach unserem Gespräch unseren Fehler, den nur Alice Weidel und ihr Sprecher mitbekommen haben, weiter. Wir fragen uns damals: Hat Alice Weidel, die ja angeblich von diesem in der Partei damals öffentlich vollkommen unbekannten Tom Rohrböck beraten wird, ihn also in Kenntnis gesetzt, in einer für sie so brenzligen Lage, in der ihr eine persönliche Spendenaffäre droht? Und noch bevor sie ihren engsten Kollegen Gauland in Kenntnis setzt? Sie wird uns das bis heute nicht beantworten.

Einen Tag später, am 12. November 2018, bekommen wir wieder Post. Wieder von demselben Informanten, und wieder sind es Screenshots von Textnachrichten, die Tom Rohrböck mit der ihm damals offenbar nahestehenden Bundestagsabgeordneten Corinna Miazga aus Bayern ausgetauscht hat.

Tom Rohrböck: «Ich besänftige Alice. Läuft das aus dem Ruder, könntest Du täglich lesen, wer was wann bekam. Dann geht Meuthen rasch. ...»

Miazga: «Willst du mir etwa sagen, dass da alle drinhängen?»

Tom Rohrböck: «Nicht alle, aber arg viele ... Alle bedienen sich. Die AfD ist keine Partei, mehr eine Versorgungschance für gescheiterte Existenzen.»

Dieser Dialog nährt unseren Verdacht. Wir vermuten: Die Welt der Spenden könnte wirklich etwas mit der Welt des Tom Rohrböck zu tun haben. Wir hören uns von nun an nach ihm um. Und wir erleben, während wir einige unserer langjährigen und gut informierten Quellen aus der Partei nach ihm befragen, etwas Erstaunliches: Rohrböck scheint tatsächlich seit den frühesten Tagen der AfD an der Seite mehrerer Menschen gewesen zu sein, die wir bereits kennen, die uns aber nie von sich aus von ihm erzählt hätten.

Wir wollen, wie man es häufig in Recherchen wie diesen versucht, wieder einmal der Spur des Geldes folgen. Wie intensiv diese Arbeit werden wird, ahnen wir, als uns ein vertraulicher Bericht einer Wirtschaftsdetektei zugespielt wird. Es ist ein Dossier, das Rohrböck als Geschäftsmann zeigt, der ein Firmennetzwerk steuern soll, das wiederum Verbindungen zu zahlreichen Politikern aus verschiedenen Parteien aufweist – auch zu mehreren Männern mit AfD-Vergangenheit. In einer Übersicht, die die Detektive erstellt haben, wimmelt es von Firmennamen, Serverdaten und Verbindungslinien, die allesamt auf einen Mittelpunkt zulaufen: auf einen Mann, der auf der schematischen Übersicht auffallend blondes Haar und eine tiefschwarze Sonnenbrille trägt.

Auf denselben Spuren wie wir sind zwei erfahrene investigative Journalisten-Kollegen unterwegs, denen wir während der Recherche begegnen. Auch sie haben sich, wie wir, schon länger das Netzwerk der AfD-Spenden angeschaut und auch sie sind so bei Tom Rohrböck gelandet. Mit Christian Fuchs, Reporter bei der *ZEIT*, auf rechte Netzwerke spezialisiert, und mit Hannes Vogel, freier Wirtschaftsjournalist, schließen wir uns zusammen. Unsere Informanten treffen wir an den unterschiedlichsten Orten: in den Lobbys edler Luxushotels und Bahnhofskneipen, in Bürogebäuden und Anwaltskanzleien, bei ihnen zu Hause, im Park und in Abgeordnetenbüros des Deutschen Bundestages. Vieles, was wir mündlich hören, versuchen wir, mit schriftlichen Quellen zu untermauern: mit vertraulichen Firmenunterlagen, mit Kontoauszügen, mit Mails und WhatsApp-Chats. In einem Fall, in dem wir den betroffenen früheren AfD-Politiker selbst nicht mehr fragen konnten, gelang es uns, an einen Teil seines Nachlasses zu kommen. Mehr als drei Gigabyte Material sammeln wir so auf unseren Festplatten.

Am Ende können wir eine Geschichte rekonstruieren, die wir Ende Juni 2021 veröffentlichen; in der *ZEIT* und in der ARD.

«Meine Mädels im Bundestag»

Nur eine kleine Straße schlängelt sich zu jenem abgelegenen, aber äußerst diskreten Luxushotel am Rande der Alpen empor, in dem Rohrböck unseren Recherchen zufolge als Stammgast abgestiegen ist. Es ist eines von mehreren verschwiegenen Fünf-Sterne-Häusern, in denen er offenbar immer wieder eincheckte. Er reiste dabei häufig nicht allein, so auch nicht an jenem 17. November 2017. In jenem Herbst also, in dem die «Alternative für Deutschland» gerade zum ersten Mal in den Bundestag eingezogen ist. Diesmal ist Rohrböck in Begleitung einer jüngeren, blonden Frau angekommen. Sie wird uns gegenüber später zugeben, dass sie hier auf dessen Einladung zu Gast war. Es ist ein Paradies der Annehmlichkeiten, in dem sich unter Ausschluss der Öffentlichkeit am Infinity-Pool mit Blick auf die schneebedeckten Gipfel beim Loup de mer und einem guten Tropfen der Sommelière so manches vertraulich besprechen lässt.

Rohrböck und seine Begleitung bleiben zwei Tage. Rohrböck zahlt für sie, er übernimmt die Kosten für Zimmer, Drinks und Speisen im Spitzenrestaurant. Wir sehen es auf den Kreditkartenabrechnungen, die uns zugespielt werden, nachdem auch wir kurz vor Beginn des Corona-Lockdowns im Februar 2020 mit einem Mietwagen die einsame Straße hinaufgefahren sind, vorbei an letzten Schneeflecken. Rohrböcks blonder Gast wird später zwar nicht leugnen, dass sie auf seine Kosten logierte. Sie wird jedoch versichern, die An- und Abreise selbst beglichen zu haben. Angereist ist sie unter falschem Namen, angeblich aus Sicherheitsgründen, wird sie später ausführen. Die Mitarbeiter des Hotels erkennen sie trotzdem, denn ihr Gesicht kennt damals schon ganz Deutschland, aus den Nachrichten, aus Talkshows, von Wahlplakaten: Es ist Alice Weidel. Alice Weidel, die im Wahlkampf 2017 eine Wahlkampfspende über 132 000 Euro aus der Schweiz von einer Strohmann-Firma bekommen hat, wovon noch niemand weiß, als sie die zwei Tage mit Tom Rohrböck in dem Luxushotel verbringt. Dieselbe Frau, die Rohrböck informiert hält, als wir von dieser Spende erfahren, und über die Rohrböck im Chat schreibt, wenn das aus dem Ruder laufe, komme raus, wer was wann bekam.

Als wir von dem gemeinsamen Hotelaufenthalt erfahren, stärkt dies einmal mehr unseren Verdacht, dass es sich bei Rohrböck um einen ernst zu nehmenden Einflüsterer der mächtigsten Frau der AfD handeln könnte, die schon bald darauf Fraktionsvorsitzende werden sollte. Auffällig ist für uns auch der Zeitpunkt des Meetings: Kurz nach der Wahl trifft sich Weidel mit dem heimlichen Berater in einem Hotel, ohne dass die Partei davon erfährt.

Was wurde da besprochen? Kurz vor unserer Veröffentlichung, im Juni 2021, sitzt Alice Weidel an einem heißen Sommertag vor unserer Kamera, in einem Besprechungszimmer im Bundestag. Sie habe sich lange überlegt, ob sie dieses Interview überhaupt geben soll. Sie habe Angst, sagt sie. Auf unsere Frage, worüber sie mit Rohrböck im Hotel gesprochen hat, antwortet sie ausweichend. Zwei Jahre habe sie insgesamt mit ihm in Kontakt gestanden, immer wieder habe er sich gemeldet. «Da haben Leute ganz viel Zeit, sich ausschließlich mit uns zu beschäftigen. Ganz klar, da steckt Geld dahinter», sagt Weidel. Woher das Geld komme, das sei ihr ein «völliges Rätsel». Ihr selbst, so sagt sie, habe Rohrböck nie Geld angeboten. «Und ich hätte es auch nie angenommen.»

Erstaunlich ist aber: Als sie Rohrböck kurz nach ihrer Nominierung als neue starke Frau der AfD und als Spitzenkandidatin für die Bundestagswahl 2017 im Frühsommer des Jahres zum ersten Mal persönlich trifft, im Luxushotel Schloss Fuschl am See bei Salzburg, da erhofft sie sich nach eigenen Aussagen genau das: nämlich Geld. Wahlkampfunterstützung für die Partei, so sagt sie es uns in dem Interview.

Ebenfalls im Juni 2017 beginnen die Zahlungen mit dem Betreff «Wahlkampf Alice Weidel Social Media» auf das Konto ihres Kreisverbandes am Bodensee. Wir wollen von ihr aufgrund all dieser seltsamen Zufälle wissen, ob sie glaubt, dass Tom Rohrböck etwas mit dieser Spendenaffäre zu tun haben könnte. Sie antwortet uns ausweichend: In ihrer Partei halte sie alles für möglich, es sei aber unseriös, auf diese Frage mit Ja oder mit Nein zu antworten.

An Details der vielen Gespräche und des Treffens im Luxushotel am Alpenrand kann sich Weidel auf Nachfrage also nicht genau erinnern. Doch die Treffen zeigen uns: Weidel und dieser seltsame Lobbyist waren tatsächlich offenbar in engerem Kontakt, als wir uns das zu Beginn unserer Recherche hätten vorstellen können. Wir werden während der Recherche noch einen damals guten Freund Weidels kennenlernen, der uns erzählt, wie eng dieses Verhältnis nach seinem Dafürhalten wirklich gewesen sein soll: «Beinahe täglich», so der frühere Freund, hätten Weidel und Rohrböck miteinander gesprochen. Im Interview mit uns legt Weidel Wert darauf, dass sie Rohrböcks Ratschläge jedoch nicht befolgt hätte.

Alice Weidel ist nicht sein einziger Gast aus der AfD in diesem und anderen Hotels und Restaurants. Mehr als ein Dutzend solcher Treffen mit Politikerinnen und Politikern der Partei können wir detailliert belegen, von vielen Meetings mehr hören wir, ohne konkrete Daten zu kennen. Allein in das Fünf-Sterne-Haus am Fuß der Alpen, in das Weidel unter Pseudonym eingecheckt hatte, reist Rohrböck von 2010 bis 2018 insgesamt 38 Mal. Die Mitarbeiter dort wissen sogar, dass er in seinen Menüs keine Zwiebeln haben möchte.

Und auch mit einer anderen blonden Politikerin ist Tom Rohrböck in diesem Luxushotel zu Gast gewesen. Corinna Miazga, Bundestagsabgeordnete und lange Landesvorsitzende der AfD in Bayern. Die Aufenthalte habe er bezahlt, wie sie uns damals bestätigt, mehrere Male habe er sie 2018 nach Elmau eingeladen. Einen Tag, nachdem die beiden Frauen 2017 ins Parlament einziehen, schickt Tom Rohrböck einem Bekannten über WhatsApp ein Foto: Alice Weidel und Corinna Miazga, Arm in Arm im Reichstag. «Meine Mädels gestern im Bundestag!», schreibt er.

Viele eigentlich vertrauliche Chats zwischen Rohrböck und Miazga wurden uns zugespielt. Die Gesprächsverläufe zeigen, wie die Beziehung der beiden Höhen und Tiefen durchlaufen hat, – und sie zeigen auch, dass Miazga Rohrböcks Einfluss auf ihre Fraktion und deren Chefin für real hält. Die Bundestagsfraktion bezeichnet sie schlicht als «deine Mutantenarmee», Alice Weidel als «deine Eisprinzessin».

Miazga und ihre politische Karriere liefern zudem ein anschauliches Beispiel, wie Rohrböck arbeitet. Mehrere AfD-Funktionäre berichten uns unabhängig voneinander, dass Rohrböck geholfen habe, die Frau, die in Niederbayern Politikerin ist, erst zu einem Schwergewicht in der Partei zu machen. Einer von ihnen ist Hansjörg Müller, der wie Miazga 2017 in den Bundestag eingezogen ist und Tom Rohrböck im Sommer der Bundestagswahl auf der Terrasse des Schlosshotels Fuschl kennenlernte und seitdem regelmäßig traf, in Hotels, Cafés und Gasthöfen im Salzburgerland.

«Erst war ich naiv, dann dachte ich, er könnte mir nützliche Infos beschaffen. Und erst später habe ich gemerkt: Er hat mich manipuliert», sagt Müller heute. Und das hat aus seiner Sicht mit Corinna Miazga zu tun. Der politische Berater traf auch sie, meldete sich immer wieder bei ihr per WhatsApp, auch ein gutes halbes Jahr, bevor der Landesvorsitz in Bayern zu vergeben ist und ihm Müller signalisiert hatte, dass er Interesse habe an dem Posten. Tom Rohrböck ermuntert offenbar auch Miazga, politisch nach Höherem zu streben, was diese anfangs nicht möchte. «…schnapp Dir endlich den Laden», schreibt Tom Rohrböck in einer Chatnachricht im Januar 2019 und meint damals offenbar noch die AfD-Bundestagsfraktion.

Wenn sie nicht selbst zuschlage, ermuntert Rohrböck, werde sich das gegnerische Lager den Posten schnappen. Er bestärkt sie, die sich bei ihm häufig über schlechte Führungsqualitäten anderer in der Partei beklagt, selbst mehr Verantwortung zu übernehmen. Zunächst reagiert sie zurückhaltend, schreibt ihm zurück:

«Ich habe keine Truppen.»

Seine Antwort fällt so kurz wie vielsagend aus.

«Du hast mich. Du musst Dich keinem unterordnen.»

Im September 2019 steht Corinna Miazga dann tatsächlich zur Wahl. Man sei mit dieser Idee auf sie zugekommen, sagt sie uns später – als mögliche bayerische Landesvorsitzende. Rohrböck habe keinen Einfluss gehabt – jedenfalls soweit sie dies wisse. Ein entscheidender Zusatz. Rohrböck war nämlich in den Tagen zuvor sehr wohl aktiv geworden, zeigen unsere Recherchen. Denn wir können auch die Chatunterhaltungen mit Hansjörg Müller lesen, die er in den Tagen vor der Abstimmung mit diesem führt. Rohrböck versucht, Müller von seinem Plan, selbst um den Landesvorsitz antreten zu wollen, abzubringen. Als der Konkurrent nicht selbst zurückziehen will, bedrängt er ihn. Rohrböck schreibt ihm, er hätte doch ohnehin keine Chance – wird deutlich:

«Lieber Hansjörg, ich denke nicht, dass Du kandidieren solltest. Aber genau weiß ich es morgen. LG, Tom» (11. 9. 2019)

Und einen Tag später, es sind noch zwei Tage bis zur Wahl, schlägt er vor, dass sich Müller, Miazga und Andreas Winhart aus dem bayerischen Landtag gegenseitig decken sollten. Miazga habe, «weil sie Frau ist», eine Chance von 40 Prozent, Landesvorsitzende zu werden, Müller stehe schlechter da:

«Mir wäre nichts lieber als Dich als Landesvorsitzenden. (...) Du läufst in eine Falle. (...) Mehr als 30 Prozent bekommst du nicht. Wir haben weit das Stimmungsbild abgefragt.» (12. 9. 2019)

Nur Minuten vor der Abstimmung am 14. 9. 2019 zieht Müller seine Kandidatur widerwillig zurück, nachdem noch eine weitere Kandidatin auftauchte. Er schreibt Rohrböck:

«Habs mir überlegt. Strategieänderung. die junge dame soll voran. ich mach 1. stelli.» «OK», antwortet Rohrböck. Zwei Minuten später fügt er hinzu: «CM hat versprochen Dich als Stellv. zu unterstützen».

Miazga, die nur wenige auf der Rechnung gehabt hatten, wird damals, im September 2019, tatsächlich Landesvorsitzende. Als wir sie zu den Vorgängen befragen, sagt sie uns: «Inwieweit Herr Rohrböck da evtl. Strippen für mich gezogen hat, kann ich nicht sagen.»

Zunächst telefonieren wir im Sommer 2021 mit ihr, und sie räumt später auch ein, dass sie von ihm durchaus mit Hintergrundinformationen versorgt worden sei. Sie habe so gewissermaßen «Vorteile aus der Bekanntschaft mit Herrn Rohrböck» gezogen. Der jahrelange Kontakt zu ihm habe sich insofern für sie gelohnt. Rohrböck sei allerdings nicht ihr Berater gewesen, sondern lediglich ein Freund. Geld habe er ihr nie angeboten, und sie hätte auch keines genommen.

«Ich gebe zu, dass ich in Bezug auf Herrn Rohrböck und seine Auftraggeber etc. immer sehr neugierig war. Ich bin also gern zu den gemeinsamen Treffen gefahren, weil ich immer wieder die Hoffnung hatte, etwas mehr über ihn oder seine Verstrickungen in der Partei zu erfahren. Das habe ich allerdings leider nicht. Ich wurde abgeblockt, wenn ich nachfragte. Nur ab und an erfuhr ich Kleinigkeiten. Als Berater von Frau Weidel stand er leider enger bei ihr und eben nicht bei mir. ... Geholfen hat er mir nicht. Nie.

Das war ja auch nicht sein Auftrag. Sein Auftrag hatte mit der offiziellen Unterstützung von Alice Weidel zu tun.»

Sämtliche Treffen und Reisen Miazgas mit Rohrböck seien privater Natur gewesen. Chats, die uns vorliegen, belegen jedoch, dass sich ihre Gespräche immer wieder um Parteiangelegenheiten drehten und Miazga sehr wohl Ratschläge von Rohrböck bekam. Eine neuerliche Anfrage ein Jahr später lässt Miazga unbeantwortet. Politisch geschadet hat ihr unsere Enthüllung dieses jahrelangen Kontakts vermutlich nur teilweise. Im Herbst 2021 wird sie in den AfD-Fraktionsvorstand im Bundestag gewählt, zur Landesvorsitzenden indessen nicht mehr.

Die Einflussnahmen Rohrböcks, die Beratungen – sie alle bleiben im Laufe der Jahre nicht im Verborgenen. Dem dubiosen politischen Berater scheint es nicht nur um gute Ratschläge und Gespräche in teurem Ambiente zu gehen. Immer wieder berichten Parteifunktionäre im Laufe der Jahre auch von Geldangeboten. Niemand will etwas angenommen haben. Aber solche Berichte stiften in der AfD Unruhe. Vor allem der Bundesschatzmeister, Carsten Hütter, nimmt dies im Sommer 2021 zum Anlass, Nachforschungen anzustellen. Als wir ihn damals für unsere Berichterstattung interviewen, sorgt er sich: «Eine äußere Beeinflussung ist eine Sache, die die AfD oftmals anderen Parteien vorwirft.» Das solle definitiv nicht Schule machen. Er setzt im Parteivorstand eine offizielle Untersuchung in Gang, in der alle Abgeordneten in Bundestag und Landtagen deutschlandweit angeschrieben wurden mit der Frage, ob sie Kontakt hatten zu Rohrböck und wenn ja, in welcher Form.

Eine genauere Untersuchung könnte mit der Frage beginnen, warum Tom Rohrböck all dies eigentlich gemacht hat: Teure Einladungen. Ratschläge an aufstrebende AfD-Funktionäre. Ein Netzwerk in der AfD zu knüpfen. Fragen, auf die auch wir bis heute keine abschließenden Antworten haben. Vor allem nicht auf die Frage, für wen er dies macht: für sich, für Hinterleute? Auch wer dies alles zahlt, ist unklar. Doch wir finden Spuren.

Was uns längst aufmerksam gemacht hat: Er hat – das berichten alle unsere Gesprächspartner, die ihn kennen – immer in der «Wir»-Form gesprochen, als sei er nicht allein, sondern Sprachrohr einer größeren Gruppe. Und er hat in mehr oder weniger direkten Bemerkungen, wie an Miazga, auch immer wieder durchblicken lassen, dass er angeblich im Auftrag anderer agiere. Fünf Politiker und Geschäftsleute, mit denen wir über Tom Rohrböck gesprochen haben, erzählten unabhängig voneinander und zum Teil ungefragt, Rohrböck habe ihnen gegenüber behauptet, er bekomme Geld aus dem Hause August von Finck. Handfeste Belege dafür haben wir nicht.

Von Finck sollte als Bewunderer Jörg Haiders schon lange den Wunsch gehegt haben, in Deutschland eine rechtspopulistische Partei nach österreichischem Vorbild zu etablieren. Ein Unternehmer behauptet, Tom Rohrböck habe ihm bereits 2012 bei einem Mittagessen erzählt, dass er viel Geld aus dem Hause August von Finck erhalten habe, um eine deutsche Haider-Partei aufzubauen. In München sei das gewesen, in einem traditionsreichen Sterne-Restaurant unweit der Finck-Zentrale. Einmal deutet Tom Rohrböck sogar an, Ernst Knut Stahl, den engen Vertrauten von Fincks, seinerseits in der Hand zu haben. «Knut Stahl gehört mir», schreibt Rohrböck 2018 in einer Textnachricht, wieder einmal an die AfD-Bundestagsabgeordnete Corinna Miazga, als es darum geht, einen gemeinsamen Bekannten zu unterstützen. Er könne ihm helfen, unter anderem mit seinen Kontakten, so Rohrböck. Was genau er damit meint, lässt er, wie so oft, im Nebel.

Finck ist Ende 2021 gestorben und hat bis zuletzt nicht öffentlich über eine mögliche Verwicklung in die AfD-Spendenaffäre gesprochen. Und auch über Rohrböck wollten er und Stahl mit uns auf viele Anfragen hin nicht reden. Aber andere, die mit ihnen gesprochen haben, erzählen uns, wie wohlwollend sie auf die AfD geblickt hätten.

Wir haben deshalb versucht, mit Tom Rohrböck selbst in Kontakt zu treten, um Kreise zu schließen und Spuren und Aussagen zu überprüfen. Wir rufen ihn im Frühjahr 2021 auf seinen drei Handys an, schreiben ihm einen Brief und noch ein Jahr später WhatsApps und E-Mails. Mal stehen wir vor einem in die Jahre gekommenen Häuschen im hessischen Wächtersbach, mal vor dem Elternhaus in Seligenstadt und streicheln – immerhin – den Hund einer Verwandten. Auf all unsere Bitten hin hat Rohrböck bis heute jedoch nicht reagiert. Vor allem eine Frage treibt uns besonders um: Was er mit all diesen kostspieligen Treffen, mit all den Gesprächen und Angeboten eigentlich genau bezwecken will.

Wir haben deshalb seine Biografie soweit es geht zurückverfolgt. Viele Details erfahren wir von früheren Geschäftsfreunden aus dem Rhein-Main-Gebiet. Im Jahr 1967 geboren, wächst Rohrböck im hessischen Fachwerkstädtchen namens Seligenstadt auf, in dem die Familie in der örtlichen CDU verwurzelt ist und der Vater die Niederlassung einer Versicherung betrieben hat.

Tom Rohrböck baut sich dort um die Nullerjahre herum ein politisches Netzwerk auf. Er übernimmt 1997 den Ortsvorsitz der CDU, er gründet einen Wirtschaftsverein, eine Zeitung und er bastelt an einem parteiübergreifenden, liberalkonservativen Freundesnetzwerk aus CDU und FDP. Einer dieser Weggefährten wird auch zeitweise sein Geschäftspartner; heute ist René Rock FDP-Fraktionschef im hessischen Landtag und möchte von der alten Verbindung, als wir ihn 2021 befragen, möglichst wenig wissen. Die geschäftlichen Drähte hätte er bereits im Jahr 2000 beendet. Weggefährten berichteten indessen, dass die beiden bis weit ins Erwachsenenalter eine Freundschaft verbunden habe. Auf der Homepage der FDP Hessen jedoch distanziert sich Rock nach unserer Veröffentlichung von Rohrböck öffentlich, «als Person und als Fraktionsvorsitzender», wie er schreibt. «Das gilt selbstverständlich auch für seine Netzwerke und rechten politischen Ansichten.»

In Seligenstadt geht es um die Jahrtausendwende mit Rohrböcks politischer Karriere bergab, nachdem ihm vorgeworfen wurde, einen Putsch gegen den damaligen Landtagskandidaten organisiert zu haben. Danach wird er als Ortsvorsitzender abgewählt. Er geht ins Saarland und taucht bei der dortigen FDP wieder auf, wird auch eine Zeit lang Parteimitglied.

Rohrböck ist zu diesem Zeitpunkt eine Art Journalist. Im Saarland pflegt er offenbar Kontakt zu einem aufstrebenden, jungen Politiker, zu dem er auch geschäftliche Verbindungen unterhalten wird: Frank Franz – heute Bundesvorsitzender der rechtsextremen NPD. Franz spielt auch die Hauptrolle in dem ersten politischen Ränkespiel, das Rohrböck auf großem Parkett inszeniert haben soll, und in dessen Mittelpunkt eine Partie Monopoly steht. Rohrböck lud den damaligen saarländischen FDP-Fraktionschef und einige andere FDP-Politiker zu sich nach Hause ein, ganz harmlos, zum Spieleabend. Was er den FDP-Leuten offenbar verschwieg: In seinem Wohnzimmer war an diesem Abend auch der damalige Landesvorsitzende der NPD zu Gast – Rohrböcks Bekannter Frank Franz. Die Sache wurde an die Presse durchgestochen: Der Fraktionschef der Liberalen an einem Tisch mit einem Rechtsextremen, beim Würfeln um die Schlossallee. Für den FDP-Fraktionschef wurde der Abend zum Desaster. Im Zuge der «Monopoly-Affäre» trat er zurück. Auch für andere FDP-Politiker war es das Ende ihrer politischen Karriere. Eine Episode, aus der einige Verlierer hervorgingen. Tom Rohrböck gehörte offenbar nicht dazu.

Einflüsterer der ersten Stunde

All das spielt in einer Zeit, die vieles in Deutschland verändert und vor allem viele Konservative vor Identitätsprobleme stellt. Nach der Bundestagswahl 2009 kommen zwar die CDU und die FDP an die Macht, Angela Merkel wird zum zweiten Mal Kanzlerin. Doch viele Themen folgen eher einer progressiven, keiner konservativen Linie. 2008 schlägt die Finanzkrise ein, seitdem gibt es immer mehr Debatten über die Zukunft des Euro. Nach der Nuklearkatastrophe von Fukushima kündigt die Kanzlerin den Ausstieg aus der Atomkraft an, in derselben Legislaturperiode schafft die schwarz-gelbe Regierung die Wehrpflicht ab. Viele Konservative empfinden das als Linksrutsch und beginnen, sich von ihren Parteien zu entfremden – so offenbar auch Tom Rohrböck. Rechts neben der CDU, aber auch rechts von der FDP entsteht eine politische Lücke, die in den Jahren darauf immer größer zu werden scheint. Bei vielen wächst die Sehnsucht nach einer Alternative, die das so entstandene Vakuum füllen könnte. Auch die Parteien am äußersten rechten Rand haben damals wenig zu bieten: Die Republikaner sind kaum mehr wahrnehmbar, die NPD scheitert bei wichtigen Landtagswahlen und muss wegen eines fehlerhaften Rechenschaftsberichts eine Millionenstrafe an den Bundestag zahlen. Eine weitere rechtsextreme Partei, die DVU, löst sich auf.

Damals beginnt Rohrböck, sich für den Aufbau einer politischen Sammlungsbewegung, einer seriösen Partei rechts von der CDU und der FDP, zu interessieren. Als Vorbild dient ihm dabei offenbar der 2008 verstorbene Jörg Haider. Er taucht immer wieder bei neuen Parteiprojekten auf, soll gesagt haben, er könne helfen. Mit seinen Connections und auch mit Geld, erzählen uns später ehemalige Funktionäre dieser Kleinstparteien. Zwei Jahre nach Haiders Tod versucht Rohrböck, eine Rechtsaußen-Partei in Deutschland mit aufzubauen. Die Partei soll nicht nur Radikale, sondern auch CDU- und FDP-Anhänger ansprechen. «Aufbruch 21» soll sie heißen und strategisch bedacht agieren. In einer Art Manifest, das Rohrböck damals auf der Internetseite *frei-gesagt.de* publizert, kritisiert er die Strategie bisheriger rechter Parteilenker in Deutschland: Republikaner, NPD, DVU – sie alle warteten vergeblich auf den großen Durchbruch, «weil kein Mensch in Deutschland solch platt gestrickte Politikangebote gebrauchen kann!», schreibt er. «Anders als in Österreich fehlt der deutschen Rechten ein durchschlagendes personelles wie ideelles Angebot.»

Doch der «Aufbruch 21» scheitert. Und Rohrböck versucht, verschiedene neu entstehende Parteien und Bürgerbewegungen von rechts zu unterwandern – erfolglos. Aber dann findet er offenbar

doch noch ein Projekt, bei dem er mit seinen versuchten Einflussnahmen durchdringen kann.

Als die AfD im Jahr 2013 offiziell gegründet wird, ist Rohrböck
einer der Ersten, die die junge Partei offenbar zu beeinflussen versuchen, so zeigen es unsere Recherchen. Zwar hält er weiterhin
Kontakt zu Mitgliedern anderer Parteien, vor allem rechts der Mitte.
Doch keiner Partei widmet er sich fortan so hartnäckig wie der AfD.
Immer wieder gelingt es ihm, Menschen zu umschmeicheln, sodass
sie sich auf ihn einlassen. Manche AfD-Politiker, die Rohrböck beraten oder regelmäßig getroffen haben soll, sitzen zwischenzeitlich
an Schlüsselpositionen der Partei: in Vorständen auf Bundes- und
Landesebene und in Parlamenten. Bundestagsabgeordnete wie zum
Beispiel Dirk Spaniel, der den Kontakt zu Rohrböck öffentlich einräumt. Landtagsabgeordnete wie Damian Lohr aus Rheinland-Pfalz,
der mit Rohrböck unter anderem in Fuschl war und der ihm mehrere andere Politiker vorgestellt haben soll, was er nicht bestreitet.
Und Andreas Winhart aus Bayern, der sein Verhältnis zu Rohrböck
uns gegenüber als flüchtige Bekanntschaft darstellt. Einige in der
AfD nennt Rohrböck seine «Schützlinge». Und die Politik, so sagt er
es mal, ist für ihn ein gewaltiges Schachspiel, in dem er, so scheint
es uns, gerne beide Spielfarben zieht. Verbündete dafür findet Rohrböck in der AfD schon sehr früh.

Vieles hat zu tun mit einem großen Firmennetzwerk, das bis zu
unserer Berichterstattung im Juni 2021 mutmaßlich Tom Rohrböck
steuert, in dem aber auffällig viele Politiker verschiedener Parteien
als Geschäftsführer eingesetzt sind. Interne Firmenunterlagen
und Kontoauszüge, die wir in die Hände bekommen und auswerten,
zeigen ein zumindest fragwürdiges Unternehmenskonstrukt, in das
Rohrböck involviert ist. Etliche Medienplattformen und -verlage
sind darin zu finden, ebenso wie undurchsichtige Investmentfirmen.
Verwandte von Rohrböck tauchen damals darin als Geschäftsführer
auf. Und auch mehrere anfangs aufstrebende und einflussreiche
Politiker der AfD.

Einer von ihnen heißt Dettleff W. Schilde, er war eine Art Pionier der AfD aus der Gründungszeit 2013. Er ist zeitweise als Geschäftsführer zweier Verlage aufgeführt und scheint alles andere als ein ahnungsloser Strohmann gewesen zu sein. Schilde, der bereits 2014 verstorben ist, arbeitete offenbar schon vor der Gründung der AfD an Rohrböcks Seite. So können wir es später in Dokumenten lesen, die wir in Schildes Nachlass finden, seinem digitalen Erbe. Es sind Schnipsel, die zeigen, wie eng Rohrböck und sein Helfer die AfD bereits in der Gründungsphase begleitet haben.

Der vorbestrafte Betrüger Schilde hatte ein Vorleben, saß im Gefängnis und verfasste dort ein Art politisch rechtes Manifest, das wir ebenfalls im Nachlass gefunden haben. Schon in den 2000er-Jahren gründete er zwei rechte Kleinstparteien. Mit beiden blieb er jedoch glücklos. Doch als Rohrböck und er aufeinandertrafen, wendete sich das Blatt. Im Herbst 2011 lud er offenbar im Einvernehmen mit Berater Rohrböck verschiedene Politiker zu «weitreichendem Gedanken- und Zukunftsaustausch» ein, heißt es in einer Mail, die wir in besagtem Nachlass finden. Ungefähr zwanzig Teilnehmer sollten für das Kamingespräch nach Österreich reisen, in das Luxushotel Fuschl am See bei Salzburg, eine gute halbe Stunde Autofahrt von Rohrböcks Villa am Mattsee entfernt. Das Schlosshotel ist mit fünf Sternen dekoriert, hier wurden einst die legendären Filme über die deutsch-österreichische Prinzessin «Sissi» gedreht. An diesen besonderen Ort wird Tom Rohrböck später noch viele seiner politischen Gäste führen.

Unter den Personen, die auf seiner Einladungsliste standen, waren damals, 2011, CDU- und FDP-Politiker und Mitglieder einer Gruppe von Wissenschaftlern, die gegen den Euro geklagt hatten. Ein Milieu, aus dem sich in dieser Zeit tatsächlich die Bewegung speiste, aus der 2013 die AfD wurde. Anreise, Logis und das Rahmenprogramm für die Begleitpersonen sollte Schildes Verlag bezahlen. Ziel der «sich formierenden liberalkonservativen Bewegung» sei es, 2013 «eine starke Fraktion im Bundestag neu zu etablieren», schreibt Schilde in einer der Einladungen – schon bevor es die AfD überhaupt gab. Und 2013 sollte Dettleff W. Schilde zu einem der eifrigsten Mitbegründer der AfD werden, die einen Einzug in den Bundestag damals nur haarscharf verfehlte. Er trat mit Bernd Lucke auf und baute mehrere Landesverbände auf.

Wo und wie sich Tom Rohrböck und Schilde erstmals über den Weg liefen, konnten wir nicht mehr rekonstruieren. Im Jahr 2013 wird Schilde Geschäftsführer eines weiteren Verlages. Die Firma betrieb eine Art Nachrichtenportal sowie Tom Rohrböcks persönliche Homepage. Wie die Geschäfte liefen, lässt sich nicht sagen; sie hat keinen der gesetzlich vorgeschriebenen Jahresabschlüsse veröffentlicht. In der AfD eckt Schilde offenbar schnell an, will in den bayerischen Landesvorstand, dem er sich geradezu aufdrängt. Und er verscherzt es sich auch mit Parteichef Lucke.

Schilde verlässt die AfD und empfiehlt sich Rohrböck für die nächste Aufgabe. Er bietet an, Landesverbände des damals schwächelnden Bündnis Zukunft Österreich (BZÖ) organisatorisch neu aufzustellen. Nach Parteigründer Jörg Haiders Unfalltod geht es dem BZÖ schlecht, Rohrböck bietet sich offenbar auch dort an, auch bei dem damals neuen Parteichef Gerald Grosz. Rohrböck schickt einige Funktionäre der AfD nach Wien, mehrere Landeschefs der neuen AfD geben mit BZÖ-Funktionären eine Pressekonferenz. Gerald Grosz erzählt uns 2021, dass er enttäuscht gewesen sei von dem Meeting, denn Rohrböck hätte nur die zweite Garde der neuen deutschen Rechtspopulisten geliefert. Keinen Bernd Lucke, keine Frauke Petry und keinen Alexander Gauland.

Offenbar scheint Schilde jedoch nun in Österreich und an der Seite von Rohrböck eine Chance für sich zu sehen – auch monetär. In Mails, die uns vorliegen, stellt er hohe Forderungen an Rohrböck: Als Lohn für seinen BZÖ-Einsatz, den Aufbau der Landesverbände, fordert er von Tom Rohrböck einen Sitz im EU-Parlament und ein Gehalt von 7000 Euro monatlich. Rohrböck sagt ihm die Erfüllung dieser Forderungen zu. Die Dokumente sind vor allem deshalb bemerkenswert, weil sie ein System andeuten könnten, wie Schilde durch Rohrböck verdeckt bezahlt werden konnte: «Zur Finanzierung werden wir Sie zudem als Verleger einsetzen», heißt es in einer Mail. Das Büro, das Rohrböck als seine Adresse in seiner Mailsignatur angibt, findet sich zeitweise an derselben Anschrift wie die Salzburger BZÖ-Zentrale. Dass in der Mail wohl nicht nur leere Versprechungen gemacht wurden, belegen weitere Dokumente. Der AfD-Mann übernimmt tatsächlich eine weitere Verlagsleitung, und es wird ein Geldtransfer von 30 000 Euro einer Liechtensteiner AG an genau diesen vorgeblichen Verlag vertraglich vereinbart. Ob das Geld am Ende wirklich floss, lässt sich nicht zweifelsfrei klären. Die Dokumente legen es aber nahe.

Auch ein weiterer AfD-Gründer, ein Mann namens Michael Heendorf, taucht als Geschäftsführer und Inhaber zweier Briefkastenfirmen auf, die zu Rohrböcks Unternehmenskosmos gehörten. Heendorf, ein ehemaliger Polizist aus Sachsen-Anhalt, war einer jener 18 Männer, die sich im Februar 2013 im hessischen Oberursel versammelten, um die AfD aus der Taufe zu heben. Ein Urvater der Partei, der maßgeblich dazu beitrug, dass sie so schnell wachsen konnte. Er verwaltete Mitgliedsanträge, fuhr durch die Republik, baute Landes- und Kreisverbände auf, warb Mitstreiter an. Später trat er aus der AfD aus und versuchte sich an der Gründung einer weiteren rechtspopulistischen Partei – passenderweise «Bündnis Zukunft Deutschland» genannt. Gegründet wurde sie 2014 in einer Münchner Treuhandkanzlei, die immer wieder im Zusammenhang mit Zuwendungen zugunsten der AfD aufgefallen ist und jahrelang für Rohrböck gearbeitet hat, wie wir es in internen Firmenmails lesen. Rohrböck soll, so berichtet es ein Teilnehmer, anwesend gewesen sein. Das BZD ist eines jener vielen Projekte mit ähnlicher Zielrichtung, aus dem jedoch nichts wird.

Michael Heendorfs politisches Engagement in den AfD-Anfangsmonaten war ein unbezahlter Vollzeitjob. Er habe von seinem Ersparten gelebt, so sagen es jedenfalls Menschen, die ihn damals gut kannten. In den Jahren 2014 und 2015 wird er zum Geschäftsführer und Inhaber von zwei mutmaßlichen Briefkastenfirmen in Deutschland und Großbritannien, die zu Rohrböcks

Unternehmensgeflecht gehörten. Heendorf ist vor einigen Jahren ebenfalls verstorben. Seine Kinder haben das Erbe ausgeschlagen, sie wussten nichts von diesen Firmen des Vaters; selbst enge AfD-Weggefährten hatten nie von den Geschäften mit Tom Rohrböck gehört. Deshalb können wir nicht mehr aufklären, ob hier Geld geflossen ist.

Immer wieder finden wir bei unserer Recherche in den offiziellen Handelsregistern die Namen von Politikern und Politikerinnen, mit denen Rohrböck verkehrte, darunter solche von CDU, FDP und des österreichischen BZÖ. Ist es womöglich kein Zufall, dass die angeblichen Geschäftsführer aus dem Firmennetz auffallend oft Politiker sind? Wurden Politiker auf diese Weise heimlich finanziert?.

Auch ein bekannter rechtsextremer Politiker tauchte damals in diesem Firmenkosmos auf: Frank Franz von der NPD, Rohrböcks Bekanntschaft aus dem Saarland, der Mann, an dem sich die Monopoly-Affäre entzündet hatte. Er ist damals Geschäftsführer einer Firma, an die bis 2015 mindestens 150 000 Euro geflossen sein sollen – aus Tom Rohrböcks Firmengeflecht. Über fingierte Rechnungen soll das Geld dann offenbar vom Firmenkonto in das private Umfeld von Frank Franz und Tom Rohrböck geflossen sein. Die Staatsanwaltschaft Saarbrücken ermittelt deshalb gegen fünf Beschuldigte wegen des Verdachts der Untreue, des Bankrotts und der Geldwäsche. Die Ermittlungen laufen auch im Sommer 2022 noch. Auf Anfrage wollte sich die Behörde jedoch nicht zu genaueren Inhalten äußern. Franz hatte die Vorwürfe auf der Homepage der NPD bestritten und behauptete, bei den gegen ihn erhobenen Vorwürfen handele es sich um eine politische Jagd auf ihn; ein österreichisches Ermittlungsverfahren gegen ihn sei 2018 eingestellt worden. Die deutschen Behörden ermitteln aber weiter gegen ihn. Im Juni 2021 ließen die Beamten bereits mehrere Räumlichkeiten durchsuchen. Tom Rohrböck trafen sie damals nicht an.

Über mögliche Geldflüsse hinaus ist Rohrböck das Firmennetzwerk auch anderweitig nützlich. Denn er betreibt damals darüber viele Online-Portale. Sie tragen Namen wie «Hessen-Depesche»,

«Sachsen-Depesche» oder «Meraner Morgen». Nur auf den ersten Blick sehen die Portale wie seriöse Nachrichtenseiten aus, tatsächlich aber unterlaufen sie fast alle journalistischen Standards. Inhaltlich geht es häufig um Wirtschaft, um angeblich erfolgreiche Unternehmer, über die sonst kaum jemand schreibt. Als wir über eine Quelle an interne Unterlagen einer der Firmen, der Popularen Network GmbH (PN) kommen, die Rohrböck von 2017 an mit einer Geschäftspartnerin geführt hat, und über die einige dieser Portale laufen, sehen wir: Viele dieser Unternehmen haben der PN monatlich vierstellige Beträge überwiesen.

Die Portale helfen Rohrböck zudem, Kontakte zu knüpfen. Vor allem in den Anfangsjahren nutzt Rohrböck sie wohl, um sich als Mann am Puls der Politik zu inszenieren. Er lädt als Journalist zu Diskussionsrunden ein und führt Interviews. Dabei lernt er etwa den inzwischen aufgrund seiner rechtspopulistischen Thesen aus der SPD ausgeschlossenen Thilo Sarrazin kennen, der damals mit seinen Büchern eine ordentliche Ladung des Nährbodens lieferte, auf dem die AfD heranwuchs. Rohrböck trifft auch CDU-Größen wie Norbert Blüm und Wolfgang Bosbach, außerdem Funktionäre der Grünen, der Piraten- und der Linkspartei. Bosbach gab auf Anfrage an, zweimal auf Veranstaltungen in Österreich mit Rohrböck gewesen zu sein, darüber hinaus jedoch keinen Kontakt mit ihm zu haben. Sarrazin konnte sich auf Nachfrage vage an eine Veranstaltung zur Eurokritik erinnern.

Es geht Rohrböck offenbar nicht nur um die politische Ausrichtung seiner Bekanntschaften, sondern auch darum, sich im Milieu der Mächtigen zu zeigen. Dennoch fokussiert er sich damals mit zunehmendem Erfolg der AfD immer stärker auf die Rechtspopulisten. In den Online-Portalen bekommen jene Politiker viel Lob, die er offenbar protegieren will. Der AfD-Außenpolitiker Petr Bystron wird dort als «der Mann, der Heiko Maas zum Männlein machte», dargestellt, Alexander Gauland als «Merkels Retter in höchster Not». Über die Bundestagsfraktionschefin heißt es: «Dr. Alice Weidel (AfD) bringt Wirtschaftsexpertise in die deutsche Politik.» Zwar erreichen die Texte, die auf seinen Depeschen-Seiten veröffentlicht werden, keine breite Leserschaft. Innerhalb der AfD aber werden sie wahrgenommen und häufig auf den Facebook-Seiten der Partei geteilt.

Die Portale führen während unserer Recherche in ein kompliziertes Geflecht aus mehr als 25 Verlagen und Investmentfirmen. Einige der Unternehmen tragen Namen aus der Römerzeit, andere sind nach griechischen Göttinnen benannt: Artemis Invest, Magna Aurelia, Popularen Network. In einem Punkt ähneln sie sich fast alle: Sie wirken extrem unseriös. Sie haben kaum Angestellte, ziehen immer wieder von einer Büroadresse zur nächsten um, wechseln ständig ihren Namen oder den Geschäftsführer. Bei einigen Adressen finden wir bei unseren Besuchen nichts als Briefkästen oder Business-Center. Selbst in den Handelsregistereinträgen der Firmen ist Rohrböck darauf bedacht, möglichst gar nicht persönlich in Erscheinung zu treten.

Server mehrerer Webseiten sind jedoch auf ihn angemeldet. Und in Mails reklamiert er offenbar unbezahlte Rechnungen, gibt Anweisungen an mutmaßliche Strohgeschäftsführer, wie die Pseudo-Verlage und Webseiten gemanagt werden sollen: «Ich habe alle Domains, die früher im Nawito Verlag GmbH verwaltet wurden, abschalten lassen.» Er ordnet Zahlungen an: «Bitte mit erster Priorität dem Nawito Verlag 10 000 Euro anweisen.» Und er gibt vor, wie die Überweisungen benannt werden sollen: «Text Gesellschafterdarlehen». Manche Geschäftspartner stellen sich uns gegenüber als ahnungslose Manager dar, die naiv gewesen und auf Tom Rohrböck reingefallen seien. Menschen, die sich heute von ihm verraten und missbraucht fühlen, in etwas hineingezogen.

Einer dieser Geschäftspartner ist Rohrböck offenbar auch in anderer Weise behilflich. Denis D., ein früherer Mitarbeiter im Bundestag in den Büros von Alice Weidel und Corinna Miazga. In der Anfangszeit war D. selbst AfD-Mitglied. Der Mann ist bis heute bestens in der AfD vernetzt und tummelt sich vor allem in den Facebook-Gruppen der AfD, er ist eine Art parteiinterner Influencer. Bis heute macht Denis D. dort ordentlich Stimmung, spricht sich vor wichtigen Personalentscheidungen für oder gegen bestimmte Kandidaten aus. Glaubt man Tom Rohrböck, dann lässt sich Denis D. von ihm offenbar steuern: «Denis wird abermals umgepolt», schreibt Rohrböck einmal an Corinna Miazga. Von uns zu Rohrböck befragt, gibt sich Denis D. damals wortkarg: «Über Rohrböck rede ich nicht», sagt er lapidar. Und bei dieser Haltung bleibt er auch.

Der Name Denis D. taucht in einem interessanten Handelsregisterauszug auf. Bis Ende 2021 war er Geschäftsführer eines Unternehmens aus Salzburg, das inzwischen abgewickelt wird. Es war eine mutmaßliche Briefkastenfirma mit Sitz in einem Business-Center. Mehrfach trat sie als Veranstalterin politischer Diskussionsabende in Erscheinung, zu denen Rohrböck Gäste aus Politik und Wirtschaft in den Salzburger Raum eingeladen hatte – nach Art von Lobbyisten versucht er offenbar, Leute zusammenzubringen. 2019 und Anfang 2020 ging es zum Hüttenabend auf den Salzburger Hausberg, dabei waren neben AfDlern auch Politiker der österreichischen Neos, der FPÖ und einmal sogar ein späteres Mitglied der deutschen Bundesregierung, Bettina Stark-Watzinger von der FDP. Auch sie hat sich also von Rohrböck einladen lassen – vermittelt über ihre damalige Wahlkreismitarbeiterin. Ihr sei die Veranstaltung als Austausch über Fintechs und Bitcoin angekündigt wurden, erzählt uns Stark-Watzinger damals. Als sie bemerkt habe, dass AfD-Vertreter anwesend waren, sei sie gegangen. Eine Nähe zu Rohrböck dementierte sie.

Schäbige Geschäfte auf Kosten von Kleinanlegern

Trotz aller sich andeutenden Verbindungen in die Welt der Reichen – woher das Geld kommt, das Rohrböck offenbar schwungvoll ausgibt, lässt sich nicht eindeutig einer Quelle zuordnen. Doch für einen Teil konnten wir die Spur des Geldes nachzeichnen. Diese Quelle hat nichts mit den großen Millionen zu tun, nichts mit Schwerreichen und deren elitären Zirkeln. Ganz im Gegenteil. Es handelt sich um eine Gruppe von Kleinanlegern – arglosen Rentnern und Familien, die ihr Erspartes gewinnbringend investieren wollten und nicht ahnten, wofür es tatsächlich verwendet wurde. Von 2013 an ziehen im Allgäu und in Franken Finanzvertreter umher, um Kleinanlegern Traumrenditen für ihr Erspartes zu bieten – mit Investments. Sie klingeln an Bauernhöfen und Einfamilienhäusern und bieten Anlageprodukte mit guten Zinssätzen an: Jahr für Jahr sieben Prozent, viel mehr, als eine gewöhnliche Geldanlage abwirft. Den interessierten Kunden erzählen sie, dass ihr Geld in Immobilien und Gold investiert werde, in Kunstwerke und Software-Unternehmen.

Viele, die den Finanzvertretern damals die Tür öffnen, halten das für ein gutes Geschäft. Einige investieren lediglich ein paar Hundert Euro, andere bis zu 50 000. Als wir uns im Herbst 2019 in ein Auto setzen und einige mutmaßliche Opfer unangemeldet besuchen, deren Adressen wir in Firmenunterlagen gefunden haben, treffen wir auf sehr offene, sehr freundliche Menschen. Viele ziehen Leitz-Ordner aus ihren Wohnzimmerschränken, zeigen uns ihre Verträge und erlauben uns, sie durchzusehen. Manche von ihnen werden während unseres Besuches sehr blass, nämlich dann, als wir gemeinsam feststellen, was sie da unterschrieben haben: dass es sich um Nachrangdarlehen handelt, bei denen sie als Gläubiger ganz hinten in der Schlange stehen, falls das Unternehmen pleitegeht. Einige dieser Firmen sind damals in der Tat schon längst liquidiert, ohne dass sie als Anleger davon wussten – und viele Verträge waren, als wir die Anleger im Herbst 2019 erstmals sprachen, schon ausgelaufen, ohne dass ihr Geld an sie zurückgeflossen wäre. Aus den privaten Unterlagen der Investoren können wir eine – wohl unvollständige – Zahl addieren: Insgesamt investierten diese Kleinanleger mindestens eine halbe Million Euro.

Mit elf dieser Anleger konnten wir sprechen. Sie sagen, sie wussten nicht, wofür ihr Geld tatsächlich verwendet wurde. Denn das Ersparte der Brötchenverkäuferin oder des Bauern floss offenbar unter anderem in jene Firmen und Verlage, mit denen Rohrböck Politiker wie den AfD-Gründer Dettleff Schilde versorgt hatte. Nur einer einzigen dieser elf Anlegerinnen und Anleger, von denen wir wissen, ist es gelungen, durch hartnäckige Nachfragen einen Teil ihres Geldes zurückzubekommen: einer resoluten jungen Mutter, die insgesamt 5000 Euro investiert hatte. Auf eines ihrer Investments wartet sie nach eigenen Angaben auch noch im Frühsommer 2022. Etwa ein Jahr zuvor hatte sie nur einen Teil ihres Geldes zurückerhalten. Das Unternehmen, in das es einst geflossen war, ist ausgerechnet jene Firma, mit deren Kreditkarte Tom Rohrböck in dem Luxushotel am Fuße der Alpen zu bezahlen pflegte. Auch, als er im November 2017 mit Alice Weidel eincheckte.

Lange haben wir Rohrböck während unserer Recherche an unterschiedlichen Orten gesucht. Wie wir im Hintergrund von Behörden erfahren, hat Rohrböck zumindest in Deutschland und Österreich mehrere Jahre lang gar keinen offiziellen Wohnsitz angemeldet. Dann werden wir doch noch fündig; im Frühjahr 2021 suchen wir ihn in Österreich und bekommen den Hinweis auf eine Villa am Mattsee in der Nähe von Salzburg. Es ist ein blaues Haus mit Blick aufs Wasser und Zugang zum See. Die Rollläden sind oft heruntergelassen, sagen die Nachbarn. Selbst wenn Rohrböck zu Hause sei und sein silbergrauer Mercedes im Carport steht, sähe das Haus aus, als würde es schlafen. Vergleichbare Villen in der Gegend und mit ähnlicher Ausstattung würden 3500 Euro Miete im Monat kosten, erzählt eine andere Nachbarin. Sie laufe Rohrböck regelmäßig über den Weg. Mehrmals fahren wir an den Mattsee, klopfen an seine Tür und blicken in die große Überwachungskamera, die auf den Eingang gerichtet ist. Einmal scheint er sogar daheim zu sein; das Auto, das er fahren soll, steht vor der Tür. Aber sie bleibt verschlossen.

Ein Jahr zuvor, in der Zeit, als in der AfD-Bundestagsfraktion das Fahndungsplakat mit der Aufschrift «Wanted?» ausgelegt wird, verbreitet Tom Rohrböck aktiv bei seinen Kontakten, dass er die AfD nun ihrem Schicksal überlasse. Einem ehemaligen Mitarbeiter der AfD im Bundestag schreibt er in einer Nachricht im Januar 2020: «Bin im Abkühlbecken. Normaler Vorgang. Danach operativ zurück.»

Nach allem, was wir über Rohrböck in Erfahrung bringen konnten, fällt es uns bis heute schwer, das Ausmaß seines Einflusses und seiner Wirkmacht, die er bis dahin hatte, zweifelsfrei zu belegen. Aber eine sollte es wissen – Alice Weidel, die Chefin der Bundestagsfraktion und zum Zeitpunkt unseres Interviews im Sommer 2021 stellvertretende Parteichefin. Weidel, die selbst etwa zweieinhalb Jahre von ihm unentgeltlich Ratschläge erhielt. Sie sagt uns in dem Interview, in dem sie den heiklen Kontakt einräumt: Etwa die Hälfte der Mitglieder der damaligen, von ihr geführten Bundestagsfraktion sei mit dem Berater in Kontakt gewesen.

Tom Rohrböck reagiert zwar nicht auf unsere Anfragen, er äußert sich aber öffentlich auf die Vermutung Weidels zu Rohrböcks angeblichem Einfluss auf ihre Fraktion. Kurz nach unserer ersten Veröffentlichung im Juni 2021 gibt er zwei Interviews in einem der sogenannten «alternativen Medien», im Blog *TheGermanz*. Zu Weidels Schätzung, dass er die Hälfte der AfD-Fraktion beraten habe, sagt er dort: «Alice Weidel ist eine smarte Frau. Sie wird hoffentlich schon wissen, wovon sie redet.» Er spreche generell mit jedem, der ein interessanter Gesprächspartner sei. Auch mit solchen aus Weidels Partei. Doch an einer Stelle widerspricht er der Berichterstattung vehement: Er sei kein Rechter, und er verteile auch kein Geld, so Rohrböck. Er sei «ein Libertärer im angelsächsischen Sinne» und stehe der FDP näher als der AfD. Er sei gewiss ein Mann, dem per Zufall ein gutes Netzwerk zugefallen sei, aber ganz sicher kein rechtsextremer Netzwerker. Zu unserer Bezeichnung «rechtes Phantom» sagt Rohrböck: «Dazu möchte ich erstmal klarstellen, dass die Bezeichnung ‹rechts› für mich eine reine mediale Kategorisierung ist.» Er selbst nennt sich dann «Fantômas», der Begriff des Phantoms scheint ihm zu gefallen. Ansonsten erklärt er sich selbst zu einem Sommerloch-Phänomen. «Da komme ich als ‹Phantom› anscheinend gerade recht.»

Ist Rohrböcks jahrelanger Einfluss also echt, ist er ein Einflüsterer mit viel Macht gewesen – oder war er immer nur ein Aufschneider, ein Möchtegern? Einer, der Rohrböck lange kennt, ein ehemals enger Freund Weidels und selbst nicht unumstrittener

Politikberater aus Berlin, warnt davor, Rohrböck zu unterschätzen. Friedel Opitz, ein Selfmade-Unternehmer, behauptet, Weidel und Rohrböck 2017 nach ihrer Ernennung zur Spitzenkandidatin für die Bundestagswahl im österreichischen Schloss Fuschl zusammengebracht zu haben. Im Interview mit uns drückt er sich im April 2021 so aus: Rohrböck habe «ein unfassbares Netzwerk», ganz besonders gut innerhalb der AfD, und er bekomme deshalb sehr schnell Informationen aus den Bundestagsbüros. Als Gegenleistung dafür sorge das Netzwerk von Rohrböck dafür, dass Mehrheiten geschaffen werden, um Leute im Bundestag, in Brüssel oder auch in Landtagen zu platzieren. Und er ist nicht der Einzige, der Rohrböcks Einfluss für echt hält. «Ich habe die Zähne des Tigers gesehen», sagt uns ein AfD-Spitzenfunktionär, der sich im Kräftemessen um einen AfD-Landesvorsitz von ihm sabotiert fühlte. Er habe diese Zähne auch zu spüren bekommen, ist er überzeugt. Hansjörg Müller, der damalige AfD-Bundestagsabgeordnete, fühlt sich von Rohrböck hinters Licht geführt. Er ist inzwischen geläutert: «Diese Art Fernsteuerung politischer Parteien, wie sie von Leuten wie Rohrböck betrieben wird, ist der Tod jeglicher Demokratie.» Deshalb habe er sich dazu entschieden, über den Politikberater aufklären zu wollen.

Was bedeutet es also für eine Partei, dass einer wie Rohrböck dort derart erfolgreich andocken konnte?

Von Rohrböck ist, seit wir über ihn berichtet haben, in der AfD nur noch wenig zu hören. Der eine oder andere erzählt von Glückwünschen zum Geburtstag, die er von ihm bekommen habe – doch ansonsten sei Ruhe. Nach Jahren, in denen er so vielen Funktionären sehr nahegekommen ist. Lobbyisten gibt es in jeder Partei. Aber hier hat es ein Einzelner so weit geschafft, bis zur mächtigsten Frau der Partei vorzudringen, und zur Hälfte der Bundestagsfraktion. Das Phänomen Rohrböck zeigt, einmal wieder, dass die AfD eben nicht immun ist gegen Angebote und Einflüsse von außen und viele ihrer Politikerinnen und Politiker keineswegs rechtschaffener sind als in anderen Parteien, von denen die AfD sich eigentlich – die angebliche «Alternative» – mal abgrenzen wollte.

Es zeigt auch, wie leicht es in der AfD offenbar ist, mit überzeugendem Auftreten, ein paar Einladungen an luxuriöse Orte und mannigfaltigen Beziehungen unerfahrene Politikerinnen und Politiker zu beeindrucken. Und zwar dergestalt, dass große Teile der damaligen Bundestagsfraktion es für sinnvoll erachtet haben, mit diesem Berater Kontakte zu pflegen. Rohrböck hat ihnen offenbar das Gefühl vermittelt, große Politik zu spielen – und das verfing.

Darüber hinaus lassen sowohl die Spendenaffäre als auch die Affäre Rohrböck schließlich die Frage aufkommen, ob es in dieser Partei von der Gründung an eine Strömung von Einflussnehmern gegeben hat und gibt, deren Absichten bis heute noch nicht völlig transparent sind.

Kapitel 7
Liebesdienste für Moskau

Wie und warum so viele AfD-Politiker eine rege Reisetätigkeit nach Russland entfaltet haben. Und wie ein Mann aus dem Allgäu über Jahre ein kremltreues Netzwerk innerhalb der AfD betreiben konnte.

Der Morgen des 24. Februar 2022 ist vermutlich einer jener Tage, an den sich viele Menschen noch Jahre später erinnern werden. Wo sie waren, was sie machten und mit wem sie diesen Tag verbrachten – all das prägt sich ein an Tagen, die zu Zeitenwenden werden. Es ist der Tag, an dem Russland die Ukraine angreift. Es ist wieder Krieg in Europa, ein Tag, der die Ängste der Menschen entfacht, an dem Sicherheitsbündnisse der Staaten und die Vorstellungen künftigen Zusammenlebens infrage stehen. An diesem Tag sind wir mit einem Mann verabredet, den wir eigentlich in seiner neuen Heimat hatten treffen wollen: in Moskau. Doch schon die Tage vor dem Angriff haben eine Reise kaum möglich erscheinen lassen, der Kriegsausbruch beendet nun jegliche kurzfristigen Dreh- und Reisepläne. Stattdessen begegnen wir ihm an diesem und an weiteren Tagen per Videocall.

Nach Russland war der ehemalige stellvertretende bayerische AfD-Landesvorsitzende und Bundestagsabgeordnete Hansjörg Müller erst im Januar 2022 ausgewandert. Wir kennen Müller schon seit 2016 als glühenden Russland-Verehrer, als häufigen Gast in staatlichen russischen Nachrichtensendungen, wo er, der in Deutschland weitgehend unbekannte rechte AfD-Bundestagsabgeordnete, als angeblich einflussreicher deutscher Politiker große Auftritte bekam, die er stolz in sozialen Medien postete. Müller hatte schon früher in Russland und für russische Firmen gearbeitet, spricht die Sprache fließend, ist mit einer Russin verheiratet und verbrachte schon als Parlamentarier viel Zeit in seinem gelobten Lieblingsland. Im Bundestag und auf AfD-Podien, aber auch in sozialen Netzwerken verbreitete er seit Jahren Narrative, die deutsche Sicherheitsbehörden der russischen Propaganda zuordneten, und in der

der Westen, also auch Deutschland, als eine Art Vasallenstaat der Amerikaner bezeichnet wird. Abgeordnete sind in dieser Sicht nur «Abnick-Marionetten» der Fremdmächte und Putin der Wahrer von Frieden und Freiheit. Als sich vor der Bundestagswahl 2021 andeutete, dass es mit Müllers Parteikarriere und dem Bundestagsmandat zu Ende geht, stand sein Entschluss schnell fest: Müller wanderte aus in sein Sehnsuchtsland.

Am Tag, an dem der Krieg beginnt, wollen wir unbedingt mit ihm sprechen. Hat sein scheinbar unverbrüchliches, prorussisches Weltbild über Nacht jetzt doch erste Risse bekommen? Es wird ein Gespräch, das uns verstören wird, und es wird nicht die letzte Irritation bleiben, die wir mit ihm erleben. Auf unsere Frage, wie er die «neue Weltordnung» empfinde, über die an diesem Tag auch die deutsche Außenministerin Annalena Baerbock spricht, muss Müller kurz nachdenken: «Ich hab damit nicht gerechnet», sagt er und stockt. Er sei überrascht, «ich hab's nicht erwartet.» Und doch scheint seine Sicht auf Putin weitgehend unverändert zu sein: «Ich verurteile sein Handeln, aber ich kann's logisch nachvollziehen über diese 30 Jahre einer unklugen großkotzigen Westpolitik gegenüber Russland.» Er sieht, wie in all den Jahren zuvor, die Schuld für den Angriffskrieg also beim Westen, vor allem bei den USA. Wir fragen ihn, warum der Westen schuld sei, dass Wladimir Putin der Welt unverhohlen mit einem Atomkrieg drohe. Auch darauf hat Müller nach kurzem Überlegen eine Antwort parat: «Ich halte es für Rhetorik aus einer verletzten Emotionalität heraus, die ich nicht ernst nehme.» Müller bleibt also bei seinem ideologischen Standpunkt. Und so wird es auch in der Zeit danach bleiben.

Zeitenwende in der AfD?

Am Sonntag nach dem russischen Einmarsch kommt der Bundestag zu einer wichtigen Sondersitzung zusammen. Olaf Scholz formuliert sein schon jetzt berühmtes Diktum von der «Zeitenwende», die nun alles verändere, und er kündigt an, dass Deutschland in «Putins Krieg» eine eindeutige Position einnehme: «Im Kern geht es um die Frage, ob Macht das Recht brechen darf, ob wir es Putin gestatten, die Uhren zurückzudrehen in die Zeit der Großmächte des 19. Jahrhunderts, oder ob wir die Kraft aufbringen, Kriegstreibern wie Putin Grenzen zu setzen.»

Während auch wir die Sitzung in der Live-Übertragung verfolgen, beobachten wir besonders aufmerksam die AfD, deren Umgang mit dem russischen Staat wir bereits eine Legislaturperiode lang immer wieder recherchiert haben. Die Fraktion ist an diesem Tag räumlich in zwei Teile getrennt, denn nur diejenigen dürfen im Plenum sitzen, die nachweislich gegen Corona geimpft oder genesen sind. Fraktionschefin Alice Weidel möchte ihren Impfstatus gegenüber dem Bundestag nicht offenlegen und spricht deshalb von der Besuchertribüne aus, als sie die offizielle Linie für die AfD setzt, die in den kommenden Monaten gelten wird: Sie verurteilt den russischen Angriffskrieg, gibt jedoch dem Westen eine Mitschuld, der an der Nato-Beitrittsperspektive für die Ukraine festgehalten und dabei Russland überheblich den Großmachtstatus abgesprochen habe. «Das ist das historische Versagen des Westens: die Kränkung Russlands.» Dies ändere dennoch nichts an der «Verwerflichkeit des russischen Einmarschs».

Die mächtigste Frau in der Partei setzt mit dieser Rede den Rahmen, innerhalb dessen sich viele AfD-Funktionäre fortan einsortieren können: mit unterschiedlichen Akzentuierungen, die dieser weitgefasste Rahmen zulässt. Die AfD betont zwar immer wieder schnell, dass Russland für den Krieg zu verurteilen sei. Aber nicht wenige prominente Funktionäre relativieren auch diese eindeutige Schuldzuweisung. Parteichef Tino Chrupalla etwa betont, dass Schuldzuschreibungen keine Lösungen erzeugen würden, den Konflikt vielmehr anheizten. So sagt er es am Tag, als Olaf Scholz die «Zeitenwende» im Bundestag ausruft. Der Kanzler hätte mit seiner Rede den «Kalten Krieg» reaktiviert. Wenige Tage später äußert er in der Zeitung *Die Welt:* «Russland ist nicht unser Feind.

Ich wünsche mir, dass der Bundeskanzler eine neutralere Haltung einnimmt.» Und im Sommerinterview 2022 der ARD legt sich der Parteichef auf die Frage «Krim – Russisch oder Ukrainisch?» fest: «Ich denke, das wird russisch bleiben.»

Jedoch wird der Tag, an dem der Krieg beginnt, auch zu einer innerparteilichen Zeitenwende, plötzlich ist der russlandfreundliche Kurs, den die Partei all die Jahre vertreten hat, nicht mehr unumstritten, und nicht alle in der AfD können sich hinter der Weidel'schen Linie versammeln. Nach den ersten Äußerungen des aus Sachsen stammenden Tino Chrupalla erlebt die Partei eine kleine Austrittswelle, vor allem im Westen der Republik. Dort, wo die AfD auf eine geringere historische Verbundenheit mit Russland als im Osten des Landes trifft.

Auch die Wählerschaft ist offenbar gespalten, so zeigt es etwa eine Umfrage des Berliner Thinktanks ceMAS im April 2022. Demnach glauben nur 65 Prozent der AfD-Anhänger, dass Russland eine hohe Verantwortung am Krieg trage. Die Anhänger aller anderen im Bundestag vertretenen Parteien sind deutlich mehr von der russischen Kriegsschuld überzeugt. Für ihren Kurs nach Kriegsbeginn wird die AfD-Führung von manchen Funktionären aus den eigenen Reihen sogar hart kritisiert, die prominenteste Kritikerin ist die hessische Bundestagsabgeordnete und ehemalige Beisitzerin im Bundesvorstand, Joana Cotar. In einem Interview, das sie uns Ende April für einen Podcast gibt, sagt sie, dass die AfD sich Fehler eingestehen müsse.

«Die Partei hat sich in Putin geirrt. Und letztendlich hat er uns ja auch einen Bärendienst erwiesen. All den Leuten, die immer gesagt haben, wir müssen mit Russland reden, Frieden in Europa geht nur mit Russland zusammen. Und die Putin und Russland an den Tisch holen wollten, denen hat er mit dem Überfall auf die Ukraine tatsächlich geschadet.»

Wenige Wochen lang ringt die AfD nach Kriegsausbruch intern mit sich selbst – wie soll sie mit ihrer besonderen Nähe zu Russland nun umgehen? Kurz nach dem Interview mit Joana Cotar beschließt der Bundestag einen Antrag, der die Lieferung schwerer Waffen zur Unterstützung der Ukraine erlaubt. Cotar stimmt wie sechs weitere Fraktionskollegen nicht mit ab, drei andere aus der Fraktion enthalten sich. Nur vier AfD-Abgeordnete befürworten Waffenlieferungen, alle kommen aus den westdeutschen Verbänden; der überwältigende Teil der Fraktion, 66 Abgeordnete, stimmt dagegen und möchte die Forderungen der Ukraine damit nicht erfüllen. Die Linie der Bundestagsfraktion bleibt also überwiegend dieselbe, die sie sich auf einer Klausurtagung kurz nach Kriegsbeginn auferlegt hatte. Hier ist Weidels ursprünglicher Rahmen in ein Positionspapier gegossen worden. Darin lehnt die AfD Waffenlieferungen in Kriegsgebiete grundsätzlich ab, pauschale Wirtschaftssanktionen auch, außer solche gegen die Verantwortlichen des Krieges. Ebenso spricht sie sich gegen den Beitritt der Ukraine zur EU und zur Nato aus – Opposition zur Linie, die die Bundesregierung fährt. Und dann ist da noch das russische Erdgas. Das will die AfD weiterhin beziehen, eine Gasleitung ausbauen.

Im Sommer 2022 geht es in Deutschland vor allem um *ein* großes Thema: die Energieversorgung für den Winter. Denn Russlands Präsident droht dem Westen, die Gaslieferungen immer mehr zu drosseln oder gar ganz einzustellen – seitdem explodiert der Gaspreis, eine Waffe gegen den Westen, insbesondere gegen Deutschland und seine Positionierung an der Seite der Ukraine. Bundeskanzler Olaf Scholz erinnert in einer Regierungsbefragung im Bundestag vier Monate nach Kriegsbeginn erneut an die «Zeitenwende». Der Brandenburger AfD-Abgeordnete Steffen Kotré, der über Jahre ein sehr enges Verhältnis zu Russland pflegt, nutzt die Befragung des Kanzlers, um die Sanktionen als «nutzlos» zu bezeichnen und zu fordern, dass die gerade fertiggestellte Ostsee-Gas-Pipeline Nord Stream 2 in Betrieb genommen wird. Es sind Positionen, die Putins Politik aufwerten, und für Olaf Scholz sind sie offenbar Grund genug, um die AfD zu stellen: «Ich halte fest: Die AfD ist nicht nur eine rechtspopulistische Partei, sondern auch die Partei Russlands!» Auf Anfrage bleibt Steffen Kotré bei seiner Linie: Er lehne eine Selbstschädigung Deutschlands ab, halte die Sanktionen gegen Russland nicht für hilfreich für die Ukraine und vertrete in der Gasfrage ausschließlich deutsche Interessen. «Preiswerte, saubere und immer verfügbare Energie aus Russland für den energieintensiven Industriestandort Deutschland ist eine Gewinn-Gewinn-Situation.»

Was der Kanzler an diesem Tag im Bundestag ausspricht, zeigt sich vor und nach Kriegsbeginn auf vielerlei Ebenen der AfD. Warum ein AfD-Abgeordneter wie Steffen Kotré auf seiner Position beharrt und durch den Krieg nicht umdenkt, hat womöglich eine Geschichte. Sie beginnt kurz nach der Gründung der Partei, im Jahr 2014, als Russland die Krim annektiert und russische Separatisten in der Ostukraine den Krieg beginnen – mit Unterstützung Moskaus.

Damals entsteht eine übergroße Nähe der AfD zu Russland, und sie zieht sich durch die Parteigeschichte. Zunächst sind es vor allem Reisen der AfD-Prominenz, die Schlagzeilen generieren. Die Grundlage dafür legte Alexander Gauland, damals Parteivize, gleich nach der Gründung der AfD. Er verfasste ein außenpolitisches Positionspapier und warb für eine Annäherung an Moskau. Für Gauland nicht unüblich, bezog er seine Ideen für die Zukunft aus der Vergangenheit, aus der Bismarck'schen Rückversicherungspolitik etwa. Das Deutsche Reich und Russland hatten einander 1887 in einem geheimen Vertrag gegenseitige Neutralität versichert, was damals das Deutsche Reich vor einem Zweifrontenkrieg mit Russland und dem verfeindeten Frankreich bewahren sollte. Als Gaulands Papier als Kritik an der Westbindung Deutschlands verstanden wurde, dementierte er diese Deutung. Er habe eine Nato-Mitgliedschaft nie infrage gestellt, sagt uns Gauland dazu im August 2022. «Ich war immer der Meinung, dass wir im europäischen Haus immer ein gutes Verhältnis zu Russland haben müssen. Das war es, was ich mit der Bismarckschen Rückversicherungspolitik meinte.»

Doch er schuf in seinem Verhältnis zu Russland Tatsachen. 2014 traf sich Gauland in Berlin mit Vertretern der russischen Botschaft in deren Räumlichkeiten Unter den Linden, im Jahr darauf reiste er nach St. Petersburg. Die Reise fand bereits nach der russischen Annexion der Krim vom 18. März 2014 statt. Damals erklärte die Russische Föderation die «Republik Krim» und Sewastopol völkerrechtswidrig zu Teilen Russlands und brach gleich mehrere internationale Verträge; die UN reagierte und hielt die territoriale Integrität der Ukraine fest. Die Europäische Union zog ebenfalls Konsequenzen: Sie verhängte Sanktionen und setzte zahlreiche russische Politiker und Geschäftsleute auf eine entsprechende Liste. Auch das diplomatische Klima zwischen Berlin und Moskau kühlte sich merklich ab.

Die AfD, die zu dieser Zeit Fundamentalopposition zur deutschen Regierung forderte und sich dem Schlachtruf «Merkel muss weg!» der Straßenproteste anschloss, wurde zum attraktiven Partner für Moskau. Die AfD verengte ihre Außenpolitik laut deren Grundsatzprogramm von 2016 neben der EU-Kritik sehr stark auf die Russlandfrage. Damals schon forderte die Partei ein Ende der Sanktionen und eine Entspannung der Beziehungen. Letzteres sei «Voraussetzung für einen dauerhaften Frieden in Europa». Im Programm für die Bundestagswahl 2021 hieß es dann, es läge im deutschen und europäischen Interesse, Russland in eine sicherheitspolitische Gesamtstruktur einzubinden. Auch nach Kriegsbeginn ist dies noch auf ihrer Homepage so zu lesen.

Alexander Gauland fuhr also 2015 als erster Partei-Promi der AfD nach Russland und setzte damit den symbolischen Auftakt für eine offizielle prorussische Haltung der Partei. Er fuhr auf Einladung einer Stiftung, die der Oligarch Konstantin Malofejew betreibt, ein Medienunternehmer und Verfechter eines radikalen orthodoxen Christentums, der das Zarentum wieder auferstehen lassen will und der die Idee eines von Russland dominierten Europas mit seinen finanziellen Mitteln nach Kräften befördert, etwa über seinen Sender *Tsargrad*. Der Ukraine spricht er schon lange ihr Existenzrecht ab.

Die Krim-Annexion durch Russland 2014 soll er aktiv unterstützt haben. Er habe seit 2014 die Militäraktionen der Russischen Föderation in der Ukraine unterstützt, so berichten es auch polnische Sicherheitskreise. Sie haben Konstantin Malofejew offenbar als prorussischen Propagandisten im Blick. Das polnische Ministerium, das auch für die Geheimdienste zuständig ist, sieht ihn und dessen Fernsehsender *Tsargrad TV* als «Teil eines vom Kreml gesteuerten Systems der Lügen».

Malofejew steht aus all diesen Gründen seit 2014 auf der Sanktionsliste der EU; Gauland, der mit historischen Argumenten Verständnis für die russische Krim-Annexion äußerte, störte das offenbar nicht. Auf seiner Reise traf Gauland 2015 nicht nur Vertreter der Putin-Partei, sondern auch einen Mann, der als ein wichtiger Ideologe des Kremls gehandelt wird und Malofejew nahesteht, sein Name: Alexander Dugin. Der Politologe und Philosoph Dugin gilt als Rechtsextremer, führte in den Neunzigerjahren eine nationalbolschewistische Partei an. Er verfolgt antiliberale Ideen, einen antimodernen Kurs und einen Antiamerikanismus, wie ihn auch Teile der AfD pflegen.

«Liberalismus muss besiegt und vernichtet, das Individuum von seinem Pedestal herabgeholt werden», schrieb Dugin 2013 in der deutschen Ausgabe seines Werks «Die vierte politische Theorie». Eine unipolare, von den USA beherrschte Weltordnung, die «angeblich ‹universale› (...) Werte (...), nämlich liberale Demokratie, Parlamentarismus, freie Marktwirtschaft, Menschenrechte und desgleichen» fördere, müsse zugunsten einer «ethnopluralistischen», nämlich multipolaren Welt überwunden werden, so einer der zentralen Gedanken Dugins.

In der deutschen Neuen Rechten fielen diese Ideen auf fruchtbaren Boden. Dort gilt Dugin als einflussreicher Vordenker einer sogenannten «neo-eurasischen Idee». Der ehemals linke, heute rechte Publizist Jürgen Elsässer etwa bezieht sich auf Dugins Thesen. «Eurasisch» steht dabei im Gegensatz zu transatlantisch und will eine geopolitische Ordnung, in der Europa nicht mehr dem von den USA geführten System angehören solle, sondern zu einem Staatenblock, der von Putin-Russland angeführt und von diesem dominiert wird. Dass der Duginismus im Gegensatz zur Idee der Europäischen Union steht, ergibt sich schon aus dieser Zielrichtung. In seinen Theorien bezieht sich Dugin sowohl auf den deutschen Philosophen Martin Heidegger als auch auf Alain de Benoist, einen der Begründer der «Neuen Rechten» in der Nachkriegszeit. Dugins Ideologie scheint passgenau zu jenen anti-westlichen Narrativen zu sein, mit denen Russland heute seinen Krieg gegen die Ukraine rechtfertigt. Die moderne Ukraine ist für Dugin ein mit westlicher Einflussnahme geschaffener Vasallenstaat, geschaffen auch mit westlichem Geld.

Die AfD als erklärte Eurokritiker-Partei war für die verschiedenen russischen Verfechter eines Anti-Europa-Kurses als neue rechte Kraft in Deutschland seit ihrer Gründung interessant. Schon früh gab es Kontakte, etwa durch eine Freundschaftserklärung zwischen den Jugendorganisationen der Putin-Partei und der AfD. Im Jahr 2016 reiste die damalige Parteichefin Frauke Petry mit ihrem Mann Marcus Pretzell und einem weiteren AfD-Politiker auf Einladung der Moskauer Stadtregierung in die russische Hauptstadt und traf unter anderem den Rechtsaußen-Politiker Wladimir Schirinowski und weitere Duma-Vertreter. Es ging, so eine dünne Pressemitteilung der Duma, um eine Zusammenarbeit mit der AfD in den deutschen Bundesländern, denn damals saß die Partei bereits in fast einem Dutzend deutscher Parlamente. Delegationsmitglied Pretzell war schon früher, 2016, bei einem weiteren Gipfeltreffen zugegen, das direkt nach der Krim-Annexion durch Russland initiiert und mit hohem symbolischem Wert aufgeladen wurde: Es geht um das sogenannte Jalta-Forum, ein als Wirtschaftsgipfel inszeniertes Treffen russischer Politiker und Staatskonzernlenker mit Vertretern der europäischen, zumeist rechten Oppositionsparteien. Schon der Ort, der völkerrechtlich auf ukrainischem Boden lag, war eine Provokation, ein politisches Statement. Die Propagandaveranstaltung sollte vordergründig dazu anregen, auf der Krim zu investieren. Neben den Panels wurde den Teilnehmern jedoch auch allerlei Luxus geboten, vom Fünf-Sterne-Hotel bis zu Segeltörns und Weinproben, all dies, um möglichst prominente Mandatsträger auf das Krim-Forum zu locken.

Lange haben wir zu den russischen Reisen der AfD-Politiker recherchiert, weil wir glaubten, auf unserer Suche nach möglicher finanzieller Unterstützung für die Ideen der AfD würden wir auf solchen Wegen fündig. So würden diese Reisen, über den wertschätzenden Effekt hinaus, für die Politiker einen Nutzen ergeben, denken wir uns. Harte Geldtransfers konnten wir aber bisher nie belegen. In der AfD erzählt man sich, dass es zwar bei verschiedenen Gelegenheiten Geldangebote an Politiker gegeben haben soll, in dicken Briefumschlägen – angeblich auch zur Wahlkampfunterstützung. Allerdings beteuern diejenigen, die solche Offerten während ihrer Reisen erlebt haben wollen, sie selbst hätten diese Angebote in keinem Fall angenommen.

Berühmt in Dnipropetrowsk

Als die AfD 2017 in den Bundestag einzieht und nicht mehr nur Partei-Promis und Landtagsabgeordnete, sondern auch Bundestagsabgeordnete plötzlich auf internationale Reisen gehen, starten wir eine systematische Recherche, gemeinsam mit unserer Kollegin Andrea Becker, einer freien Rechercheurin. Sie durchkämmt Social Media in Deutschland, Russland und weltweit und beginnt, umfangreiche Materialsammlungen anzulegen. Ihre Listen über Reisen nach Russland und in russische Einflussgebiete umfassten allein bis Mitte 2018 mehr als 70 Fahrten von etwa 50 AfD-Abgeordneten aus Landtagen, Bundestag und Europaparlament – ohne Anspruch auf Vollständigkeit zu erheben. Darunter sind Reisen auf Einladung der russischen Politik oder Wirtschaft, solche, die von den AfD-Politikern angeblich privat finanziert und solche, die von Fraktionen der AfD organisiert wurden. Und natürlich kamen bis zum Kriegsbeginn gegen die Ukraine im Februar 2022 immer mehr solcher Reisen hinzu, darunter auch äußerst fragwürdige. Wir hören uns damals in der Partei um, und wir versuchen, Kontakt zu den AfDlern aufzunehmen, die bereits auf russische Einladungen hin unterwegs waren. Wir wollen mehr über den Nutzen der Reisen für beide Seiten erfahren, für die AfDler und für die Einladenden. Im Laufe der Jahre tauchen immer mehr Gesichter von AfD-Politikern auf Fotos auf, die sie in Regionen wie Bergkarabach, Donezk oder Luhansk oder Städten wie Dnipropetrowsk zeigen. Unter den Zielen, die sie ansteuern, finden sich also besonders häufig Namen wie diese, die heute, 2022, durch den Ukrainekrieg zu trauriger Berühmtheit gefunden haben, die aber damals uns und vielen Deutschen noch weitgehend unbekannt sind. Was machen die vielen AfD-Politiker, wie etwa die Bundestagsabgeordneten Stefan Keuter, Steffen Kotré, Waldemar Herdt, Markus Frohnmaier, Anton Friesen, Robby Schlund, Ulrich Oehme, Eugen Schmidt oder Enrico Komning in all diesen zum Teil abgelegenen Regionen und Städten? In Deutschland verbreiten die Politiker zumeist über alternative Medien oder ihre eigenen Internet-Accounts Bilder, die sie beim Händeschütteln vor Flaggen, an Konferenztischen mit Vertretern von Separatistengebieten, vor russischen Regierungsgebäuden oder neben Wahlurnen zeigen. Und warum hat die russische Seite ein Interesse, Bilder und Statements von diesen selbst in Deutschland oft völlig unbekannten Politikern zu bekommen und zu veröffentlichen?

Die Wahrheit ist wohl simpel. Der Profit dieser Reisen beruht zunächst auf einem unausgesprochenen Deal, einem Prinzip der Gegenseitigkeit. Russland kann sich mit dem Namen des Politikers und vielmehr noch mit dessen Mandat aufwerten und die eigene Politik gegenüber der Bevölkerung im Inland legitimieren. Schon allein die Anwesenheit westlicher Politiker auf der annektierten Krim suggeriert einen Normalzustand des politischen Status der Halbinsel, der in Wahrheit nicht existiert. Die westlichen Funktionäre profitieren ihrerseits von Bildern, die ihre politische Tätigkeit aufwerten und die beim Wähler Eindruck schinden sollen.

Vor allem aber fühlen sich die AfD-Funktionäre in ihrer Politikerrolle ernst genommen. Sie fühlen sich wertgeschätzt und aufgewertet – eben wie echte Staatsmänner und -frauen, anders als in westlichen Staaten und daheim in Deutschland, wo ihnen vor allem Ablehnung entgegenschlägt. So erzählen es uns AfDler, die solche Reisen nach Russland unternommen haben. Dass sie mit diesen Reisen und prorussischen Äußerungen die Politik Putins legitimieren, stört sie dabei nicht; viele von ihnen sind ja überzeugt, mit der russischen Weltsicht die Geopolitik durch die richtige Brille zu betrachten. In Russland werden die Deutschen dann auch zu gefragten Gesprächspartnern in Fernsehsendern wie *RT* oder *Sputnik*. Weil die russischen Sender auch im Krieg gegen die Ukraine Propaganda für Russland transportieren, verbietet die Europäische Union die Verbreitung dieser Medien innerhalb der EU im Frühjahr 2022; die deutsche Medienaufsicht hatte *RT* schon kurz zuvor verboten, nachdem die Sender schon lange zuvor in der Kritik standen.

Auch der Verfassungsschutz interessiert sich für solche Beziehungen grundsätzlich, von Amts wegen. Eine seiner Aufgaben ist es, ausländische Einflussnahme im Inneren der Bundesrepublik zu erkennen und abzuwehren, etwa durch fremde Geheimdienste oder staatliche Stellen. Für die Behörde dürfte es dabei zweitrangig sein, ob Politiker als Gegenwert für solche Reisen bezahlt werden oder ob sie aus rein intrinsischen Motiven handeln, etwa, weil sie politisch überzeugt sind und damit als «nützliche Figuren» agieren. Viel entscheidender scheint, inwiefern sie letztlich russischen Interessen dienen und so demokratischen Werten schaden, denn Russland versucht spätestens seit der Annexion der Krim, sein System der Desinformations- und Destabilisierungspolitik in westlichen Demokratien auszubauen. «Zweck dieser Politik ist es, in ganz Europa Meinungsführer und Parteien zu fördern, die positiv gegenüber Russland und seiner Politik eingestellt sind», so lesen wir es in einem als geheim eingestuften Bericht des Bundesnachrichtendienstes und des Verfassungsschutzes schon im Jahr 2017. Neben dem linken Spektrum kämen für Moskau vor allem die rechten Parteien in Betracht, «die für traditionelle Werte (z. B. Vaterlandsliebe, Ordnung, Familie, Glaube) und für gute Beziehungen zu Russland einstehen». Wichtiger gemeinsamer Nenner sei unter anderem die Abneigung gegenüber der EU. In Deutschland sei hier auch die AfD zu nennen. Desinformationskampagnen, in denen etwa Fake-News über Deutschland und Good-News über Russland verbreitet werden, dienen den Sicherheitsbehörden zufolge schon länger dazu, die öffentliche Meinung durch russische Propaganda in der westlichen Welt zu beeinflussen, um ein positives Bild von Russland zu zeichnen. Dies geschehe über russische Staatsmedien und Thinktanks, soziale Netzwerke oder eben über einzelne Akteure.

Reisen von Politikern nach Russland sind selbstverständlich nicht verboten; es verstößt auch nicht jedes russische Interesse gegen die deutsche Verfassung, man darf etwa gegen die EU sein; die Demokratie bedingt es, dass die Grenzen der Meinungsfreiheit viel zulassen. Wenn sich jedoch deutsche Politiker inzwischen für die Interessen des russischen Staates einsetzen, dann werden sie zu Sachwaltern eines Regimes, dessen imperialistische und antidemokratische Stoßrichtung seit der Invasion in der Ukraine offen zutage getreten ist und Deutschland schadet.

Politiker der AfD wurden schon vor dem Überfall auf die Ukraine zum Teil eines ganz speziellen Reise-Systems, das in den Jahren der russischen Expansionspolitik, vor allem in Richtung Ukraine, zu einem wichtigen Propagandainstrument für Russland geworden ist. Es geht um sogenannte «alternative Wahlbeobachtungen», die bis 2021 häufig in russischen Teilrepubliken oder Separatistenstaaten stattfinden – in Regionen, die international nicht als Staaten anerkannt sind und unter russischem Einfluss stehen, so wie die Krim nach 2014 oder die Moldau-Abspaltung Transnistrien. Dass internationale Wahlbeobachter, etwa der OSZE oder des Europarates, zu Abstimmungen anreisen, um den demokratischen, rechtsstaatlichen Ablauf zu kontrollieren, basiert auf internationalen Vereinbarungen. Doch seit den frühen Nullerjahren tauchen plötzlich vornehmlich in Osteuropa neue Nichtregierungsorganisationen auf, die ihrerseits Wahlbeobachtungsmissionen entsenden und die sich in ihrer Zusammensetzung und Arbeitsweise deutlich von den etablierten und neutralen Wahlbeobachtern unterscheiden.

Im März 2017 war das EU-Parlament angesichts dieses immer deutlicher werdenden Phänomens so besorgt, dass man sich zu einer Konferenz traf, um das Problem neuer, politisch motivierter «Wahlbeobachtungsmissionen» und des Bedeutungsverlusts der echten Wahlbeobachter zu diskutieren. Die Konferenz bemängelte, dass sich diese neuen Wahlbeobachter nicht an international vereinbarte Standards, an wissenschaftlich fundierte Methoden und auch nicht an festgelegte Verhaltensregeln von Wahlbeobachtern hielten, sondern diese bewusst und gezielt unterlaufen würden. Die alternativen Beobachter würden alternative Fakten schaffen und die Arbeit der offiziellen Missionen untergraben; sie seien nicht, wie gefordert, neutrale Beobachter, sondern mit einem politischen Auftrag versehen.

Erstmals tauchten diese Wahlbeobachter des neuen Typs nach der georgischen «Rosenrevolution» auf, nachdem internationale Wahlbeobachter bemängelt hatten, dass es bei der Parlamentswahl 2003 zu erheblichen Unregelmäßigkeiten, technischen Pannen und Fälschungsversuchen gekommen sei. Zu diesen internationalen Missionen und ihren Statements sollte nun offenbar ein Gegengewicht geschaffen werden – das System alternativer Wahlbeobachtungen, das seitdem verschiedene Stiftungen mit unklarer Finanzierung, aber deutlich wahrnehmbarem politischen Auftrag organisieren.

Vertreter europäischer Parteien, die wie die AfD einen EU-kritischen und russlandfreundlichen Kurs vertreten, beteiligten sich an dieser neuen Art der Reisen rege. Waren es in Frankreich, Italien, Österreich, Tschechien oder Ungarn von Anfang an vor allem rechtspopulistische Politikerinnen und Politiker, reisten für Deutschland zunächst einige Vertreter der Linkspartei mit. Mit dem zunehmenden Erfolg der AfD, so analysieren wir damals unsere Auswertung, wurden sie offenbar immer öfter durch AfD-Politiker ersetzt, die mit ihrem politischen Programm wohl besser zur gesamten inter-nationalen Reisegruppe und der vorherrschenden rechtspopulis-tischen Ideologie der weiteren Mitreisenden passte. Jenseits der Wahlbeobachtungsreisen haben auch andere Parteien, insbeson-dere die Linke und auch die SPD, über Jahre hinweg ein mitunter fragwürdiges Verhältnis zu Russland, Putin und dessen engerem Kreis. Doch wir wollen uns hier ausschließlich dem Verhältnis der AfD zu Russland widmen.

Nach 2014 sind also auch AfDler bei Wahlbeobachtungsreisen an Bord. Zu den Vielreisenden der Partei gehören etwa Gunnar Lindemann aus dem Berliner Abgeordnetenhaus oder Thomas Rudy aus dem Thüringer Landtag. Auch Steffen Kotré, der noch nach der «Zeitenwende» mit prorussischen Forderungen auffällt, ist mehrmals auf Wahlbeobachtungsreise. Später sind es der Thü-ringer Bundestagsabgeordnete Robby Schlund, der in der ersten Legislaturperiode die deutsch-russische Parlamentariergruppe im Bundestag leitet, oder Stefan Keuter aus Nordrhein-Westfalen, der bis heute mehr als zehn Mal zu russischen Reisen aufgebrochen ist, zu Tagungen, Wirtschaftsgipfeln und Wahlbeobachtungsmissionen. Sie alle lassen sich nach ihrer Rückkehr zumeist damit zitieren, dass bei verschiedenen völkerrechtlich fragwürdigen Referenden in Separatistengebieten oder auch im russischen Mutterland alles mit rechten Dingen zugegangen sei; die internationalen Beobachter von OSZE oder Europarat beurteilten dies zumeist vollkommen anders.

Ein besonders interessantes Beispiel einer Wahlbeobachtungs-reise findet unsere Kollegin Andrea Becker aus dem Jahr 2015. Da reisen sechs Abgeordnete aus deutschen Landtagen zweimal als Wahlbeobachter zu den ukrainischen Regionalwahlen. Einer von ihnen ist Thomas Rudy aus Thüringen. Die AfD-Abgeordneten sind in der Stadt Dnipropetrowsk eingesetzt. Für den ersten Wahlgang am 25.10.2015, bei dem der Kandidat des sogenannten, der russi-schen Linie nahestehenden, «Oppositionsblocks» knapp vorne lag, bestätigten sie eine weitgehend ordnungsgemäße Durchführung des Wahlgangs. Zurück in Deutschland, hielt Rudy im Landtag ein Plädoyer, die Russland-Sanktionen aufzuheben, und reiste kurz darauf wieder mit der Beobachtergruppe zum zweiten Wahlgang am 15. November 2015 nach Dnipropetrowsk. Diesmal verlor der Kandidat des «Oppositionsblocks», und die deutschen Wahlbeobachter vermerkten jetzt, dass dieser Wahlgang nicht demokratisch gewesen sei und auch nicht europäischen Standards entsprochen habe.

In der AfD sprach sich dieser Befund offenbar herum. Kurz darauf hielt der damalige Europaabgeordnete Marcus Pretzell eine Rede im EU-Parlament, in der er sich auf einen «Bericht von Wahlbeobachtern aus der Stadt Dnipropetrowsk» bezog, sehr konkrete Unregelmäßigkeiten aus dem Bericht zitierte, um dann die ukrainische Regierung und das EU-Assoziierungsabkommen zwischen der Ukraine und der EU zu kritisieren. Zur Bestätigung der schwerwiegenden Vorwürfe der deutschen AfD-Abgeordneten, auf die sich offenbar auch Pretzell bezogen hatte, finden sich jedoch in den Abschlussberichten professioneller, nach internationalen Standards arbeitender Wahlbeobachtungsorganisationen keine Belege. Der Schlussbericht der offiziellen OECD-Wahlbeobachtungsmission fasst eine Reihe kleinerer Probleme und Verdachtsmomente zusammen und empfiehlt, einige rechtliche Rahmenbedingungen zu verbessern, berichtet aber darüber hinaus nicht von schwerwiegenden Problemen und bilanziert, dass die Wahlen alles in allem nicht durch die festgestellten Unzulänglichkeiten beeinflusst gewesen seien. Ganz anders als die Wahlbeobachter der AfD-Delegation es herausgestellt hatten.

Ein deutscher Mittelsmann in Moskau

Im August 2017 reisen wir nach Magdeburg, zu einem sehr speziellen Event in einer umgebauten Fabrikhalle. Die Landtagsfraktion der AfD Sachsen-Anhalt hat geladen – zu ihrem «Russlandkongress». Es ist eine Art Familientreffen der Russlandfreunde aus der AfD und deren vorpolitischem Raum. An einigen Stühlen baumeln Jutebeutel mit Höcke-Konterfei, darauf der Schriftzug «Geht aufrecht!». Einige tragen Putin-T-Shirts. Und auf den Büchertischen finden sich Schriften mit bezeichnenden Titeln: Alexander Dugins «Konflikte der Zukunft» in deutscher Übersetzung, oder «Irrweg Einwanderung – die weiße Welt am Abgrund».

Hansjörg Müller, der Jahre später nach Moskau auswandert, hält hier eine programmatische, antiamerikanische Rede und bekommt frenetischen Applaus:

> «Wenn einseitige amerikanische Gesetze, die nur der Zerstörung des russischen Handels dienen, die ganz klar hier nur dem amerikanischen ökonomischen Interesse dienen, dass diese Gesetze, das erwarten die Lehensherren ja, dass wir diese Gesetze hier umsetzen in Europa. Da sag ich – Nein!»

Thomas Rudy aus Thüringen, einer der damals eifrigsten Reisenden, gibt uns ein Interview und formuliert ungelenke Sätze, die damals Putins Politik aufwerten: «Die Krim wird nicht mehr zur Ukraine zurück kommen, eher die Ostukraine», aber da müsse man gut verhandeln. «Man müsste denen genügend Selbständigkeit einräumen.» Er persönlich setze sich für eine friedliche Lösung ein.

Sein Parteikollege, der brandenburgische Landtagsabgeordnete Andreas Kalbitz (damals AfD), der selbst schon 2015 auf alternativer Wahlbeobachtung war, begründet Reisen nach Russland und in dessen Einflusssphäre vor dem Eingang zum Kongresssaal so:

> «Die Kontakte direkt nach Russland waren uns immer wichtig, um auch Informationen aus erster Hand zu bekommen, die wir natürlich kritisch und distanziert bewerten. Wir lassen uns nicht vereinnahmen, aber wir wollen direkt mit den Partnern vor Ort sprechen. Wir wollen auch die Grundlage legen für eine Politik, die in Zukunft einen Ausgleich mit Russland möglich macht.»

Unter einem Sonnenschirm im Hinterhof der Fabrikhalle steht damals in Magdeburg ein bulliger Mann mit Dreitagebart und dunklen Augenringen – ein Star der extrem rechten Szene, den wir hier zum ersten Mal persönlich treffen. Es ist Manuel Ochsenreiter, damals 41, gebürtiger Allgäuer, nun Vielreisender in rechten Angelegenheiten, ein Vermittler zwischen den deutschsprachigen Abgeordneten und Russland. Über fast ein Jahrzehnt hinweg kommt ihm eine zentrale Rolle im System der russischen Reisen zu, als wohl einflussreichstem Organisator dieser besonderen Reisen. Abgeordnete, die auf seine Dienste und Kontakte vertrauten, beschreiben ihn uns als eine Art Reiseleiter im Auftrag Moskaus. Vor allem jene eurasischen Ideologien, die Kreml-Philosoph Alexander Dugin entworfen hat und die die rechte Szene damals schon seit Jahren begeistern, verbreitet Ochsenreiter als einer der erfolgreichsten Propagandisten im deutschsprachigen Raum. Dugin und Ochsenreiter kennen und schätzen einander, es gibt Fotos, auf denen sie gemeinsam zu sehen sind.

Ochsenreiters Name taucht Ende 2014 auch auf einer Liste auf: Damals wurde ein gehackter E-Mail-Verkehr online veröffentlicht. In einer dieser E-Mails von Alexander Dugin an einen Mitarbeiter, datiert vom Februar 2014, findet sich eine lange Liste von Personen, die Dugin als mögliche Multiplikatoren für seine Sache einschätzt. Auf dieser Liste findet sich auch Manuel Ochsenreiter.

Ochsenreiter ist damals Chefredakteur des rechtsradikalen Monatsmagazins *Zuerst!*. Die Zeitschrift erscheint bis heute in der Mediengruppe des rechten Verlegers Dietmar Munier. 2011 übernahm er den Job nach vorherigen Stationen bei der Zeitung *Junge Freiheit* und der *Deutschen Militärzeitschrift*. Als wir Ochsenreiter auf dem «Russlandkongress» ansprechen, gibt er uns unmissverständlich zu verstehen, dass er uns hier nicht haben möchte, will uns nach den ersten Fragen gar von der Veranstaltung entfernen lassen. Doch wir bleiben und können darum kurz darauf seinen Vortrag verfolgen, den er vor einer Leinwand präsentiert – und vor einem Publikum zumeist älterer Männer und weniger Damen, die den Erzählungen gebannt folgen. Er präsentiert sich hier als Kriegsreporter aus dem Donbass. Auf den Bildern, die nun über die Leinwand flackern, trägt er Stahlhelm und kugelsichere Weste. Hinter ihm türmen sich mal Reifenstapel auf, mal ragen Trümmer in die Luft. Meist steht er dabei freundlich lächelnd und Zigarette rauchend neben Soldaten. Er zeigt die Bilder mit Stolz und spricht über seine Reisen, die ihn häufig in umkämpfte Krisenregionen am Rande Europas führen, und nun besonders dorthin, wo russische Separatisten gegen ukrainische Truppen kämpfen.

Die Reaktionen auf den Vortrag zeigen, was genau verfängt: Er setzt der Deutungshoheit westlicher Medien alternative Fakten entgegen. Fakten, die er recherchiere, während von der nahen Front der Sound des Krieges donnere, sagt er. «Manuel, hörst du, wie dein Geld arbeitet», würden sie ironisch zu ihm sagen, seine «Freunde», er meint die Separatisten. Sie reden von europäischem Steuergeld, das eingesetzt werde, um amerikanische Kriegsziele in der Ukraine zu verwirklichen – so das russische Narrativ, das Ochsenreiter auch immer wieder in langen Reisereportagen in seiner Zeitschrift *Zuerst!* niederschreibt.

Auf einigen der Aufnahmen, die er in Magdeburg präsentiert, sind Wahlurnen zu sehen. Ochsenreiter ist nämlich zu diesem Zeitpunkt nurmehr vordergründig Journalist. Tatsächlich ist er viel damit befasst, Reisen zu organisieren. Auch für diese Reiseleiter-Tätigkeit hat er sich spezielle Strukturen geschaffen, und er arbeitet nicht allein. Auf seinen Reisen nach Moskau oder Donezk war bis 2016 meist der Pole Mateusz Piskorski an seiner Seite. Ein enger Freund, sagt Ochsenreiter damals über ihn.

Piskorski gründete nicht nur die prorussische polnische Splitterpartei «Zmiana», sondern auch das «European Center for Geopolitical Analysis» (ECAG) in Warschau – eines jener Institute, die alternative Wahlbeobachtungsreisen organisiert haben. Im Frühjahr 2016 hat Mateusz Piskorski mit Ochsenreiter, mit dem russlandfreundlichen damaligen Chef der AfD-Jugendorganisation und späteren Bundestagsabgeordneten Markus Frohnmaier und mit dem Thüringer AfD-Landtagsabgeordneten Thomas Rudy beim Amtsgericht Berlin-Charlottenburg einen deutschen Ableger des ECAG eintragen lassen. «Deutsches Zentrum für Eurasische Studien» heißt es, wird aber meist kurz als «Germancenter» abgekürzt.

Inzwischen ist der Verein liquidiert, lesen wir im Handelsregister. «Viel haben wir nicht bewegt», sagt uns Thomas Rudy, als wir ihn im Juli 2022 dazu befragen. Als wir ihn sprechen, ist er gerade im Auto unterwegs, um ukrainischen Geflüchteten Möbel zu bringen, wie er sagt. Mehr Antworten bekommen wir nicht. Der Verein, so erfahren wir von einem, der mit den Angelegenheiten befasst war, habe über keinerlei Vermögen verfügt, nicht einmal ein eigenes Vereinskonto besessen. Die Kosten für die Gründung habe Ochsenreiter übernommen, auch die Räumlichkeiten habe er kostenlos zur Verfügung gestellt. Bis der Verein 2018 aufgelöst wurde, habe es nicht eine einzige reguläre Vereinssitzung gegeben.

Wir berichten über die Gründung des Vereins kurz nach dem Russlandkongress im Sommer 2017, und auch die *ZEIT* enthüllt die Verbindungen zwischen den Protagonisten. Damals wird der Zweck des Vereins deutlich. Es ging laut Satzung um personelle, sachliche und finanzielle Unterstützungsleistungen bei der Durchsetzung und Etablierung demokratischer Strukturen, insbesondere des Wahlrechts. Wir haben uns damals die Vereinsregister-Unterlagen besorgt. Im Protokoll der Gründungsversammlung ist AfD-Mann Rudy als Wahlleiter eingetragen. Ochsenreiter wird Vorsitzender, Piskorski sein Stellvertreter. Viel konnte Ochsenreiters polnischer Freund Piskorski zugunsten des deutschen Vereins allerdings nicht mehr beitragen – denn bereits kurz nach der Eintragung am 18. Mai 2016 wurde er festgenommen und in Warschau in Untersuchungshaft gesetzt. Die polnische Generalstaatsanwaltschaft warf ihm Spionage für den russischen Nachrichtendienst FSB und russische Propaganda in Polen vor, was er bestritt. Erst drei Jahre nach seiner Verhaftung, im Mai 2019, kommt Piskorski auf Kaution frei. Inzwischen wurde Anklage gegen ihn erhoben. Nach Auskunft des Bezirksgerichts Warschau ist die nächste Anhörung unter Ausschluss der Öffentlichkeit für Mitte September 2022 angesetzt.

Was genau Piskorski nun in der Anklage vorgeworfen wird, ist also nicht bekannt und geheim. Aus Unterlagen, die wir damals einsehen können, geht hervor, dass es bei den Vorwürfen auch um seine Wahlbeobachtungsreisen sowie die Tätigkeit für ein Institut in Brüssel geht. Für sein Engagement, so hieß es damals, soll Piskorski Geld vom FSB bekommen haben. Er soll also ein bezahlter russischer Spion sein. Ein Spion, der Hand in Hand mit Politikern der AfD und wichtigen Figuren in deren Umfeld arbeitet. Die AfD «lehnt jegliche Zusammenarbeit mit mutmaßlichen ausländischen Spionen grundsätzlich ab – unabhängig für welchen ausländischen Nachrichtendienst diese tätig sein sollten», sagt uns dazu im August 2022 auf Anfrage die AfD.

Auch deutsche Behörden haben damals Piskorski auf dem Schirm. In dem schon erwähnten, als «geheim» eingestuften Bericht von Bundesnachrichtendienst und Bundesamt für Verfassungsschutz ordnen sie ihn als bezahlten prorussischen Agitator ein. Piskorski soll demnach in den vergangenen Jahren durch Russland finanziert worden sein und auf der Gehaltsliste mehrerer russischer Thinktanks gestanden haben. Zum Krim-Referendum 2014 organisierte Piskorski eine Wahlbeobachtungsreise für insgesamt 30 teils rechtsextreme und rechtspopulistische Abgeordnete aus zehn EU-Staaten. Insgesamt sollen dafür von russischer Seite, so die deutschen Nachrichtendienste, 270 000 Euro geflossen sein. Zudem lägen Hinweise vor, dass diese vermeintlich neutrale Beobachtermission durch russische Nachrichtendienste «gesteuert oder zumindest maßgeblich beeinflusst wurde». Piskorski ließ uns damals über Mittelsmänner in seinem Umfeld ausrichten, dass nichts von dem, was er gemacht habe, Spionage darstelle. Schon während der Untersuchungshaft und auch danach erhob er Vorwürfe, dass mit ihm die Opposition mundtot gemacht werden und an ihm ein Exempel statuiert werden solle.

Piskorski ist einer der wichtigen Verbündeten Ochsenreiters gewesen – doch lange fragen wir uns, wer deren Auftraggeber in

Russland sind und wie er sich und seine Tätigkeiten finanziert. Dass Ochsenreiter mit Bargeld bezahlt werde, soll er einem befreundeten Bundestagsabgeordneten der AfD erzählt haben, so berichtet es uns dieser Politiker. Ochsenreiter hat für manche Zwecke nach unseren Informationen jedoch auch ein Konto und das nachverfolgbare Swift-System genutzt, um Gelder an Bundestagsabgeordnete zu überweisen – mal sind es mehrere Hundert Euro, mal 1000er-Beträge –, um die Reisekosten seiner politischen Gäste auszugleichen; es ging dabei offenbar nicht um Zuwendungen, die darüber hinausgingen. Auch Flüge hat er für Abgeordnete organisiert, so geht es aus Chat-Kommunikation hervor, die wir einsehen können. Ob Ochsenreiter deutschen Politikern in anderer Form Geld für andere Zwecke zukommen ließ, bleibt unklar. Alle AfDler, die mit Ochsenreiter zu tun hatten und mit denen wir darüber gesprochen haben, bestreiten, jemals finanzielle Unterstützung angenommen zu haben. Die AfD teilt dazu auf Anfrage mit, dass «die angebliche Übernahme von Reisekosten durch Herrn Ochsenreiter» ihr nicht bekannt gewesen sei. «Sofern sie bekannt gewesen wäre, wäre diese auch kritisch beurteilt worden.»

Immer wieder haben wir in all den Jahren auch die AfD und einzelne Funktionäre zu ihrem Verhältnis zu Russland befragt, offiziell und in Hintergrundgesprächen. Unsere kritischen Fragen, ob man sich habe vereinnahmen lassen, stießen dabei stets auf Unverständnis. Im August 2022, ein halbes Jahr nach Kriegsbeginn, antwortet uns die Partei: «Die AfD hat sich zu keinem Zeitpunkt durch den russischen Staat, dessen Teilrepubliken oder Einflusssphären oder deren jeweiligen Vertretern vereinnahmen lassen.»

Einige Monate zuvor haben wir noch einmal einen tiefen Einblick in die damalige Arbeit Manuel Ochsenreiters und Informationen zu dessen möglichen Auftraggebern gewonnen. Wir erfahren damals, dass er nicht nur zu Reisen eingeladen hat, sondern offenbar auch in anderer Weise als Vernetzer tätig war.

Das Londoner Dossier-Center ermöglicht uns und weiteren Kollegen der Recherchekooperation von WDR, *NDR* und *Süddeutscher*

Zeitung sowie einer Gruppe internationaler Journalistinnen und Journalisten Einblicke in ein Datenleak, in dem wir auch Ochsenreiters Namen wiederfinden. Das Dossier-Center ist eine Organisation des ehemaligen Oligarchen Mikhail Chodorkowski – inzwischen ein erbitterter Gegner des Systems Putin. Es dokumentiert korrupte und kriminelle Machenschaften im russischen Machtzentrum, um so künftig Gerichten Ermittlungen zu ermöglichen. Die vertraulichen Dokumente zeigen, dass Manuel Ochsenreiter enge Drähte ins Umfeld des kremlnahen Oligarchen Malofejew unterhalten hat. Es ist jener Oligarch, der gemeinsam mit Ochsenreiters gutem Bekannten, dem Ideologen Dugin, jahrelang an der Verbreitung der neo-eurasischen Idee arbeitet. Sicherheitskreise sehen Ochsenreiter als einen zentralen Akteur der russischen Desinformationsmaschine und Vernetzer zur AfD. Das Datenleak enthält auch Strategiepapiere, in denen es darum geht, eine starke europäische Einheit zu verhindern und nationale Ideen zu stärken. Durch die Papiere ziehen sich antiliberale gesellschaftspolitische Vorstellungen, die sich gegen Entwicklungen wie die Ehe für alle und Diversität richten – so wie wir es aus Dugins Theorien bereits kennen. Nach Kriegsbeginn gegen die Ukraine schockierte Dugin mit der Aussage, dass entweder Russland siege oder dies «das Ende der Welt» werde.

Dugin liefert die ideologische Grundlage für Putins Krieg. Auch seine Tochter Dajina Dugina verbreitet seine Thesen – und sie arbeitet für Malofejews Konzern Tsargrad. So lesen wir es in den Mails. Dort kommuniziert sie für ihren Vater mit europäischen Rechtspopulisten und trifft für ihn Verabredungen. Im August 2022 stirbt Darija Dugina nach allem, was wir wissen, bei einem Anschlag auf ihr Auto. Offen bleibt, ob der Anschlag ihr galt oder ihrem Vater. Die russische Regierung macht umgehend den ukrainischen Geheimdienst für ihren Tod verantwortlich. Dieser dementiert. Vor ihrem Tod bestritt sie das Existenzrecht der Ukraine.

Wir würden vor der Veröffentlichung der Dossier-Center-Mails im März 2022 gern mit Malofejew sprechen. Der Oligarch lässt uns über einen Sprecher ausrichten, dass er sich zu deren Inhalt nur persönlich in einem Interview in Moskau äußern werde – eine Einreise ist damals wegen des Krieges für uns nicht möglich. Malofejew wirft uns vor, als Mitglieder westlicher Geheimdienste zu agieren, und garniert seine Mail mit weiteren Verwünschungen. «Deshalb ist Ihre Anfrage so, als würde die Nazizeitung Völkischer Beobachter 1941 die USSR um einen Kommentar zu den Ereignissen an der Ostfront anfragen.» Er schließt: «Wir warten auf Sie in Moskau!» Eine neuerliche Anfrage für dieses Buch bleibt unbeantwortet.

Wir bekommen durch die Papiere tiefe Einblicke in ein Netzwerk mit vielen Knotenpunkten. Es verknüpft Malofejew, Dugin und deren Umfeld mit Politikern der europäischen Rechten, mit Marine le Pen vom französischen Rassemblement National oder mit Matteo Salvini von der italienischen Lega – etwa anlässlich eines Mailänder Kongresses 2016. Ein Mann galt jahrelang als Salvinis rechte Hand – und hat den Dokumenten zufolge auch für Malofejew und dessen Projekte eine ähnliche Funktion wie Ochsenreiter erfüllt und Anhänger der europäischen Rechten und ihre politischen Ideen mit der russischen Seite zusammengebracht: Gianluca Savoini.

Mal unterhält er sich den Dokumenten zufolge mit Mitarbeitern des Oligarchen Konstantin Malofejew über die Bezahlung einer Person, wie mit «K» besprochen. Viel öfter aber lädt er ein: zu Reisen, zu sehr privaten Treffen mit Malofejew, zu denen er 2019 auch die ehemaligen AfD-Flügel-Politiker Andreas Kalbitz und Frank Pasemann sowie den Bundestagsabgeordneten Steffen Kotré bittet, die den Einladungen offenbar gefolgt sind. Savoini geht es bei seinen Anbahnungen den Inhalten mancher Mails zufolge auch darum, Informationen zu besorgen.

Direkt nach dem Einzug der AfD in den Bundestag schreibt er im November 2017 eine Mail an Manuel Ochsenreiter in dessen Funktion als Direktor des «Germancenters». Er will über Ochsenreiter Kontakt zu einem Bundestagsabgeordneten der AfD, Ochsenreiters

Mitgründer des «Germancenters», Markus Frohnmaier, bekommen. Im Mailwechsel mit Ochsenreiter schreibt er davon, dass «unsere russischen Freunde» ein Projekt hätten, für das er Frohnmaier offenbar begeistern möchte. Er, Savoini, kümmere sich um Italien, obgleich es sich nicht um ein Projekt der Lega Nord handele, «only Russia», so schreibt Savoini.

Es geht um das Vorhaben, ein Rückkehrmanagement für syrische Flüchtlinge in deren Heimat zu organisieren. Ochsenreiter solle nun seinerseits den Bundestagsabgeordneten Frohnmaier oder einen anderen AfD-MdB für das Projekt gewinnen und zunächst herausfinden, wie viel Geld die deutsche Regierung zugunsten syrischer Flüchtlinge ausgebe. «Nachdem wir diese Dinge wissen, können wir ein operatives Meeting in Moskau organisieren», bietet er an. Nur wenige Tage später meldet Ochsenreiter die gewünschten Informationen an Savoini zurück und ergänzt: «Gerade mit Markus gesprochen, er ist happy, an dem Projekt teilzunehmen.» Savoini wollte sich auf Anfrage nicht äußern. Frohnmaier bestreitet im Frühjahr 2022 uns gegenüber, einer Teilnahme an besagtem Projekt zugestimmt zu haben. Er habe keine Kenntnis «von irgendeiner Involvierung Russlands in dieses nebulöse Projekt».

Über Frohnmaier berichtete der *Spiegel* 2019 in einer Recherche zu den engen Russlandverbindungen der AfD, dass dieser besonders mit dem Attaché der russischen Botschaft in Berlin und späteren Putin-Übersetzer Daniil Bisslinger sehr eng verbunden gewesen sein soll; auch in den Unterlagen des Dossier-Center finden wir dazu Anhaltspunkte. In einem Bericht über eine interne Veranstaltung bei der «Jungen Alternative» in Baden-Württemberg bedankt sich Frohnmaier im August 2014 bei Bisslinger für dessen Vortrag und Thesen.

«Die aktuellen Ereignisse in der Ukraine scheinen in diesem Licht betrachtet Resultat und Fortsetzung westlicher Expansionsbestrebungen zu sein. Eine sozioökonomische Entflechtung des Westens, insbesondere Deutschlands, von Russland, scheint geopolitisch gewollt zu sein. Es stellt sich die Frage welche Auswirkungen diese Entwicklung mittel- bis langfristig auf Deutschland hat.»

Wie der *Spiegel* und weitere Medien 2019 berichteten, vermeldete ein Strategiepapier, das aus der russischen Duma an die Präsidialverwaltung von Wladimir Putin kurz vor der Bundestagswahl 2017 verschickt worden sein soll, Frohnmaier werde ein «unter absoluter Kontrolle stehender Abgeordneter im Bundestag» sein. Frohnmaier gehörte über Jahre zu den eifrigsten Russlandreisenden der AfD und stattete auch der besetzten Ostukraine und der Krim Besuche ab. Eine Anfrage für dieses Buch zu den Vorwürfen, die damals erhoben wurden, ließ Frohnmaier unbeantwortet. Damals dementierte sie sein Anwalt. Frohnmaier kenne die E-Mail aus dem Kreml und das Strategiepapier nicht. Er lege Wert auf die Feststellung, dass er zu keinem Zeitpunkt unter der Kontrolle von jedwedem Dritten stand. Unterstützung in medialer oder finanzieller Form habe er aus Kreisen der russischen Politik, Wirtschaft oder Zivil nie erhalten.

Die Nähe zwischen Frohnmaier und Ochsenreiter wird bald nach dem Mailwechsel mit Savoini noch größer: 2018 wird Ochsenreiter, den das Bundesamt für Verfassungsschutz später als Rechtsextremen einstuft, mehrere Monate lang als Mitarbeiter in Frohnmaiers Bundestagsbüro angestellt. Doch seine Anstellung, von Medien kritisiert, endet jäh – und sein Leben nimmt überhaupt eine überraschende Wendung. In einem Prozess in Polen bezichtigt ihn ein Zeuge, einen Sprengstoffanschlag in der Ukraine angestiftet zu haben. Die Staatsanwaltschaft in Krakau verdächtigt ihn gar als Finanzier. Ochsenreiter flieht, lässt seine Familie in Deutschland. Über die Zeitschrift *Zuerst!* bestreitet er die Vorwürfe.

Als in der Bundestagsfraktion die Nachricht eintrifft, was Ochsenreiter vorgeworfen wird, nehmen einige das sehr gelassen. In der vertraulichen Chatgruppe der Abgeordneten lesen wir später:

«Zum jetzigen Zeitpunkt Konsequenzen zu ziehen, wäre kopflos und falsch. Es gibt eine Aussage und keine Beweise. Darum: keep cool 😎»». (14. 01. 2019)

Dies schreibt ein bekannter Hardliner aus der AfD-Fraktion, ein Jurist. Einige seiner Kollegen pflichten ihm bei. Die AfD betont auf Anfrage, dass Ochsenreiter weder Parteimitglied gewesen sei, noch bei dieser unter Vertrag gestanden habe. Er sei auch nicht im Auftrag der AfD tätig gewesen.

Deutsche Ermittlungsbehörden sehen die Tatvorwürfe aus Polen als schwerwiegend an. Es wird ein Verfahren gegen Ochsenreiter eröffnet, zunächst bei der Staatsanwaltschaft in Berlin, und dann übernimmt im August 2020 der Generalbundesanwalt in Karlsruhe wegen des Verdachts der Terrorismusfinanzierung in Tateinheit mit Anstiftung zur Brandstiftung. Hintergrund des Karlsruher Verfahrens ist damals «der Vorwurf, dass Ochsenreiter im Januar 2018 über das Internet Kontakt zu einem ihm bekannten polnischen Staatsangehörigen aufgenommen und die Durchführung eines Brandanschlags in Uschhorod / Ukraine auf das Gebäude eines Kulturvereins der dort lebenden ungarischen Minderheit gegen Bezahlung in Auftrag gegeben haben soll», so teilt es uns die Bundesanwaltschaft mit. Auch ein Haftbefehl des Ermittlungsrichters des Bundesgerichtshofs wird erlassen. Und nach Ochsenreiter wird gefahndet.

Während also die obersten Ermittler Deutschlands nach ihm suchen, gibt es in der AfD mindestens einen Bundestagsabgeordneten, der mit ihm in regelmäßigem Kontakt steht. Dies zeigt uns ein weiterer, privater WhatsApp-Chat, den wir über viele Monate hinweg lesen können. Dort berichtete offenbar Ochsenreiter 2019, dass er jetzt von «R» aus plane und arbeite. Tatsächlich war Ochsenreiter nach Moskau geflohen – in eine Art Asyl. Wo genau er sei, will der MdB wissen, und vermutet die russische Hauptstadt. «Wenn Du nach Sheremetyevo fliegst, zehn Minuten von dort», soll Ochsenreiter geschrieben haben und bestätigt damit die Annahme. Es sei sicher nicht einfach, «so ‹auf der Flucht› zu sein», schreibt der

Abgeordnete. «Es ist grausam», lautet die Antwort. Was er denn arbeite, will der AfDler wissen. Ochsenreiter will sich weiter um die Zeitschrift *Zuerst!* kümmern und «dann verschiedene andere neue Sachen für Europa».

Sie setzen ihre Chats fort. Dann schreibt Ochsenreiter, er bleibe vorerst in Russland und treffe häufig andere, auch sehr prominente «Dissidenten», beim «Dissidentenstammtisch.» «Ehrlich?», fragt der AfD-Mann ungläubig. Die Antwort des Mannes in Moskau ist kurz: «Ja.» Es ist ein bizarrer Chat, und ob alle Details den Tatsachen entsprechen, können wir und auch der Bundestagsabgeordnete nur schwer nachvollziehen.

Wie wichtig die Rolle Manuel Ochsenreiters für russische Stellen offenbar war, berichtet uns der AfD-Bundestagsabgeordnete Stefan Keuter in einem bislang nicht veröffentlichten Interview, das wir 2018 aufgezeichnet haben und in dem es damals um die Bedeutung Ochsenreiters für die AfD ging:

> «Ich gehe davon aus, dass er gute Kontakte zur russischen Botschaft unterhält, aber vor allen Dingen auch in die russische Politik hinein. Wenn wir Gesprächskontakte bis hin zum Vorsitzenden der Duma oder dem Chef der russischen Wirtschaftsförderung benötigt haben, hat er diese Kontakte und Zusammentreffen ermöglicht.»

Der anonyme Abgeordnete, der mit Ochsenreiter jahrelang chattete, sagt uns: «Ochsenreiter hat mir irgendwann zu verstehen gegeben, dass er für russische Dienste gearbeitet hat, und zuletzt an das russische Außenministerium angebunden war, zumindest hat er mir das so erzählt.» Überprüfen können wir das nicht. Die *ZEIT* berichtete zudem, Ochsenreiter habe unter anderem in Diensten Jewgeni Prigoschins gestanden, auch «Putins Koch» genannt, ein Gastrounternehmer, der dem Kreml überaus nahe steht und der eine der wichtigsten Figuren der russischen Online-Propaganda sein soll, weil er eine bedeutende russische Internet-«Trollfabrik» finanzierte. Manuel Ochsenreiter kann zu alldem nicht mehr Stellung nehmen; er ist im August 2021 in Moskau gestorben. Fragen an die russischen Behörden und an den ehemaligen Anwalt Ochsenreiters blieben ohne Antwort.

Ochsenreiter soll sich aus dem Exil heraus sehr für Interna aus dem deutschen politischen Betrieb interessiert haben. Mehrfach will der mit ihm gut bekannte Abgeordnete sogenannte «Kleine Anfragen» an die Bundesregierung geschickt haben, die von Ochsenreiter vorformuliert worden seien und deren Antworten das Büro des Abgeordneten dann seinerseits zurückgespiegelt haben will. So sehen wir es in einem Chatverlauf mit dem betreffenden Bundestagsabgeordneten. Dieser berichtet uns vertraulich, dass es häufiger solche Begehren Ochsenreiters gegeben habe. Informationen, die nur deutschen Bundestagsabgeordneten zugedacht waren, flossen so an einen Mittelsmann der Russen in Moskau. «Diese Vorgänge sind unserer Partei nicht bekannt gewesen», teilt uns dazu die AfD im August 2022 mit. «Sofern sie bekannt gewesen wären, wären diese kritisch beurteilt worden.» Allerdings, so betont die AfD, seien Abgeordnete in der Ausübung ihres Mandates frei.

Der deutsche Abgeordnete will Ochsenreiter mehrmals persönlich in Moskau getroffen haben, auch noch kurz bevor dieser überraschend verstarb. Ochsenreiter soll dort zuletzt ein ausschweifendes Leben geführt und darunter gelitten haben, dass er nicht mehr reisen konnte; auch nach Deutschland konnte er aufgrund der Haftbefehle nicht mehr zurück. Ochsenreiter wird tot in seiner Moskauer Wohnung gefunden. Der Generalbundesanwalt, der ja immer noch ermittelt, lässt nach unseren Informationen die Leiche überführen und rechtsmedizinisch untersuchen. Die deutschen Behörden wollen offenbar ausschließen, dass es sich bei der Todesmeldung um ein Ablenkungsmanöver gehandelt haben könnte. Er soll an einem Herzstillstand gestorben sein – was dazu geführt hat, bleibt unklar. Nach dem Tod des Beschuldigten sei das Verfahren im Dezember 2021 eingestellt worden, teilt uns die Bundesanwaltschaft mit.

Hass-Grüße aus Moskau

Mit Ochsenreiter stirbt für die AfD der vermutlich wichtigste Mittelsmann nach Moskau. Und noch hat sich keine Person als dessen Nachfolger hervorgetan – vielleicht auch wegen des Krieges. Als wir auf dem AfD-Parteitag in Riesa ein Jahr später einen Stand der Zeitschrift *Zuerst!* entdecken, fragen wir den neuen Chefredakteur, Ochsenreiters Nachfolger, ob nun er die Kontakte nach Moskau für die AfD-Politiker organisiere. Dem sei nicht so, lautet die Antwort, das sehr gute Netzwerk Ochsenreiters sei so schnell nicht ersetzbar. So erzählen es uns auch AfD-Abgeordnete, die mit ihm gereist sind. Womöglich bedarf es eines Vermittlers von außen, der Ochsenreiter über Jahre war, nun auch nicht mehr. Denn während die diplomatischen Beziehungen zwischen Berlin und Moskau in den Monaten vor dem Kriegsbeginn zusehends schwieriger werden, fällt es AfD-Politikern leicht, in Russland zu hochrangigen Gesprächspartnern vorgelassen zu werden.

Die Beziehungen zwischen einigen führenden Funktionären der AfD und Moskau waren auch ohne Ochsenreiter längst gewachsen. In Russland gab es inzwischen verlässliche Ansprechpartner: Wjatscheslaw Wolodin etwa, den Sprecher der russischen Staatsduma. Oder Leonid Slutsky, zuletzt während des Krieges einer der «Friedensunterhändler» Moskaus mit der Ukraine.

Ein knappes Jahr vor der Bundestagswahl 2021 reiste eine Delegation von Bundestagsabgeordneten in die russische Hauptstadt, um einen besonderen Propaganda-Coup vorzubereiten, von dem beide Seiten profitieren sollten. Während zwischen Berlin und Moskau infolge des mutmaßlichen Giftanschlags auf den russischen Oppositionellen Alexej Nawalny politische Eiszeit herrschte, bemühten sich die AfDler um einen Termin ihres Parteichefs beim russischen Außenminister. Und tatsächlich empfing Sergej Lawrow im Dezember 2020 Tino Chrupalla und den damaligen außenpolitischen Sprecher der Bundestagsfraktion, Armin-Paulus Hampel. Man sei «dankbar für das Interesse an dem Treffen», so wertete

Lawrow die AfD-Delegation zu Beginn der Gespräche auf, die eigentlich weit davon entfernt war, auf diplomatischer Augenhöhe mit Lawrow zu sein; der bedauerte zudem, dass der Ehrenvorsitzende der AfD, Alexander Gauland, aus gesundheitlichen Gründen nicht teilnehmen konnte. Man müsse den Dialog auf allen Ebenen aufrecht halten, denn die offiziellen Beziehungen seien problembehaftet, sagte er.

Das Treffen kommt damals einer Provokation der Bundesregierung gleich. Die Angehörigen der AfD-Delegation, zu dieser Zeit noch größte Oppositionsfraktion im Bundestag, wurden hofiert, fast wie Staatsgäste. Gesprochen wurde unter anderem über die Lage in der Ukraine und die Gas-Pipeline Nord Stream 2. Die AfD-Fraktion feierte sich und den Besuch als größten außenpolitischen Erfolg der gesamten Legislatur, so lesen wir es in der Chatgruppe der Bundestagsfraktion, die uns im Sommer 2021 zugespielt wurde.

In den Monaten vor dem Kriegsausbruch bleibt dies nicht die einzige Reise mit offiziellem Anstrich, zu der prominente AfDler nach Moskau pilgern. Auch die Vorsitzende der Fraktion und damalige Vize-Parteichefin, Alice Weidel, wird im März 2021 dem Kreml einen Besuch abstatten, im Außenministerium vorsprechen und Vertreter von Zentralbank und Duma treffen. Auch diese Reise solle der Verbesserung und Vertiefung der deutsch-russischen Beziehungen dienen, so hieß es in Presseverlautbarungen, und bescherte beiden Seiten die gewünschte Inszenierung.

Im Sommer 2021 reist Parteichef Chrupalla ein weiteres Mal gen Moskau, diesmal auf Einladung des russischen Verteidigungsministers Sergej Shojgu. Laut der *Frankfurter Allgemeinen Zeitung* stellte sich Chrupalla dort als «Oppositionsführer» dar und warb erneut dafür, die im Ukraine-Konflikt verhängten Sanktionen ohne Vorbedingungen aufzuheben. Es waren auch Bilder und Botschaften an die Wähler in Deutschland. Denn bis zur Bundestagswahl waren es da nur noch wenige Monate. Zehn Monate, bis Russland die Ukraine überfallen sollte.

Seit Kriegsbeginn haben es AfD-Funktionäre schwerer, mit Moskau in Kontakt zu bleiben – womöglich auch, weil die Partei den Angriff offiziell verurteilt. Doch wie Hansjörg Müller, der Russland-Auswanderer, den wir eingangs des Kapitels beschrieben haben, gibt es noch immer viele AfDler, die sich auch über die Parteilinie hinaus weiterhin prorussisch äußern und Putin verteidigen. Moskaus Propaganda hat über all die Jahre in weiten Teilen der AfD offenbar verfangen. Die «Altparteien» und die Medien würden einseitig Russland die Schuld geben, das sei ein verzerrtes Bild der Lage, sagt etwa der Landtagsabgeordnete Hans-Thomas Tillschneider aus Sachsen-Anhalt auf einer Demonstration in Querfurt nur wenige Tage nach Kriegsbeginn: «Putin verteidigt russische Interessen, und das ist sein gutes Recht.» Nach Duginas Tod kondoliert er dem «globalismuskritischen» Denker Dugin, «der auch eine Tochter im Geiste verliert».

Stefan Keuter, der zu den AfD-Bundestagsabgeordneten zählt, die am häufigsten nach Russland reisen, lässt sich nach Kriegsausbruch zu einer umstrittenen Konferenz in Moskau mit dem Titel «Wirtschaft gegen Sanktionen» per Video zuschalten. Die deutsche Berichterstattung über den Krieg hätte «starke Merkmale von Propaganda», sagt er dort.

Einer der Russlandreisenden, der heutige Bundestagsabgeordnete Eugen Schmidt, leugnet laut dem ARD-Magazin *Kontraste* wenige Tage nach Kriegsbeginn in russischen Medien, dass in Deutschland eine Demokratie existiert. Schmidt ist zudem Beauftragter der Bundestagsfraktion für die Russlanddeutschen, eine wichtige Wähler-Zielgruppe der AfD. Er behauptet in dem Interview, die regierende Elite würde dem Volk eine einheitliche Meinung aufzwingen, alle anderen politischen Meinungen würden in Deutschland unterdrückt: im Internet, in den Medien, und sogar mittels körperlicher Übergriffe auf Andersdenkende. Ein Zerrbild, das eigentlich die Realität in Russland widerspiegelt, nicht die in Deutschland, das aber Russophile wie Schmidt in einer verdrehten Form als angebliche Wahrheiten verbreiten und damit Schwarz zu Weiß und umgekehrt erklären. Solche Äußerungen erfüllen zweierlei Funktionen, die Russland dienlich sind. Einerseits relativieren sie Zustände im eigenen Land, indem suggeriert wird, solche Realitäten herrschten auch in anderen Staaten. Zum anderen können solche Aussagen Zweifel an den rechtsstaatlichen und politischen Gegebenheiten in westlichen Demokratien säen.

Zwei Monate nach Kriegsbeginn sind wir noch mal mit Hansjörg Müller in Moskau verabredet. Sein russophiles und antiamerikanisches Weltbild ist und bleibt gefestigt. In diesem Gespräch wollen wir ihn noch mal mit seinen prorussischen Aktivitäten konfrontieren. Denn seit Kriegsbeginn befeuern Müller und andere Blogger ihre Kanäle in Social-Media-Diensten wie Telegram immer wieder mit russischen Narrativen. Während es in Deutschland gegen solche Blogger erste Ermittlungsverfahren gibt, wähnt sich Müller in Moskau auf der sicheren Seite. Er relativiert die Berichte über russische Kriegsverbrechen – auch im kleinen Ort Butscha, der im Westen schnell zum Symbol für die Grausamkeit des russischen Kriegs und die mutmaßlichen Verbrechen russischer Soldaten wird. Müller hatte angedeutet, dass die Bilder Inszenierungen der ukrainischen Seite sein könnten. Wir konfrontieren ihn: Für uns ist es völlig ausgeschlossen, dass sich ein Volk auf diese Weise selbst schlachtet.

«Wer diese Menschen umgebracht hat, ist zur Verantwortung zu ziehen», sagt Müller zunächst. Er verurteile jedoch, dass die deutsche Regierung sich sofort auf Russen als Täter festgelegt habe. Als wir ihm entgegenhalten, dass Satellitenbilder schon vor dem russischen Abzug die Toten genau an derselben Stelle zeigen, an der sie später gefunden wurden, und dass es abgehörte Funksprüche von russischen Soldaten sowie zahllose glaubhafte Augenzeugenberichte gebe, die die russischen Morde belegten, reagiert er nüchtern. «Die Satellitenbilder habe ich mir auch angeschaut. Da stimmen die Schatten nicht.» Dass seine Positionierung auf uns so wirke wie russische Propaganda, will er nicht gelten lassen. «Ja, wer hier das eben anders sieht als das Narrativ der Westpresse, ist ein Putinversteher. (...) Ja, ich kann nichts dafür, dass der Herr Putin das auch so sagt.» Und dann legt sich Müller bereits zu diesem frühen Zeitpunkt fest:

«Den Krieg hat die Ukraine militärisch schon lange verloren. Der wird jetzt verlängert. Die westlichen Waffenlieferungen verlängern den Krieg, sie verlängern einen bereits verlorenen Krieg, und da gehen jede Menge Menschen drauf. Deswegen ist es völlig korrekt, von der Mitschuld des Westens zu sprechen.»

Bereits kurz vor unserem Interview, am 17. März 2022, spricht der ukrainische Präsident Zelenskyj per Videocall im Deutschen Bundestag. Die allermeisten Abgeordneten, auch der AfD, stehen auf und klatschen, obwohl Zelenskyj die Bundesrepublik hart kritisiert, vor allem, weil Deutschland keine Führungsrolle im Kampf gegen Russland übernehme. Müller schaut offenbar von Russland aus zu. Und das, was er im Plenum sieht, versetzt ihn so in Rage, dass er sein Handy nimmt und eine Nachricht an eine Chatgruppe ehemaliger AfD-Bundestagsabgeordneter tippt. Später wird er dies ebenfalls in seinem Telegram-Kanal posten. Ob es eine Liste «anständiger MdBs» gäbe, die «am Ende der Rede dieses Politclowns» sitzen geblieben seien, will er wissen. Er selbst hätte nicht geklatscht.

Ende oder Anfang? – Ein Ausblick

E-Mail vom 24. 2. 2013, 18 Tage nach Gründung der AfD:

«In der Anlage sende ich Ihnen Logoentwürfe der Alternative für Deutschland zu. Es ist Absicht, dass das noch heute am Sonntag passiert, da man für Derartiges nicht im Tagesstress sein sollte. (...)

Bitte nehmen Sie sich Zeit und ein wenig Muße. Trinken Sie ein Glas Wein dazu und rauchen Sie eine Zigarre.»

Diese Sätze stammen aus einer Rundmail des AfD-Gründerkreises.

«Schauen Sie sich die Entwürfe langsam der Reihe nach an. Versuchen Sie bitte bei jedem Entwurf nachzuspüren, was die Gestalter wohl beabsichtigt haben. Versuchen Sie mit sich selber in einen Dialog zu kommen über den Entwurf. Sinnieren Sie ein wenig über jeden Ansatz.

Schlingen Sie bitte nicht, wie ein Vielfraß, alle Entwürfe in Rekordzeit in sich hinein. Es wird Ihnen nicht munden. Und im Sterne-Restaurant mit 8 Gängen oder bei einer Weinprobe machen Sie das ja auch nicht. Auch bei uns sind feine Abstufungen und Nuancierungen zu erspüren.»

Lange ging von dem Logo, das sich das Gründungsteam der AfD am Ende eines mühsamen Prozesses ausgewählt hatte, eine Botschaft aus, die mit dem Weg der Partei übereinstimmte. Besonders der rote, schwungvoll nach oben ragende Haken trug große Symbolkraft. Viele Jahre lang verlief auch die Erfolgskurve der neuen Partei so, wie es das blau-rote Logo bedeuten sollte, nämlich steil nach oben ragend. Sie trug den Populismus dabei genauso in sich wie die

Radikalität und das Potenzial, sich zu einer Rechtsaußenpartei zu entwickeln. Mit ihr zogen 2017 ehemalige Richter, Staatsanwälte, Polizisten, Rechtsanwälte, Ärzte und Unternehmer in die Abgeordnetenbüros des Bundestages ein. Dort wies die AfD eine Akademikerquote von 80 Prozent auf und stellte die Würde des Hohen Hauses dennoch infrage. Sie ließ nicht nur einen gebildeten, respektvollen Umgang mit Andersdenkenden und Minderheiten vermissen, sondern ging auf Jagd nach dem politischen Gegner und stellte sich am Ende der Legislatur selbst ein verheerendes Zeugnis aus.

Kein Bock mehr auf *Sinnieren* in *Muße* bei *Wein und Zigarre*. Keine Zeit mehr, *mit sich selber in einen Dialog zu kommen*. Nichts mehr mit *feine Abstufungen und Nuancierungen erspüren*. Obwohl so mancher und manche inzwischen durchaus das Geld gehabt hätte, um sich wenigstens *im Sterne-Restaurant mit 8 Gängen oder bei einer Weinprobe* zu verlustieren.

Die neue, stark verbreiterte Partei-Elite im Bundestag hat anderes im Sinn. So lesen wir es auch in den 40 000 Nachrichten ihrer geheimen Chatgruppe. Die AfD schürt Ressentiments, mit den Weihen und Privilegien der demokratischen Institutionen versehen und mit Steuergeldern finanziert. Und sie versucht, von innen heraus das System anzugreifen, das sie nährt. Mit 12,6 Prozent der Stimmen zieht die Partei damals in den Bundestag ein, 2021 sind es schon 2,3 Prozentpunkte weniger. Die Zeiten des Wachstums scheinen inzwischen vorbei zu sein.

Die AfD kämpft: mit sich selbst, mit ihren Ansprüchen, mit dem politischen Gegner und mit der Frage, wofür sie nach zehn Jahren als Protestpartei eigentlich stehen will: Will sie konstruktive Positionen entwickeln, nachdem sie populistisch alle Großthemen dieser Jahre bedient hat: vom Euro über Migration und Islamhass bis zu dem Kampf gegen «Gendergaga» und «Klimahysterie»? Will sie selbst große realpolitische Ideen in die repräsentative Demokratie einspeisen, die tragfähig sind und nach vorne weisen? Will sie nicht nur von Regierungsfähigkeit sprechen, sondern wirklich Verantwortung übernehmen – oder will sie weiter ihre Anhänger nur mit der Botschaft abholen, eine Alternative gegen die Regierung zu sein, egal gegen welche, ohne zu definieren, wofür genau sie ihrerseits eintritt? Vor allem aber: Wird die AfD jemals die Gelegenheit dazu haben, Macht in diesem politischen System auszuüben oder liegt dies vielleicht gar nicht in ihrem Interesse, weil sie in Wahrheit ebenjenes System zutiefst ablehnt? Oder aber holen sie all die Eskalationen, die Skandale, die bewussten Provokationen und ihre Anschlussfähigkeit ins rechtsextreme Vorfeld irgendwann ein, und sie muss sich eingestehen, ihren Zenit überschritten zu haben auf ihrem Kurs an den rechten Rand der Gesellschaft?

Bislang profitierte die AfD von gleich mehreren historischen Zufällen, die allesamt dazu führten, dass die Partei auf Erfolgskurs lag: zunächst die Euro-Einführung, dann die Migrations- und zuletzt die Corona-Krise als kampagnenträchtige Großthemen. Sie ließen sich nationalistisch ausschlachten als eine Art diktatorische Vormundschaft durch Eliten.

Die Partei profitierte aber noch von einer anderen Entwicklung. Mit den sozialen Medien gab es plötzlich eine virtuelle Verbindung zum Protest auf der Straße, zu den Menschen, die sie wählten. Weil sie sich von den Medien von Beginn an nicht fair abgebildet sah, setzte die AfD früh auf Portale wie Facebook. Dies tat sie in einer Zeit, in der sich andere Parteien nur zögerlich digitalisierten und eher auf die klassischen Medien als ihre Bühne setzten. Die Botschaften der AfD wurden so noch populistischer, simpler, griffiger, emotionaler – der rote Pfeil im Logo zeigte so vielleicht nicht mehr immer nur steil nach oben, aber zumindest geradeaus.

Die AfD hat sich mit alldem eine Stammwählerschaft erarbeitet, die ihr bundesweit zuverlässig etwas über zehn Prozentpunkte beschert. Und doch werden zehn Jahre nach ihrer Gründung ihre Bruchlinien deutlich. Sie ist inzwischen aufgrund ihrer Radikalisierung nicht mehr für eine so breite Klientel wie zu Beginn ihrer Geschichte wählbar, die damals noch weit in die gesellschaftliche Mitte hineingeragt hatte.

Im Jahr ihrer Gründung, 2013, entschieden sich bereits Zigtausende Wähler, dieser neuen Partei, den rechten Eurokritikern, ihre Stimme zu geben. Das Meinungsforschungsinstitut Infratest Dimap registrierte damals, dass die meisten Wähler von der FDP kamen: 430 000. Von der CDU waren es 290 000, machte 720 000 Stimmen aus dem bürgerlich-liberalen und konservativen Lager. Von der SPD wechselten 180 000 Stimmen zur AfD, von der Linken kamen vornehmlich aus Ostdeutschland 340 000; von Nichtwählern stammten 210 000 Stimmen.

Auch unter den Funktionären befanden sich damals viele Unternehmer, selbst der langjährige Präsident des Bundesverbandes der Deutschen Industrie, Hans Olaf Henkel, übernahm in der AfD Führungsaufgaben. 2017, beim Einzug in den Bundestag, hatten er und viele Unternehmer sowie wirtschaftsliberale Ökonomen die Partei bereits verlassen. Auch die Analyse von Infratest Dimap – die nun schon differenzierter ausfiel – zeigt, wie sich die Wählerschicht der AfD schon geändert hatte. Die Partei war mit einem Anti-Migrations- und Anti-Islamprogramm in den Wahlkampf gezogen, die Eurokritik aus den Anfangstagen war da schon in den Hintergrund getreten. Mit 21 Prozent bildeten Arbeitslose und Arbeiter die größte Wählergruppe, gefolgt von Selbständigen und Angestellten mit je zwölf Prozent. Etwas weniger Zustimmung hatte die Partei von Rentnern und Beamten.

Bei der vergangenen Bundestagswahl 2021 wählten etwa genauso viele Arbeiterinnen und Arbeiter sowie Arbeitslose die AfD wie bei der Wahl zuvor. Vor allem bei den Selbständigen und den Rentnern verlor die AfD aber. Sie schickt sich damit an, in den zehn Jahren ihres Bestehens von der Partei der besserverdienenden Bildungsbürgerlichen zu einer Partei der Arbeiter und Schlechtverdiener zu werden. In den westdeutschen Ländern schneidet sie deutlich schlechter ab als im Osten, wo sie inzwischen – was ihre Zustimmungswerte anbelangt – fast schon zur Volkspartei geworden ist; ihr Ergebnis dort war mehr als doppelt so gut wie im Westen, die AfD war in den ostdeutschen Ländern hinter der

SPD zweitstärkste Partei – in Sachsen und Thüringen gar stärkste Partei.

Im Sommer 2020 wollte auch die Kommunikationsabteilung der Bundestagsfraktion genau wissen, wer die eigene Partei wählt. Sie erstellte eine interne Wähleranalyse. Aus der Präsentation geht hervor, dass die Abgeordneten so dazu befähigt werden sollten, «die politischen Inhalte und die Art und Weise der Wähleransprache auf die Wählerklientel abzustimmen.» Den größten Zuspruch würde die AfD dem Dokument zufolge durch die prekäre Schicht erfahren. «Eine deutliche Mehrheit wählt die AfD aus Unmut über andere Parteien und weniger wegen ihrer Inhalte.» Die AfD manövriert in eine Richtung: Ostdeutsch. Rechts. Protest.

Heute, fast zehn Jahre nach ihrer Gründung, hat die Partei gerade einmal 12 000 Mitglieder mehr als im Jahr ihrer Gründung, knapp 29 000. Noch verharrt der rote Haken des AfD-Logos an seinem Platz.. Doch es gibt gute Gründe anzunehmen, dass die Kurve irgendwann sogar nach rechts unten zeigt. Das Personal, die Anhängerschaft und auch die Argumentationsmuster der AfD haben sich auf einen harten, radikalen Kern reduziert, und die AfD hat ihr Erfolgsmodell, möglichst breit vermittelbar zu sein, dadurch weitgehend eingebüßt. Vieles spricht darum dafür, dass die AfD ihren Zenit nach allem, was wir derzeit sehen, zunächst überschritten haben dürfte.

Seit ihrer Gründung hat die AfD sich schon mehrfach gewandelt und hat ihre gemäßigteren Ko-Parteichefs abgestoßen, die jeweils Machtkämpfe gegen das radikalere Lager verloren hatten. Die neu gegründeten gemäßigteren Alternativparteien von Bernd Lucke und Frauke Petry hatten wenig Erfolg. Als Jörg Meuthen 2022 ging, unternahm er aufgrund der Erfahrungen seiner Vorgänger keinen neuerlichen Versuch mehr, eine Partei zu gründen, die sein Lager hätte auffangen sollen. Es wäre wohl auch ihm nicht gelungen, seine bisherigen Anhänger in ein neues Parteiprojekt mitzuziehen. Die einstigen Parteichefinnen und Chefs, die zuvor noch in Talkshows gesessen hatten, verschwanden nach kurzem medialem Aufflackern von der Bildfläche. Niemand interessiert sich für ihre rechten Inhalte, wenn keine Macht dahintersteht.

Heutige Funktionäre haben daraus gelernt, dass nicht die Petrys und Luckes jemals die Stars der AfD waren, sondern dass es immer die radikale AfD selbst war, die sich Erfolge zurechnen konnte. Wer also als AfD-Funktionär in der Politik bleiben will, geht den Kurs seiner Partei mit – und das hieß zuletzt: weiter nach rechts. All diese Prozesse haben insgesamt dazu geführt, dass das selbsternannte gemäßigtere Lager auf höherer Funktionärsebene soweit erodiert ist, dass die AfD sich heute – überspitzt gesagt – gar nicht mehr in ein für AfD-Verhältnisse gemäßigteres und ein rechtsradikales Lager aufspalten könnte. Eine Spaltung wurde immer als innerparteiliches Schreckensszenario aufgemalt, weil es bislang Konsens war, dass die AfD nur stark ist, wenn sie beide Lager bedient. Das ehemals dominierende, liberalkonservativere Lager, das die Partei vor zehn Jahren gegründet hat, ist an den entscheidenden Schlüsselpositionen, in den Landes- und Bundesvorständen oder im Bundesschiedsgericht inzwischen nahezu restlos von den Rechtsaußen verdrängt worden. Auf dem Bundesparteitag in Riesa ist das gemäßigtere Lager, das in der Wahlperiode zuvor noch den Parteivorstand dominiert hatte, fast unsichtbar geworden; es stand ohne Anführer da.

Die drei Politiker, die die AfD über Jahre hinweg wohl am meisten auf ihre jeweilige Weise geprägt haben, sagen 2022 entscheidende Sätze über die Ausrichtung der AfD:

«Wer da jetzt noch sich halten will, der muss mit den Rechtsextremen gemeinsame Sache machen.» (Jörg Meuthen)

«Wir bestimmen qua eigener Kraft, wer extremistisch ist.» (Björn Höcke)

«Der Verfassungsschutz kann mir den Buckel runterrutschen.» (Alexander Gauland, Interview für dieses Buch, 18. 8. 22)

Die wohl bedeutsamste Bruchlinie verläuft nach wie vor entlang der Frage, wie radikal die AfD sein will und sein soll, wo also ihr Markenkern liegt. Obwohl sie früh ehemalige Mitglieder rechtspopulistischer bis rechtsradikaler Parteien wie «Bund freier Bürger», «Die Freiheit» oder «Die Republikaner» integrierte, blieb die AfD, anders etwa als die NDP, lange Zeit weit in bürgerliche Schichten hinein vermittelbar, auch weil es rechts von der AfD keine Partei mehr schaffte, Stimmen in größerem Umfang zu fangen. Die AfD versammelte viele Hoffnungen des rechten Randes lange unter ihrer Bewegung – es ist eines der Geheimnisse ihres schnellen Erfolges, viele andere Parteien aus diesem Spektrum phasenweise marginalisiert zu haben.

Björn Höcke will von dieser Erfolgslinie jetzt offenbar abweichen und die letzten innerparteilichen Grenzen beseitigen, wenn er und das rechtsradikale Parteilager selber bestimmen wollen, was Extremismus ist; wenn dieses Lager etwa Auftrittsverbote für den aus der AfD geworfenen Andreas Kalbitz verhindern will oder die Unvereinbarkeitsliste ausdünnt. Höcke scheint strategisch genug zu denken, um die Grenzen des Sagbaren selbst zwar anspielungsreich zu touchieren, jedoch nicht derart zu überschreiten, dass er seinen Platz innerhalb der AfD wirklich in Gefahr brächte. Über das, was Höcke bereits an Provokationen gesetzt hat, kann er innerhalb der derzeit geltenden parteiinternen Grenzen, die das Grundsatzprogramm setzt, nur schwerlich hinausgehen. Mehr als zu sagen, dass er eine erinnerungspolitische Wende um 180 Grad will und dass seine Kritiker «ausgeschwitzt» werden sollen, kann er innerhalb der AfD-Grenzen nicht schockieren. Wer aus dem rechtsradikalen Parteiflügel strategisch klug ist, weiß, dass an dieser Stelle Schluss ist. Denn nur die AfD bietet ihnen die Bühne, auf der sie bewusst an diese Grenze gehen können und gehört werden.

Wenn Höcke im Sommer 2022 also den Vorsitz einer internen, neu zu bildenden Kommission der Partei anstrebt, die die Arbeit der Parteiorgane, des Bundesvorstands und der Wahlversammlungen neu ordnen und definieren sollte, geht es um nichts weniger, als die

Grenzen der Radikalität zu bestimmen. Mit Höcke als designiertem Leiter dieser Kommission hätte der rechtsradikale Parteiflügel viel Macht über die Parteigeschicke und auch über den Parteivorstand. Wenn Tino Chrupalla und Alice Weidel dies nach dem Parteitag verhindern wollen, dann geht es um mehr als Ämter und Hausmacht. Dann geht es vielmehr darum, wer dieses kollektive «Wir» künftig ist, das bestimmen soll, wo der Extremismus und die Verfassungsfeindlichkeit anfangen und welche Positionen aus der Denkwelt Höckes und der Neuen Rechten in praktische politische Forderungen gegossen werden sollen. Und es geht auch darum, ob die neurechten Ideen über die AfD in die Parlamente befördert werden sollen. Wenn sich Höcke durchsetzen sollte, wäre dies wohl das Ende der AfD in der jetzigen Gestalt.

Die AfD wäre so wohl tatsächlich über kurz oder lang eine «Lega Ost» – so hat es Jörg Meuthen bereits vor seinem Parteiaustritt überspitzt prognostiziert und damit eine weitere Bruchlinie beschrieben, die mitten durch die AfD verläuft: zwischen Ost und West. Er spielt damit auf die italienische Lega an – eine rechtspopulistische Partei, die ursprünglich nur den Norden Italiens vertrat. Was Meuthen meint, wäre eine Partei, die allein in Ostdeutschland relevant wäre. Dort, wo man mit Thesen, die nationalistisch und sozialpolitisch zugleich ausfallen, besser punkten kann als in den westdeutschen Bundesländern – und wo fundamentale Kritik gegen die Obrigkeit aus historischen Gründen heraus gut funktioniert, wie man etwa während der Corona-Pandemie auf den «Spaziergängen» und Demonstrationen sehen und hören konnte. «Widerstand!», «Wir sind das Volk» und andere Schlachtrufe von 1989 wurden von der rechten Bewegung auf der Straße vereinnahmt und umgedeutet; und die AfD reihte sich immer wieder ein und es gelang ihr, sich als politischer Arm dieser Bewegungen zu präsentieren.

Während sie nach immer neuen Krisenthemen sucht, mit denen sie vor allem im Osten die Straße bespielen kann, schafft die AfD es gleichzeitig, ihren Markenkern zu sichern: ihre Radikalität. Ließe sie sich jedoch auf eine Mutation zur «Lega Ost» ein, würde dies für die Partei eine große Gefahr in sich bergen: die Verzwergung. Denn die Mehrheiten werden im Westen gewonnen, weil dort die deutliche Mehrheit der Wählerinnen und Wähler lebt. Und für die AfD kommt hier eine Besonderheit hinzu: Die deutliche Mehrheit ihrer Mitglieder lebt ebenfalls immer noch im Westen. Wenn sich die Partei jedoch auf einen Ostkurs reduziert, dürfte dies langfristig dazu führen, dass sich viele Mitglieder nicht mehr von ihrer Partei repräsentiert fühlen. Der Lagerkampf in der AfD wäre dann zwar endgültig entschieden; die Partei müsste aber mit rechtsradikalen Inhalten Wähler überzeugen und würde viele verlieren, denen das zu weit geht.

Ein solcher Wandel wäre also auch deshalb so bemerkenswert, weil die AfD bei ihrer Gründung im hessischen Oberursel noch eine vornehmlich westdeutsche Partei war. Gegründet aus den Bedürfnissen des Unternehmertums und von Ökonomen, die sich an den Nöten der Besserverdienenden orientierten; an den Abstiegs- und Umverteilungssorgen der Mittelschicht. Diese Ängste übertrug die AfD immer wieder auf neue Themen, auf die Fremden, die Geflüchteten, den Islam, die Folgen der Corona-Pandemie und die Angst vor vielen gesellschaftlichen Veränderungen – etwa durch den Klimawandel und die Auswirkungen der Energie- und Verkehrspolitik.

Ideell und wohl auch finanziell unterstützt wurde dieser Kampf gegen Veränderung von einer gesellschaftlichen Schicht, die eigentlich weit vom heutigen Wählerpotenzial der Partei entfernt liegt: den Superreichen der Gesellschaft. Die AfD gab zwar schon früh nach außen vor, die Partei der «kleinen Leute» zu sein – objektiv war sie dies jedoch in ihren Anfangsjahren nicht. Sie trug Positionen vor, die viel stärker Wohlhabende ansprachen als die Ärmeren der Gesellschaft. Das Thema Gold oder das angebliche Bargeldverbot, das die AfD bekämpfen wollte, trieb vor allem Vermögende um, die sich um anonyme Geldtransfers sorgten. Auch beim Thema Erbschaftssteuer machte sich die AfD für eine Abschaffung stark. Besonders plastisch wurde die Auseinandersetzung zwischen der früheren und heutigen Klientel am Beispiel eines Rentenreformkonzepts. Während Meuthen ursprünglich forderte, dass die gesetzliche Rente abgeschafft werden sollte, setzte sich der Flügel mit einem Konzept durch, das das gesetzliche System ausbauen und Geringverdienende besserstellen wollte. Die AfD folgt inzwischen nicht mehr so sehr den Vorstellungen der Vermögenden, sondern der Arbeiter und kleinen Angestellten. Früher elitär, heute prekär.

Je mehr die AfD im Westen schrumpft, desto mehr dürfte sich diese Tendenz verstärken, dürfte sich die AfD deutlicher auf ihre neue, lohnenswerte Klientel hin ausrichten. In Schleswig-Holstein ist sie 2022 bereits aus dem Parlament herausgefallen. In Nordrhein-Westfalen, dem bevölkerungsreichsten Bundesland, hat sie es nur knapp geschafft, wieder in den Landtag einzuziehen. Andererseits dürfte es nur eine Frage der Zeit sein, bis die AfD in einem der Bundesländer im Osten bei einer Landtagswahl als stärkste Partei abschneidet. Jedoch würde ausgerechnet ein solcher Erfolg die AfD vor ein Problem stellen. Einer vom Rechtsaußenlager dominierten AfD dürfte es äußerst schwerfallen, jemals einen Koalitionspartner zu finden, der bereit wäre, mit ihr eine Regierung zu bilden.

Kritiker aus den eigenen Reihen sehen die bisherigen Erfolge dort darum auch als Bürde. Denn es steigert die Erwartung der Wähler an die AfD, Inhalte zu liefern. «Die Frage ist, wie lang der Wähler das mitmacht, wenn er sieht, dass die AfD zwar gewählt wird, aber nichts bewirkt», sagt uns ein Landtagsabgeordneter aus Sachsen. Er befürchtet, dass die Wähler sich abwenden könnten, weil die AfD nicht in Verantwortung kommt. Er prognostiziert, dass die Partei deshalb nicht nur im Westen, sondern auch in Ostdeutschland mittelfristig verlieren und sich damit bundesweit auf einem deutlich niedrigeren Niveau wiederfinden wird. Seit der Corona-Pandemie entstehen auf den Straßen immer neue Protestbewegungen am rechten Rand, die der AfD Stimmen streitig machen. Die NPD, die in Sachsen einst im Landtag saß, wurde eine Zeitlang vom Erfolg der AfD nahezu absorbiert; jetzt gibt es dort mit den «Freien Sachsen» jedoch eine neue rechtsradikale Konkurrenz, in der Ex-Funktionäre der NPD vertreten sind. Bei den sächsischen Kommunalwahlen 2022 hat sie es mancherorts auf 10, einmal sogar auf 20 Prozent der Stimmen gebracht. Diese Konkurrenz von Rechtsaußen war ein maßgeblicher Grund, warum die AfD nach dem Wahltag nicht die durchschlagenden Erfolge feiern konnte, die sie zuvor selbst erwartet hatte. Anders als geplant, stellte sie keinen Landrat oder Oberbürgermeister.

Und es gibt noch zwei weitere Gründe, warum die AfD weit entfernt ist davon, Teil einer Regierung sein zu können: ihr Personal und ihre Struktur. Sie ist in weiten Teilen dysfunktional, wie wir auch immer wieder in den internen Chats ihrer Bundestagsfraktion als Selbstkritik gelesen haben und wie uns viele Bundesvorstände in den schillerndsten Farben ausgemalt haben. Deshalb ist sie schon rein praktisch kaum in der Lage, Verantwortung zu übernehmen. Sie ist ein «gäriger Haufen», der sich nicht disziplinieren lässt und der sich schwertut, klare politische Ideen zu den großen Herausforderungen der Zeit zu entwickeln.

Dies ist nicht nur Unvermögen, sondern auch eine Abneigung gegen feste Strukturen, eine Art Populismus, der nach innen wirkt. Auf Parteitagen geht es oft um Stimmungsmache in der Partei, mancher endet sogar im Chaos. Wenig spricht dafür, dass sie das ernsthaft ändern möchte. Delegierte und Mitglieder haben sich bei Parteitagen immer wieder sogar ganz bewusst gegen klarere organisatorische Strukturen gewehrt. All das zahlt auf eine Zukunft ein, in der die AfD gar nicht anders kann, als destruktive Opposition zu sein, eine Protest- und Dagegenpartei. So, wie sie sich in den ersten Jahren in den Parlamenten präsentiert hat, in den Landtagen und auch in den ersten vier Jahren im Bundestag, ist kaum eine andere Deutung möglich.

Wie lange kann die AfD ihre Ergebnisse bei all dieser Janusköpfigkeit also auf ihrem Niveau halten, und wie lange können Parteichefs wie Chrupalla und Weidel, die zwischen all diesen Ansprüchen und

Bruchlinien zerrieben werden, noch die Mehrheit der Delegierten auf sich vereinen? Selbst wenn es für die AfD abwärtsgehen sollte: Die Gefahr, die von ihr ausgeht, bleibt. Gerade auch, weil die Parteispitze versucht, den Verfassungsschutz als Indikator für diese Gefährlichkeit zu delegitimieren. Die Behörde werde instrumentalisiert, um eine Oppositionspartei mundtot zu machen, so sagt es Ko-Parteichefin Alice Weidel öffentlich, und viele andere Funktionäre sagen es ähnlich. Damit heiligen sie zugleich jene rechtsextremen Eskalationen, die die Behörde erst in den Stand gesetzt hatten, die AfD als Gesamtpartei beobachten zu dürfen.

Das politische System in Deutschland wird also damit umgehen müssen, dass in den Parlamenten eine rechtsradikale Partei Politik macht, die vom Staat beobachtet wird. Die AfD hat sich festgesetzt, um sich herum Strukturen wie eine parteinahe Stiftung aufgebaut, die Nachwuchs schult und den Gedanken, der die AfD trägt, über die reine Partei hinaus im rechten Milieu verankert. Und die AfD hat die nötige finanzielle Ausstattung, um zu überdauern. Sie hat das Potenzial, die Unterstützung durch Blogger in den sogenannten «Alternativen Medien» und sie hat enorme Social-Media-Reichweiten. Sie braucht die Talkshow-Bühnen der etablierten Parteien gar nicht. Wenn sich ein Thema bietet, kann sie in rasender Geschwindigkeit eine Kampagne aufsetzen. Die Inflation und die Energiekrise, die die kommenden Jahre bestimmen werden, bieten ihr gerade enormes Potenzial, wieder das zu tun, was sie am besten kann: mit emotionalen Parolen Ängste schüren bei jenen, die ihre Gasrechnungen nicht mehr zahlen können. Sicherheitsbehörden erwarten bereits einen Wut-Winter – und die AfD hat angekündigt, sich in diese Proteste einreihen zu wollen, und an ersten Kundgebungen im Sommer teilgenommen. Auch wenn die Klimakrise dazu führt, dass Geflüchtete aus unbewohnbaren Zonen auf der Südhalbkugel nach Mitteleuropa vertrieben werden, dürfte die AfD schnell bereitstehen, Ängste vor den fremd erscheinenden Neuankommenden zu schüren. An Krisen wird es in den nächsten Jahren nicht mangeln. Wie gemacht für eine Protestpartei.

Eine Protestpartei sein zu wollen, das hatten schon ihre Gründer im Sinn, wie wir in alten E-Mails lesen:

> «Auch ist ein Logo, in dem die Hauptaussage ‹alternative› aus einem Rahmen herausragt, ja fast ‹**herausspringt**›, ist wahrnehmungspsychologisch für eine Protestpartei sicherlich vorteilhafter einzuschätzen, als ein eher braves rechteckiges Logo, in dem die Hauptaussage sittsam und angepasst in seinem Kästchen verharrt.» *(27.2.2013, Rundmail des AfD-Gründungsteams, Hervorhebung im Original)*

Auffallen, radikal sein – mit Skandalen, mit Tabubrüchen und mit Pauschalisierungen – und das um jeden Preis: kann die AfD. Aus dem Kästchen springen auch. Wohin? Nach rechts unten.